DUSHI LI DE JIERI

ZHONGGUO CHUANTONG JIERI ZHENXING
GONGCHENG DIAOCHA

都市里的节日

中国传统节日振兴工程调查

主　编　梁建恕　季中扬

副主编　张　娜　李有明　计　青

江苏人民出版社

图书在版编目(CIP)数据

都市里的节日:中国传统节日振兴工程调查/梁建恕,季中扬主编.-- 南京:江苏人民出版社,2023.8

ISBN 978 - 7 - 214 - 28070 - 1

Ⅰ. ①都… Ⅱ. ①梁… ②季… Ⅲ. ①节日-风俗习惯-调查研究-中国 Ⅳ. ①K892.1

中国国家版本馆 CIP 数据核字(2023)第 063764 号

书　　　名　都市里的节日——中国传统节日振兴工程调查
主　　　编　梁建恕　季中扬
责 任 编 辑　史雪莲
装 帧 设 计　许文菲
责 任 监 制　王　娟
出 版 发 行　江苏人民出版社
出版社地址　南京市湖南路 1 号 A 楼,邮编:210009
照　　　排　南京新洲印刷有限公司
印　　　刷　江苏凤凰数码印务有限公司
开　　　本　718 毫米×1000 毫米　1/16
印　　　张　19　　　插页　2
字　　　数　289 千字
版　　　次　2023 年 8 月第 1 版
印　　　次　2023 年 8 月第 1 次印刷
标 准 书 号　ISBN 978 - 7 - 214 - 28070 - 1
定　　　价　98.00 元

(江苏人民出版社图书凡印装错误可向承印厂调换)

编 委 会

前　言

　　汪曾祺先生曾言,"节日风俗是一个民族集体的精神抒情诗,她里面保养着这个民族常绿的童心"。自古以来,传统节日在年复一年的循环往复中抒发着生活的诗意,它悠长、缓慢、深情又动人,从节日仪式、节日饮食、节日工艺、节日服饰到节日禁忌、节日传说都表达着人们对生活的祈愿与热盼,传递出一个民族的精神寄托与文化气质。无疑,传统节日是中华民族巨大的精神财富,凝聚着丰富的情感记忆与文化精神。作为传统文化的重要组成部分,我们往往更多将传统节日视为乡土社会生长出来的一种文化形式,实际上,传统节日尽管具有乡土性,却也是在都市文化浸润中形成发展的。自古以来,传统节日的演变发展都与都市有着密不可分的关系,都市也是传统节日传承发展的重要空间,可以说都市生活方式深刻影响并形塑了传统节日。进入近现代以来,传统节日的发展与都市空间更加密不可分。在当下,传统节日更是作为一种公共文化在都市空间蓬勃发展,尤其在文旅融合背景下有了更为广阔的传承机遇。如何理解都市节日的文化特点?如何进一步在都市空间传承振兴传统节日?这些问题都需要展开深入调研与思考。

　　为了进一步推动传统节日在现代都市空间的传承与振兴,总结节日振兴的经验、机制及其问题,本书聚焦于都市里的传统节日文化,围绕历史发展状况、当代传承现状、当代振兴案例等方面展开深入调研与总结。在城市对象的选取上,考虑到城市的地域分布、节日底蕴等,特选取了南京、北京、广州、郑州、西安这五个节日文化内涵深厚的城市,侧重探讨不同城市的节日文化特色,注重总结各个城市的典型做法,强调对节日振兴案例的挖掘,提炼每个城市的节日振兴思路及其路径。

总体来说,本书具有以下特点:一、不同于以往研究或从整体上探究传统节日的传承振兴,或集中于从乡村视角探讨传统节日,本书关注都市空间与传统节日传承的关联,强调都市空间对于节日振兴的重要性,探索传统节日传承发展的都市路径,更切中城市化的现实语境。二、相较于以往研究多从宏观角度探讨传统节日的传承意义、发展路径等,本书既兼具宏观视野与微观视角,又注重历史延续与当代耦合,且点面结合,勾勒了不同城市发展脉络,重点调查典型案例,总结相关特色做法,具有较强的实践借鉴价值。三、不同于以往研究多从单个城市调查入手,本书选取了五个代表性城市,开展富有深度的节日振兴考察,描摹出都市节日传承的现状,对于较为全面理解、认识当代城市节日传承发展的路径及其问题具有重要的意义。

“我们的节日”南京工作室负责人梁建恕负责统稿;“我们的节日”南京工作室首席专家、东南大学教授季中扬负责全书写作内容规划、组织调研、修改二稿等工作;南京农业大学人文与社会发展学院副研究员张兴宇撰写第一章、北京联合大学研究员张勃撰写第二章、南京农业大学人文与社会发展学院副教授张娜撰写第三章并协助统稿、东南大学人文学院讲师李灵灵撰写第四章、江苏开放大学副教授顾春花撰写第五章第一和第二节、中国人民大学民俗学专业博士研究生高鹏程负责第五章调研与撰写该章第三和第四节;“我们的节日”南京工作室李有明、计青协助统稿与校稿;南京农业大学民俗学专业副教授朱志平、研究生高洁宜、王颖与农村发展专业研究生石可、杨嘉懿参与第一章调研与写作工作;南京农业大学民俗学专业研究生王静参与第四章调研与写作工作。

由于作者水平有限,难免会有错漏之处,敬请读者不吝赐教!

目　录

第一章 "传统节日振兴工程"南京模式

第一节 南京传统节日的历史语境、风俗演变与传承价值

一、节日时空：南京传统节日的历史生成环境

众所周知，传统节日文化通常被看作是在一定地域范围内经由特定时间和空间共同作用而形成的历史产物。实如萧放所言，传统节日是一宗重大的民族文化遗产，它承载着丰厚的历史文化内涵，是民众精神信仰、审美情趣、伦理关系与消费习惯的集中展示日。我们应该充分认识传统节日的价值与意义，并主动积极地进行传承与建设。① 从中国传统社会漫长的历史发展时空来审视，南京之所以能够长期成为我国南方的政治、经济、文化中心，并且孕育生成了绚丽多姿的城乡节日文化习俗，其中也蕴含着十分独特的传统节日文化传承逻辑。亦有学者曾指出，从空间上看，南京位于中国东部、长江下游中部地区，是沟通长江中下游、黄河下游的枢纽位置。因此，南京的历史文化兴衰与两大河流的文明交融密切相关。受长江地区文化的综合影响和中国文化中心的时空转移，南京成为中国农业文明时代政治经济文化中心自北而南、由西而东格局变化的结穴。② 从时间发展维度层面看，被誉为"金陵城"的南京，其不仅是久负盛名

---

① 萧放：《传统节日：一宗重大的民族文化遗产》，《北京师范大学学报》（社会科学版）2005 年第 5 期。
② 王永亮：《南京历史文化的时空解读》，《南京邮电学院学报》（社会科学版）2002 年第 3 期。

的六朝古都,而且在历史绵长的城乡社会生活中积淀了丰厚的节日文化底蕴,乃至在民间社会还流传着"菜佣酒保都有六朝烟水气"的赞誉之辞。事实上,正是这种颇具江河气韵且多元交织的传统节日文化要素碰撞,逐渐融入至南京市井之间的节日生活时空中,使得南京传统节日文化呈现南北兼汇、开放包容的典型特征。

南京作为我国历史文化名城之一,自公元 3 世纪以来,曾是东吴、东晋、宋、齐、梁、陈、南唐、明、太平天国、中华民国等十朝的都会,其悠久的城市历史、绮丽的自然风光以及灿烂的节日文化在中华民族文化发展史上占有相当重要的地位。被誉为"南京城墙之父"的著名历史学家朱偰先生在比较了长安、洛阳、金陵、燕京四大古都后曾言:"此四都之中,文学之昌盛,人物之俊彦,山川之灵秀,气象之宏伟,以及与民族患难相共,休戚相关之密切,尤以金陵为最。"①不难发现,南京这一古城历经数千年历史文化积淀,已然形成了独具金陵特色的江南城市品格。

据考古学资料推证,大约在 30 万年前,人们已经发现了"南京人"在东郊汤山的活动痕迹。而在浦口、高淳一带及周边地区,也出现了使用旧石器的古人类活动。距今 1 万年以前溧水回峰山一带出现古人类(新人)活动踪迹。约 5 000 多年前高淳胥河流域的薛城出现迄今所知南京最早的原始村落。鼓楼岗西北侧金川河畔出现南京主城区最早的原始居民村落。约公元前 2070~约前 1600 年,南京地区姑溪河、秦淮河流域及石臼湖周围等地出现具有地方特色的土著文化,属于青铜时代萌芽期,考古学上称为点将台文化。距今 3 000 多年前,南京地区的长江两岸、秦淮河流域及玄武湖滨密集分布着众多早期居民聚落,已有较为发达的原始社会文明,考古学上称为湖熟文化。② 从某种意义上看,湖熟文化影响着商周文明的发展,同时也奠定了南京地区乃至整个长江中下游地区的文明发展根基。

及至春秋战国时期,南京地区"盖进退于吴楚之间"。土著文化受到吴、越、楚文化的影响较深,具有军事据点和行政建置性质的城也开始相继出现,如公

---

① 宋林飞主编:《江苏历代名人词典》,江苏人民出版社 2019 年版,第 432 页。
② 中共南京市委党史工作办公室、南京市地方志编纂委员会办公室编:《南京辞典》,方志出版社 2005 年版,第 754 页。

元前472年,越王勾践灭吴后的第二年,令越相范蠡筑城于长干里(今中华门外秦淮河畔),史称越城,又名范蠡城,为今南京城区建城之始。公元前333年(周显王三十六年),楚灭越,因石头山而置金陵邑城(今清凉山一带)并"郡江东",为南京主城建置政区治所之始。①

到了东汉建安十六年(221年),吴主孙权自京口(今镇江)迁治于秣陵,次年,改名建业,意为建立千秋功业。这是南京历史上第一次被定为国都,南京由此开始了都城的建设。在石头山建城,时称"石头城"。石头城位于石头山与马鞍山之间。古时这里地势开阔,是淮水入江之处,形势险要,势若虎踞江岸。②据《建康实录》卷二《太祖下》引注《吴录》所云:"刘备曾使诸葛亮至京,因观秣陵山阜,曰:'钟山龙蟠,石头虎踞,此乃帝王之宅也'。"③

此后,东晋、宋、齐、梁、陈、南唐、明、太平天国和中华民国皆曾建都于此,所以南京也被称为"六朝古都"和"十朝都会"。六朝时期的南京(东晋和南朝时称建康)宫城均位于今汉府街六朝博物馆一带,而居住区和商业区都在宫城以南。随着水上交通的发展,秦淮河两岸逐渐繁荣起来。④ 那时建业城内外十分繁华,人工运河与自然江河纵横相接,石头城下的长江码头停泊有数量众多的船舰,这些船只还曾经远航至我国台湾、海南岛以及朝鲜半岛等地,并与日本及南海诸岛保持着比较密切的文化和经济往来。

公元920年,五代杨吴重新构筑南京城(时称金陵),并将秦淮河分隔为外河与内河,其中内秦淮河即是现在的"十里秦淮"。作为南唐国都的金陵城,其在南京城市发展史上也是一个重要的转折点。南唐以后,宫城南移至今洪武路一带,整个城区扩展至外秦淮河边缘。即改变了六朝时建康都城将政治区与工商业区和居民区分离的状况,而将城池南迁到以秦淮二十四航为中心的位置。此后,在南唐金陵城的范围内,千余年来一直是南京人口最密集、工商业最繁盛的地带。明清时期,城南一带繁华异常,百业兴盛,秦淮河两岸河房林立,游人如织。20世纪中期以前,南京市民主要聚居于城中以南地区,只有少部分人居

---

① 中共南京市委党史工作办公室、南京市地方志编纂委员会办公室编:《南京辞典》,方志出版社2005年版,第754页。

② 赵德兴:《南京建城小史》,东南大学出版社2011年版,第13页。

③ 〔唐〕许嵩撰:《建康实录》卷二,清代抄本,第2页。

④ 黄继东:《中国节日志·秦淮灯会》,光明日报出版社2016年版,第5页。

住在下关等城北一带。①

尤其是在明代,明太祖朱元璋建立了全国统一政权,令以应天府为"南京",南京的名称就是从这个时候开始的。南京作为当时的京城,城市建设又迎来了新高峰时期,明代南京城垣建设在南京建都史上规模最大且最具特色,堪称世界第一,城市建设处处体现了大一统京城的恢宏气势。1366 年,朱元璋在南京开始了长达 20 年的浩大筑城工程,这就是至今尚大部留存、闻名世界的明南京城。明朝京都建设奠定了近代南京城的基本格局。②

公元 1853 年,在广西桂平县金田村起义的太平军进抵南京城,并在此建都,改称天京,天王洪秀全将清两江总督署改建为"天朝宫殿"。太平天国建都天京期间,曾经在此颁布了以废除封建土地制度为核心的"天朝田亩制度",推行了"耕者有其田"的政策。在太平军内部实行平均分配的"圣库"制度,并设立诸匠营和百工衙等统一管理各种手工业的机构,还实行了解放妇女和逐步开放商业的管理政策。

1911 年爆发的辛亥革命,一举推翻了清王朝,结束了中国的封建帝制。1912 年(民国元年)1 月 1 日,孙中山宣誓就任中华民国临时大总统,宣告中华民国成立。同时宣布废除阴历,改用阳历,以中华民国纪元。1 月 3 日,中华民国临时政府正式成立,以原两江总督衙署为临时大总统府,改江宁府为南京府。2 月 15 日,临时参议院接受孙中山辞职,选举袁世凯为第二任临时大总统,决议南京为临时政府所在地。4 月 1 日,孙中山正式辞去大总统职,让位袁世凯。次日,临时参议院议决《临时政府迁至北京案》,南京临时政府结束。原临时大总统府为南京留守府。③ 其后,在经历了十余年的军阀统治以后,1927 年中华民国政府又再度定都于南京。

南京城拥有着 2 500 年的建城史,近 2 000 年的建都史。斗转星移,在经历了六朝金粉、晋代衣冠、吴宫花草、明祖殿堂、天国烽火及民国革命之后,南京城保留了历朝历代为数众多的古文化遗址和遗迹。南京悠远的建城历史

① 黄继东:《中国节日志·秦淮灯会》,光明日报出版社 2016 年版,第 6 页。
② 赵德兴:《南京建城小史》,东南大学出版社 2011 年版,第 28 页。
③ 中共南京市委党史工作办公室、南京市地方志编纂委员会办公室编:《南京辞典》,方志出版 2005 年版,第 759 页。

不仅积淀形成了十分深厚的传统节日文化，也影响孕育了南京一带十分独特的都市民俗文化，诞生了诸多兼具城乡特色的节日民俗文化，并伴随着城乡社会生活的不断拓展而逐渐传播开来。时至今日，南京传统节日文化仍具有很强的社会影响力。总体来看，历史上南京城建规模宏大，人口众多且构成复杂，但城中各分区之内的生活风气却不尽相同。如明人顾起元在《客座赘语》风俗一篇中曾载：

> 南都一城之内，民生其间，风尚顿异。自大中桥而东，历正阳、朝阳二门，迤北至太平门，复折而南至玄津、百川二桥，大内百司庶府之所蟠亘也；其人文，客丰而主啬，达官健吏，日夜驰骛于其间，广参其气，故其小人多尴尬而傲僻。自大中桥而西，繇淮清桥达于三山街、斗门桥以西，至三山门，又北自仓巷至冶城，转而东至内桥、中正街而止，京兆赤县之所弹压也，百货聚焉；其物力，客多而主少，市魁驵侩，千百嘈呻其中，故其小人多攫攘而浮竞。自东水关西达武定桥，转南门而西至饮虹、上浮二桥，复东折而江宁县，至三坊巷贡院，世胄宦族之所都居也；其人文之在主者多，其物力之在外者侈，游士豪客，兢千金裘马之风，而六院之油檀裙屐，浸淫染于闾阎，膏唇耀首，仿而效之，至武定桥之东西。嘻，甚矣！故其小人多嬉靡而淫惰。由笪桥而北，自冶城转北门桥、鼓楼以东，包成贤街而南，至西华门而止，是武弁中涓之所群萃，太学生徒之所州处也；其人文，主客颇相垺，而物力啬，可以娱乐耳目，膻慕之者，必徙而图南，非是则株守其处，故其小人多拘狃而劬瘠。北出鼓楼达三牌楼，络金川、仪凤、定淮三门而南，至石城，其地多旷土；其人文，主与客并少，物力之在外者啬，民什三而军什七，服食之供粝与疏者，倍蓰于粱肉纨绮，言貌朴僿，城南人常举以相嘲哳，故其小人多悴愿而蹇陋。①

从顾起元的语句描述中我们不难发现，文中不仅展示了南京城南以秦淮为纽带的地区风貌和市井文化，也能够看到南京城内外不同阶层的生活方式及其所孕育的丰富多样的社会风尚。虽在一城之内，却"民生其间，风尚顿异"，正是处于这样的历史生成环境中，才形塑了南京传统节日文化的独特时空景观。

---

① ［明］顾起元撰、孔一校点：《客座赘语》卷一，南京出版社 2009 年版，第 23—24 页。

二、南京传统节日的风俗演变

（一）春节

春节又称"过年"，人们通常认为夏历正月初一为新年。关于年的名称有很多，如"元朔""元旦""元日""元朝""三朝"等。在上古时期，统治阶层的帝王通过改动岁首月份的方式，来彰显其"奉天承运，受命于天"的神圣王权。直至西汉汉武帝颁布《太初历》，确定了正月初一为"一岁之首"，意味着开始新的一年，而后此俗沿袭至今，逐渐转化成为中华民族的第一大节日。对南京人而言，当地之于春节最常用的说法是"过年"，这一俗语背后暗藏着深厚的节日文化内涵。从其语义来源看，在南京民间社会普遍流传着度朔山的神话故事，丰富了南京传统春节的习俗内容，并形成了过年立桃符、画门神的地方风俗。当然，除为除阴驱鬼之目的而延续下来的春节风俗外，南京传统春节习俗中还保存着如掸尘扫地、祭祀天地神焚纸马、灯节等特色节日景象。

1. 掸尘扫地

"腊月二十四，掸尘扫房子"，据《吕氏春秋》记载，我国在尧舜时代就有春节扫尘的风俗。按民间的说法：因"尘"与"陈"谐音，新春扫尘有"除陈布新"的涵义，其用意是要把一切穷运、晦气统统扫出门。这一习俗寄托着人们破旧立新的愿望和辞旧迎新的祈求。每逢春节来临，家家户户都要打扫环境，清洗各种器具，拆洗被褥窗帘，洒扫六闾庭院，掸拂尘垢蛛网，疏浚明渠暗沟，到处洋溢着欢欢喜喜搞卫生、干干净净迎新春的欢乐气氛。因此，南京人过年有个习惯，即"干干净净、清清爽爽过春节"。通常在年前，民众必定要彻底打扫家庭卫生，将其称之为"掸尘"。过去旧宅，屋梁高，横梁上落灰极多，要用鸡毛掸帚捆在竹竿上掸灰。而今大多数民众住进了楼房，打扫起来相对容易。此外南京人过春节时还有一个民间规矩，即大年初一到初五之间，不准随意倒垃圾。如果要扫地，则讲究必须从门口往屋中心扫，而且还需将清理的垃圾、杂物暂时存放在门背后或隐蔽的地方，寓意以免把新一年的"财气"扫了出去。

2. 桃符与春联

春联是我国春节民俗文化中十分宝贵的节日文化遗产。一般认为，除夕贴春联的民间习俗，是经由明朝皇帝朱元璋倡导而推广开来的。南京人把春联俗称为对子、门贴或对联，也有的叫做"万年红"。据说朱元璋当年为了讨取吉利，曾下令贴春联要用朱砂染笺,以朱为意,暗含朱氏江山千秋万代不变天之意。民间百姓在过年期间贴上万年红,更多的是为了图个吉利之意。因此,万年红成为了一种重要的节日象征符号,以至于后来不论是春节时,还是喜丧节日、开张结业等各种场合,大到皇宫庙宇,小至草屋瓦房,南京人皆喜好张贴万年红以示吉祥寓意。

而在明代以前,南京人主要以门两侧置"桃符"(门神)庆贺过年,民间认为其有避邪之意。所谓桃符,一般是画有神荼和郁垒二位门神的桃木板,在民间也流传着度朔山的神话传说,如据古代神话典籍《三教源流搜神大全》所记载:

> 东海度朔山有大桃树,蟠屈三千里,其卑枝向东北,曰鬼门,万鬼出入也。有二神,一曰神荼,一曰郁垒,主阅领众鬼之出入者,执以饲虎。于是黄帝法而象之,因立桃板于门户上,画神荼郁垒,以御凶鬼。此门桃板之制也。盖其起自黄帝,故今世画神象于板上,犹于其下书"左神荼""右郁垒",以除日置之门户也。

后来,人们使用桃木雕画手拿芦索的二门神放在大门两侧,以御魔驱鬼保平安。在唐代,出现了以开国大将军秦叔宝和胡敬德为名的秦军和胡帅二门神,还有人供奉赫赫有名的"鬼王"钟馗像。所以当年秦淮两岸的大小市场上,新年前夕出售这种桃符的比比皆是,生意特别兴隆。[1] 到了五代十国时期,民间传说蜀帝孟昶以字代画构成联语,并亲手写了一副"新联纳余庆,嘉庆号长春"对联贴在桃板上,人们通常认为这是早期的代表性春联形式。

到了宋代,春节张贴对联之风气逐渐兴起,但此时仍以"桃符"为主。如王安石的《元日》中所云:"爆竹声中一岁除,春风送暖入屠苏。千门万户瞳瞳日,总把新桃换旧符。"此处还是以"桃符"称之。明代顾起元在《客座赘语》中曾记:"岁除岁旦,秣陵人家门上插松柏枝、芝麻秸、冬青树叶,大门换新桃符。"[2]由此可知,直至明代,桃符仍是南京地区的民众在春节期间非常重视的节日物品。

---

[1] 彭振刚:《秦淮风俗》,南京出版社1995年版,第9页。

[2] [明]顾起元撰,孔一校点:《历代笔记小说大观 客座赘语》卷四,上海古籍出版社2012年版,第78页。

值得注意的是,到了明代,春节桃符一名逐渐改称为春联。如陈云瞻《簪云楼杂话》记载:

> 春联之设自明孝陵坊也。帝都金陵,除夕前忽传旨:"公卿士庶家门上须加春联一副,帝微行出观以为笑乐。"偶见一家独无。询知为阉豕苗者,尚未倩人耳。帝为大书曰:"双手劈开生死路,一刀割断是非根。"投笔而去。嗣帝复出,不见悬挂。因问故,云:"知是御书,高悬中堂,燃香祝圣,为献岁之瑞。"帝大喜,赍银五十两,俾迁业焉。[①]

正是在当时上层社会的大力推广下,南京春节张贴春联之风习逐渐兴起。及至清代,"换桃符,写春联,易门神"的春节风俗在民间社会传播更甚。无论是城市还是乡村,春节贴春联已经成为一种不可或缺的节日习俗。过去南京春节挂贴年画一俗较为普遍,如今则以写满祝福的春联和大红的"福"字替而代之。除夕这天,家家户户往往都会在大门上贴个"福"字,表达自己的美好心愿。在贴春联的同时,一些南京人家要在屋门上、墙壁上、门楣上贴上大大小小的"福"字。春节贴"福"字,是我国民间由来已久的风俗。"福"字现在的解释是"幸福",而在过去则指"福气""福运"。春节贴"福"字,无论是过去还是现在,它寄托了人们对幸福生活的向往,也是对美好未来的祝愿。每到辞日迎新的时刻,家家户户都要把"福"字贴在屋门上,意味着福气进入家门。[②]

3. 除夕守岁

农历的最后一天叫"岁除",也意味着除旧布新,当天晚上叫"除夕"。南京人的除夕往往通宵不眠,也叫守岁,熬夜迎接新一年的到来,因而过去也被称为"熬年"。传说,古时候每到这一天晚上,每家每户都提前做好晚饭,熄火净灶,再将家里前后门都封住,躲在屋里吃"年夜饭",除全家老小围在一起用餐表示和睦团圆外,还须在吃饭前先供祭祖先,祈求祖先保佑,平安地度过这一夜。南京也流传着除夕守岁的民间习俗,大家终夜不眠,以待天明。"一夜连双岁,五更分二天",除夕之夜,全家团聚在一起,吃过年夜饭,围坐炉旁闲聊,一家老少等着辞旧迎新的时刻,通宵守夜,期待着新的一年生活吉祥如意。

---

① [元]龙辅、[清]陈尚古撰:《女红余志;簪云楼杂说》,浙江古籍出版社2014年版,第59页。
② 中共北京市委宣传部组织编:《过节大参考》,北京出版社2012年版,第6页。

4. 祭天地,焚纸马

在南京,旧时春节风俗中还流传有在元旦子初时分于中堂祭祀天地神的风俗。如《岁华忆语·元旦》中所载:"元旦,一岁之首。人家除夕,守岁不寝,至子初,行迎岁礼日接年。接年须早,谓得气之先也。士大夫家男妇具章服,祀天地于中堂,炽炭于盆,供则香茗,或发糕(以面和酵蒸之,取其发旺)。长幼毕集,主祭者奠铭于檐下,焚纸马,燃爆竹,卑幼拜尊长,童仆拜主人,欢声满堂。虽齐民家,亦得具冠服无弗敬。"①也就是说,春节期间要用茶水、发糕作为祭祀的供品,还要在家中檐下焚纸马,燃放爆竹以谦恭之心敬奉神明和祖先。

所谓"纸马",主要是在春节期间通过焚化圣物的方式来举行祭祀活动。一般认为,其名称最早起源于唐代。唐谷神子《博异记·王昌龄》中有关于唐代用"纸马"祭祀的较早而又明确的文献例证,"开元中,琅耶王昌龄自吴抵京国。……舟人云:'贵贱至此,皆合谒庙,以祈风水之安。'昌龄不能驻,亦先有祷神之备,见舟人言,乃命使赍酒脯、纸马,献于大王。兼有一量草履子,上大王夫人,而以一首诗令使者至彼而祷之。"②可见,唐代的"纸马"已是可一并焚化并用来祭祀鬼神的重要物品。当然,旧时南京人在春节时段对于纸马的印制和使用十分普遍。明初金陵官方刻本和民间坊作十分兴盛。据《金陵岁时记》记载:"取红纸长约五尺,墨印财神、仙官或莲座等状。新年、立春供设厅堂,削木如牌坊形,高尺余,曰'纸马架'。"③可见神佛对南京纸马雕版产生影响,促使南京纸马的雕版艺术达到他处难以企及的高度。④ 在那时,南京纸马还曾随戍边的移民传播到西南边陲地区。如今,春节纸马一俗在南京高淳、溧水地区尚有部分遗存。

5. 拜年压岁

大年初一这一天,南京人要出门走亲访友,相互拜年,恭祝新年大吉大利。在客人到来时,主人要双手合揖,并以茶点相待。民间还流传有献元宝蛋的习

---

① 薛冰编:《金陵旧事》,百花文艺出版社2001年版,第224—225页。
② [晋]郭璞注:四库笔记小说丛书《山海经》(外二十六种),上海古籍出版社1991年版。
③ 潘宗鼎撰,卢海鸣点校:《金陵岁时记》,南京出版社2006年版,第15页。
④ 陶思炎:《南京民俗》,南京出版社2016年版,第40页。

俗,即将鸡蛋破壳打入开水锅中煮熟,俗称"进元宝"。现在人们过年相见,多互祝"恭喜发财",并敬递茶烟,以时尚糕点相待之。春节拜年时,南京人讲究晚辈要先给长辈拜年,祝长辈长寿安康,长辈则把事先准备好的压岁钱分给晚辈,据说压岁钱可以压住邪祟,因为"岁"与"祟"谐音,晚辈得到压岁钱就可以平平安安度过一岁。有的南京家庭则是在吃完年夜饭后,由家中长辈发给晚辈,并勉励儿孙在新的一年里生活美满幸福。

6. 上元观灯

正月十五是元宵节,通常也被看作南京人的"小年"。人们可以在户外尽情赏玩,从乡村到都市,万家灯火,龙灯花鼓,场景好不热闹。南京的灯节分为三个阶段,民间认为初七为人日,初八、十三、十五为灯节,又分别称为"上灯日""试灯日"和"正灯日",其中尤以正月十五最为热闹。《岁华忆语》中即有对南京上元节的详细记载:

> 新年灯市,旧聚于评事街,迤北至笪桥市。近年则夫子庙为多。鱼龙曼衍,士女杂沓,游人稍倦,咸就得月台啜茗,面钟山而临淮水,风景殊佳。茗碗加青果日送元宝;食品之佳者,曰梅豆,以梅子与豆同煮,染以红曲,加木樨及糖,色香均美。八日为上灯节,人家始悬春灯,祀祖先,拜尊长,曰拜灯节。夜供元宵,其制以米粉裹糖。有女新嫁者,是日购彩灯及元宵送其家,曰送灯。金陵之龙灯,自上灯后,即游街市。分二组,一军营,一木商也。长或十余丈,多至百余节,盘拿飞舞,各有家法。司其首尾者,皆称健儿。中间接以高跷跳狮,或蚌精及各种杂剧。灯所过市,人争燃爆竹以助兴。大人家或具元宵茶点,开门延之,曰接龙灯。爆竹愈多,舞者兴愈高,彩愈烈,或回旋院庭,或盘绕梁柱,复间以歌唱锣鼓,想见升平佳况。[①]

从"灯市""上灯节"及"金陵之龙灯"中可窥知南京新年灯节之繁盛景象。对于南京上元灯节的来源,一般流传有三种说法:一是东汉时期明帝刘庄"燃灯表佛";二是汉文帝为纪念"平灭诸吕"而微服同乐;三是汉武帝病愈后建太一祀往祭。具体到上元燃灯的节期而言,其在不同历史时期是不断发展变化的。汉代于上元日燃灯一日。唐玄宗在元夕前后加一日,即十四、十五、十六放灯三

---

① 薛冰编:《金陵旧事》,百花文艺出版社 2001 年版,第 227 页。

天。北宋乾德五年(公元 967 年)放灯期日增至五夜。即"起于十四,止于十八"。南宋淳祐三年(公元 1243 年)又加十三日一夜,共放灯六天,并由此形成我国大部分地区"十三上灯,十八落灯"的灯节传统。明太祖朱元璋定都南京后,决定放灯十日,从正月初八至十八日,使之成为我国历史上最长的灯节。①那时南京当地已经出现了上元节时"家家走桥,人人看灯"的热闹场景。明朝永乐年间,明成祖朱棣"赐百官上元节假十日",还下令在南京皇宫午门外扎鳌山万岁灯,与民同乐。据《皇明通纪集要》:"永乐十年正月元宵,上赐百官宴,听臣民赴午门外观鳌山三日,自是岁以为常。"②这种中间用五色玉栅簇成"皇帝万岁",由万盏彩灯叠成山形的鳌山灯规模宏大,观之眼花缭乱。据明朝《上元灯彩图》所绘,鳌山灯上有神兽、禽鸟、花卉、鱼虫家畜、瓜果等灯彩品类。③ 明成祖迁都后,南京午门鳌山灯逐渐衰落,笪桥、评事街一带兴起。后笪桥灯市迁往夫子庙,于是灯会、灯市逐步走向民间。④ 如此元宵节的热闹盛景,一直延续到清末民初时期。

此外,从南京元宵节的饮食习俗来看,当地还流传着"上灯元宵,落灯面"的民间食俗。南京当地百姓认为,在元宵节时家家食用元宵,寓意"阖家团圆";落灯当晚食用面条则寓意"长来长往"或"长寿"。当然,除上述提到的桃符春联、祭祖焚纸马和元宵灯节之外,在春节之际南京还有迎接新年燃放爆竹驱邪避瘟;互相拜年走动,吃春酒,道恭喜,发红包;正月初五迎财神,正月十六上城头等相关习俗活动。春节作为南京人辞旧迎新、庆贺团圆最为重要的日子,也对孕育独具南京特色的地域性节日文化传统产生了深厚且久远的影响。

7. 南京春节特色美食

在春节期间,南京人流传着做素什锦、蛋饺、年糕等节日饮食习俗。如今,这些节日食品在不少南京的饭店小摊都能购买食用。例如,南京老城南地区,一些家庭仍传承着春节做素什锦的民间习俗。素什锦的做法十分讲究,菜品包括荠菜、黄豆芽、藕、金针菇、木耳、芹菜、菠菜、胡萝卜丝等十余种之多,一样样

① 陶思炎:《南京民俗》,南京出版社 2016 年版,第 53 页。
② [明]陈建撰:《皇明通纪集要》卷十四,明崇祯刻本,第 9 页。
③ 张宏、周安庆:《明代金陵"上元灯彩图"风俗画卷的文化解读》,《江苏地方志》2010 年第 1 期。
④ 孙文飚:《趣说金陵元宵灯节》,《江苏地方志》2009 年第 1 期。

炒熟后,再汇总搅拌。当地民众认为,黄豆芽寓意"如意";"荠菜"与"聚财"谐音,讲求的是招财进宝;胡萝卜是红颜色,代表着洪福齐天的含义;藕则象征了路路通达,祝福来年顺利;酱黄瓜,象征着瓜瓜连连、子孙绵延;冬笋,象征雨后春笋节节高;马齿苋,南京人又称安乐菜,象征着平安喜乐。此外,南京人过年喜欢做蛋饺,口感十分鲜美。这道菜最关键的就是做蛋皮,先把鸡蛋用打筷子打散打匀,再滴几滴葵花籽油,然后把鸡蛋倒入一个铁勺里,在煤气灶的火苗上方烘烤,勺子里的一层鸡蛋汁随着手腕的转动而均匀地覆盖在了铁勺的内壁,大概半分钟时间,便做成了一张薄薄的蛋饺皮。随后,人们还要把肉馅放在饺皮中间捏成蛋饺。年糕因为谐音"年高",再加上有着变化多端的口味,几乎成了家家必备的应景食品。年糕的式样有方块状的黄、白年糕,象征着黄金、白银,寄寓新年发财的美好含义。可见,这些春节特色美食主要寄托着南京人祈福纳祥的节日文化诉求。

8. 南京春节集体性民俗活动

在南京城乡各地,春节期间还流传着各种民俗表演活动,较具影响力的如秦淮灯会、高淳跳五猖、高淳大马灯、栖霞龙舞、溧水打社火、江宁打神鼓、江浦手狮舞等乡民艺术活动,在春节前后,热闹非凡。

例如,在南京民间流传着一句节日俗语:"过年不到夫子庙观灯,等于没有过年;到夫子庙不买盏灯,等于没有过好年!"夫子庙灯会是南京人最重要的民俗活动之一。秦淮灯会作为南京当地一项十分重要的民俗文化活动,它也成为历代南京民众延续和传承民俗文化的重要节日文化空间。长久以来,南京本土和外来的节日文化艺术贯穿于灯会中,构成其艺术传承的核心内涵。每年的秦淮灯会吸引了众多海内外游人,他们在领略秦淮灯会、感受金陵民间节日文化的同时,也促进了该地区经济社会的持续发展。

高淳跳五猖习俗是江苏省第四批省级非物质文化遗产代表性项目。跳五猖是在古代神灵出巡、祭祀的基础上衍变的一种古典民间舞蹈,据考始于西周。高淳定埠保留了这一活动形式。五猖即东、西、南、北、中(青、赤、白、黑、黄)五方之神,意在降妖除魔,保五方平安。跳五猖的表演威严、雄壮。表演者头带猖神面具,着神袍,扮五位猖神。掺入土地、城隍、僧、道、武士等多人组成。五猖神,手执双刀,作巡视状出场,朝拜四方,舒臂抬腿,手舞足蹈,碎步穿插,布列各种阵形。黄面猖神居中,青、赤、白、黑猖神围聚收场。舞蹈动作粗犷奔放,伴有仪仗队、旗幡队,音乐曲牌用民间小调,配乐用锣鼓打击乐器及唢呐、长喇叭等吹奏乐器。场面十分壮观,极具震撼性。①

高淳东坝大马灯为江苏省第一批省级非物质文化遗产代表性项目,流传于南京市高淳区东坝镇。东坝大马灯起源于唐朝,盛行于明清。经千年之传承至今,堪称"江南一绝"。大马灯在造型上比一般马灯的道具马型高大,是由两人组合表演一匹马。两人互相受到牵制,表演时难度较大。②

溧水区柘塘打社火主要是以柘塘、乌山、群力为中心,包括共和村、艾元村、孙家村、梅山村等村,号称"柘塘四十八村,村村有社火会"。溧水的"社火"以打鼓庆祝为主。"社火"又称"社鼓","打社火"是流传于溧水柘塘镇一带的一种民间祭祀舞蹈,于除夕至来年元宵节期间进行表演,目的是祛邪驱鬼,祈求风调雨顺、四季平安。③ 逢年过节,在"不点花灯月不圆,不要社火难过年""锣鼓不响,庄稼不长"等节日民俗观念的影响下,当地的社火演出队浩浩荡荡,将喜庆之节日变成了一场乡村春节的"狂欢节"。打鼓时采用的技巧全国独有。

栖霞龙舞,至迟在明代,在当地已有龙舞活动流传,具体又分为栖霞柴龙和栖霞滚龙两种。栖霞柴龙据传起源于明代,柴龙造型古朴,用竹篾编制的节节圆筒组成龙身,与龙头和龙尾相接。内点蜡烛,通体透亮,在夜幕下十分壮观。平时龙身分户保管收藏,玩龙头者由各户轮流作庄。庄家将整条龙架在门前,龙头前还供着香火,亲朋好友带着礼物前来庆贺,热闹非凡。舞龙时,若龙头家青年人不在家,家中即便是五六十岁以上的老人也要披挂上阵,担当起舞龙头的重任。"文革"期间,栖霞滚龙的传承历史一度中断。后来栖霞区文化部门组织民间艺人逐步恢复并发展了这一传统龙舞艺术。他们研制了套版印制龙衣,先后为部队、工厂、学校,乃至海外华人社团加工制作过五十余条龙形。栖霞区的龙舞队伍参加国家、省、市重大庆典演出活动达上百场,成绩突出。1999 年,栖霞龙舞《钟山龙腾》在全国龙舞大赛中获金奖,并获得中国文联颁发的我国民间艺术最高奖"山花奖"。2004 年推出的大型广场群龙舞《九龙欢腾》,有一百

---

① 王露明、万宝宁编:《南京历代非物质文化遗产》,南京出版社 2016 年版,第 62 页。
② 王露明、万宝宁编:《南京历代非物质文化遗产》,南京出版社 2016 年版,第 49 页。
③ 王露明、万宝宁编:《南京历代非物质文化遗产》,南京出版社 2016 年版,第 72 页。

余名演员共同表演,场面壮观,使龙舞艺术进一步得到提高。①

在江宁,每年春节农历正月十三到正月十八期间,当地乡村流传有打神鼓的民间习俗。一般是由大旗开路,锣鼓手浑身使劲地擂鼓助兴,初三"打夜鼓"、初七"上七鼓",十三至十五打"赤膊鼓",气氛热烈。待到正月十三上灯,按照上一年排好的顺序有一人家接灯,从土地庙接回神鼓主持操办。打神鼓一般由三五人组成,过去使用汽油灯照明,依次到百姓家中敲打神鼓,打鼓时又念又唱,劝导人们行善事、做好事。

江浦手狮是南京浦口地区颇具特色的春节民俗舞蹈活动,又叫江浦手狮舞。手狮道具即是用竹片以麻布和彩丝装裱成狮子模样,在狮子前胸和小腹下撑以木(或竹)棒为舞狮者的手柄,单人舞于手中,人数可多可少的一种舞蹈形式,现为江苏省级非物质文化遗产。在浦口永宁,每逢春节,由村中最有名望的长者(即狮子头)召集手狮表演者在朱家大祠堂集中,先行烧香拜烛礼。民众在长者的带领下,众舞者口中念念有词,共同祈祷新年五谷丰登、六畜兴旺、家家平安。一时间,祠堂大厅内香烟燎绕,祷词回荡,气氛显得神秘而庄严。祈祷结束后,众舞者在狮子头的带领下,列队有形,手握手狮,整装待发。此时,鞭炮齐鸣,锣鼓开道,手狮舞队伍进村挨家挨户进行表演。在手狮舞表演过程中,表演队和村庄、农户之间还有一不成文的规矩:即手狮在该户门前表演结束时,如该户人家又点燃一串鞭炮,表演者需要在该户人家再玩一次,以增欢乐气氛;狮舞无论进到哪个村表演,一入该村,则不论该村农户大小、贫富、远近,都要挨门逐户玩遍为止,俗称"宁卯一村,不卯一家";农户们还要对手狮舞队伍进行答谢,答谢酬劳不论多少,表演者均不计较。答谢一般分为四个档次,依次是鸡茶、蛋茶、面茶和糕茶等。②

千百年来,与传统节日相关的风俗习惯代代相传,并在现代社会中形成了内容繁多的节俗事象。尤其是对于春节而言,其在南京人心目中占有着十分重要的位置。当然,除对一些传统春节习俗的传承之外,当地民众也随着时间的推移、社会的变化和人们物质生活水平的提高,不断推进春节这一传统节日文

① 陶思炎主编:《江苏特色文化》,南京师范大学出版社 2009 年版,第 486 页。
② 周耀林、戴旸、程齐凯:《非物质文化遗产档案管理理论与实践》,武汉大学出版社 2013 年版,第234 页。

化的当代更新。

（二）清明节

万物生长此时，皆清洁而明净，故谓之清明。清明时节，万物复苏，无论南北，正是春季农忙的重要时间节点。作为一种节气性节日类型，南京清明节的主要节俗内容为祭祖扫墓。清明节往往以青绿色为标志性符号，以崇宗敬祖为中心，以缅怀先人为主题而形成了丰富多样的节日民俗活动。当然，清明节除较为肃穆的祭祀氛围外，现在也成为年轻人出门踏青郊游，放松身心的日子。南宋诗人高翥曾有诗云："南北山头多墓田，清明祭扫各纷然。纸灰飞作白蝴蝶，泪血染成红杜鹃。"祭祖扫墓在南京俗称为"上坟"，这自然也是家家户户清明节时的头等大事。南京人清明扫墓的地点过去多是在南郊，旧时各家要带上盛祭品的竹编"春筒"，筒分三四层，内放荤素菜肴、饭团、酒水、碗筷、杯盏等物，扫墓中要拔除坟墓上和墓道上的杂树，填土修坟，做"坟帽"，以作为已有后人来祭扫的记号。[1] 清明祭祀的规矩非常讲究，这在《岁华忆语》中也有记录：

> 是日除在家设祭外，男子多出城扫墓，其有新葬之家，则须于清明前数日诣之，俗谓"新坟不过□"也。祭具曰春山，竹制为提榼，分三层，中置肴浆，饭则抟之，另割生肉，曰刀头，以祭山神。祭扫毕，则倾榼，縢以钱，犒守坟人。守坟人亦置熟鸡子数枚于榼，以为报。金陵人家重视守坟人，尊之曰坟亲家。守坟人亦呼坟主曰亲家，自居敌体。虽荐绅之门，渠辈来，往往高坐，主人以客礼待之。盖请代守亲墓，礼宜加敬。[2]

旧时在南京曾流传有一句民间俗语："城里人怕上坟，乡下人怕进城。"也就是说，对于清明节坟亲家索钱这种民间不成文的规矩和习俗，那时的南京人保持着一种又敬又畏的复杂节日心态。当然，除清明上坟习俗外，插柳也是一项南京人十分重视的民间习俗。柳枝不仅有依依惜别的人伦情感，不论是为生者还是死者，他们皆是人们寓情于物、借物抒情的寄托。因此，柳成为清明节兼具文化内涵和情感色彩的象征物。折柳插坟的习俗传承至今，不插柳被称为"恶

---

① 陶思炎：《南京民俗》，南京出版社 2016 年版，第 66 页。
② 薛冰编：《金陵旧事》，百花文艺出版社 2001 年版，第 234 页。

夫忘亲不孝者也"①。旧时还有带柳还家、身戴杨柳、脚蹬柳屐、头簪柳叶、插柳于门等的风俗。② 清明须戴柳曾是一种十分重要的地方性清明节日习俗，即女子头簪柳，男子身佩柳。如明代正德《江宁县志》载："迄三月中，清明插柳，村夫稚子皆佩之。"③可见南京地区也流行此俗。有些地方还传言"清明不戴柳，来生变黄狗""清明不戴柳，红颜变皓首"，即有消灾祛病、训诫警告之意，因此形成了具有一定约束性的民间节日习俗。

时至今日，从清明习俗活动来看，当代清明节南京人的基本主题是扫墓和踏青。人们扫墓时，将紫纸长条（新坟用紫纸、旧坟用黄纸）挂树杈，插于冢上，谓之"挑钱"，并把坟草除去，挖一土帽置于坟头；再把水果、菜肴、酒杯置好，斟满酒；再上香，叩首致意；并赏钱给守坟人，守坟人以数枚熟鸡蛋回赠，互称"坟亲家"。近年来受到疫情影响，南京当地更加提倡家庭追思、网络祭扫、献花、祈福等方式，通过"云祭扫"来表达对先祖的思念之情。古诗有云："梨花风起正清明，游子寻春半出城。"对于南京人而言，牛首山、雨花台、天生桥、莫愁湖等地都是踏青郊游好去处。踏青放风筝一俗则在《金陵岁时记》中有载，在一些老南京人眼里，放风筝既是表达心愿，更是放掉晦气。人们认为在风筝高飞之后把线扯断，让风筝飞走，这样就可以带走霉运。如今很多民众依旧会在清明期间出门放风筝，享受万物复苏的美好和假期游玩的快乐。

在清明饮食习俗方面，过去南京人在寒食至清明节期间主要流行吃青团、青螺、馓子等节日食俗。人们认为青团与寒食的冷餐传统有关，在唐代已有专制售青团的店铺，并在明初随着苏杭一带的移民传入南京。《随园食单》中有记"青糕青团"："捣青草为汁，和粉作粉团，色如碧玉。"④要做出青香软糯的青团，青翠的皮儿必不可少，有人用菠菜、艾草榨取青汁，但最正宗的还得用"麦浆草"汁。江南的"麦浆草"，清明而生，过则难觅，也正是因为如此，用麦浆草做成的青团子，在江南一带的民间清明食俗中格外重要。每到清明，江南百姓必到田间揪一把"麦浆草"，回家捣烂压汁，与晾干的水磨纯糯米粉拌匀和好，包上豆沙

---

① 薛冰编：《金陵旧事》，百花文艺出版社 2001 年版，第 234 页。
② 陶思炎：《南京民俗》，南京出版社 2016 年版，第 67 页。
③ ［明］王浩修：《江宁县志》，明正德刻本，第 18 页。
④ ［清］袁枚著，别曦注译：《随园食单》，三秦出版社 2005 年版，第 245 页。

馅儿,民间诀窍还要放入一小块猪油,团好入笼蒸熟,出笼时再薄薄刷一层熟菜油在表面。新做好的青团油绿如玉、糯韧绵软、清香扑鼻,味道十分鲜美。如今在新媒体的推广宣传下,青团也摇身成为一种"网红节日产品"。例如,南京"许阿姨糕团店"在清明节这一天人满为患,前来探寻的食客络绎不绝,许多其他南京糕团店也纷纷效仿,力图借助媒体工具宣传自家,这也成为一张南京节日饮食的新名片。

此外,南京人在清明节有食用螺蛳的习俗。螺蛳辟恶气的做法据说早在商代已有,也有吃了螺蛳后,扔几个螺蛳壳到自家房顶上,作为镇宅之物的习俗。① 清明前后的青螺味道鲜美,也是广受南京人喜爱的一道节日食品。在一些地区,人们认为清明节前一日或两日为寒食节,馓子则是一种代表性"寒具"。《楚辞·招魂》篇中曰"粔籹蜜饵有餦餭些"②,餦餭即馓子。李时珍也曾将"寒具"收录到《本草纲目》中。宋人庄绰《鸡肋编》中说:"食物中有馓子,又名环饼,或曰即古之寒具也。"③这里说的寒具其实就是馓子,它的形状像绳子盘成的连环,古代也叫作"环饼",经过油煎以后可以长时间储存。南京人喜食馓子,早在唐朝时已有此食俗。宋陶谷《清异录》中曾记载有建康七妙:"金陵,士大夫渊薮,家家事鼎铛,有七妙:虀可照面,馄饨汤可注砚,饼可映字,饭可打擦擦台,湿面可穿结带,醋可作劝盏,寒具嚼着惊动十里人。"④由此可见,南京人制作的馓子独具风味,口感诱人。直至今日,馓子依旧是南京清明节的代表性饮食之一。

当然,在清明时节,各种鲜嫩的野菜也是南京人餐桌上的美食,如荠菜、野蒜、蒲公英、马兰头、苜蓿头等,香椿炒鸡蛋、芦蒿炒香干、菊花脑蛋汤等,成为南京人舌尖上的节日美味。在清明节前后,一些老南京人用荠菜花煮鸡蛋,据说吃了可以一年当中腰腿不酸、头不疼。从饮食特点上看,注重吃法的南京人正是用这独具风味的节日食品,表达了对清明节的独特节日文化情感。

(三) 端午节

端午又称"重午""重五""午日""端阳"等。端午时在仲夏,阳气盛极,自夏

---

① 陶思炎:《南京民俗》,南京出版社 2016 年版,第 69 页。
② [宋]朱熹撰,蒋立甫校点:《楚辞集注》,上海古籍出版社 2001 年版,第 136 页。
③ 庄绰、张端义撰:《鸡肋编·贵耳集》上,上海古籍出版社 2012 年版,第 11 页。
④ 萧帆主编:《中国烹饪辞典》,中国商业出版社 1992 年版,第 324 页。

至所在的午月始转衰,"端"意味"始",表明"阳气始亏,阴气将前,暖气始盛,虫蠹并兴"①。因此,南京民间把五月看做"恶月""毒月"。既然是"恶月",人们往往会想方设法创造出逃避五月灾难的办法和禁忌。除为"除恶迎吉"外,由于五月气候特殊,"祈雨""卜岁"成为民众在端午节表达信仰诉求的重要渠道之一。关于端午节的起源,流行一说与纪念历史人物有关,主要涉及屈原、勾践、伍子胥等人,其中后世流传最广的是屈原纪念说。据梁代宗懔《荆楚岁时记》中记载:"按五月五日竞渡,俗为屈原投汨罗日,伤其死所,故命舟楫以拯之。舸舟取其轻利,谓之'飞凫'。一自以为'水车',一自以为'水马'。州将及土人悉临水观之。"②南京地区的端午节历来颇为兴盛,如《岁华忆语·端阳》中可以清晰地了解南京端午节的大致活动习俗。

> 端午节人家,自五月一日,即用菖蒲叶,剪作剑形,并艾叶悬户上,张钟馗像于堂,云可辟邪。咸友家多以鲥鱼、角黍相馈遗。往往一鱼,辗转数处,仍送回本家,则已馁不堪食矣。足供发噱。五日以野花为束,蘸水洗目曰洗火眼,洗毕,掷小鹅眼钱于盆中,倾向门外,曰抛火眼。酒中置雄黄饮之曰可去毒,于小儿额用雄黄书王字,以象虎形云易长成。以雄黄书小纸条,其词曰"五月五日天中节,一切蛇虫尽消灭"。于墙角倒帖之,谓避虫豸。午酒必有□馔,则萱花、木耳、银鱼等五种炒之,曰炒五毒。午餐既竟,则相率至秦淮水滨看龙舟矣。③

在明代,南京人会在门上插挂大艾叶,上面用彩帛、通草制五毒虫形状,叫作"五毒牌"。而到了清末时期,人们改用五色纸代替,画出五毒虫的形状,贴在门楣床沿,取消灾之意。小孩颈挂五色丝络,臂系五色"长命缕",穿虎头鞋,背老虎披,用雄黄酒在额头画"王"字,以除恶长命。及至今日,一些南京人还依旧流传着在端午节挂钟馗图、天师图和菖蒲艾叶的民间风俗,祈求斩除恶气,祛病消灾。而讲究的老南京人还会买菖蒲、艾叶、石榴花、兰花、石腊红等花草来插花瓶,叫做"端午景",亦有把艾虎、独头蒜、小粽子、小龙舟、五毒背心、五色缕、

---

① [隋]杜台卿撰:《玉烛宝典》卷五引,商务印书馆民国28年。
② [南朝梁]宗懔撰,宋金龙校注:《荆楚岁时记》,山西人民出版社1987年版,第48页。
③ 薛冰编:《金陵旧事》,百花文艺出版社2001年版,第236页。

端午香包等节物合称"端午景"的。①

南京端午节的另外一项独特民俗是"破红眼",即用经过暴晒的雄黄水给家人洗目,民间传说可以一年不生眼疾。此外当地民众还会在端午这一天的早晨吃粽子、绿豆糕,中午食"炒五毒"(用银鱼、虾米、荠儿菜、韭菜、黑干杂炒)、"五黄"(南京人的包括黄瓜、黄鳝、黄鱼、黄豆芽、鸭蛋,高淳人家的"五黄"指黄鳝、黄瓜、咸鸭蛋、雄黄酒、雄黄豆)②及苋菜,饮菖蒲根浸泡的雄黄菖蒲酒,以此祈求免除灾气。

端午划龙舟之俗,一般认为多起于南方,据《事物原始》引《越地传》所记:"竞渡之事起于越王勾践,今龙舟是也。"③南京的秦淮河过去也是端午龙舟竞渡盛地之一。金陵龙舟,过去曾有"三帮",在《岁华忆语》中关于龙船有着较为详细的记录:

> 龙船向有数种,曰河帮,秦淮船户敛资为之;曰江帮,外江船户之人城者;曰木牌帮,上新河之木商所集者。午日各帮咸集于夫子庙前之泮池,以其地河身最广,足资水嬉也。船饰彩亭,以小儿扮杂剧坐其间,助以锣鼓。梢头撑长竿,长年之好身手者,于上作种种游戏。河岸人家,掷银钱或放鹅鸭,俾没水争取以为乐。其并行竞渡争夺锦标,则与西人之赛船竞走同一勇气。是日倾城往观,桥岸均满。富家率买舟观之,舟须预定,非临时可觅也。④

不难看出,"河帮""江帮""木帮"在端午时节聚集在夫子庙泮池前,进行龙舟比赛。三帮皆努力装点龙船,秦淮两岸人山人海,投掷银钱,为的是能够在龙舟上人争夺锦标,以此为乐。一些富户人家还要事先租赁游船泛舟游览,可见当时端午龙舟竞渡之盛况。

时至今日,端午作为南京当地十分重要的传统节日之一,与之相关的节日习俗活动自然也丰富多彩。当然,端午作为"毒日""恶日",南京的端午习俗除

---

① 陶思炎:《南京民俗》,南京出版社 2016 年版,第 80 页。
② 陶思炎:《南京民俗》,南京出版社 2016 年版,第 79 页。
③ [明]徐炬,《新镌古今事物原始全书》卷二,明万历刻本,第 11 页。
④ 薛冰编:《金陵旧事》,百花文艺出版社 2001 年版,第 236—237 页。

吃粽子、赛龙舟之外,还有不少驱邪消灾求平安的意义。按照时间节点划分,南京端午节清晨的习俗是粽子煮鸡蛋,大门插艾驱邪。老南京人吃粽子颇讲究,一般在清晨吃"粽子煮鸡蛋"。有些人家,也会在煮粽子的锅里煮上鸭蛋、鹅蛋等。人们吃过蘸糖的白粽之后,要再吃蘸盐的熟鸡蛋"压顶"。据说吃五月端粽锅里的煮鸡蛋夏天不生疮。① 端午节天一亮,家家户户门窗上要插上两棵艾草和菖蒲。艾草能避各种邪气,"蒲剑"是"斩妖剑"。传说唐代的魏征梦中斩蛟龙,用的就是菖蒲剑。从此以后,各种瘟神恶鬼妖魔邪怪,见了菖蒲就害怕。② 等到上午时分,要挂"艾虎",戴香荷包。老南京人习惯在房门特别是新生儿的房门上挂"艾虎",据说能辟邪。大多是用一个独头蒜系以彩色线,下挂一串用彩纸剪成的"五毒"形象,叫"蒜艾虎";或用刚收割的新麦秸编成六角金瓜形,下垂七缕彩穗,叫"麦秸艾虎"。③ 此外,孩子挂端午香荷包也是必不可少的习俗,以各种彩色布做成大椒、茄子、葫芦等各种造型,内装香草,用彩色线穿成串系在荷包下,统称"香荷包"。端午节把香荷包挂在孩子胸前,据说能辟邪驱瘴气。也有用彩色绳网袋装一个大蒜和咸鸭蛋,缝在孩子的上肩衣上,一可避邪,二可避秽。④ 待到中午,南京人习惯于吃烧大蒜,俗称晒端午。人们会把整头的大蒜放在锅膛里烧熟给孩子吃,一个孩子独吃一头,因"独"谐音"毒"。孩子吃了烧大蒜,夏天不拉痢疾,腹内不长虫。家家必吃苋菜,据说夏天可免腹疼。⑤ 所谓"晒端午",特别是体弱多病的人要在太阳下晒一会,据说能把身上的邪气晒跑,病晒好。⑥ 端午这一天,全家人还要聚在一起喝雄黄酒。此时还要用银鱼、韭菜、茭白等在锅里炒黑食之,谓之"炒五毒";或拿黄豆和雄黄同炒,谓之"雄黄豆",目的在于灭害防病。⑦

(四)七夕节

七夕节,又称七巧节、七姐节、女儿节、乞巧节、七娘会、七夕祭、牛公牛婆

① 彭振刚:《秦淮风俗》,南京出版社 1995 年版,第 77—78 页。
② 彭振刚:《秦淮风俗》,南京出版社 1995 年版,第 78 页。
③ 彭振刚:《秦淮风俗》,南京出版社 1995 年版,第 79 页。
④ 彭振刚:《秦淮风俗》,南京出版社 1995 年版,第 80 页。
⑤ 彭振刚:《秦淮风俗》,南京出版社 1995 年版,第 80 页。
⑥ 彭振刚:《秦淮风俗》,南京出版社 1995 年版,第 78 页。
⑦ 彭振刚:《秦淮风俗》,南京出版社 1995 年版,第 80 页。

日、巧夕等,是中国民间十分重要的传统节日之一。拜七姐、祈福许愿、乞求巧
艺、坐看牵牛织女星、祈祷姻缘、储七夕水等,都属于南京七夕节的传统习俗内
容。不仅如此,历经岁月更替,七夕被赋予了"牛郎织女"的美丽爱情传说,其成
为象征爱情的节日,从而被认为是中国最具浪漫色彩的传统节日。古时以农历
七月七为"七夕",这夜女儿"乞巧"。此俗始于战国,据《物原》记载:"楚怀王初
置七夕。"①到汉朝初年,七夕相传为牵牛织女之夜。在《荆楚岁时记》中就曾记
录了七夕节的节俗内容。

> 天河之东,有织女,天帝之子也。年年织抒劳役,织成天衣,天帝怜其
> 独处,许嫁河西牵牛郎。嫁后,遂废织纴。天帝怒,责令归河东,惟每月七
> 日夜,渡河一会……七月七日为牵牛、织女聚会之夜,是夕人家妇女结彩
> 缕,穿七孔针,或以金银锞石为针。陈瓜果于庭中以乞巧,有喜子网于瓜
> 上,则以为有符应。②

可见,"乞巧"成为七夕风俗的核心事象,其中也内含着祭祈双星的节日主
题。而在古代,秣陵(今南京)乞巧之风尤甚,如据《岁华忆语》所记:

> 七月六日,恒有雨,俗谓之洗车。……七夕小儿女,供牛女。往往镂瓜
> 茄为灯,或状花鸟,或镌诗句,极生动之致。置碗水露庭中竟夕,明日投针,
> 恒浮水面。就日影中,视其影作何状以卜巧。③

七夕入夜,女子引线穿针,面朝月儿向织女求艺,叫"乞巧"。由于女红在古
代是女子重要的功课,所以七夕乞巧对女性们来说是一个必不可少的仪式。自
东吴时起,南京就逐渐兴起了丝织业;到南朝时,丝织业遍布全城。民间传说南
京巧织云锦的技术就是织女传授的。一到七夕,上至宫廷,下至闾巷,无不有女
子走出屋宇面向银河穿针引线。就连南朝齐武帝也特命宫女于此时登"层城
观",对初生之月引丝线穿七孔针以"乞巧",故此楼又称"穿针楼"。到了南唐,
据说后主李煜适逢七夕生辰,他为了使万民欢乐不致因其寿诞而受影响,遂将
七夕移前于七月初六举行。于是七月初六度"七夕",即由长江流域传至中原。

---

① [明]罗颀:《物源》卷一,明嘉靖24年刻本,第2页。
② [梁]宗懔著,姜彦雅辑校:《荆楚岁时记》,岳麓书社1986年版,第43—44页。
③ 薛冰编:《金陵旧事》,百花文艺出版社2001年版,第238页。

到了宋代,宋太宗于太平兴国三年为恢复传统七夕还下了一道诏书:"七夕嘉辰,善于令甲。今之习俗,多用六日,非旧制也,宜复用七日。"人们又改在七日行乞巧。① 七巧作为七夕的一项重要女性活动,直至近代依旧盛行,《中华全国风俗志》记录了南京妇女浮草乞巧之俗:

> 七月七夕,五更时谓有巧云见于天半,于是闺女皆乞巧焉。乞巧之法,于初六日取净水一碗,置日中晒之,夜露一宵。初七日清晨,折细草,取浮水中,视其下所现之影形状如何,而有种种名称,或戥子,或算盘,或针,或如意,或必定,牵强附会,以占休咎。②

此外,在七夕节时,南京还流传有给女孩染红指甲的习俗传统。她们采来凤仙花,捣碎后加上明矾,然后涂抹到自己的和小姊妹们的指甲上,就能让指甲变得红艳艳,而且不掉色,无污染。七夕节还有乞子、乞寿、乞年、乞富等民间习俗,作为星辰崇拜的泛化表现,也是对七夕节乞巧、乞爱主题的烘托。旧时一些地区会在七夕节购买"化生小儿"磨睺罗的瓷枕或泥偶之类,在江南一带颇为普遍。南京地区在七夕祭中,镂瓜茄为灯的风俗尤为独特。据《岁华忆语》载:"或状花鸟,或镌诗句。"③可见此节既风雅,又多趣。在七夕的星光月影之下,各家祭台前闪闪烁烁的瓜灯、茄灯,总能给人们带来无尽的人文遐想和入世的人文关爱。④

而在七夕饮食习俗的传承方面,南京人一般要在这一天吃"巧食"。随着岁月的更替和饮食文化的发展,过去人们逢七夕时会以各种米豆一起煮粥而食,称之为"糜粥",类似如今的八宝粥;唐朝时,人们七夕晚上除面对星空进行乞巧外,还举办宴席将饼烙熟后切成几块众人一同分而食之;宋朝时,民间在七夕夜又出现了摊食煎饼的习俗。再后来,老南京的习俗是普遍于七夕之夜供奉牛女二星之后食用"巧果"。巧果是江浙地区一种常见的油炸小点心,在宋代孟元老《东京梦华录》中称这种乞巧果为"笑厌儿",南京人俗称为"江米条"。

"天阶夜色凉如水,卧看牵牛织女星。"七夕往往被冠上牛郎织女的爱情故

---

① 彭振刚:《秦淮风俗》,南京出版社 1995 年版,第 94 页。
② 胡朴安:《中华全国风俗志下编》,河北人民出版社 1986 年版,第 133 页。
③ 薛冰编:《金陵旧事》,百花文艺出版社 2001 年版,第 238 页。
④ 陶思炎:《南京民俗》,南京出版社 2016 年版,第 88 页。

事令人感动。如今,七夕则越来越多地被大家认可为一个更加本土化的"情人节"。2006 年 5 月 20 日七夕节被列入第一批国家级非物质文化遗产名录,逐渐成为男女之间表达爱意的日子。如今,尽管传统的"乞巧"风俗在南京几乎很少见到,但七夕已被看作"中国的情人节",爱情仍然是重要的节日主题,一些情侣甚至会选择在这天去领结婚证。商家自然也不会错过七夕带来的"浪漫经济",巧克力、玫瑰花成为情侣间最常见的礼物。一些餐厅甚至为七夕设置了新的食谱,推出"天仙配""佳偶天成""永结同心"等契合七夕主题的新菜。此外,电影院会应景上映爱情片、旅行社也会推出爱情之旅等活动。

(五)中秋节

八月十五是中国传统的中秋节,中秋节亦称"仲秋""团圆节""月饼节",南京人一般将中秋节称为"八月节"。早在先秦时期中秋节就已出现了节日雏形,也就是所谓的"中秋迎寒"习俗。据《周礼·春官》记载:"中春,昼击士鼓,吹幽诗,以逆暑,中秋,夜迎寒,亦如之。"①东晋时在都城南京牛渚,谢尚玩月闻袁宏咏史于前,两人一见如故,吟诗畅谈到天明,遂引得文人雅士登楼赏月者连绵不绝,"牛渚玩月"的赏月佳话广为流传。南京素有"玩月"的节日习俗,据《正德江宁县志》记载:"中秋夜,南京人必赏月,合家赏月称'庆团圆',团坐聚饮称为'圆月',出游街市称为'走月'。"②南京在明代建有望月楼、玩月桥,清代则在狮子山下筑朝月楼,皆供人赏月,其中建在秦淮河南的玩月桥游者为最。"玩月桥"在夫子庙秦淮河南,桥旁为名妓马湘兰宅第。这夜,士子聚集桥头笙箫弹唱,追忆牛渚玩月,对月赋诗,故称此桥为玩月桥。明亡后,逐渐衰落,后人有诗云:"风流南曲已烟销,剩得西风长板桥,却忆玉人桥上坐,月明相对教吹箫。"③

一般认为,在六朝以前,中秋节并不如端午节那样为时人所重视。但到了唐朝以后,中秋节的节日影响力逐渐增强。人们会把中秋节作为一种文化意象使用于诗词歌赋中,以寄托情感。据宋人朱弁在《曲洧旧闻》中言及中秋之夜、赏玩明月的源起,他说:

> 中秋玩月,不知起何时。考古人赋诗,则始于杜子美。而戎昱《登楼望

① 杨天宇译注:《周礼译注》,上海古籍出版社 2016 年版,第 461 页。
② 转引自王永鸿、周成华主编:《中华国学千问》,三秦出版社 2012 年版,第 226 页。
③ 陈济民编著:《南京掌故》,南京出版社 2008 年版,第 341 页。

月》、冷朝阳《与空上人宿华严寺对月》、陈羽《鉴湖望月》、张南史《和崔中丞望月》、武元衡《锦楼望月》，皆在中秋。则自杜子美以后，班班形于篇什，前乎杜子美，想已然也。第以赋咏不著见于世耳。江左如梁元帝《江上望月》、朱超《舟中望月》、庾肩吾《望月》，而其子信亦有《舟中望月》，唐太宗《辽城望月》，虽各有诗，而皆非为中秋宴赏而作，然则玩月盛于中秋，其在开元以后乎！今则不问华夷，所在皆然矣。①

到了北宋年间，官方正式将八月十五定为中秋节。南宋时中秋之夜，官方还会在建康（今南京）、临安（今杭州）举办竞放水灯的活动，是为节日佳景。宋代月饼已经得到应市，不过，这种月饼和芙蓉饼、菊花饼等其他点心一样，只是一种市井小吃，而且"四时皆有，任便索唤，不误主顾"②。那时候的月饼，并没有与某个特定节日关联在一起。将月饼作为中秋之礼和食物大约形成于元末明初，民间传说在朱元璋起义时，曾将写有"杀鞑子三字"的纸条藏入月饼里，百姓见之遂于中秋之夜揭竿而起。明朝建立后，朱元璋在应天府（今南京）做了皇帝，八月初二，徐达攻下元大都，朱元璋便下口谕在即将到来的中秋节，将当时用以秘密传递情报的月饼作为中秋节糕点赏赐群臣。后来，中秋之夜食用月饼以表庆贺的节日习俗逐渐传播开来。

南京中秋节的传统节俗活动主要有祭月、摸秋等。古有"祭日祭月不宜迟，仲春仲秋刚适时"之说。南京人中秋拜月一般在室外摆台设供对天祭拜，或者请"月宫纸"，供放自家中堂上。祭拜前要烧斗香或塔香，摆放月饼作为供品。《岁华忆语》中有关于祀月的记载："祀月用纸口上印绘月宫状，日月宫纸。以小香若干柱扎成玲珑楼阁状，或剪彩作月宫状黏之，其最上一柱，戴以纸糊之斗，日斗香。面和糖果为馅，大如盘日月饼。"③拜月一般由妇女们依次跪拜，诉说心愿。因月为阴，故有"女不祭灶，男不拜月"一俗。摸秋是南京地区以女性参与为主题的节日民俗活动，主要是为了乞子求孕。一是去太平南路钱厂桥，抚摸铁锚之一角，因其形似男根，说可宜孕。《首都志》记载：庙前长杆是老南京摸

① 朱弁：《曲洧旧闻》卷八《玩月盛于中秋》，见《师友谈记　曲洧旧闻　西塘集耆旧续闻》，中华书局2002年版，第194页。
② ［南宋］吴自牧：《梦粱录》20卷，浙江人民出版社1980年版，第147页。
③ 薛冰：《金陵旧事》，百花文艺出版社2001年版，第241页。

秋风俗的场所。咸丰战乱铁老鹳被毁。同治以后,摸秋之俗转移至钟山书院前大铁锚。一是去门东茉莉园摸瓜豆。① 据《金陵琐志·炳烛里谈》所载:"江南妇女艰于子嗣者,每于中秋月夜,潜至菜园,偷一瓜回,以为宜男之兆。谓之摸秋。"②光绪《六合县志》载:"(中秋)乡村愚妇有夜分私取园瓜,谓之摸秋,以兆生子。"③《金陵岁时记》中也有载:"金陵俗:中秋月夜妇女有摸秋之戏。尝往茉莉园以得瓜、豆宜男。"④总之,圆月摸秋的习俗充分表现了人们欲以月圆兆人圆和愿圆的美好诉求。

作为一种代表性节日食品,南京当地所产的"宁式月饼"花样繁多,主要包括曾作为清代贡品的六合"赖月饼"、金陵椒酥月饼、五仁月饼、椒盐月饼等。其中,已有数百年历史的六合"赖月饼"最为著名。相传当年乾隆下江南时曾下榻于瓜埠山寺院,正值中秋时节,寺院住持和尚"赖月"见客开头不一般,不敢怠慢,于是亲自精制糖饼献给乾隆皇帝品尝,乾隆尝后觉得风味独特,称"此有月中之香也"。闻此饼尚未有名,为表其功,即以"赖月"法号命名该饼。从此,"赖月饼"被列为南京的贡品,并以其独特的风味享誉四方。⑤

丹桂飘香,月圆人团圆,中秋节前后的南京城乡总是充满着一片欢乐温馨的景象。在南京,中秋节的"吃喝玩乐"习俗自有其独特的节日魅力。例如,流传于老南京人的俗语中有言:"八月十五月正圆,中秋月饼香又甜。"清初美食家袁枚《随园食单》中便记录了两种南京当地特色月饼。一种叫刘方伯月饼,也就是现在的五仁月饼,"用山东飞面,作酥为皮,中用松仁、核桃仁、瓜子仁为细末,微加冰糖和猪油作馅,食之,不觉甚甜,而香松柔腻,迥异寻常"⑥。一种是花边月饼,"明府家制花边月饼,不在山东刘方伯之下。余常以轿迎其女厨来园制造,看用飞面拌生猪油子团,百搦才用枣肉嵌入为馅,裁如碗大,以手搦其四边菱花样。用火盆两个,上下覆而炙之。枣不去皮,取其鲜也;油不先熬,取其生

---

① 南京市秦淮区地方志编纂委员会编:《秦淮区志》,方志出版社 2003 年版,第 206 页。
② [清末民初]陈作霖、[民国]陈治绂撰:《金陵琐志九种·下》,南京出版社 2008 年版,第 304 页。
③ [清]谢延庚:《六合县志》附录,光绪刻本,第 2 页。
④ 转引自陶思炎:《南京民俗》,南京出版社 2016 年版,第 96 页。
⑤ [清]潘宗鼎、[民国]夏仁虎撰:《金陵岁时记·岁华忆语》,南京出版社 2006 年版,第 38 页。
⑥ [清]袁枚著,别曦注译:《随园食单》,三秦出版社 2005 年版,第 252 页。

也。含之上口而化,甘而不腻,松而不滞,其工夫全在搦中,愈多愈妙"①。虽然现在月饼口味款式多变,但五仁月饼和花边状月饼依旧在南京流行至今。

中秋尚八,家家户户餐桌上也得凑出八样家常菜肴,南京话叫"八样头"。比较常见的中秋菜品有栗子烧仔鸡、韭菜薹炒鸡杂、茭白炒肉丝、菱肉烧鳜鱼、芋头炖肉、湖南豆腐烧毛豆米、糖醋桂花香藕、盐水鸭。在节日活动方面,虽不似古时秦淮女儿"踏月""摸秋"祈生子,但夫子庙、秦淮河灯火通明的热闹景象也是十分诱人的。对南京人来说,如今的中秋节"赏月也赏乐",前往中山陵的音乐台,还可以享受一场视听盛宴的南京森林音乐会,这也成为当下南京人的又一节日新民俗。

(六)重阳节

每年农历九月初九日,是中国传统节日重阳节。"九"在《易经》中为阳数,且为阳数之极,"九九"两阳数相重,故曰"重阳";因日与月皆逢九,故又称为"重九"。九九归真,一元肇始,古人认为九九重阳是登高望远的日子。过去重阳节流传有登高插茱萸、赏菊饮菊花酒、食重阳糕等习俗,这些也是南京地区最常见的重阳习俗。南京人素有重阳登高的传统,且可供民众选择的登高场所有很多,如城南雨花台、城中北极阁、城北幕府山,东郊栖霞山等地,其中尤以选择雨花台者为甚。《岁华忆语》中对南京人重阳登高习俗便有记载:

> 金陵人九日登高,北则鸡鸣山、北极阁,南则雨花台。要以登雨花者为最多。携佳茗,瀹雨花泉水品之;新栗上市,茶肆和木樨煮熟风味殊佳。兴尽每购雨花石子归,备冬日养水仙也。②

游人登高后顺便赏菊,并多选购菊花而归。南京的这一重阳节俗叫作"后山看菊"。在雨花台登山者,人们还往往喜欢选用雨花泉水泡茶,吃桂花煮栗子,回来时购买一些雨花石,以便在冬日养水仙时搁置盆中作为观赏。

重阳糕、重阳旗也是南京民众十分重视的重阳节日物品。重阳糕以糕比喻"高",既与重阳习俗偕同,又有升腾顺达之意。据《岁华忆语》所记:"是日人家,以糕饵供祖,上插小彩旗,曰重阳糕。儿童雕镂五色纸作三角形,累贴成大旗,

---

① 〔清〕袁枚著,别曦注译:《随园食单》,三秦出版社 2005 年版,第 262 页。
② 薛冰编:《金陵旧事》,百花文艺出版社 2001 年版,第 242 页。

曰重阳旗。"①南京人还会用重阳旗插在自家门楣上或给小孩做玩具,称为"庆贺重阳",重阳旗也被看作节日的装饰物和象征。据《南齐书》载,南朝宋武帝刘裕即位后,精武励志,曾在后湖(今玄武湖)大规模演练水军,刘裕还规定:九月初九为骑马射箭、检阅军队的日子。相传现在仍流行的重阳糕,糕上插以五色剪纸令旗,就是当年发给士兵的干粮的遗制。此外,古人还有一种说法是:古人崇尚"登高避灾",因"高"与"糕"字谐音,后来就逐渐用吃糕代替"登高",流传为重阳节品尝重阳糕的习俗。② 此外,重阳前后,天气转寒,故民间又流传有"吃了重阳糕,夏衣就打包"的谚语。旧时南京的商铺店家在重阳节要备酒剥蟹,佐以咸鸭,犒赏店伙。因重阳之后,白昼渐短,工人要开始夜作,直到清明而罢。明清以来,南京机业发达,工人众多,故有"织工一夜登高酒,篝火鸣机夜作忙"的诗咏。③

金秋送爽,秋阳宜人。登高揽胜、吟诗作赋、赏花饮酒、遍插茱萸往往被看作传统重阳节的四大仪式。如今在秋日的美好景色里,人们登高赏菊,与家人共享节日之乐,南京重阳节的节俗活动则主要以敬老爱老为核心开展系列节俗活动。如在 2021 年重阳节期间,南京推出近百场活动,坚持以文化人、成风化俗,开展重阳登城墙活动,在解放门设置重阳登高墙、线下打卡点等,引导市民登城远眺。

三、南京传统节日的现代传承价值

(一) 传统节日文化传承的内在意涵

在这个全球化、信息化飞速发展的时代,人们的节日生活方式通常会因应时势发生诸多转变。众所周知,中国传统节日历经数千年中华历史文明长河的滋养,不仅孕育了绚丽多姿的节日民俗文化,也早已成为中华优秀传统文化中不可或缺的一部分。当传统与现代交织,近些年伴随着中西方节日文化绵延不断地交流、碰撞,中国传统节日文化的现代传承又出现了不少新的挑战。时至今日,每遇春节、清明节、端午节、中秋节等传统节日,社会上总是不乏一些"节

---

① 薛冰编:《金陵旧事》,百花文艺出版社 2001 年版,第 241 页。

② 南京市栖霞区地方志编纂委员会:《栖霞区志》,方志出版社 2002 年版,第 1110 页。

③ 陶思炎:《南京民俗》,南京出版社 2016 年版,第 97 页。

日的味道淡了""逢年过节,吃吃喝喝"等传统节日忧思之语。与之相对应的是,圣诞节、情人节等西方节日广为当代年轻人追捧,"双11""618"等网络新兴节日深受商家群体所青睐……事实上,面对此类新动向,国家、地方政府与学界均注意到保护传统节日文化的时代价值和重要意义,所以无论是在传统节日习俗的创造性传承方面,还是在传统节日文化的创新性发展方面,目前都已经做了大量的探索性保护实践和学术研究工作。值得注意的是,作为中宣部指定的传统节日振兴工程试点城市之一,最近几年来,南京市在保护传统节日与传承节日文化过程中积聚了较为丰富的地方经验,并且探索构建了"我们的节日"南京实践模式,这一典型模式引发社会各界关注。

中国传统节日,凝结着中华民族的民族精神和民族情感,承载着中华民族的文化血脉和思想精华,是维系国家统一、民族团结和社会和谐的重要精神纽带,是建设社会主义先进文化的宝贵资源。① 中国是一个历史悠久的文明古国,中国传统节日多数诞生于农业社会,是农耕文明的产物。因此,虽然不同的传统节日有着不同的文化起源和历史内涵,但其本质上都是为了适应农业社会生产生活而总结和形成的经验,归根结底都可以与农业挂钩,这也是中华文明的历史缩影。因为传统节日往往与农事生产相关,因而也可以称为农事节日。千百年来,农事节日已经成为生活化的仪式,也是民众生活世界的一部分。根植于南京民众日常生活中的各类节日民俗活动,不仅体现了当地民众敬畏自然、适应自然的朴素心愿,也是众多节日民俗事象得以有序传承的重要载体。从传统节日的文化内涵角度来分析,我国传统节日的文化内涵主要体现在自然文化、社会历史文化、个体生命文化三个方面,这是我国传统节日文化的三个重要属性。② 具体到南京传统节日的现代传承价值来看,它不仅是彰显地域文化传统的重要载体,也传递出南京节日文化系统的丰富性和多样性,主要表现并内化于以下三个层面。

一是传统节日融入现代生产生活。一般认为,物质资料的生产是人类社会存在和发展的基础。除了人类自身的生产以确保人类繁殖,物质生活资料的生

---

① 中央宣传部、中央文明办、教育部、民政部、文化部:《关于运用传统节日弘扬民族文化的优秀传统的意见》(中央文明办[2005]11号)。
② 周文:《传统节日:文化、仪式与电视传播》,《中国地质大学学报》(社会科学版)2010年第5期。

产始终是人类社会求得生存和发展的基础,没有物质生活资料的生产,便没有人类社会的存在。正是基于这种客观现实,所以各民族的民间节日活动,尤其是延续时间较长的大型节日,都是围绕生产季节来安排的。① 这主要体现在两个方面:一是娱乐性的节日大多在农闲时举行,以免耽误农时造成收成不佳,难于满足温饱问题;二是农忙季节一般只举行与生产有关的节日活动,以期望获得丰收的好景象。前者如传承千年、享誉世界并最为南京人所重视的,一年中规模最大、持续时间最长、活动内容最丰富的中华民族最盛大的传统节日——春节,即安排在冬春之际的农闲时节。后者譬如端午"祈雨""卜岁"的朴素心理表达,祈求下雨保佑农业生产顺利。

我国传统节日的设立多以农时、季节变化为根据,二十四节气就是先人观察天体运行,再通过对自然运行规律的观察、解读和运用,用以来指导人们的生产生活的时节安排。比如南京人认为清明节是春耕春种的大好时节,就有所谓"清明前后,点瓜种豆"的说法。再如,端午节作为中华民族古老的传统节日之一,人们挂艾草菖蒲、佩香囊、拴五彩绳、贴五毒图、挂钟馗像、喝雄黄酒等就是从避五毒避邪免灾中遵循自然规律,表达对自然的敬畏和应对灾异的生活智慧。通过长幼之间进行时令物品的馈赠、服侍、佩戴,姻亲之间相互走动,村社之间的龙舟竞赛来表达家人之间的关爱、强化所属村社的内部凝聚力。② 吃粽子纪念屈原,从"长太息以掩涕兮,哀民生之多艰"的忧国忧民,到"路漫漫其修远兮,吾将上下而求索"的崇高理想,从"亦余心之所善兮,虽九死其犹未悔"的不屈人格,到"身既死兮神以灵,魂魄毅兮为鬼雄"的斗争精神。屈原感慨道:"既莫足与为美政兮,吾将从彭咸之所居。"表示将用生命来殉自己的"美政"。正因如此,故世人"惜而哀之,世论其辞,以相传焉",展现的是中国人民崇敬英雄的爱国情怀和对于坚贞高洁、思想独立的理想人格的追求。遵循节令时序,天长日久,这些自然节气与人们生产生活的关系越来越紧密,慢慢就约定俗成变为丰富多彩的传统节日文化。一个个传统节日,彰显了中华民族厚重的节日文化底蕴。

二是传统节日深刻影响社会生活。中国传统节日是各种民俗活动和民间艺

① 徐万邦:《节日文化与民族意识》,《云南社会科学》1994年第2期。
② 高丙中:《端午节的源流与意义》,《民间文化论坛》2004年第5期。

术集中展示的平台,这个平台荟萃着祭奠、礼仪、表演、技艺、艺术、体育、游戏等丰富多彩的行为文化,构成了一道亮丽的风景线。[①]例如,祭祀和庆典仪式往往被看作节日民俗活动的重要载体。《左传》有云:"国之大事,在祀与戎。"可见在古人眼里祭祀是关乎国运的大事。春节作为各种民俗活动的集大成者,其祭祀活动很早就形成了两大祭祀文化传统,即祭拜天地神灵与祭祀祖先,这是新年到来之际最神圣、最隆重的祭祀仪式之一。在中国古代社会,人们往往在春节期间表达对天地神灵和祖先的崇敬。感念大自然的恩赐而举行的祭祀,如祭祀灶神,是对灶火烧食之功的感念,[②]对祛邪、避灾、祈福的美好愿望;祭祀社神,是因为古人相信"地载万物""聚财于地",祈求风调雨顺,五谷丰登;祭祀井神,祈求井水清甜充足;对牛马鸡羊等各种家畜的善待和优惠,则为感谢大自然的恩赐,同时保佑六畜兴旺。有俗语言:"头鸡二狗、三猪四羊、五牛六马。"人们通过这些祭祀活动,来表达对大自然恩赐的敬畏与感谢,以及对来年风调雨顺的美好祈愿。

据《礼记》记载:"腊先祖五祀,劳农以休息之"[③],明确提出要趁着腊月农闲的时候,祭祀祖先,以求保佑来年家族兴旺。因此,敬仰古圣先贤和宗族祖先而举行的祭祀也是春节的一个重要日程。祭祖是孝道文化的传承,在春节这个普天同庆的日子里,家家户户举行隆重的祭祖活动,通过祭祀追忆祖德和父母的养育之恩,身体发肤受之父母,提醒自己的孝思,不忘祖先、不忘本。孝是德之本,也是仁之本。希望一生之中能在圣贤的引领、教诲中坚持不懈地敬畏完成孝道,并倾诉出儿孙们的承诺和告慰。慎终追远,民德归厚,体现了中华民族敬天法祖、忠孝传家的传统美德。

除了祭祀庆典,春节时的社交娱乐活动也很丰富多样,除守岁、贴春联年画、放鞭炮、走亲访友、逛庙会、看花灯、闹元宵等仪式外,还有舞龙灯、划旱船、踩高跷、耍狮子、扭秧歌等多种让人兴奋、充满激情、充满欢乐的游戏、艺术、体育形式。人们在享受年节喜悦欢乐的时候,渴望通过这些行为活动感受人间温情,满足心理诉求,并得到精神上极大地放松。总之,通过春节这个颇具综合民俗色彩的节日,以祭祀庆典和娱乐活动两方面的简单概述,可以

---

①② 王文章、李荣启:《中国传统节日的文化内涵》,《艺术百家》2012 年第 3 期。

③ 陈戍国校注:《礼记全本(上)》,岳麓书社 2019 年版,第 117 页。

看出，以春节为核心的"年"的体系体现出来的中华民族的时间制度和有节奏的生活韵律，①春节的节俗活动更具象征性、仪式性，既是对旧一年生活的告别，也是对新一年的期待与祈愿。再如，中秋节又称"团圆节"，是人们团圆相聚的时节。"露从今夜白，月是故乡明""但愿人长久，千里共婵娟"。在月圆中秋之夜，游子归家，家人团聚，共赏明月，共食月饼，彼此关怀，尽享天伦，体现出中国人企盼和气满堂，追求事事团圆的美好心愿。

事实上，传统节日在民众日常生活中的重要地位已不仅仅体现在仪式和礼仪层面，更是内化和影响到节日文化传承和民众思想教育层面。它反映出中国人忠诚、孝悌、廉洁、勇敢等道德准则和心存敬畏、天人合一的文化情感，也彰显出传统节日民俗文化的重要约束力。

三是传统节日滋养民众精神生活。在长期的农业社会生活形成的精神文化传统是天人合一、人与自然的和谐，"和合"成为中国传统节日的重要文化传统。这里不仅是天人的和谐，还包括人与事之间的和谐，"礼之用，和为贵，先王之道斯为美"。传统节日浓缩了我国数千年文明进程的丰富内涵，集中体现了中华民族优秀的精神风貌，寄托着古往今来中国人的理想情怀，蕴含着人们对美好生活的不懈追求、对大自然的感恩与敬畏、对家庭团圆与世间和谐永恒的企望。每个传统节日都有其特定的精神文化内涵与价值。例如，在代代传承的老习俗里，春节是我国民间最隆重、最热闹的传统节日。春节是由原始农业社会庆贺丰收的"腊祭"演变而来的，祭神拜祖，表达人们感恩天地、尊崇祖先的感恩之情；辞旧迎新、阖家团圆，这是一年一度的春节的主题。春节的一系列仪式礼仪，已经成为中华民族的文化基因深入中华儿女的骨髓，铸成中华民族的精神纽带。"腊月二十八，打糕蒸馍贴花花"，借助"贴花花"，人们表达着对幸福生活的向往和美好未来的祝愿。"爆竹声中一岁除，春风送暖入屠苏""一年四季行好运，八方财宝进家门""除夕更阑人不睡，厌禳钝滞迎新岁"等。这些诗词寄寓着人们对新一年美好生活的希冀，凸显着团圆、祥和、平安、欢乐的精神追求。春节带着中华民族最热烈的感情、最温暖的期盼、最美好的祝福，用一系列欢歌笑语的民俗活动，告诉人们新的一年与过往作别，并期盼未来，给人以崭新的信

---

① 林继富、马培红：《沉隐与彰显：阆中春节知识谱系生产与品牌塑造》，《中央社会主义学院学报》2020年第6期。

心和力量。再如清明节,人们通过扫墓祭祖、折柳插青来追忆先人,敬畏英烈。一方面反映了中国的"孝"文化:对祖先的尊重感恩、对血脉亲缘的重视和认同以及人们的亲情友情观念;另一方面也体现了中国人慎终追远、敬祖报本的道德情怀。同时,清明的到来意味着春天的复苏,在清明节春游踏青、放风筝,在大自然的辞冬迎春之际感受万物复苏的蓬勃和新生的喜悦,一驱内心的抑郁与冬日的寒气,则体现了中国人享受春光、热爱生活、珍惜生命的积极心态。因此,清明节作为一个综合节日,不仅体现了中国人"追思先人,寻根谒祖"的人文观念,更反映了中华民族"哀而不伤,乐而不淫"的中庸文化和"顺应天时、人地和谐、天人合一"的理想人生价值观。

（二）南京传统节日文化遗产保护与当代振兴价值

中国传统节日凝结和寄托着广大人民期望风调雨顺、平安顺遂、生活美满、阖家团圆、健康长寿等的愿望,蕴含着中国人民以"仁、义、礼、智、信"为核心的传统美德和理想追求。在中华民族文化遗产宝藏中,传统节日有着其他文化遗产所不具备的特殊性,[1]具有全民性、丰富性、隆重性、特色性的特征。在季中扬看来:"古老民俗在现代生活中焕发新的光彩,体现的是我们的文化自信与民族自豪感在增强,意识到自己对先辈及传统民俗民风有着深刻的眷恋与热爱。自古流传至今的民俗文化在生活中的重要时间节点为人们提供情感交流、身份认同、情感共鸣的契机,它是一种刚需。"[2]具体到南京传统节日遗产而言,其不仅文化内涵博大精深,并且这种深厚的文化底蕴已经深深融入广大人民的日常生活,植根在民众思想深处,滋养着地域节日文化传统的发展和传承,尤其是在传统节日的当代振兴实践过程中,具有非同一般的意义和价值。

中共中央办公厅、国务院办公厅曾印发《关于实施中华优秀传统文化传承发展工程的意见》,要求"深入开展'我们的节日'主题活动,实施中国传统节日振兴工程,丰富春节、元宵、清明、端午、七夕、中秋、重阳等传统节日文化内涵,形成新的节日习俗"。这体现了国家对于中华民族共同体传统节日文化社会再生产的责任担当,使作为中华民族优秀传统文化的传统节日得到有效的传承和繁荣发展,进一步推进传统节日的全民族共度和共享,形成更为广大的文化记

---

① 黄涛:《保护传统节日文化遗产与构建和谐社会》,《中国人民大学学报》2007 年第 1 期。

② 于锋、吴雨阳:《用传统方式来过"我们的节日"》,《新华日报》2019 年 6 月 9 日。

忆空间。① 但在当代社会转型和全球化的背景下,在经济、社会、文化、科技等诸多因素的影响下,我国不少地区的传统节日文化出现了淡化和异化现象。尤为显著的是现代互联网和新媒体的发展引起的"泛民俗化""泛节日化"的滥用,使得传统节日似乎只剩一个囫囵的文化外壳。有学者指出,"城市中的泛民俗现象,是指那些并非都市人所共同遵守的、长期形成的民俗文化,而是由于某种需要而刻意制作出来的具有一定民俗意味的文化现象。例如,为了商业上的需要,有人就根据民俗的某些特质制造了市场节、冰箱节、电脑节、食品节、旅游节、土豆节、美容节等,所有这些节日都不是传统的节日,在一般情况下,没有固定的时间,没有固定的场所,没有固定的规矩,其中最根本的是没有文化的根基,没有一种习惯成自然、水到渠成的感觉,因此也就缺少更广泛意义上的群众参加,这样慢慢地就远离了举办者的初衷"②。不容忽视的是,"泛民俗化"下的"泛节日化"在一定程度挤压了南京传统节日在现代社会的空间、消解了地方传统节日的文化内核,再加上"洋节"等西方节日的冲击,南京城乡传统节日的传承出现了一定程度的衰退和淡化问题。

民俗学家钟敬文曾言:"我们要牢牢记住我们国家的性质和历史,记住我们是拥有大量文化遗产(其中还有无价之宝)的国家,记住我们的主体性——我们在引进外国文化问题上的自主性、主动性!在对待这个严肃的问题上,我们固然不能表现出民族自大狂,但也绝不能做民族文化的虚无主义者!"③因此,提出保护南京传统节日文化遗产,更应该让传统节日真正返回人们的日常生活,提高传统节日文化自觉和文化自信,对节日文化遗产进行现代性重构,④让具有生命力的南京传统节日习俗与民众生活充分融合,并在民众的日常生活实践中得以有序传承,是当下推动南京传统节日振兴工作的内在要求。

事实上,中华传统节日蕴含着博大精深的文化内涵,体现着世代相传的价值观念,国家已经注意到传统节日文化遗产保护的重要价值,并连续多年发文

---

① 林继富、何佩雯:《中国共产党与民俗文化的传承创新》,《中央社会主义学院学报》2021年第6期。
② 徐华龙:《现代都市的泛民俗化问题》,《民俗研究》2000年第4期。
③ 钟敬文:《说话民间文化》,人民日报出版社1990年版,第45页。
④ 林慧:《生活在传统中——论节日遗产在当代的传承与保护》,《文化遗产》2017年第2期。

部署"我们的节日"文化实践活动。张勃也提出,作为一个国家、民族或地区的标志性文化,节日具有凝聚人心、传承文化、丰富生活、推动经济发展、促进社会和谐、缓释心理压力、满足情感需求等多种功能。① 南京作为传统节日振兴工程的全国5个重点城市之一,以传统节日为载体弘扬优秀传统文化,一直是南京人矢志不渝的工作追求。传统节日的内涵凝聚着中华文化的价值理念和精神追求,不少传统节俗事象寄寓了人们对美好生活的希冀、对家庭价值和传统美德的推崇,这些朴素的节日情感亘古弥新。实如南京民俗学者陶思炎在《南京民俗》一书中所言:"南京的诸多城市色调在中国的传统节日中总能找到对应之处。"作为一名土生土长的南京人,他的不少节日研究成果着眼于南京,并有诸多独到的发现。比如春节之于红色,通过红色更烘托出合家团圆、欢腾喜庆、衣食丰足和天下太平的节日氛围;清明节,其时万物复苏,人们走向自然,一边缅怀先祖,一边接受伦理教化,那么,青色就成了这个节日启示复苏的色调;端午节,人们会通过"红黄蓝白黑"五色来表现天地和合与风调雨顺,南京人也会用"五毒"来驱瘟逐疫;白色所对应的节日是中秋,其时,月光如水,人们用其寄托月圆人圆的美好愿望;等到菊花开的时节,黄色开始唱主场,它对所应的正是阳气长养的重阳节……②

　　一定意义上看,推动南京传统节日振兴工程,一方面有助于丰富城乡传统节日文化活动,另一方面有助于挖掘南京传统节日文化内涵,阐释节日现代意义、引领发展新的社会习俗。南京作为"我们的节日"——传统节日振兴工程的全国重点城市之一,是六朝古都,十朝都会,首批中国历史文化名城、世界文学之都,千百年来积淀了丰富的节日民俗文化。近年来,南京市委宣传部指导设立"我们的节日"南京工作室,工作室依托南京报业传媒集团开展具体的节日保护工作,也希望唤起民众对传统节日文化内涵的关注,并将现代节日习俗更好地融入传统节日文化遗产的传承保护实践之中。

---

① 张勃:《建构时代的中国节日建设》,《民俗研究》2015年第1期。
② 王峰:《以南京文化特色　重振传统节日》,《南京日报》2019年4月26日B02版。

第二节　南京传统节日当代振兴工作举措

一、政府引导:营造良好节日环境

近些年来,南京高度重视传统节日的当代振兴工作,并从节日政策引导、人才培养、组织运行等方面重点发力。有学者指出,节日生活以其公共的时间性、空间性以及独特的行为方式而构成了一种特殊的文化空间,其意义在于建立集体的文化认同和加固文化记忆。[①] 南京市通过节日政策引领传统节日振兴工程,以打造独具南京特色的节日文化为目的,围绕"我们的节日"主题,秉持自上引导、上下互动的基本原则,从政府机关党委到地方社区,扎实推进传统节日文化当代振兴工作,构建了南京传统节日传承的独特文化空间。

2019 年 5 月,中共南京市委宣传部在南京市民俗博物馆挂牌成立"我们的节日"南京工作室。"我们的节日"南京工作室在每年的春节、元宵节、端午节、七夕节、中秋节、重阳节等节日到来之际,都会制定特别主题活动方案。以主题活动为落地形式,通过专家学者的理论指导和内涵阐释,形成传播报告总结,以"策划会＋活动执行＋传播报告"全流程的模式开展行动,使得政府的有效指导与工作室谋划实践能够得到有效衔接落地。挂牌以来,南京市民俗博物馆充分发挥自身民俗、非遗资源优势,梳理传统节俗的文化内涵,深度挖掘传统节日的文化价值和当代意义,策划开展以"我们的节日"为主题的内容丰富、形式多样、各具特色的主题活动,包括非遗展演、展示及体验活动,并且经常组织馆内非遗传承人设计、制作与传统节俗相关的文创作品,以最贴近百姓的方式,诠释、宣传、展示、传承传统文化。现如今,"我们的节日"南京工作室已成为南京传统节日当代振兴的有力载体。

为贯彻落实《国务院办公厅关于进一步激发文化和旅游消费潜力的意见》《国务院办公厅关于以新业态新模式引领新型消费加快发展的意见》《省政府办公厅关于促进文化和旅游消费若干措施的通知》等文件精神,进一步激发消费潜力,促进文化和旅游产业高质量发展,南京市人民政府办公厅于 2020 年 11

---

① 王霄冰:《节日:一种特殊的公共文化空间》,《河南社会科学》2007 年第 4 期。

月 12 日颁布了《市政府办公厅关于培育新业态拓展新消费促进我市文旅产业高质量发展的实施意见》。通过充分发挥南京文化底蕴深厚、旅游资源丰富的优势,整合城乡资源,创新消费模式,优化文旅消费环境,完善服务设施,引导社会参与,实现全民共建共享。旨在把南京建设成为设施完善、产品丰富、环境优良、美誉度高的国家文化和旅游消费示范城市、全域旅游示范城市、文化和旅游融合发展示范城市。文件中鼓励并加强文化和旅游节庆资源整合。提升南京文化旅游节品牌效应和市场活力,支持组织举办文化和旅游消费季、消费月、数字文旅消费体验和特色文化旅游节庆活动。继续办好南京森林音乐会、南京文化艺术节和"我们的节日"等活动,打造南京 IP。①

以 2022 年清明节为例,清明节是广大人民群众寄托哀思、缅怀先人的传统节日。受新冠疫情影响,清明节的现场祭扫活动暂停开展。根据南京市《关于疫情防控措施动态升级调整的通告(第 11 号)》《关于做好清明祭扫疫情防控工作的通告(第 5 号)》等决策部署,"我们的节日"南京工作室积极谋划,联合南京市民政局等单位,在紫金山新闻客户端搭建"云上清明"交互平台,借助网络传播,引导市民线上祭扫、云上踏青,减少人员流动,同时联合民政部门在 4 月 3 日雨花台功德园共同举办代祭扫仪式,在挖掘传统节日内涵的同时,倡导新的社会习俗。在南京市委宣传部、南京团市委、南京市绿化园林局、南京市妇联联合指导,"我们的节日"南京工作室、紫金山新闻、中国银行南京分行主办,南京市虎凤蝶文化科技有限公司、南京市诗词学会、南京市朗诵协会承办,叮咚买菜平台、中央商场、南京新华书店等爱心企业联合参与下,"我们的节日·清明"举行了特别行动——"我把春天送给你",让市民多维度感受春天。② 南京市民俗博物馆依托本馆民俗非遗文化资源,围绕清明民俗文化,在微信公众号和官方微博平台推出"四时八节"之清明纸鸢寄相思和"萌娃电台·邀您线上当主播"两场线上主题活动。活动通过视频、音频等形式,带领大家了解清明习俗文化,学习传统非遗技艺,体会传统节日文化的深厚底蕴。各区各街道也响应"我们

---

① 南京市人民政府网:《市政府办公厅关于培育新业态拓展新消费促进我市文旅产业高质量发展的实施意见》(宁政办发[2020]47 号),http://www.nanjing.gov.cm/zdgk/202011/t20201120_2721056.html。

② 梁建恕、李有明、计青:《南京搭建"云上清明"交互平台》,《南京日报》2022 年 4 月 2 日 A7 版。

的节日·清明"活动主题,弘扬中华民族传统文化,传承革命英雄奋斗精神,树立文明祭扫新风尚。如南京市浦口区永宁街道新时代文明实践所联合高丽社区新时代文明实践站开展了"我们的节日——绿色清明 青团寄情"主题活动。①

二、学界主脑:深化南京传统节日传承理论研究

最近三年来,在开展南京传统节日振兴工作过程中,当地尤其重视发挥学术界的理论研究作用,不断深化、丰富南京传统节日传承理论研究成果。首先,南京十分重视节日文献的搜集整理工作。近年来,南京为充分利用和开发古籍,充分发挥地方志和历史文献"资治、存史、教化"的功能,南京市地方志办公室和南京出版社并联络多家单位,共同出版了《南京稀见文献丛刊》系列丛书。② 其中,《岁华忆语》《金陵岁时记》《秦淮志》《首都志》等共 7 册 11 本地方志和杂记皆囊括其中,记载了近代南京的岁时节日民俗。通过古籍文献整理,将优秀传统文化古为今用,为南京传统节日理论研究提供资料支撑。

其次,南京针对传统节日的当代传承问题开展了系列学术研究工作。如2019 年,开展"我们的节日"南京专家研讨会和传统节日民俗学术研讨会,并在紫金山新闻客户端开设"我们的节日"频道,作为全市节日开展宣传阵地。频道围绕七大传统节日和 24 节气,运用文字、海报、视频、动画等多种新媒体形式开展节日工作报道,且在每个节日设置专题。2019—2020 年,形成 8 篇"7+1"节日传播报告和 1 份总报告。

在 2020 年,南京传统节日传承理论研究系列成果具体表现为三个方面:一是开展大型田野调查,挖掘南京城乡传统节日文化传承变迁状况。2020 年,市委宣传部委托"我们的节日"南京工作室深入高淳、溧水、六合等田间和社区,聚焦乡村传统节日习俗传承,进一步深入了解、挖掘南京城乡传统节日文化传承变迁机制等问题,先后形成了《江宁张家庄传统节日传承状况调查报告》《溧水诸家村传统节日传承状况调查报告》《高淳东坝村传统节日传承状况调查报告》《江宁大福村传统节日传承状况调查报告》《溧水石山下村传统节日传承状况调

---

① 南京市浦口区人民政府永宁街道办事处:《永宁街道开展"我们的节日——绿色清明 青团寄情"主题活动》,http://www.pukou.gov.cn/pkqrmzf/202204/t20220412_3340150.html。
② 赵建中:《〈南京稀见文献丛刊〉简介》,《江苏地方志》2006 年第 5 期。

查报告》《六合东王社区传统节日传承状况及农民画调查报告》《溧水石头寨传统节日传承状况调查报告》《田野观察:高淳东坝端午礼俗的传承机制》等七份内容详实、史料扎实的田野调查报告。田野调研分报告既涵盖高淳东坝村春节、溧水石山下村端午节、江宁大福村七夕节、张家庄乌饭节等传统节日,也涉及六合东王农民画节、溧水诸家村捕捞节及石头寨红色文化节等新兴节日。课题组主要聚焦南京乡村传统节日习俗深描,重点关注南京传统节日文化的当下传承样态及其现代转型状况,讨论节日礼俗变迁与乡民日常生活的互动关系等问题。二是推进节日理论常态化开展,形成以"我们的节日"频道为主体,多元传播的理论传播形态。紫金山新闻客户端"我们的节日"频道已经成为南京"我们的节日"行动宣传和理论研究主阵地,另外,还在南京日报推出《我们的节日》专版,以理论文章+活动展示+专家点评的形式,全方位传播推广节日理论。"我们的节日"南京工作室邀请节日文化研究学者在国内节日文化专门期刊《节日研究》第十六辑出版南京特辑,就南京市"我们的节日"传承与践行路径进行专题讨论。三是开展专项课题研究,通过系列措施打造节日理论研究高地。2020年,"我们的节日"南京工作室就节日饮食文化和节日服饰文化两个课题开展专门调研,形成了两个课题研究成果和主旨论文。节日饮食文化课题组,从理论研究入手,深挖南京文学之都内涵,并从古典名著中发掘南京节日餐饮习俗,先后与五季随园、容大餐饮深入合作,复原《随园食单》中知名南京节日菜肴,共同生产节日文创"我们的节日"中秋伴手礼。工作室还与南京农业大学一起举办"我们的节日·中秋"新文创设计大赛。中秋节前,两个课题召开成果发布会,同时举办节日餐饮文化研讨会。

2021年,以"我们的节日"南京工作室为依托,先后发表理论文章12篇,出版专著《传统节日当代振兴理论与实践研究》;策划制作全年节日系列短视频《中国节》;先后搭建基于紫金山新闻客户端"我们的节日"频道、"我们的节日"南京行动微信公众号和视频号的传播平台,以"我们的节日"线上商城和骨鲁文创为基础的产品平台,和以"我们的节日"大数据平台为载体的数据平台。

三、宣传联动:打造融媒体节日传播平台

一是筑牢节日宣传主阵地。在2016年召开的南京市文联"全国节日文化

遗产保护研讨活动"媒体策划会中就已对如何落实市领导对研讨活动"精彩""惊艳"的总体要求,浓缩式展示南京市民俗文化传承保护的成果,做好活动期间的宣传报道、群众交流工作进行了深入讨论和安排部署。这表明,地方政府已经注意到公共媒体宣传对于民俗文化传承保护的重要性。南京市政府充分利用传统媒体的当代转型并搭上新媒体这辆快车,依托主流媒体资源优势,结合国家、省、市等地方新闻媒体、自媒体对传统节日活动进行大力宣传报道。"我们的节日"南京行动传播平台围绕南京节日工作,工作室于2021年建立含微信公众号、视频号、微博、B站、头条号等全网分发渠道,持续运营,拓宽南京传统文化推广"朋友圈"。"我们的节日"频道2021年全年,共计发稿1 012篇,其中新媒体产品180+件,全频道内阅读突破2000W+,平均阅读量1W+。2021年"我们的节日"南京工作室以花为媒创新表达形式,一个节日一朵花,培育了"春节、元宵—梅花、端午—栀子花、中秋—桂花、重阳—菊花"等特色节日活动,通过花为载体来倡导节日新习俗、扩大节日新消费,全面打造南京传统节日特色品牌。围绕24节气生产系列海报30余件,围绕传统节日制作大量短视频产品20余件,并向央媒及头部自媒体分发。

二是延伸节日传播合作平台。随着互联网平台的发展,生活服务类本地平台在大众日常生活中的参与感逐渐增强,包括饿了么、美团、叮咚买菜、盒马鲜生等APP推动了餐饮行业的数字化进程。因此,与生活类电商平台合作,对于拓展流量来源、提高大众认知度、营造城市节日氛围具有十分重要的促进作用。在2021年"南京味道,中秋'桂'来"——"我们的节日·中秋"主题活动中,"我们的节日"工作室广泛联合各行各业,推广传统节日,助力本土企业。饿了么平台开始线上发放"中秋红包",登录饿了么平台"我们的节日·中秋"专区即可领取红包;叮咚买菜平台开始设置"我们的节日·中秋"食品专区,平台整合各类节日特色产品,帮助市民一站式购物,今后每个传统节日,叮咚买菜平台都将设置节日专区,助推南京本土节日产品走向市场;遍布全城的叮咚买菜骑手和饿了么平台骑手,将会免费集中配送"桂花味道"明信片,随机派送到市民手中,送上满满的节日祝福,街面上将会有980名骑手统一标识配送。另外,南京电影协会也加入了传统中秋的主题活动,中秋佳节和家人一起走进影院,观看国产救援大片《峰爆》、青春爱情电影《我的青春有个你》,全市各家影院都有观影福利等着您,例如万达院线的 8 家影城面向南京市一线医护、街道社区以及机关单位工作人员提供 6 000 个名额免费观看电影《峰爆》。南京还有上千家餐饮门店自发布置中秋传统节日氛围。①

三是构建节日传播大数据平台。传统节日大数据平台是以互联网为媒介的节日文化保护、传承和交流的重要平台,让"无形的文化"变成可视化的数据呈现,通过公开文化数据结果,形成对南京各区举办节日活动的科学引导机制。例如 2020 年清明期间,南京上线了"宁思念"网上祭扫平台,是在省、市宣传部门(文明办)移风易俗、文明祭扫倡导下,由市民政局会同市大数据管理局、市退役军人事务局联合开发的。除了契合清明节日氛围,该平台的另一个特点是运用区块链、大数据等技术,链接全市所有经营性、公益性公墓和纪念堂,自动与 105 万逝者库信息进行匹配,采用一对一注册方式登录,注册使用逝者姓名匹配,关联逝者相关信息,体现唯一性,并通过扫码便捷登录,同步开通微信朋友圈链接功能,方便广泛传播。② 截至当年 4 月,"宁思念"平台的访问量已超过上百万人次并在 2022 年推出"宁思念"3.0 版,变化的是形式,不变的是无限追思。③

四、社会动员:提升民众传统节日参与感和认同感

一是推动南京传统节日传承基地挂牌工作。为延续传统节日文化的传播力和影响力,紧扣时代节拍。工作室坚持吸引商家参与,积极开展田野调查并挂牌节日文化基地,打造传统文化现代基地。目前工作室已挂牌了包括高淳东坝:"我们的节日·端午文化传承基地",浦口区弘阳广场:"传统节日文化活动基地",明故宫遗址公园:"我们的节日·文化传承基地",南京市中山小学:"我们的节日·端午文化传承基地",江宁七仙大福村:"我们的节日·七夕文化传承基地",陶玉梅服饰:"我们的节日·节日服饰文化研究基地",荣萍定制:"我们的节日·节日服饰文化研究基地",五季随园:"我们的节日·节日饮食文化

① 《以桂为媒打造节日品牌　百场活动绽放节日精彩　"南京味道　中秋'桂'来"主题活动启幕》,南京市文明网,http://www. nj. wenming. cn/qmyd/202109/t20210916_7323748. shtml。

② 《"宁思念"网上祭扫平台上线　登录"我的南京"APP 可免费在线祭扫》　https://m. gmw. cn/baijia/2020-03/20/1301070689. html。

③ 《云上寄哀思,"宁思念"平台访问量已超百万人次》　https://roll. sohu. com/a/b4288458_121636346。

研究基地",物媒大厦:"我们的节日·节日饮食文化研究基地",湖熟菊花园:
"我们的节日·重阳文化传承基地",浦口响堂:"我们的节日·端午文化传承基
地",熙南里街区:"我们的节日·中秋文化传承基地",市级机关食堂:"我们的
节日·饮食文化基地"在内的13个南京节日文化传承基地。

表1-1 南京传统节日传承基地挂牌情况

单位	传统节日文化基地挂牌
高淳东坝	"我们的节日·端午文化传承基地"
浦口区弘阳广场	"传统节日文化活动基地"
明故宫遗址公园	"我们的节日文化传承基地"
南京市中山小学	"我们的节日·端午文化传承基地"
江宁七仙大福村	"我们的节日·七夕文化传承基地"。
陶玉梅服饰	"我们的节日·节日服饰文化研究基地"
荣萍定制	"我们的节日·节日服饰文化研究基地"
五季随园	"我们的节日·节日饮食文化研究基地"
物媒大厦	"我们的节日·节日饮食文化研究基地"
湖熟菊花园	"我们的节日·重阳文化传承基地"

二是丰富当代节俗事象,强化民众节日参与意识。文化是一个国家、一个
民族的灵魂。文化兴则国家兴,文化强则民族强。仪式活动是指在特定的时间
节点和地域空间举行的,借助于文化符号、器物等有形载体,运用既定操演程序
来表达特定主题意蕴的系列行为方式。仪式活动通过形象、直观的感性认知,
以"唤醒某些观念和情感,把现在归为过去,把个体归为群体"①。通过举行有
组织的节日仪式活动,通过群众性的生活化教育,推进个体自觉的节日参与实
践路径,不仅有利于传统节日文化更好地传承发展,而且有助于传统节日文化
的现代表达,提升民众的节日参与感和认同感。如在2021七夕节,由南京市委
网信办、共青团南京市委、南京市妇女联合会、南京报业传媒集团指导,南京发
布工作室、中国银行江苏省分行、紫金山新闻客户端主办,南京市物业管理行业
协会、南京虎凤蝶旅游文化有限公司承办,叮咚买菜平台为爱心单位举行"送你

① [法]爱弥尔·涂尔干:《宗教生活的基本形式》,渠东、汲喆译,商务印书馆2011年版,第521页。

一朵小红花"主题活动。用一万支鲜花把小爱编织成大爱,送给"博爱之城"南京一份特殊的浪漫,在南京地铁口、商场、小区门口等放置很多鲜花,花朵由市民免费自取,送给你想送的人。南京发布、紫金山新闻以及南京各区融媒体中心联合发起"送你一朵小红花"网络传递活动,很快推文就突破10万阅读量。在河西金鹰世界,368米高的三塔建筑上出现的小红花和标语在夜空中发光发亮,这一地标性建筑上的小红花吸引了不少市民自发分享朋友圈,产生了良好的节日文化传播效果。借助这些传统节日文化活动的开展和传播,有效提升了当地民众对于传统节日的参与感和认同感。

第三节　南京传统节日当代振兴工作成效

一、启动探索期(2019—2020年):搭台"唱戏",初见成效

自2019年以来,南京市根据中宣部和江苏省委宣传部关于传统节日振兴的工作指示精神,紧紧围绕中央、省政府等有关部门对于传统节日振兴的五项"工作要求",结合南京传统节日传承的实际情况制定了"我们的节日"南京行动五大工作任务。在具体工作开展过程中,南京市委宣传部以春节、元宵节、清明节、端午节、七夕节、中秋节、重阳节的当代振兴实践为重点工作内容,坚持传统节日振兴贴近实际、贴近生活、贴近群众;注重热在基层、热在青少年、热在氛围,积极创新节日的载体、形式和内容;在提升节日文化内涵,丰富节日文化生活,倡导形成新的节日习俗等方面,取得了一定的社会成效,具体表现为以下五个方面。

(一) 挖掘传统节日文化内涵,系统开展了南京节日理论研究

一是双线并举,做好南京传统节日文化的内涵挖掘与理论成果展示工作。

充分利用南京宣传文化系统的自身人才优势,深入挖掘、梳理南京传统节日的文化内涵,形成了一批节日理论研究成果,并通过"我们的节日"等融媒体专栏频道予以发布。借助"我们的节日季中扬工作室"、南京报业传媒集团等平台优势,以本地党报为龙头,连续整版刊发南京节日理论研究的最新成果,提高南京节日理论研究的社会影响力。

在节日人才培养储备方面,工作室集中培育南京本土节日系统研究专家、

节日文化研究青年专家、节日活动宣传推广等文化人才。2020年在节日人才吸纳和培养工作方面,与南京农业大学民俗学研究所合作,培养节日研究理论人才;围绕节日策划、节日传播、节日文创等领域,完成各类传播报告6篇,理论文章5篇,田野调查3次;完成春节骆山大龙、端午节日课堂等传统节日活动记录;完成我们的节日频道设计运营,节日帆布袋、服饰设计、海报设计、视频宣传等90余件,田野调查3场。与此同时,吸收节日青年研究人才,部分人员通过南京市民间文艺家协会审核,正式成为协会会员。

在国内知名节日期刊《节日研究》第十四辑《我们的节日》笔谈专栏中刊出《关于南京节日文化建设的讨论》《引领节日时尚,生产节日新民俗》《传统节日文化的当代传承》《全面普查与摸底、保持节日传承的"神圣性"》《传统节日当代振兴的机制、模式及其经验》等理论文章5篇,并出版《节日研究》南京特辑。同时,围绕南京传统节日文化当代振兴主题,共发表《中秋艺趣》《九九重阳:登高望远　怀乡思亲》《祭祖、踏青与清明节》等专题研究文章26篇。

在节日传播报告方面,形成了"7+1"南京传统节日当代振兴传播报告。这也成为"我们的节日"南京工作室年度重点打造的特色传播产品,即围绕全年七大传统节日,于节前开展全市性主题活动搜集情况,节日期间进行全网传播监测,节日过后撰写形成"××节日·南京行动传播报告"呈报市委宣传部,并由市委宣传部签发各区各单位主要领导,年终形成全年传播报告。

二是以中国民俗学会为依托,倡导形成了节日文化理论研究高地。

为传承和弘扬中华优秀传统文化,深入挖掘传统节日文化内涵,工作室聘请全国范围内顶尖民俗学家作为特聘专家,就南京传统节日工作开展给予指导和点评,同时依托紫金山新闻《我们的节日》频道推出"节日·理论"专题,广泛邀请国内顶级民俗学专家,围绕春节、元宵、清明、端午、七夕、中秋、重阳、冬至等传统节日撰写理论文章,厘清节日本源,阐发现代意义,对全市各单位"我们的节日"庆祝活动开展和节日主题提炼给予指导和借鉴。

工作室现已聘请中国社会科学院教授、博导、中国民俗学会会长叶涛,中国民俗学会副会长、辽宁大学教授江帆,中国民俗学会副会长、北京师范大学教授萧放,中国民俗学会副会长、北京师范大学教授杨利慧,山东大学儒学高等研究院副院长王加华,北京大学中文系民间文学教研室主任陈连山,中国民俗学会副会长、中国社会科学院研究员施爱东,中国民俗学会副会长、《民俗研究》主编张士闪,中国社会科学院研究员毛巧晖,中国艺术研究院副研究员杨秀等10名学者作为"我们的节日"南京工作室首批特聘专家。

三是以学术会议为载体,推动南京传统节日当代振兴交流互鉴。

2019年以来,汇集国内节日研究学术共同体的研究力量,推动南京市传统节日前沿理论成果的学术交流与互鉴。为获取更加厚实的节日研究理论支撑,工作室不间断组织调研与研讨工作,同时凝聚东亚地区传统节日研究资源,筹备召开了"2019中、日、韩传统节日振兴"国际学术研讨会,产生了良好的社会反响。

表1-2   2019—2020年召开研讨会一览

时间	会议主题
2019.10.27	明故宫:"我们的节日"南京专家研讨会
2019.11.13	高淳东坝村:传统节日民俗研讨会
2019.11.14	溧水骆山村:传统节日民俗研讨会
2020.7.21	句容古村落:"新时代古村落文旅融合与传统节日文化传承与创新"
2020.9.17	溧阳:"我们的节日"优秀策划案例交流
2020.9.23	贵州镇远:传统节日的现代化传承表达
2020.9.24	贵州西江:黔东南州传统节日文化传承与创新研讨会
2020.9.28	南京江宁:节日餐饮文化研讨会

(二)创新南京本土节俗传承形式,打响传统节日文化活动品牌

一是创新运用南京传统节日的地域文化要素,组织开展了一系列传统节日振兴主题活动。"我们的节日"南京工作室在每一个传统节日来临之前,会根据南京市"创新名城、美丽古都"的文化品牌总体要求,提前部署传统节日传承工作方案,重点打造符合南京传统节日主题特色的节日文化符号。例如,南京市主推的春节城墙挂春联、元宵秦淮灯会、清明纪念高校先贤、七夕紫金山荧光跑、中秋森林音乐会等节日文化活动品牌,在国内形成了较大的社会影响力。特别是今年南京开展了"十二城门挂春联"和全城撰春联、写春联、送春联、挂春联的"书写金陵春、幸福中国年"等一系列活动,城墙所挂春联共吸引了包括美国、英国在内的8000余人参与,扩大了活动的全球影响力。

二是创造性传承传统节日文化,创新发展新兴节日习俗。南京市先后打造了建邺区青奥艺术灯会、正月十六爬城头、七夕爱情地线等新兴节日主题活动,在促进传统节日框架性传承的基础上,倡导形成新习俗,不断丰富创新南京民众喜闻乐见的新兴节日习俗内容。由此引发民众的节日情感共鸣,使其感受到"我们的节日"就在身边,深受民众好评。

三是鼓励年轻人参与传统节日习俗传承工作,提升传统节日文化品牌在青年群体中的认知度和认同感。"我们的节日"南京工作室在南京 80 余万中小学生群体中推广普及"薪火相传——我们的节日"主题教育活动和发放《我们的节日——青少年读本》,带动"我们的节日"进课堂,进校园。通过班会课、情景剧、创意园内社团活动等形式,宣传展示传统节日的历史渊源与礼仪习俗,将传承传统节日文化入心入脑。南京高校众多,工作室通过组建高校节日联盟等多种方式,吸引大学生群体参与传统节日文化主题活动,受到了青年群体的普遍欢迎。

(三) 保护南京传统节日文化遗产,构建节日文化传承多元平台

一是充分利用南京文博场馆和历史文化村众多的优势,发挥博物馆群的文化集聚效应。例如:"我们的节日"南京工作室专门在南京市民俗博物馆挂牌成立,便于集中开展传统节日文化遗产的宣传保护工作,特别强调营造传统节日的体验感、文化感和仪式感;两节期间,南京故宫博物院、南京科举博物馆、六朝博物馆等文博场馆相继开设"我们的节日"主题体验活动,感受"博物馆里过大年"的年节气氛,注重将非遗展演与传统节日文化体验相结合,凸显了浓郁的人文南京韵味。

二是通过"我们的节日"南京工作室策划、组织各类大型传统节日文化主题活动,引导市场丰富多样的节日文化产品供给,激活传统节日文化遗产的现代活力。例如,南京组织多场正月十六爬城头、七夕莫愁湖诗会、中秋南京南站送家书等节日主题活动,既彰显了南京传统节日的文化底色,也深化了南京传统节日文化遗产的内在意涵。

1. 春节:"十二城门挂春联"和全城撰春联、写春联、送春联、挂春联的"书写金陵春、幸福中国年"等系列活动。"美丽乡村欢乐汇·幸福小康过大年"乡村年俗文化节暨"明"俗·南京春节文化大型市集,让市民感受到金陵韵味的年俗和浓浓年味。

2. 元宵节:"正月十六爬城头,我们都是追梦人",南京城墙 8 个登城口同时开放,万人爬城头,踏太平。走百病、"一线送元宵",将暖心的汤圆和祝福送给坚守在疫情防控关键期中的"城市守护者",全城地标建筑亮灯,致谢为这座城市付出的每一个人。

3. 清明节:清明·寻访南京"文化先贤"——传承弘扬传统文化主题新民俗活动。南京"清明云祭"暨集体代祭扫仪式,移风易俗,用集体代祭礼敬先人。

4. 端午节:"金陵吟"端午主题吟诵快闪。南京是"诗都""诗城",端午当天邀请当代中华诗词界名家、93 岁的俞律老先生、非遗古琴艺术金陵琴派国家级传承人桂世民,在朝天宫,演奏古曲《平沙落雁》,俞律老先生吟诵《入朝曲》。"薪火相传——我们的节日·端午"开课,医护专家向学生传授公共卫生知识。"乐享新端午·遇见夜金陵"主题活动点燃熙南里,诠释传统节日的现代价值。

5. 七夕节:诗意七夕——莫愁音乐诗会。知名音乐人、外国友人、金婚夫妇等群体在莫愁湖抱月楼前共同演绎浪漫音乐诗会。七仙大福村·东方情缘地揭牌,立足董永、七仙女爱情文化,推动特色旅游发展。2020 紫金山七夕文化节,点亮梧桐树项链,唱响爱之声,把七夕变成自古传承的年轻人爱情节日。节日饮食文化和节日服饰文化研究成果发布会暨中秋雅集。

6. 中秋节:"我们的节日·中秋送家书",5 位书法家在南京花笺纸上为市民写祝福。花笺来自《十竹斋笺谱》,被称为中国的"版画珍珠",花笺是一种特制的小幅纸张,供文人雅士写信或题诗之用,因为雕印精美,又有彩笺、锦笺之誉,这种特别的笺谱历经 4 年重刊成果,2019 年 8 月被国家图书馆宣布永久收藏。

7. 重阳节:《尊老敬贤　礼敬重阳》主题活动开展。"我们的节日"南京主题曲 MV 发布,主题曲《我们的节日·金陵好时节》,歌曲以中华优秀传统节日及金陵本土人文为背景,创新运用传统白局和现代说唱技巧,融入流行音乐元素,展现南京"创新名城,美丽古都"风貌。主题曲特邀南京白局国家级代表性传承人徐春华为艺术指导,南京白局市级代表性传承人夏天、南京著名职业音乐制作人武弋、郭欣为主创,极具南京文化特色,是第一首属于南京人的"我们的节日"主题歌。

8. 冬至:"我们的节日·南京"首届高端论坛。2019 年 12 月 20 日—22 日,高端论坛在南京举行,来自中日韩三国不同学科的专家学者共同聚焦"节日文化与当代社会"这一主题,共举办了八场专题学术研讨活动。

9. "我们的节日·南京"LOGO 征集。2019 年 8 月,工作室面向社会征集 LOGO 设计方案,并通过网络投票和专家评审确定官方标识。此次征集的作品充分体现了南京的地域特色,彰显了南京文化内涵,进一步提升公众参与度。

10. "我们的节日·南京"专家研讨会。10 月 27 日,首届南京节日主题研讨会在山东大学举办。

11. "我们的生活 70 年·沉浸式戏剧节"。江北弘阳广场主动申请成为"我们的节日"演出基地,自掏费用创排话剧"重阳节",推动文旅融合。

我们的节日·南京工作室坚持贯彻新发展理念,通过主题活动营造浓郁节日文化氛围,注重创新性发展,让传统节日融入市民生活。很多年轻人欣喜地感慨:"原来传统节日也这么浪漫有意思,传统节日原来还可以这样过。"这些活动在一年内被中央电视台仅《新闻联播》栏目就刊播"我们的节日"南京行动 11 次。

三是发挥"我们的节日·季中扬工作室"的学术支撑作用,组织南京农业大学民俗学节日研究团队力量,针对南京传统节日当代传承状况启动大型田野调查活动;在前期深入调研基础上,由工作室牵头对老门东、夫子庙春节习俗,高淳东坝端午习俗和江宁董家村七夕习俗等开展南京传统节日文化研究基地挂牌工作,打造传统节日振兴工作的公共实践空间,构建南京传统节日文化传承多元平台。工作室还单独就节日饮食和节日服饰设立两个专项课题,通过系列措施打造节日理论研究高地。其中,节日服饰文化研究课题组吸纳南京本土品牌陶玉梅服饰、荣萍定制,共同开展节日服饰文化研究,并制作设计我们的节日系列礼服,陶玉梅和荣萍共同生产销售,充分体现商文旅融合,两家被共同授牌为节日服饰文化研究基地。

(四)滋养节日主题文艺精品创作,丰富南京传统节日振兴载体

一是围绕传统节气主题进行舞蹈剧、周末讲堂文艺创作,出版南京传统节日研究系列丛书。依托传统二十四节气与江南美景,南京艺术学院创作了大型民族舞蹈剧《节气江南》,在江苏大剧院公演后饱受好评;建邺区、江宁区开设二十四节气周末讲堂,传播传统节气文化知识;出版"珍藏中国节"丛书,系统梳理了传统节日习俗、诗词及楹联等内容,注重对南京地域节日历史文化的挖掘;出版发行《我们的节日——小学生读本》,提升传统节日在小学生群体的认知度。

全年开展线下节日讲堂7次:"我们的节日·冬至"讲堂、"我们的节日·春节"讲堂、"我们的节日·元宵"讲堂、"我们的节日·重阳"讲堂、"我们的节日·七夕"讲堂、"我们的节日·中秋"讲堂、"我们的节日·秋分"讲堂。线下讲堂覆盖人次逾千人。同时,全年开展线上专家讲堂3场,共制作线上讲堂视频8个,阅读量总计超50万。

二是鼓励、支持文字类、声音类及舞台表演类综合节日主题文艺精品创作,增强传统节日文化符号的感知力。工作室面向全社会征集"我们的节日·南京"LOGO(标识)设计方案,完成LOGO设计工作;在庆祝中华人民共和国成立70周年之际,邀请卞留念等南京籍艺术家推出快闪《巨幅国旗披上明城墙》,引发新媒体刷屏;春节期间,组织文联、书协等部门开展写春联、送春联专场活动达800多场次,共送出春联15万余幅,营造了浓郁的春节文化氛围;以中华优秀传统节日及金陵本土人文为背景,结合南京白局曲艺与现代说唱特色,创作发布"我们的节日"南京原创主题曲;在南京地铁2号线,专门以绘画、浮雕等大型壁画形式综合展现中国七大传统节日的文化魅力;举办中秋森林音乐会,为现场观众提供了一场独特的视听文艺盛宴。通过以上节日主题文艺精品创作的滋养,不仅丰富了南京传统节日振兴的载体形式,而且以南京民众喜闻乐见的方式传播了传统节日的文化内涵与价值理念。

(五)广泛吸引年轻人群体参与,培育"我们的节日"新生传承力量

一是提高年轻人群体参与度,激发传统节日的现代活力。面对中小学生群体,南京有关教育部门统一安排在寒暑假作业中呈现传统节日文化因素;对于大学生青年群体,通过组织春节青奥艺术灯会、清明诗会、中秋音乐节等多种方式吸引年轻人参与传统节日传承活动;推出传统节日新习俗"南京青年计划",鼓励用年轻人喜欢的方式创新传统节日表达渠道,突出传统节日在青年群体中的影响力。

二是组建新媒体宁盟,增强南京传统节日的传播影响力。综合运用自媒体账号、新媒体海报、短视频、漫画书、手绘本及口袋书等年轻人喜闻乐见的新媒体传播形式,推动传统节日跨领域、多平台传播;在南京开放性城市公园、商业空间、各类文化公共场所加强新媒体平台的互动传播,节日期间利用南京500多块户外商业大屏发起"我们的节日"宣传活动,在南京地铁全线站点营造"我们的节日"氛围;把握互联网传播特点,组建新媒体宁盟内容团队,构建传统节日新媒体传播数据库。工作室立足用新媒体新技术产品将传统节日推广到年轻群体中。工作室于2019年1月在紫金山新闻客户端开设《我们的节日》频道,作为全市节日的宣传阵地。频道围绕七大传统节日和24节气,先后生产"随园食单"系列海报、定制节日科普系列手绘动画、24节气系列海报等海报类设计作品百余件;围绕端午、冬至等传统节日制作大量短视频产品,并向央媒及头部自媒体分发;运用文字、海报、视频、动画等多种新媒体形式开展节日工作报道,且在每个节日设置专题。以2020年南京市元宵节宣传工作为例,包括南京广播电视台、南京日报、紫金山、金陵晚报等省市级核心传播媒体、新浪网、澎湃新闻等商业媒体及硬腿子、金锋视频团队等自媒体跟进发布,扩大传播范围。自2月7日"一线送元宵"活动后全面展开,截至2月10日24时,全网共有相关信息近24万条,点击总量2 000万+次。其中,8日晚,"元宵夜,南京8处地标性建筑同时亮灯"为当年南京市元宵节话题宣传的舆论峰值。

三是吸引商家和社会团体参与,调动"我们的节日"主题活动的积极性。通过全方位社会动员,经南京市商业协会与餐饮商会牵头,包括苏宁易购、苏果、德基在内的南京数十家主要商业体和数百家连锁店参与了"我们的节日"2019年度主题宣传活动。基于南京传统节日饮食(《随园食单》《白门食谱》《冶城蔬谱》等)、节日服饰(传统节日礼服)、节日礼俗(特色文创)等专题,鼓励商家主动参与"我们的节日"南京元素系列文创产品研发,形成"课题研究+产品开发"综合研究成果,进一步拓展了传统节日振兴的市场化传播路径。

二、稳步提升期(2021—2022年):精准聚焦打造"南京样本"

事实上,在2021年至2022年期间,南京市围绕"我们的节日"主题开展了大量有关传统节日当代振兴的探索与创新实践工作,自觉践行新发展理念,忠诚担当、奋斗实干,在高质量推进中华优秀传统文化传承发展中迈出新步伐。

这一年,创新培育"以花为媒"传统节日活动"南京品牌",全年开展形式多样的节日文化活动 1 000 场以上;继续以节日文化传承基地建设为抓手,进一步抓好示范带动,累计挂牌 12 个基地;持续强化"我们的节日"南京工作室的建设,先后发表理论文章 12 篇,出版专著《传统节日当代振兴理论与实践研究》;营造了更浓厚的节日氛围,央媒、省市媒体以及移动端新媒体等宣传报道"我们的节日"南京行动超过 1 500 篇次。

(一) 全力打造提升了传统节日文化活动的"南京品牌"

培育"以花为媒"特色品牌。以花为媒创新表达形式,一个节日一朵花,培育了"春节、元宵—梅花、端午—栀子花、中秋—桂花、重阳—菊花"等特色节日活动,通过花为载体来倡导节日新习俗、扩大节日新消费,全面打造南京传统节日特色品牌。

持续深化节日文化基地建设。继续充分发挥政府引导功能,持续将传统节日的活态传承与实践活动全面推向节日基地建设,栀子花开的浦口响堂挂牌为端午文化传承基地、拥有笪桥灯会的熙南里街区挂牌中秋文化传承基地,目前共挂牌 12 个传统节日文化基地。

(二) 积极探索构建了传统节日多方联动的"南京模式"

聚焦深挖传统节日文化内涵、阐释节日现代意义、引领新的习俗等核心工作,进一步探索"政府引导、学界主脑、民众主体"的南京传统节日振兴工作机制,逐步形成社会多方积极联动的"南京模式"。

政府引导更加精准,导向旗帜更鲜明。根据中宣部、中央文明办要求,把统一思想、凝聚力量作为开展传统节日文化活动的着力点,紧紧围绕推动习近平中国特色社会主义思想深入人心、落地生根。在市委宣传部引导下,"我们的节日"南京行动集中围绕党史学习教育、传承节日习俗、培育节日新风、扩大节日消费、建设典范城市等主题组织开展活动,更好推动了节日习俗创造性转化、创新性发展,让传统节日体现时代性、富有仪式感、充满生活味。市委网信办等市委机构、各行政区、市教育局、市商务局、市文旅局、市民政局、市机关事务管理局等政府工作部门,凝心聚力共同参与到"我们的节日"南京行动中,进一步扩大传统节日活动的覆盖面,进一步提升政府引导的精准度,进一步鲜明节日主题活动的旗帜导向。

学界主脑更加广智,内涵展示更充分。根据中宣部要求,开展传统节日活动要坚持以文化人、成风化俗,组织专家学者做好传统节日文化的阐释和推广工作,注重挖掘每个节日蕴含的家国情怀和传统美德,推出更多节日文化读物和作品,研发生产节日文化产品。2021年,工作室先后发表理论文章12篇,出版专著《传统节日当代振兴理论与实践研究》;策划制作全年节日系列短视频《中国节》;先后搭建基于紫金山新闻客户端《我们的节日》频道、"我们的节日"南京行动微信公众号和视频号的传播平台,以"我们的节日"线上商城和骨鬻文创为基础的产品平台,和以"我们的节日"大数据平台为载体的数据平台。

民众主体更加突出,商家参与更积极。"我们的节日"南京行动开展以来,一直致力吸引社会各方广泛参与。2021年,结合人们对美好生活的新期待、人们生产生活方式的新变,"我们的节日"南京行动受到越来越多的机构、行业协会、商家企业的认可,特别是商家积极主动加入"我们的节日"推广中来,民众主体地位更加突出。以七大传统节日主题活动为例,餐饮商会及南京1000多家餐饮企业、商业地产商会及70多家商业综合体,以及支付宝、叮咚买菜、饿了么、携程等互联网平台,还有学校、社区等社会多方联动,进一步推进"政府引导、学界主脑、民众主体"的南京传统节日振兴工作机制,让传统节日在更多人心中真正成为"我们的节日"。

(三) 树立彰显了传统节日保护行动鲜明的"南京形象"

节日新闻宣传获得实效。2021年,"我们的节日"南京行动认真做好新闻宣传,综合运用报纸、电视、电台等传统媒体以及网站、客户端、视频号、抖音号等新媒体,融通多媒资源,对节日文化进行时代化解读、形象化展示、故事化表达。2021年,中央广播电视总台(包括 CCTV1、CCTV4、CCTV13 频道)、学习强国、央广网、人民网、新华网、环球网等央媒以及省市媒体和互联网头部信息平台,对南京节日品牌活动进行了宣传报道。

节日氛围营造取得突破。在重要节日节点,在明城墙、新街口、南京南站等城市地标窗口,开展形式多样的节日文化活动,全年共计超过1000场,其中七大传统节日各超过100场活动,营造了浓厚的节日文化氛围,全力扩大传统节日的覆盖面和影响力,在节日传承行动中进一步树立了较好的"南京形象"。

第四节　"我们的节日"南京样本及其经验

中国人的节日都是从土里长出来的,南京传统节日文化不仅承载着千百年来当地民众物质生活和精神生活的厚重积淀。就当下居于南京城乡之中的年轻一代而言,他们拥有着幼时跟随家中长辈过节的体验,也听过长辈们讲述不同节日的由来、规矩和讲究,感受着他们重复着上一辈人传承下来的礼俗,在一些特定的节日时空中,脑海中不乏逢年过节全家老小为过好节日热闹忙碌场景的想象。长此以往,在一听、一看、一体悟之间,使得节日记忆在他们心中凝结为一种独特的节日文化传统。从普通百姓的视角来看,南京这片土地上孕育出来的节日文化不断影响、改变着他们的节日生活方式,而其背后的传统节日文化互动逻辑,则需要不断持续、深入的节日田野观察。当我们面对一个个具有鲜明节日个性的节日文化景观时,不仅能近距离真切感受到丰富多彩的节日习俗,更愈加体会到保护传统节日与传承节日文化的重要意义之所在。事实上,论及"我们的节日"南京样本,它并不是简单的经验模式总结,而是地方政府、学界、媒体、普通民众、商家等不同节日文化传承载体共同参与塑造的一种地方性知识系统。尤其是媒体融合与节日品牌塑造两个方面,已成为南京传统节日当代振兴的重要支撑要素。

一、媒体融合:传统和现代的传播实践

实际上,作为传统节日文化遗产保护工作者中的一员,无论是指挥这一工程的政府部门,还是参与决策、实施及宣传工作的知识阶层、商界同仁、新闻媒体,大家都有责任、有义务参与到传统节日的遗产保护工作中来。[①] 其中,媒体对于节日文化传播的影响力不容忽视。从大众传播时代到互联网时代,媒介技术的进步推动着不同的媒介文化场域的形塑。大众传播时代更强调信息传递功能的实现,是媒体单向的传播力,受众缺席于传播能力、传播权力,只能作为被动的传播效力研究对象;而互联网时代则更强调过程的互动、关系的连接、共识的达成,传受界限开始模糊,受众的传播能力、传播权力得以实现,并在传播

---

① 苑利、顾军:《传统节日遗产保护的价值和原则》,《中国人民大学学报》2007 年第 1 期。

动力与传播作用力中对专业媒体产生影响。① 当然,不能单单因为新媒体的传播影响力高而放弃传统媒体。传统媒体依然在大众心中占据"较高可信度"的形象,而新媒体相对而言似乎更易受舆论引导。因此,南京传统节日的媒体影响要借助传统媒体与新媒体的双重助力,作用于传播的再传播,打造"高信"且"高效"的台阶,以此达到影响的 N 次方,推动节日文化的当代振兴。

一是从传播信度效果来看,传统主流媒体依旧占据节日传播主舆论地位,《南京日报》推出多个专版,涵盖理论文章、传统习俗、特色活动、深度报道等,全方位报道节日情况。同时,传统媒体不断向新媒体靠近学习,推出电子杂志、电子报纸等。在传统节日传播的南京实践中,南京报业传媒集团以《南京日报》《金陵晚报》纸媒为理论平台,节日期间推出《我们的节日》专版,涵盖理论文章、节日活动,向市民科普节日理论知识、展示节日活动内容;"我们的节日"南京工作室在 2019 年以紫金山新闻为线上平台,开设《我们的节日》频道,围绕全年七大节日及二十四节气,运用文字、海报、视频、动画等多种新媒体形式开展节日工作报道,全方位全流程呈现南京节日活动开展,使其成为全市节日文化传播的宣传阵地。②

二是从新媒体助力节日文化传播路径来看,新媒体作为互联网时代的"宠儿"顺理成章地成为传统节日当代振兴的助推器。有学者曾提出,作为社会动员的工具,大众传媒无疑负有"传统节庆活动的组织者"之责,而真正能将受众动员到"民俗仪式与庆典"中,以实现传播仪式观所揭示的传播的文化意义与价值,大众媒介必须积极策划,对保存完整的民俗活动,借助现场直播、现场参与和现场报道的方式予以强化。③ 以微博、微信公众号、直播等方式更易在快节奏的时代吸引关注或者是"流量",并且通过互联网这条无形的"线"迅速"爬"进亿万大众的脑海中。南京节日传播利用直播、短视频等动态形式和微博微信等媒体中介,丰富南京节日体验度,让市民充分参与到分享节日的喜庆氛围中;创

---

① 余红、余梦珑:《媒体传播力概念辨析》,《中州学刊》2021 年第 1 期。
② 梁建恕、计青:《新媒体创新与传统节日文化的传播实践——以"我们的节日"南京行动为例》,《节日研究》2020 年第 2 期。
③ 郭讲用:《传播仪式观中传统节日文化的传播》,《新闻爱好者》2010 年第 12 期。

立抖音账号,以"我们的节日,人民的节日"为介绍宣传,发布南京节日主题相关视频,增强南京节日文化影响力。

例如,2021年南京市春节宣传工作自1月18日起全面展开,截至2月17日24时,"南京春节活动"全网传播声量近50万条,其中新闻(含网站)18.5万余条、微博(含转载)15.1万余条、客户端12.2万余条、微信4.1万余条等。监测时段内,第八届南京民俗文化节通过"南京非遗"官方平台和新浪"一直播"平台同步直播,在线观看总人数超过一千万;南京市元宵宣传工作自2月24日起全面展开,截至3月1日18时,"南京元宵活动"全网传播声量近10万条,其中微博(含转载)4.2万余条、客户端1.8万余条、微信1.6万余条、新闻(含网站)1.2万余条等;清明节宣传工作自全面展开以来,截至4月6日18时,"南京清明活动"全网相关信息量近10万条,其中微博(含转载)41 965篇、客户端24 380篇、微信16 521篇、新闻(含网站)15 592篇等;端午节宣传工作自全面展开以来,截至6月16日18时,"南京端午活动"全网相关信息量逾20万条,其中微博(含转载)72 314篇、客户端28 565篇、微信27 071篇、新闻(含网站)12 587篇等;重阳节宣传工作自全面展开以来,截至10月26日18时,"南京重阳活动"全网相关信息量近5万条,其中新闻(含网站)1 799篇、客户端24 380篇、微信3 658篇、微博(含转载)5 993篇等。

总之,从大众传播时代到现在的互联网媒体时代,技术更迭不断带来新的媒介形态,媒介的作用总是在加强传统节日文化的传播和发酵影响,应当充分发挥南京传统节日文化的积极价值,挖掘当代传播媒体的积极功能,借助新旧媒体两只手,打开传统节日当代振兴的实践之门。

二、节日品牌塑造:"我们的节日·南京"

总体而言,"我们的节日"南京工作室创新运用南京传统节日的地域文化要素,围绕党史学习教育、传承节日习俗、培育节日新风、扩大节日消费、建设典范城市等主题组织开展活动,更好推动了节日习俗创造性转化、创新性发展,让传统节日体现时代性、富有仪式感、充满生活味,在其中重点打造符合南京传统节日主题特色的节日文化符号。在刘魁立看来,节庆活动是民族情感的黏合剂,是国家认同的标识;而且在群体道德的培养方面具有深层的作用,是人文教化的极好时机,也是优秀品格提升的极好时机。① 例如,2021年南京重点培育"以花为媒"特色品牌。以花为媒创新表达形式,一个节日一朵花,培育了"春节、元宵—梅花、端午—栀子花、中秋—桂花、重阳—菊花"等特色节日活动,通过花为载体来倡导节日新习俗、扩大节日新消费,全面打造南京传统节日特色品牌。要而言之,南京传统节日有其"我们的节日·南京"核心主题,并以核心文化开展更新特色节日活动,不仅能够引导民众增强实际生活经验中的节日感,同时为传统节日的传承发展提供了新生力量。以中国传统七大节日为例,南京在传统节日当代振兴过程中,每一个传统节日都凝练了旗帜鲜明的节日文化品牌。

(一)春节——古城金陵迎新春,万象更新福满城

春节是中国最隆重、最有特色的传统节日,承载着人们对美好生活的向往、对国泰民安的美好愿景。在疫情防控常态化背景下,2022年春节"我们的节日"南京行动品牌,突出新年开"新"局、新春"新"文化,服务"新"群体、带动"新"传播,开展"我们的节日·春节"主题系列文化活动。通过"新年新春新街口,打造南京'新'品牌""春节云市集活动""集五福'温暖一路行'春节主题地铁文化专列"等活动满足市民多样文化需求,营造有保障、有温度、有特色的节日文化氛围。

(二)元宵节——元宵灯彩共团圆,传统文化齐分享

逛灯会、赏花灯……这些是南京人过元宵节的"必选题"。2022年溧水区举办第五届秦淮源头灯会亮灯仪式在宝塔公园正式启动,灯会更多融入秦淮源头人文故事、时代精神、吉庆新年等元素,结合声光传动和现代氛围打造,实现人与灯的互动。此外,溧水区融媒体中心联合交汇点、紫金山新闻、新浪江苏、腾讯直播、牛咔视频等多家平台,对亮灯仪式进行了全程直播,全方位、多维度的直播方式让市民足不出户即可感受夜幕之下,南京南部中心的璀璨盛景,全网吸引超2 000万人在线收看。2021年南京市机关事务管理局与"我们的节日"南京工作室、南京市民俗博物馆联合举办"学党史猜灯谜、品花灯包汤圆"主题活动,开展了"学党史、猜灯谜"、元宵节花灯非遗制作技艺展示、手工DIY包

---

① 刘魁立:《论全球化背景下的中国非物质文化遗产保护》,《河南社会科学》2017年第1期,第25—34、171页。

元宵等活动,弘扬中国传统文化,营造浓郁节日氛围。

(三)清明节——向前是追思缅怀,向后是美好希望

清明节是中华民族的传统节日。2006 年,清明节被国务院批准列入第一批国家级非物质文化遗产名录。清明节兼具人文与自然两大内涵,既是扫墓祭祖、追思先贤、缅怀英烈的肃穆节日,也是亲近自然、感受春天的踏青节日。

2022 年清明节,"我们的节日"南京工作室积极谋划,联合南京市民政局等单位,在紫金山新闻客户端搭建"云上清明"交互平台,借助网络传播,进一步引导市民线上祭扫、云上踏青,减少人员流动,在挖掘传统节日内涵的同时,倡导新的社会习俗。3 月 20 日起上线"云上清明"交互平台,平台共设置了五大板块,包括"云祭扫""云踏青""云互动""融媒报道",以及"我们的节日·清明"特别策划板块——"我把春天送给你"。

"云祭扫"板块梳理了南京现有的市区两级多个云祭扫小程序,在紫金山新闻形成了一个云上祭扫集纳平台,市民可以根据需要选择云上祭扫渠道,目前平台已汇集了宁思念、雨花台烈士陵园、中山烈士陵园等网络祭扫小程序;"云踏青"板块汇集了南京各个主要赏花踏青景点的直播程序,市民只要动动手指,就可以轻松居家云赏花、云观景,观看各平台慢直播,尽情享受南京春光;"云互动"板块开设了"通往天堂的信箱"征文互动渠道,市民可居家通过文字、图片、视频、音频等形式追忆亲人、告慰逝者,也可以抒写对人、事、物的怀念,以及关于清明节的相关风俗等,目前该板块已收到近千封纪念书信;"融媒报道"板块则汇集各类清明期间倡导文明祭祀新风尚的媒体报道,以及民政部门多种代祭扫服务信息。"我把春天送给你"是"我们的节日"南京工作室联合爱心企业组织了数千束鲜花,放置在新华书店、商场门口等数十个点位,供市民免费领取。为了让市民多维度感受春天,"云上清明"交互平台还在"宁听"小程序上搭建了"我把春天送给你"音频专题,用声音记录这个春天的温暖。

(四)端午节——栀子花开,端午节来

端午节是中华民族传统节日,也是中国首个入选世界非遗的节日。"我们的节日"南京工作室专家认为,栀子花开是江南地区端午到来的典型标志。端午节时,南方女子有佩戴栀子花做装饰品的习惯,寓意吉祥如意、祥符瑞气。南京浦口区响堂村是全市最大的艾草和栀子花种植基地,端午节时正待丰收。

2021年,由南京市级机关综合事务管理服务中心、"我们的节日"南京工作室共同主办的"栀子花开·端午节来"——2021年"我们的节日"·端午主题活动在机关一食堂举办。主办单位引进了响堂村栀子花和栀子花周边文创产品、响堂村本地优质大米等当地特产进行展示和售卖,通过小小的栀子花感受美丽乡村建设成果,创新表达传统节日的文艺范。

(五)七夕节——博爱之城,特别的浪漫

随着社会生活的变迁,七夕这个古老的传统节日作为中国人的"情人节"已经深入人心。2021年七夕,中央广播电视总台和"我们的节日"南京工作室在江宁区七仙大福村联合开展"古树下的告白"——2021年"我们的节日·七夕"主题活动。受疫情影响,"古树下的告白"南京线下活动从告白亭设置好的那天起按下了暂停键。于是转而采取线上途径,征集抗疫一线的爱情故事,展示'与子同袍,并肩战斗'的坚强力量。"8月14日晚上,苗朝展和夏云这对夫妻的爱情故事登陆央视七夕晚会,"你在郑州抗洪,我在南京战疫"! 这对普通的南京夫妻在平凡的岗位上,闪耀出别样的光芒,给人信心、让人温暖、令人感动,是广大党员群众奋战在抗洪和战疫一线的缩影。

2019年七夕当天,紫金山·中国七夕文化节暨第二届紫金山七夕荧光跑成功举办,作为最青春、最浪漫、最闪亮的千人夜跑活动,终点美龄官"最美项链"再次被点亮,活动深受年轻人的喜欢。紫金山荧光跑活动创意十足,形式特别,吸引了中央广电总台国际在线、中国新闻网、新华网、中国江苏网、交汇点新闻、《扬子晚报》、南京广播电视台、《南京日报》《东方卫报》、紫金山新闻、南报网、新浪网、搜狐网等各级媒体积极参与宣传报道,全网相关信息量达400余条。抖音、搜狐视频、好看、秒拍等短视频平台也汇集了大量活动短视频,极大地提高了活动关注度,特别是年轻人的关注。

(六)中秋节——南京味道,中秋桂来

近年来,"我们的节日"南京工作室以花为媒,培育了"春节、元宵—梅花、端午—栀子花、中秋—桂花、重阳—菊花"等特色节日活动,全面打造南京节日特色品牌。农历八月古称桂月,是赏桂的最佳时期,在南京,中秋赏桂是源远流长的传统习俗。2021年中秋主题活动以"桂花"为媒,倡导节日新习俗、扩大节日新消费,推动节日习俗创造性转化、创新性发展。通过桂花元素的融入,包括熙南里街区的桂花盆栽,桂花茶、桂花糕、桂花小元宵等小吃,以"桂"与"贵"的谐音,八月桂花香溢金陵,南京欢迎八方"桂"客;"桂"与"归"的谐音,中秋"桂"来寓意中秋归来,让传统节日体现时代性、富有仪式感、充满生活味。此次主题活动也被列为南京国际消费节(秋季)的重点活动。

(七) 重阳节——登高望远,敬老孝亲

2021年重阳节,南京不仅围绕登高、赏菊、敬老开展主题活动,突出尊老敬老、助老孝老的节日氛围,推动节日习俗创造性转化、创新性发展,让传统节日体现时代性、富有仪式感、充满生活味;同时,以"菊花"为引,全面打造南京节日特色品牌。工作室主办的"重阳登高 敬老孝亲"全市重阳活动新闻发布会,达到了同时段舆论峰值,取得了良好的社会传播效果。

一言以蔽之,"我们的节日"南京行动实践既体现出当地坚定不移大力弘扬中华优秀传统文化的决心,也能够反映出南京人借助传统节日文化振兴助力全面建设人民满意的社会主义现代化典范城市的信心。高丙中认为,国家机构和公共知识分子所倾心的应当是认同文化,尽管这些机构和这些人有时候也会采取文化商品的形式去运作。但不管以什么方式,国家机构和公共知识分子对于建设、丰富和发展本民族的认同文化是责无旁贷的。推动传统节日民俗的复兴和发展是我们完成这项使命的一个有机组成部分。[①] 因此,对于南京传统节日的当代振兴实践路径探索,既要切实把开展"我们的节日"主题活动作为创建文明典范城市的重要内容,还要加强对节日活动的指导、活动线索的搜集整理和对相关活动的宣传报道,营造更加浓厚的节日氛围。

通过加大南京传统节日文化当代振兴的创新力度,精准对接人们节日文化需求,组织开展更加丰富多彩、积极健康、富有价值内涵的节日文化活动,继续培育遴选一批南京节日文化活动示范基地,能够进一步放大"我们的节日"南京品牌在全国的影响力。与此同时,还要立足南京实情和特色,千方百计倡导文明节俭新风,更加彰显传统节日的时代性、仪式感和生活味,推动节日习俗创造性转化、创新性发展;依托"我们的节日"南京工作室不断加强节日人才智库建设,加速节日文化人才驱动创新。换言之,放眼当今城乡社会,无论是对于传统

---

① 高丙中:《对节日民俗复兴的文化自觉与社会再生产》,《江西社会科学》2006年第2期。

节日文化传承方式的"变与不变"之争,抑或是对保护传统节日文化当代振兴机制的"纠结""困惑"之论,无不牵动影响着一方百姓的节日生活方式变迁及其对南京传统节日文化的认知度。至于推动传统节日文化振兴实践究竟应该如何更好地"提质增效",这一话题未来可能会得到学界和社会的持续关注与探讨。

第二章 传统节日传承与振兴的北京实践[1]

岁时节日作为以历年为循环基础、在社会生活中约定俗成的、具有特定习俗活动的特定时日,是由特殊名称、特殊时间、特殊空间、特殊活动、特殊情感等诸多要素共同构成的文化时空,构成了中国人时间生活的核心内容。每个节日都有自己特定的"过法",一般都有专门的饮食、服饰、信仰活动、娱乐活动、社会交往活动等。民国文人夏仁溥在为夏仁虎《岁华忆语》所作序言中说:"承平本无象也。岁时点缀,则承平有象矣。小言之,不过地方土俗;大言之,关乎国家气运盛衰。"[2]北京是历史悠久的千年古都,五方杂处、人文荟萃之地,形成了多彩的节日生活和节日文化。北京节日不是死去的文化,而是活着的传统。尤其在高度重视传承弘扬中华优秀传统文化、大力振兴"我们的节日"的时代情境中,生活在当下的北京居民,一方面视传统为根基,更加自觉地传承着过去,另一方面,则顺时察变,更加自觉地创造着新的节日生活和文化,从而形成节日文化传承发展的新局面。

第一节 北京的历史地理环境及其对北京节日文化的影响

北京节日文化是历史上不同时期寓居于北京这个地方的人们共同创造、传承

———————————

① 北京市委宣传部、北京市委网信办网络社会工作处赵奇文、首都图书馆宣传策划部朱亮、北京民俗博物馆社教科朱羿、北京市社科院(市委讲师团)宣讲家网站尤佳等为本文的撰写提供了诸多资料,特致谢忱。该文为北京市社科基金项目"北京文化节庆活动提升研究"[21JCB007]成果。

② 潘宗鼎、夏仁虎撰:《金陵岁时记·岁华忆语》,南京出版社 2006 年版,第 11 页。

和享用的礼俗文化,受到自然风土及在此基础上形成的历史文化传统的深刻影响。

一、燕蓟风土与都城特性:北京节日文化的生境

"幽燕之地,龙蟠虎踞,形势雄伟,南控江淮,北连朔漠。"①北京地处华北平原最北端,地势西北高,东南低。西部山地属太行山脉,俗称北京西山。北部和东北部山地属燕山山脉,叫做军都山。中部、南部和东部则是平原地带。整个地形就像一个临海的港湾,所以人们称其为"北京湾"。北京的位置居于中原与蒙古高原和东北平原三大地理区域的交接地带,自古以来就是南北交通的枢纽,亦是南北文化交汇的前沿地带。

北京地处暖温带半湿润大陆性季风气候,四季分明,宜于人居。早在70万年前的旧石器时代早期,这片土地上就已有人类生活的足迹。到了夏商王朝统治时期,北京地区活跃着一些方国和部族,如孤竹、燕亳、肃慎、山戎等,其中的燕亳是隶属于商的方国,与商王朝来往密切,创造了西周封燕前北京地区的土著文化。公元前1045年(另一说为公元前1046年),周武王伐纣灭商,大力推行分封制,都城在今房山区琉璃河镇一带。20世纪60年代以来,考古学家在董家林村发现古城遗址,确认其为周初燕国的都城。西周后期,燕国将都城迁徙到蓟城。蓟城位于今北京广安门一带,本是周武王"追思先圣王"褒封黄帝(一说尧帝)后代的地方,随着"蓟微燕盛,乃并蓟居之"。今天在广安门立交桥东北侧的滨河公园树有蓟城纪念柱,柱上题写:"北京城区,肇始斯地,其时惟周,其名曰蓟。"柱前石碑上镌刻着著名历史地理学家侯仁之先生撰写的《北京建城记》。

自召公封燕到公元前222年最后一代君主姬喜亡国,燕国历40多代国君,有着800多年的历史,也有着800多年的文化积累。由于燕国的统治者是姬姓周人,所以燕国的主体文化是周文化,但它又并非周王文化的一枝独秀,而是在特定的地理环境和历史情境中不断与土著文化以及周边文化等碰撞、交流、融合、丰富,形成富有特色,与荆楚文化、吴越文化、三晋文化、齐鲁文化、巴蜀文化等并称的文化体系。有学者将其特点概括为源远流长、博大精深,宗法文化传统深厚,方士神仙文化风行,纵横家、阴阳家思想文化发达,任侠尚武、慷慨悲

---

① [明]宋濂等撰:《元史》,中华书局2013年版,第2942页。

壮,民族融合等方面。① 燕文化构成了北京地域文化的源头,它所具有的中原农耕文化与北方草原游牧文化多元并存、交流融合的特点更成为北京文化持续发展的基调和动力。

从秦朝到五代,蓟城从诸侯国的政治、经济、文化中心变成北方军事重镇,同时也是北方的经济中心。《史记》载:"夫燕亦勃、碣之间一都会也。南通齐、赵,东北边胡。上谷至辽东,地踔远,人民希……而民雕捍少虑,有鱼盐枣栗之饶。北邻乌桓、夫余,东绾秽貉、朝鲜、真番之利。"②与此同时,文化也获得较大发展。一方面,随着汉武帝"罢黜百家,独尊儒术",儒学在全国迅速传播开来,影响及于燕地,不仅出现了韩婴、张华等一些著名学者,还形成了范阳卢氏、北平刘氏、上谷刘氏、侯氏等家学渊源深厚的名门望族。他们博涉经史,著述丰富。另一方面,佛、道二教也流行开来,《魏书》载,北魏时,"太祖平中山,经略燕赵,所迳郡国佛寺,见诸沙门、道士,皆致精敬,禁军旅无有所犯"③。可见此时燕地已经有佛寺的修建,而至今留存的太和年间石造像也是其明证。

隋唐时期,燕地的军事地位进一步上升,大量的军队驻扎于此,战争则不时爆发,在这种背景下,来自不同地方的文人士子来此寻求建功立业的机会,并创作了大量边塞诗歌,进一步增强了原本就有的"慷慨悲歌"之气。而此时期大量边疆民族内迁,汉族与突厥、契丹、室韦、奚以及中亚胡人等多民族杂居,形成了胡风弥漫的文化现象。与此同时,佛教、道教日益普及,北京文化得以在多元文化碰撞交流中进一步发展。

辽朝建立后,于会同元年(938 年)升幽州为南京,列为陪都。又在开泰元年(1012 年)改南京为燕京。北京从军事重镇变为陪都,这是城市地位的重大提升,极大地促进了北京城市的发展,使其建筑文化、园林文化、礼乐文化、宗教文化、文学艺术等均取得显著成就,同时也对风俗好尚产生了深刻影响。据《契丹国志》载:"大内壮丽,城北有市,陆海百货,聚于其中;僧居佛寺,冠于北方。锦绣组绮,精绝天下……水甘土厚,人多兹艺,秀者学读书,次则习骑射,耐

---

① 王建伟主编:《北京文化史》,人民出版社 2014 年版,第 25—29 页。
② [汉]司马迁:《史记》,中华书局 1982 年版,第 3265 页。
③ [北齐]魏收:《魏书》,中华书局 1974 年版,第 3030 页。

劳苦。"①

金朝建立后,贞元元年(1153年),迁都燕京,改称中都,侯仁之先生在《北京建都记》一文中说:"此乃北京正式建都之始。"②金中都的建立,进一步提高了北京的政治地位,并对文化发展起了巨大作用。从此,包括皇家建筑文化、皇家园林文化、皇家礼俗文化、皇家生活文化等在内的宫廷文化成为北京地域文化的主要组成部分,而北京地域文化也因此与其他地域文化区别开来,在很大程度上超越地域性的京师文化、国家文化,并为此后元大都的建立以及发展成为全国文化中心准备了条件,奠定了基础。

元明清三朝,除了短暂的历史时期,北京都是大一统王朝的都城。作为全国政治中心,北京毫无悬念地成为全国的经济中心、消费中心和文化中心。中华民国时期,北京曾短暂失去首都地位,但是1949年中华人民共和国再次定都北京,使北京成为我国诸多古都中唯一仍为首都的城市。

首都是特殊的城市,作为国家的政治中心、文化中心、经济中心和国际交往中心,也是典型的五方杂处,风俗不纯之地。八方人口汇京师。来自不同地方的人们,以不同的身份,携带各自的口音、文化、财富和追求,云集于此,带来不同的文化。官民文化、礼俗文化、南北文化、城乡文化、不同民族的文化甚至其他国家的文化都在这里汇聚交融,对北京节日文化产生了深刻的影响,呈现出鲜明的地方特点。

二、北京节日文化的特点

(一)民族性与地域性的融汇

北京节日文化无疑是以汉族节日为主体的,且不说明朝是汉族人建立的政权,自然延续汉族的节日体系,就是辽、金、元、清这些分别由契丹、女真、蒙古、满等少数民族建立的政权也是如此。但民族文化不同,人情有异,自然会体现在节日习俗之中,甚至连节日的称谓都发生变化。比如契丹人将"正旦"(相当于我们现在的春节)叫做"乃捏咿呢",其中"乃"是正的意思,"捏咿呢"是旦的意思。节日食品乃是拳头大小的糯饭白羊髓丸子。契丹人有夜间从账内向外扔

---

① [宋]叶隆礼:《契丹国志》,中华书局2014年版,第241—242页。
② 侯仁之:《北京城的生命印记》,生活·读书·新知三联书店2009年版,第493页。

刀的习俗,如果刀的数量为偶数,就"动乐,饮宴",如果数量为奇数,就"令巫十有二人鸣铃,执箭,绕帐歌呼,帐内爆盐垆中,烧地拍鼠,谓之惊鬼,居七日乃出"①。又如三月三日上巳节,汉族习俗多水边祓禊,文人喜欢曲水流觞,契丹人则"刻木为兔,分朋走马射之",先中的一队胜出,"负朋下马列跪进酒,胜朋马上饮之",颇显游牧民族之风。②又女真人,正月十六有放偷习俗,"妻女、车马、宝货,为人所窃,皆不加刑。是日,人皆严备,遇偷至则笑遣之。既无所获,虽畚鑺微物亦携去。妇人至显入人家,伺主者出接客,则纵其婢妾盗饮器"③,令人忍俊不禁。这些少数民族的习俗都在北京流传了很长时间,与汉族习俗交相辉映。今天,北京汇聚了全国 56 个民族的人口,一方面每个民族多有自己的传统节日;另一方面不同民族在过同一个节日时也有自己的民族特性,进一步彰显了北京节日风俗多民族融汇的特征。

北京是移民城市,每一次政权更迭都会引发大规模的移民,且作为政治中心、文化中心、商业中心的地位具有强大的凝聚力量,吸引着五湖四海的人们来此谋生计谋发展。人是文化的载体,人的相遇即文化的相遇,因此在北京,也有不少南方文化的色彩。比如冬至日,《燕京杂记》载,燕俗不重冬祭,但是在北京当官的南方人却不然,他们会十分隆重地"设筵祀其先人,邀乡亲饮之"④。

(二)官方庆典与民间习俗共存互动

节日当然是普通民众的特殊时空,每届节日,均有相应的民俗活动。不仅如此,节日也是官方的特殊时空,在北京尤其如此。作为首都,北京经常在节日里举行盛大的礼仪庆典活动,传统社会如正旦大朝会、冬至日祭天、立春日迎春,现代则有国庆节庆典、烈士纪念日公祭等等。官方庆典与民间习俗共存互动,共同构成北京的节日图景。以清代立春日为例,在官方,"立春先一日,顺天府官员至东直门外一里春场迎春。立春日,礼部呈进春山宝座,顺天府呈进春牛图。礼毕回署,引春牛而击之,曰打春"⑤。在民间,"是日富家多食春饼,妇

①② 《辽史》卷 53,《礼志六·嘉仪下》,中华书局 1974 年版。

③ [宋]洪皓:《松漠纪闻》,李家瑞编:《北平风俗类征》,商务印书馆 1937 年版,第 32 页。

④ 《燕京杂记》,李家瑞编:《北平风俗类征》,商务印书馆 1937 年版,第 105 页。

⑤ [清]富察敦崇:《燕京岁时记》,王碧滢、张勃标点:《燕京岁时记(外六种)》,北京出版社 2018 年版,第 69 页。

女等多买萝而食之,曰咬春,可以却春困也"①。不仅如此,有时官方庆典与民间习俗交织在一起,没有清晰的边界。仍以立春为例,根据《帝京景物略》的记载,明代也到东直门外的春场迎春,时间也在立春前一天,"大京兆迎春,旗帜前导,次田家乐,次勾芒神亭,次春牛台,次县正佐、耆老、学师儒,府上下衙皆骑,丞尹舆"②,形成一支浩浩荡荡的游行队伍,穿过长长的街衢,吸引民众观看和参与。在游行队伍"田家乐"中,有人持长竿五六支,竿头缚瓜形的脬泡,看见观众中有僧人就捶打,而观众中的儿童则可以用砖头瓦块投向游行队伍里的乐工。礼与俗就是在这样的场域中互动交流,难分彼此。

(三)群体差别与城乡差别显著

节日是大家共同的日子,因此,拥有不同身份、地位的社会成员总是共享着同一种节日文化和节日生活框架,但并不意味着共享同一种节日生活,在北京,过节有着明显的群体的差异性,既体现在基于性别、年龄的划分方面,也体现在基于社会身份、财富拥有状况、职业、性别等的划分方面。

社会身份是节俗群体差异性的表现,当然也是造成这一特征的原因。辽金以迄明清,大概很少再有城市像北京这样拥有如此复杂的人群构成,有皇室贵族、官僚士绅,有文人墨客、巨商大贾,有宦官宫女、贩夫走卒,还有医卜相巫、三姑六婆、乞丐光棍、游方僧道等各种人员。等级与职业相互交织,在很大程度上决定了不同群体的节日风俗,刘若愚《酌中志·饮食好尚纪略》的相关记载清晰揭示皇宫内岁时生活的独特性。比如宫眷内臣在年中尤其重要节日期间都要更换新衣以应时节,如祭灶后穿葫芦景补子及蟒衣,三月初四日换穿罗衣,四月四日换穿纱衣,五月一日至十三日穿五毒艾虎补子蟒衣,七月七日穿鹊桥补子,九月自初四日换穿罗重阳景菊花补子蟒衣,十月初四日换穿紵丝,冬至节穿阳生补子蟒衣等,至于节日饮食、节日装饰同样格外讲究,均非一般群体所能享有。财富占有状况对节日生活的影响也十分明显。《帝京景物略》记载正月十三日有散灯之俗,"家以小盏一百八枚,夜灯之,遍散井灶门户砧石,曰散灯也……富者灯四夕,贫者灯一夕止,又甚贫者无灯"③,可见富有者与贫穷者的差别。

---

① [清]富察敦崇:《燕京岁时记》,王碧滢、张勃标点:《燕京岁时记(外六种)》,北京出版社2018年版,第69页。
② [明]刘侗、于奕正:《帝京景物略》,孙小力校注,上海古籍出版社2001年版,第99页。
③ [明]刘侗、于奕正:《帝京景物略》,孙小力校注,上海古籍出版社2001年版,第101页。

北京又是城乡地域综合体,既有城市,也有乡土,故而不仅同一个节日在城在乡有不同的习俗,而且城乡之间甚至不能完全共享同一个节日体系。明代元宵节期间,在城,"八日至十八日,集东华门外,曰灯市"①,又有妇女走桥摸钉,击太平鼓,跳百索,戴面具耍大头和尚,猜灯谜诸种习俗,在乡,则"十一日至十六日,乡村人缚秫秸作棚,周悬杂灯,地广二亩,门迳曲黠,藏三四里,入者误不得迳,即久迷不出,曰黄河九曲灯也"②。

(四)节日消费和节日娱乐活动显著

"帝都所在,万国梯航,鳞次毕集","市肆贸迁,皆四远之货;奔走射利皆五方之民"③,形成了商业的繁荣。北京城内城外,有多处店铺密集的市肆繁华之处。节日是消费物品和金钱的时间,商业发展为节日消费提供了便利条件,节日期间的消费则进一步促进了商业和市场的繁荣。过年期间的厂甸庙会、元宵节期间的灯市,都是最典型的例证。据《帝京景物略》,明代灯市在东华门东,"亘二里。市之日,省直之商旅,夷蛮闽貊之珍异,三代八朝之骨董,五等四民之服用物,皆集。衢三行,市四列,所称九市开场,货随队分,人不得顾,车不能旋,阗城溢郭,旁流百廛也"④,生意十分兴隆。又清代厂甸一带,自正月初一起,"列市半月","儿童玩好在厂甸,红货在火神庙,珠宝晶莹,鼎彝罗列"⑤。

节日市场不仅是贸易之所,更是娱乐空间。在灯市,傍晚时分即点燃各种花灯,又有乐舞杂耍,烟火施放,"于斯时也,丝竹肉声,不辨拍煞,光影五色,照人无妍媸,烟冒尘笼,月不得明,露不得下"⑥。其实节日在任何时代、任何地方都不乏娱乐性,但在北京似乎更加明显。北京节日游戏盛行,一月抓子,二月打抜抜、抽陀螺、放空钟,三月玩泥钱,八月斗鸡斗蟋蟀,九月斗鹌鹑,十一月击羯鼓、玩羊骨,十二月踢毽,丰富多彩。游戏之外,又偏好游赏。人们纷纷走出户外,甚至形成特定节日与特定空间相对固定的结合。比如清明踏青要到高粱桥,四月八日要耍戒坛,五月五日游耍则至金鱼池、高粱桥、松林和满井,九月九

①② 〔明〕刘侗、于奕正:《帝京景物略》,孙小力校注,上海古籍出版社 2001 年版,第 101 页。
③ 〔明〕谢肇淛:《五杂俎》,卷 3,地部一,中华书局 1959 年版。
④ 〔明〕刘侗、于奕正:《帝京景物略》,孙小力校注,上海古籍出版社 2001 年版,第 88 页。
⑤ 〔清〕富察敦崇:《燕京岁时记》,王碧滢、张劲标点:《燕京岁时记(外六种)》,北京出版社 2018 年版,第 75 页。
⑥ 〔明〕刘侗、于奕正:《帝京景物略》,孙小力校注,上海古籍出版社 2001 年版,第 88 页。

日登高要到香山诸山、法藏寺、显灵宫、报国寺等处,富察敦崇《燕京岁时记》云:"岁时而记游览,似属于例不合。然各处游览多有定期,亦与岁时相表里。"①至于庙会,也多有"借佛游春"的性质,如白云观庙会时,"车马喧阗,游人络绎。或轻裘缓带簇雕鞍,较射锦城濠畔;或凤管鸾箫敲玉版,高歌紫陌村头。已而夕阳在山,人影散乱,归许多烂醉之神仙矣"②。蟠桃宫庙会时,"都人治酌呼从,联镰飞鞯,游览于此。长堤纵马,飞花箭洒绿杨坡;夹岸联舻,醉酒人眠芳草地"③。四月初八日,"耍西湖景、玉泉山,游碧云、香山。十二日耍戒坛,冠盖相望,绮丽夺目,以故经行之处,一遇山坳水曲,必有茶篷酒肆,杂以妓乐,绿树红裙,人声笙歌,如装如应,从远望之,盖宛然图画云"④。人们醉心于游戏乐舞,走马射箭,是娱乐的典型表现。其实这种对游赏的偏好依然传承在现代北京人的节日生活之中,并且有过之而无不及。比如 2019 年春节,全北京市 31 家公园风景区共推出庙会休闲娱乐、传统文化展演、游园赏景赏花、冰雪项目体验等4 大类 49 项精品文化活动,市民在京游人数达 465.8 万人次。⑤

第二节 北京主要传统节日的习俗活动

一、春节

春节是中华民族的第一大节,也是北京的第一大节。20 世纪 50 年代,著名文学家老舍曾经写过一篇《北京的春节》,用文学语言全景式地展现了北京人过年的节奏和情形。根据他的描写,北京的春节差不多在腊月的初旬就开头了,期间经历一系列接踵而至的节日,一直持续到新年的正月十九,才告结束。而在清代,有封印和开印之举。封印在腊月十九至二十二日之间,由钦天监择

---

① [清]富察敦崇:《燕京岁时记》,王碧滢、张勃标点:《燕京岁时记(外六种)》,北京出版社 2018 年版,第120 页。

② [清]潘荣陛:《帝京岁时纪胜》,王碧滢、张勃标点:《燕京岁时记(外六种)》,北京出版社 2018 年版,第35 页。

③ [清]潘荣陛:《帝京岁时纪胜》,王碧滢、张勃标点:《燕京岁时记(外六种)》,北京出版社 2018 年版,第39 页。

④ [明]沈榜:《宛署杂记》,北京古籍出版社 1980 年版,第 191 页。

⑤ 2019 年春节假期北京迎客超 800 万人次同比增长 5.3%_央广网,http://www.cnr.cn/bj/jrbj/20190211/t20190211_524506740.shtml,访问时间:2022 年 6 月 27 日。

吉确定,是一个重要的时间节点,自此学生放假,戏馆封台,官员放假。《燕京岁时记》载:"封印之日,各部院掌印司员必应邀请同僚欢聚畅饮,以酬一岁之劳。故每当封印以毕,万骑齐发,前门一带,拥挤非常,园馆居楼,均无隙地矣。"①开印是在新年的正月十九、二十、二十一三天之内,同样由钦天监择吉选定。自此,学生开学,官员正常上班。自封印至开印,是代官方"春节"长达一月。

(一) 腊八

　　腊八节,俗称"腊八",是僧俗共享的一个民俗节日,也可视为北京春节的序幕。喝腊八粥是"腊八"的主要习俗活动,最迟在北宋时期已经出现。在北京,这一做法传承久远。元代熊梦祥《析津志》载:"是月八日,禅家谓之腊八日。煮红糟粥,以供佛饭僧。都中官员、士庶作朱砂粥。"②明代,"是日,家效庵寺,豆果杂米为粥,供而朝食"③。宫廷之中,"先期数日,将红枣捶破泡汤,至初八早,加粳米、白米、核桃仁、粟子、菱米煮粥,供佛圣前,户牖、园树、井灶之上各分布之。举家皆吃,或亦互相馈送,夸精美也"④。到清代,腊八粥更加盛行,"家家煮果粥",并提前做好准备,"三更煮粥成"⑤。人们用腊八粥敬神祀先,全家共享,并馈送邻里。雍和宫喇嘛也在夜间熬粥。前夕,皇帝会特派王公大臣到雍和宫监视煮粥,煮时喇嘛多人围绕粥锅念经,煮好后先供佛,再送奉先殿、皇极殿等处祭祖,然后由皇帝分赐给皇亲国戚、王公大臣享用。近年来,腊八煮粥的风俗盛行,不仅普遍人家自己煮食,诸多寺庙宫观也煮粥供人享用,只是较少敬神祀先,民间互相馈送的做法也不多见。

　　除了煮食腊八粥,泡腊八蒜也是北京腊八节的重要习俗。直到现在,人们还多在当天用醋泡蒜,密封一段时间后,蒜变得绿如翡翠,正好与年下的水饺搭配食用。而明清时期宫廷还有在这天凿冰的做法。"腊七腊八,冻死寒鸦。"此时天气寒冷,冰冻得结实,凿取储存起来,供来年入夏后使用,既是延续了先秦

①　[清]富察敦崇:《燕京岁时记》,王碧滢、张勃标点:《燕京岁时记(外六种)》,北京出版社 2018 年版,第114 页。
②　[元]熊梦祥著,北京图书馆善本组辑:《析津志辑佚》,北京古籍出版社 1983 年版,第 224 页。
③　[明]刘侗、于奕正:《帝京景物略》,北京古籍出版社 1963 年版,第 70 页。
④　[明]刘若愚著,冯宝琳点校:《酌中志》,北京出版社 2018 年版,183—184 页。
⑤　[清]潘荣陛:《帝京岁时纪胜》,王碧滢、张勃标点:《燕京岁时记(外六种)》,北京出版社 2018 年版,第60 页。

时期已有的冰政,也是古人顺天应时、利用自然之物满足生活需求的聪明之举。

(二) 祭灶

民以食为天,灶是烹饪食物的特定场所,居于家庭的中心位置,早在先秦时期已经成为祭祀的对象。后世人们亲切地称其为灶王爷,是公认的一家之主,身负监察并汇报人间善恶是非的责任。在明代,北京人多在腊月二十四日祭灶,主祭者为男性,有"女不祭灶"之说。根据《帝京景物略》的记载,"以糖剂饼、黍糕、枣栗、胡桃、炒豆祀灶君,以糟草秣灶君马,谓灶君翌日朝天去,白家间一岁事。祝曰:好多说,不好少说"①。到清代,祭灶多在腊月二十三日,但仍然有一些南方人仍然坚持在腊月二十四日。宫廷祭灶是在紫禁城的坤宁宫,供品中有特别从东北来的"关东糖"和从南苑猎取的黄羊一只。用黄羊祭灶的历史悠久,据《后汉书》记载,汉宣宗时有个叫阴子方的人,"至孝有仁恩,腊日晨炊而灶神形见,子方再拜受庆。家有黄羊,因以祀之。自是已后,暴至巨富"②。自此黄羊祭灶就成为习俗。祭灶时,皇帝、皇后都要到灶君神位前行礼。祭灶仪式相当于一次年终总结,通过祭祀灶神盘点自己一年为人处事的是非与善恶。

(三) 忙年

"买办一切,谓之'忙年'。"过年是为旧时间饯行、为新时间接风的重要仪式,在民俗观念中,它是各种神灵的大聚会,也是各种人群的大聚会,需要做好各方面的准备,因此许多地方都形成了自己的"活动日程表"。北京的活动日程表可以一首童谣来说明:"二十三糖瓜粘,二十四包饺子,二十五蒸白薯,二十六炖年肉,二十七杀年鸡,二十八白面发,二十九米面全都有,三十晚上坐一宵,大年初一出去扭一扭。"③这首记载于20世纪40年代的童谣侧重在节日饮食的准备方面,事实上,北京人忙年的活动不仅有节日饮食,还包括净化装饰空间、清洁身体、备办其他节日物品等。

1. 净化装饰空间

北京人习惯在祭灶后打扫尘埃,称为"扫房子",讲究"不论穷富,俱扫门

---

① [明]刘侗、于奕正:《帝京景物略》,北京古籍出版社1963年版,第70—71页。
② 《后汉书》卷32,中华书局1965年版,第1133页。
③ 华北政务委员会总务厅情报局编印:《新春北京风景线》,1944年版,第4页,见pdf详情—北京记忆 https://www.bjmem.com.cn/#/literatureView/pdf? articleType= bjwh&recordNo=008045&tt =t1&column3=2,访问日期:2022年6月28日。

庭"。之后,则张贴春联、斗方、春条、年画、窗花等各种节令装饰品,于是"千门万户,焕然一新"。① 而为满足人们对这些装饰物的广泛需求,并赚取一些润笔费,许多文人墨客走上街头,"预先贴报'书春墨庄''借纸学书''点染年华'等语于铺肆前。高桌、红毡、炭盆、墨笺,纵笔大书门联、横披、抱柱、斗方、春条、佛对一切"②。此外,人们还购买花卉互相赠送,装点春色等。蔡省吾《北京岁时记》载:"临年互相赠馈牡丹、海棠花、碧桃、山鸾枝之类。"③ 这些花都出自温室,称为"唐花",或"堂花"。又有摇钱树,"取松柏枝之大者,插于瓶中,缀以古钱、元宝、石榴花等,谓之摇钱树"④。

宫廷之中也不能免俗,装饰更为华丽隆重。祭灶之后,过年气氛更加深厚。在清代,紫禁城、圆明园等各处都张灯结彩,其中乾清宫丹陛上下的一对天灯和万寿灯最引人注目。现在参观故宫博物院的人,还能看到乾清宫丹陛上有两个大石座,就是当年用来安插灯杆的。春联、门神通常在腊月二十六日张挂起来,直到新年二月初三日摘下收存。清宫的春联多用黑字写在白绢上,可以重复使用,旧了再换新的。2019 年故宫博物院举办"贺岁迎祥——紫禁城里过大年"展览,曾复原树立天灯和万寿灯的场景,并复制了许多清宫门神悬挂起来,大大提升了参观者对清宫年节习俗的认知和理解。

今天,净化装饰空间仍然得到很好的传承。每当春节临近,人们就购买具有吉祥寓意的花卉植物,各处张挂各种饰品,如门前挂上红灯笼、中国结,门楣贴门钱,门上贴门神、春联,墙上贴年画,窗户贴窗花,菜橱、车上、迎门对面墙上或树上贴春条、斗方等。这些饰品为萧索的冬天增添亮丽的色彩,也大大提振人们的精气神。

2. 清洁身体

清扫房屋之后,人们还要洗涤衣服,并理发沐浴,清洁自身,以除旧布新,并为正月初一换穿新衣,用干净的身体祭神祀先、会见亲朋好友做好准备。随着

---

① 〔清〕富察敦崇:《燕京岁时记》,王碧滢、张勃标点:《燕京岁时记(外六种)》,北京出版社 2018 年版,第 116 页。

② 〔民国〕蔡省吾:《北京岁时记》,王碧滢、张勃标点:《燕京岁时记(外六种)》,北京出版社 2018 年版,第 243 页。

③④ 〔民国〕蔡省吾:《北京岁时记》,王碧滢、张勃标点:《燕京岁时记(外六种)》,北京出版社 2018 年版,第 245 页。

明末以降澡堂业的兴起,很多人会到专门的澡堂沐浴。理发沐浴,多在二十七八日,谚云:"二十七,洗疚疾;二十八,洗邋遢。"但也在除夕日洗的,《帝京岁时纪胜》记载,这天人们"为尊亲师长辞岁,归而盥沐"①。

3. 置办节物

在北京,各种各样的节令物品纷纷上市,率先吹响过年的号角。潘荣陛《帝京岁时纪胜》记载:"腊月朔,街前卖粥果者成市。更有卖核桃、柿饼、枣、栗、干菱角米者,肩挑筐贮,叫而卖之。其次则肥野鸡、关东鱼、野猫、野鹜、腌腊肉、铁雀儿、徽架果罩、大佛花、斗光千张、楼子庄元宝。"②之后,伴随着腊八节、祭灶节、除夕等重要节点的到来,市面上的物品不断翻新:

> 初十外则卖卫画、门神、挂钱、金银箔、锞子黄钱、销金倒酉、马子烧纸、玻璃镜、窗户眼。请十八佛天地百分。钱店银号,兑换压岁金银、小梅花、海棠元宝。
>
> 廿日外,则卖糖瓜、糖饼、江米竹节糕、关东糖。糟草炒豆,乃廿三日送灶饷神马之具也。又有卖窑器者,铜银换瓷碗,京城之香炉烛台;闷葫芦,小儿籍以存钱;支锅瓦,灶口用为助爨。
>
> 至廿五日外,则脂麻秸、松柏枝、南苍术煨岁矣。③

整个腊月,都有北京居民在市场上忙碌流连。过年食品一定备办丰富多样,原因有如下几个。一是为了过年期间的饭菜倍加丰盛,符合春节热烈喜庆的节日特征;二是便于腾出更多时间用于社会交往和休息娱乐;三是过年期间亲朋好友往来频繁,消耗量大。过年食品中,"杂拌儿"尤值一提。杂拌儿有细杂拌儿、中杂拌儿和糙杂拌儿之分,是各种干果和蜜饯果脯的混合物。除了吃的,过年还重视穿着装饰,一般人家都要添置新的衣帽鞋袜以及春联、门神等饰品。春节又是祀神祭祖和社会交往的节日,还需要准备香烛牲醴等祭品以及各

---

① [清]潘荣陛:《帝京岁时纪胜》,王碧滢、张勃标点:《燕京岁时记(外六种)》,北京出版社 2008 年版,第 41 页。

② [清]潘荣陛:《帝京岁时纪胜》,王碧滢、张勃标点:《燕京岁时记(外六种)》,北京出版社 2018 年版,第 59—60 页。

③ [清]潘荣陛:《帝京岁时纪胜》,王碧滢、张勃标点:《燕京岁时记(外六种)》,北京出版社 2018 年版,第 60 页。

种礼品。放爆竹是北京传承久远的习俗,爆竹烟花也是必备年货。只是近年来北京限放烟花爆竹,甚至禁放,烟花爆竹渐成稀缺品。

春节所需品类繁多,有些可以自制,有些则必须购买,北京有赶年集的习俗。各类年货用品纷纷上市,吃穿用度,在在皆有。俗话说:"进了腊月门,黄土贵三分。"这段时间是城乡集市买卖最为兴隆的时间。自20世纪80年代起,北京超市兴起,为人们备办年货提供了方便。从前年集最晚在除夕下午就散了。而今天很多超市整个春节期间都继续营业,大大改变了人们的忙年习惯。而近几年伴随网络购物的发展,尤其2020年暴发新冠疫情的进一步刺激,网络购买年货业已蔚然而风。

(四) 除夕

"除夕",又称"除日""岁除",俗称"大年三十",是"一夜连双岁,五更分二年"的特殊日子,旧岁至此而除,新岁自此发端。除日白天,人们为"过年"做最后的准备,除夕夜是春节最重要的时间节点,故民谚有"一年不赶,赶三十晚"之说。北京习俗十分丰富。

1. 辞岁踩岁煨岁

北京除夕讲究行辞岁礼。据《酌中志》记载,明代宫廷中,"三十日岁暮,即互相拜祝,名曰辞旧岁也"①。这种做法在清代时期依然延续,《帝京岁时纪胜》记载:"除夕,为尊亲师长辞岁",之后"阖家团拜",又"更尽分岁,散黄钱、金银锞锭,亲宾幼辈来辞岁者,留饮啜,答以宫制荷包,盛以金银锞饰"。②《北京岁时记》的作者蔡省吾记得,光绪初年,他的小弟"除夕暮夜,于邻里拜年至五十余家"③。但总体上看,近年来人们忙于迎新,疏于辞旧,辞岁的仪式已大大淡化。

过去北京还有"踩岁"习俗,即将芝麻秸散布于庭院中,来往踩踏,意将邪祟撒出,踩在脚下,使其永不翻身,同时有"芝麻开花节节高"的吉祥寓意。又有煨

---

① 〔明〕刘若愚著,冯宝琳点校:《酌中志》,北京出版社2018年版,第177页。

② 〔清〕潘荣陛:《帝京岁时纪胜》,王碧滢、张勃标点:《燕京岁时记(外六种)》,北京出版社2018年版,第62页。

③ 〔民国〕蔡省吾:《北京岁时记》,王碧滢、张勃标点:《燕京岁时记(外六种)》,北京出版社2018年版,第244页。

岁,亦称煴岁,"炉内焚松枝、柏叶、南苍术、吉祥丹,名曰煴岁"①。煴岁的习俗目前在北京一些地方仍然传承。

2. 吃团年饭与祭祖

年夜饭讲究阖家团聚共享,所以也称"团年饭""合家欢"。又因新旧岁由此夜而分,又称"分年饭""分岁酒"。年夜饭必有"荸荠",谐音必齐。年夜饭做好后,先供祀神祖,然后全家共享。若有外出未归者或不能下床的病人,也要为其留出席位,摆放碗筷,以符"阖家不缺"之意。老舍先生《北京的春节》说:"除夕真热闹。家家赶做年菜,到处是酒肉的香味。老少男女都穿起新衣,门外贴好红红的对联,屋里贴好各色的年画,哪一家都灯火通宵,不许间断,炮声日夜不绝。在外边做事的人,除非万不得已,必定赶回家来,吃团圆饭,祭祖。"②

3. 守岁与压岁

除夕夜通宵不眠,以送别旧年,迎接新年,叫"守岁"。守岁具有家庭团聚、珍惜光阴、为父母延寿等多重含义,也是家庭成员一年中难得的情感交流机会。清宫中也有守岁习俗。各宫还要摆吉祥盘、消夜果盒,互相赠送,祝贺新禧。吉祥盘内摆五个青苹果,红枣、栗子、磨盘柿子,谐音清平五福,早早立子,事事如意。消夜果盒是盛放各种奶制品、干鲜果蜜钱等的盒子,要用它们摆成"五福捧寿""吉庆有余"等各种图案。消夜果盒做好后,皇帝还会品评,优者予以奖赏。传统社会守岁一般是通宵达旦,《帝京岁时纪胜》载:"高烧银烛,畅饮松醪,坐以待旦,名曰守岁,以兆延年。"③近些年来守至天明的已比较罕见。自20世纪80年代中期开始,中央电视台每逢除夕都举办大型春节联欢晚会,阖家老少在春晚的欢声笑语中迎候新岁,已是城乡新民俗。压岁,又称"押岁",即长辈在过年时送给晚辈钱,所送的钱称"压岁钱",也作"压祟钱""带岁钱"。早期的压岁钱是一种特制的铜钱,上面印有"岁岁平安""新年如意"等文字,后来逐渐演变为流通货币。民国时期,曾有"以红绳穿钱作龙形,置于床脚"的做法。如今微信

---

① [清]潘荣陛:《帝京岁时纪胜》,王碧滢、张勃标点:《燕京岁时记(外六种)》,北京出版社2018年版,第62页。
② 老舍:《北京的春节》,舒乙选编:《老舍讲北京》,北京出版社2005年版,第36页。
③ [清]潘荣陛:《帝京岁时纪胜》,王碧滢、张勃标点:《燕京岁时记(外六种)》,北京出版社2018年版,第62页。

红包盛行,压岁钱也用微信发送了。

(五) 正月初一

"京师谓元旦为大年初一。每届初一,于子初后焚香接神,燃爆竹以致敬,连霄达巷,络绎不休。"①正月初一是新年第一天,意义非常,仪式多,习俗充满开端、迎新、纳福的意蕴。

1. 拜年

旧年离去、新年到来是值得庆贺的时期,人们用拜年仪式表达喜悦之情,所以拜年又叫贺岁、庆节等。过去北京拜年从正月初一开始,一直可以拜到元宵节,现在许多人在除夕甚至更早就开始拜年了,并称其为"拜早年"。

拜年是仪式,有特定的规矩和程序。官方层面,自汉代开始朝廷就有盛大的元日朝会,朝会之上,皇帝"受四海之图籍,膺万国之贡珍",②并接受百官臣僚的上寿祝贺,上寿毕,皇帝会赐群臣酒食,宴会往往在百戏表演和乐曲的伴奏声中进行。"大国礼乐备,万邦朝元正。"③元明清时期,北京为都城,延续着元旦朝会的古老传统,并专门制定有元旦朝会礼仪进行规范。以清代为例,天刚黎明,午门之外便已聚满王公大臣和文武百官,等候入朝拜贺。元旦朝会在太和殿举行,皇帝中和韶乐的演奏声中升座,已经就位的文武百官跪下,鸿胪寺官宣读新年贺表,接着奏"丹陛大乐",文武百官行三跪九拜礼。礼毕,大臣们纷纷散去。至于皇帝,则在殿内赐王公、大学士和外国贺年专使茶。从太和殿回来后,皇帝还要到乾清宫接受后妃、皇子们朝觐。

在民间,"上至朝官,下至庶民,往来交错道路者连日,谓之拜年。"④拜年时先拜神,后祭祖,然后家庭成员互拜。让廉《春明岁时琐记》载:"燕都正月初一日子时后,家家长幼先诣神佛前,焚香叩拜,谓之接神。次设奠于先人祠堂。礼毕,家长登堂,众人依序相率拜贺。"⑤之后,还要外出给亲朋好友拜年。但过去

---

① [清]富察敦崇:《燕京岁时记》,王碧滢、张勃标点:《燕京岁时记(外六种)》,北京出版社 2018 年版,第 67 页。

② 《后汉书》卷 40,中华书局 1965 年版,第 1364 页。

③ [唐]王建:《元日早朝》,王建:《王建诗集校注》,巴蜀书社 2006 年版,第 119 页。

④ [明]陆容:《菽园杂记》,中华书局 1985 年版,第 52 页。

⑤ 让廉:《春明岁时琐记》,王碧滢、张勃标点:《燕京岁时记(外六种)》,北京出版社 2018 年版,第 195 页。

元旦外出拜年仅限于男性,妇女一般要等到正月初六以后才能外出。民国以降,祀神祭祖的仪式淡化,团拜、晚会、茶话会等形式盛行,并开始有邮政拜年。20世纪80年代以来,随着社会流动性的增强、社会关系的复杂化和通讯工具的变化,又先后兴起贺卡拜年、电话拜年、电子邮件拜年、微信拜年等方式。充分反映了春节与时俱进的特征。

2. 饮食

酒是过年时不可或缺的饮品,新年还有特制的椒柏酒和屠苏酒,椒柏酒用椒实和柏叶浸泡而成,屠苏酒用多味中药泡制,不仅具有却邪除瘟的象征意义,也具有卫生保健的实际功能。由于新年的到来使年轻人"得岁",老年人"失时",所以屠苏酒要从年幼者饮起,显示出中国人强烈的生命意识。清宫中尚保留饮屠苏酒的做法,正月初一子时(即夜十二点),皇帝身穿礼服,在养心殿东暖阁举行开笔仪式,亲手点燃案上的"玉烛长调"灯,亲手将屠苏酒倒入金瓯永固杯,打开笔端有"万年青"三字、笔管有"万年枝"三字的笔,并将其在古铜吉祥炉上薰一下,先用朱墨、后用黑墨,写"天下太平""风调雨顺"等吉祥语,接着饮下屠苏酒,以祈天下太平,江山永固。只可惜这种非常有价值的饮品今天已经罕见,倒是邻国日本还在传承。我们有必要重拾这样的传统。

新年第一天北京人必吃饺子。明代称作匾食,清代称作煮饽饽。饺子形似元宝,谐音"交子",具有顺时令、祈财富的含义。饺子分荤素两种,大年初一早晨要讲究吃素馅,取意一年素静,平安无事。还有一种验岁的饺子,包入各种寓意吉祥的东西,以卜新年顺利。宫中亦不能免俗。为皇帝准备的"煮饽饽"中有一个就包了银锞,放在碗顶,皇帝一下筷子就能得到,寓意一年吉利。这种习俗至今流行。

3. 逛庙会

过年期间,有钱有闲,吃喝玩乐,是过年的重要生活内容,对孩子们来说,过年更是娱乐的天堂。他们的压岁钱,许多就花在各种玩具上。而绕白塔、逛庙会,是男女老少都热衷的活动。白塔指妙应寺白塔,始建于元,香火极旺,每年从正月初一起,人们来此绕塔,以求新年福寿安康万事顺遂。北京地区寺庙众多,至少从元代开始,就出现了诸多庙会活动,过年期间的庙会尤为盛行。从前觉生寺(即大钟寺)从正月初一到十日有庙会,"游人坌集,士女如云。"正月初二有五显财神庙会，"倾城男妇，均于半夜，候城趋出，借元宝而归"。据说"借之则财旺"。白云观，"自初一日起，开庙十九日。游人络绎，牛马奔腾，至十九日为尤盛"；曹老公观儿，"自初一起，开庙半月，游人亦多"；又有厂甸儿，"自初一日起，列市半月"，①廛肆林立，百货云集，有首清代竹枝词写得好："琉璃厂甸又新开，异宝奇珍到处排。妇女摩肩车塞路，都言看象早回来。"20 世纪中叶，春节庙会经历了一段时间的萧条，但 20 世纪 90 年代之后迅速崛起，除了厂甸庙会等传统庙会复兴之外，还出现地坛庙会、龙潭庙会、大观园红楼庙会等诸多新庙会。

4. 占卜与禁忌

占验新年的人事、气候、年景等，是普遍流行的做法，统称"占岁""卜年"。辽金时期有掷饭丸的习俗。《辽史》载："正旦，国俗以糯饭和白羊髓为饼，丸之若拳，每帐赐四十九枚。"到了深夜，"各于帐内窗中掷丸于外。数偶，动乐，饮宴。数奇，令巫十有二人鸣铃，执箭，绕帐歌呼，帐内爆盐垆中，烧地拍鼠，谓之惊鬼，居七日乃出"②。占卜之外，大年初一还有诸多禁忌，如忌打破物什，忌骂人，忌说不吉利的话，忌用生米炊饭、忌扫垃圾等。

（六）破五

正月初五在北京称作"破五"。这天流行吃水饺，放鞭炮。破五之后，一些商家选择在初六日开市营业。

（七）顺星

星宿崇拜在中国有古老的传统，顺星是北京人对星宿崇拜的一种表现形式。《帝京岁时纪胜》较为详细地记载了顺星的做法："初八日传为诸星下界，燃灯为祭。灯数以百有八盏为率，有四十九盏者，有按玉匣记本命星灯之数者。于更初设香楮，陈汤点，燃而祭之。观寺释道，亦将施主檀越年命星庚记注，于是夕受香仪，代具纸疏云马，为坛而祭，习以为常。"③这种燃灯的做法在明代《帝京景物略》中也有描述，只是时间不在初八日，而在十三日，具体操作起来又

---

① ［清］富察敦崇：《燕京岁时记》，王碧滢、张勃标点：《燕京岁时记（外六种）》，北京出版社 2018 年版，第 72—75 页。

② 《辽史》卷 53，中华书局 1974 年版，第 877 页。

③ ［清］潘荣陛：《帝京岁时纪胜》，王碧滢、张勃标点：《燕京岁时记（外六种）》，北京出版社 2018 年版，第 31 页。

颇有贫富差别:"家以小盏一百八枚,夜灯之,遍散井灶门户砧石,曰散灯也。其聚如萤,散如星,富者灯四夕,贫者灯一夕止,又甚贫者无灯。"①这一习俗传承较少,已成追忆。

总体来看,北京春节时间长,习俗活动多样,承载着更新、迎春、庆贺、祈吉、团圆、和谐等文化内涵。

二、元宵节和耍燕九

(一) 元宵节

1. 张灯与灯市

张灯是北京元宵节的重要习俗。早在唐代,孟浩然就有《同张将蓟门观灯》诗云:"异俗非乡俗,新年改故年。蓟门看火树,疑是烛龙然。"②反映了张灯的热闹盛大情形。金代,"元夕张灯,琉璃珠缨,翠羽飞仙之类不一,至有一灯金珠为饰者。都人男女盛饰观玩,至十八日而罢。"③到元代,宣徽院、资政院、中政院、詹事院、三后衙门等机构,"每岁常办进上灯烛、糕面、甜食之类,自有故典"④。而大都丽正门外一棵被赐名"独树将军"的大树,每到元正、元宵时节,身上都悬挂各色花灯,树旁形成一个热闹的小吃市场,"发卖诸般米甜食、饼食庶、枣面糕之属,酒肉茶汤无不精备,游人至此忘返"⑤。明清时期,元宵节更加盛行。

上元放灯促成了灯市的兴盛。灯市最初在东华门外,每年正月初八日开始,十七日结束。明刘侗、于奕正《帝京景物略》载:"灯市者,朝逮夕,市;而夕逮朝,灯也。"⑥市场上百货云集,人头攒动。傍晚时分开始张灯,同时有各种乐器、杂耍表演,并施放烟火,"于斯时也,丝竹肉声,不辨拍煞,光影五色,照人无研媸,烟胃尘笼,月不得明,露不得下"⑦。清代北京张灯自正月十三起,以正阳门瓮城两侧城根儿为中心,前门外大街、花市、打磨厂、大栅栏、厂甸等商铺市廛

---

① [明]刘侗、于奕正:《帝京景物略》,北京古籍出版社1963年版,第66页。
② [唐]孟浩然:《同张将蓟门看灯》,《孟浩然诗集校注》,中华书局2018年版,第430页。
③ [宋]宇文懋昭:《大金国志校证》,中华书局1986年版,第250页。
④ [元]熊梦祥著,北京图书馆善本组辑:《析津志辑佚》,北京古籍出版社1983年版,第211页。
⑤ [元]熊梦祥著,北京图书馆善本组辑:《析津志辑佚》,北京古籍出版社1983年版,第213页。
⑥ [明]刘侗、于奕正:《帝京景物略》,北京古籍出版社1963年版,第57页。
⑦ [明]刘侗、于奕正:《帝京景物略》,北京古籍出版社1963年版,第58页。

皆妆扮一新,悬挂新灯。清赵骏烈《燕城灯市竹枝词》云:"传说元宵许放灯,四方贾客尽欢腾。琉璃厂起东西局,奇巧光华几万层。"近年来,北京张灯的地方更多,造型各异,五颜六色,与月争辉。逛灯会时,还可猜灯上张贴的谜语,北京人称为"打灯虎",是一种十分益智的游戏。对于猜中的人,组织者会有奖品奉送,为节日增加了许多乐趣。

而至迟从明朝末年开始,乡间已有九曲黄河灯的设置,据《帝京景物略》载:"十一日至十六日,乡村人缚秫秸作棚,周悬杂灯,地广二亩,门逶曲黪,藏三四里,入者误不得迳,即久迷不出。"[①]九曲黄河灯阵今天在密云县东田各庄村、延庆白河堡等地仍有流传,已是国家级非物质文化遗产项目。

2. 放烟火

烟火起于宋朝,在后世兴盛不衰,并且随着科技的发展,制作愈精愈奇。过去在北京,每年一进腊月,城内就辟出临时的花炮市,出售各种各样的烟花爆竹,《燕京岁时记》记载:"花炮棚子制造各色烟火,竞巧争奇,有盒子、花盆、烟火杆子、线穿牡丹、水浇莲、金盘落月、葡萄架、旗火、二踢脚、飞天十响、五鬼闹判儿、八角子、炮打襄阳城、匣炮、天地灯等名目。"[②]灯节期间,市肆各大商号为了招徕顾客,纷纷举办街头烟火大会,形成对擂局面,令旁观者大饱眼福。

北京地区的特殊烟火是火判,一般用泥砌成高大的人形,腹中空,张口,彩画成判官形象,实际上是一个大火炉。元宵节期间,用特制的大煤球加劈柴点燃,五官生烟、七窍喷火,光芒四射,非常壮观。北京曾有十几处"火判",造型各有特色,其中位于地安门西大街长桥路北的宛平县城隍庙的火判最受人欢迎。城隍庙开庙五日,需煤球千斤以上,民间认为哪个煤铺捐赠多,当年的买卖就能顺利,所以煤铺们争先恐后,其他人则饱了眼福。1959 年,北海公园举办元宵灯节,游园晚会时曾在北岸天王殿前塑一火判,受到人们的热烈欢迎。此后就几乎销声匿迹了。

3. 闹社火

元宵节期间是民间社火最为活跃的时间,明代《帝京景物略》载:"击太平鼓

---

① [明]刘侗、于奕正:《帝京景物略》,北京古籍出版社 1963 年版,第 66 页。
② [清]富察敦崇:《燕京岁时记》,王碧滢、张勃标点:《燕京岁时记(外六种)》,北京出版社 2018 年版,第 69—70 页。

无昏晓,跳百索无稚壮,戴面具耍大头和尚,聚观无男女。"①这里的击太平鼓、跳百索、戴面具耍大头和尚都是社火。《帝京岁时纪胜》也做了很好的记载:"至百戏之雅驯者,莫如南十番。其余装演大头和尚,扮稻秧歌,九曲黄花灯,打十不闲,盘杠子,跑竹马,击太平神鼓,车中弦管,木架诙谐,细米结作鳌山,烟炮攒成殿阁,冰水浇灯,簇火烧判者,又不可胜计也。"②

北京花会很多,元宵节期间正是大显身手的时候,过去往往组织走会活动。近些年来,延庆、平谷、门头沟等各区都有民间花会,或走街,或在灯会上出演跑旱船、耍龙灯、跑竹马、踩高跷、舞狮等社火演出,深受人们的喜欢。

此外,北京元宵节期间,还有打鬼、摸虾儿、玩嘎拉哈儿等众多游戏娱乐活动,为妇女儿童带来诸多快乐。

4. 走桥摸钉

"走桥",又称"走百病",以祛疾去病为目的,参加者多是女性,所以明人周用有诗云:"都城灯市春头盛,大家小家同节令。姨姨老老领小姑,撺掇梳妆走百病。"③关于走百病,明沈榜《宛署杂记》记载:"正月十六夜,妇女群游祈免灾咎,前令人持一香辟人,名曰走百病。凡有桥之所,三五相率一过,取度厄之意。"④

与走桥相连的活动是摸门钉,因"钉"与"丁"同音,预示家丁兴旺,因此走桥时女子们都愿意摸一摸城门的门钉,尤其是正阳门的"摸钉"。传说正阳门秉"正阳之气",摸了"宜男"。清人施润章有诗云:"连臂谁听玉漏催,前门红袖摸钉回",描写的就是这个习俗。

5. 放偷

辽金元时期,北京元宵节曾有放偷的习俗。据宋文惟简《虏廷事实》载:"虏中每至正月十六日夜,谓之放偷。俗以为常,官亦不能禁。其日夜,人家若不畏谨,则衣裳、器用、鞍马、车乘之属为人窃去。隔三两日间,主人知其所在,则以

① 〔明〕刘侗、于奕正:《帝京景物略》,北京古籍出版社1963年版,第66页。
② 〔清〕潘荣陛:《帝京岁时纪胜》,王碧滢、张勃标点:《燕京岁时记(外六种)》,北京出版社2018年版,第33页。
③ 〔明〕刘侗、于奕正:《帝京景物略》,北京古籍出版社1963年版,第75页。
④ 〔明〕沈榜:《宛署杂记》,北京古籍出版社1980年版,第190页。

酒食、钱物赎之,方得原物。至有室女随其家出游,或家在僻静处为男子劫持去,候月余日,方告其父母,以财礼聘之。"①《帝京景物略》亦载金元时期,元夕"三日放偷,偷至,笑遣之,虽窃至妻女不加罪",②言下之意,人们不仅可以盗物,而且可以偷人。

6. 吃元宵

元宵是元宵节最重要的节日食品,明代刘若愚《酌中志》已记载元宵的做法:用糯米和细面,以核桃仁、白糖、玫瑰为馅,撒水滚成核桃一般大即成。清代康熙年间,京城马思远家做的"滴粉元宵"深受人们喜爱,成为当时的著名字号。符曾《上元竹枝词》赞叹:"桂花香馅里胡桃,江米如珠井水淘。见说马家滴粉好,试灯风里卖元宵。"如今,北京很多老字号的元宵都很受欢迎。

北京元宵节习俗活动丰富,具有浓厚的娱乐色彩,有着重要的现实价值,对于我们今天建设美好生活、促进身心健康、维护社会和谐提供了丰富的资源。

(二)耍燕九

"耍燕九",又称燕九节,是纪念长春真人邱处机而形成的节俗活动。燕九会兴起于元代,盛行于明清,至今仍有余绪。根据《析津志》,每到节日来临,"倾城士女曳竹杖,俱往南城长春宫、白云观,宫观藏扬法事烧香,纵情宴玩以为盛节,犹有昔日风纪"③。燕九节也形成了自己的习俗活动。第一便是摸石猴。白云观有多处石猴,俗信摸石猴有诸多好处。"猴"与气候的"候"谐音,"摸猴意味顺应天候,道法自然,在新的一年里四季平安、健康吉祥。"猴"又与王侯的"侯"谐音,"摸猴"寓意新年事业顺利、官运亨通。更有说法认为到白云观摸石猴儿可以祛病消灾,延年益寿。若是缺乏子嗣的妇女摸一下石猴的生殖器,还有早生贵子的灵效。此外还有"打金钱眼",主要活动区域为白云观内窝风桥。《旧都文物略》记载:"桥下悬一铜钱,其大愈益。凡人祀神毕,皆于桥栏杆上掷钱,如中其孔,则大利市。中与不中,均无下拾之蹊级。十日闭会,而阿堵盈万,则为道人终岁之储。"④这两项习俗活动至今流行。此外,燕九节还有赛马、唱

① [宋]陶宗仪编《〈说郛〉选五十八种》,大象出版社 2019 年版,第 174 页。
② [明]刘侗、于奕正:《帝京景物略》,北京古籍出版社 1963 年版,第 58 页。
③ [元]熊梦祥著,北京图书馆善本组辑:《析津志辑佚》,北京古籍出版社 1983 年版,第 213 页。
④ 汤用彬等编:《旧都文物略》,书目文献出版社 1986 年版,第 270 页。

戏等活动,热闹非凡,观者如堵,从而成为京城不可忽视的一个节日。燕九节为北京人的过年划了一个颇具特色的句号。

三、清明节

"辽俗最重清明",据元代熊梦祥《析津志》记载:"清明寒食,宫庭于是节最为富丽。"①北京清明节的习俗活动多样,包括扫墓、城隍庙进香等礼俗活动,踏青、放风筝、荡秋千、射柳、簪柳等娱乐活动以及寒食十三绝等饮食习俗。

(一) 扫墓

祭扫是全国流行的清明习俗,北京也不例外。对此,《帝京景物略》中有很精彩的描写:"三月清明日,男女扫墓,担提尊榼,轿马后挂楮锭,粲粲然满道也。拜者、酹者、哭者、为墓除草添土者,焚楮锭次,以纸钱置坟头。望中无纸钱,则孤坟矣。"②

北京人扫墓讲究上新坟与上旧坟的区别,一般为新去世的人扫墓在时间上要早一些,俗谓"新坟不过社"。社指春天祭祀社稷的日子,时间在立春后的第五个戊日,一般在阳历 3 月中旬。扫墓常用的供品有"盒子菜",《燕京杂记》记载:"人家上坟,于市上买盒子菜祀之,即南边之馔盒也。"③在清代,世家大族扫墓时,会用到一种叫"佛多"的祭品。"以五色纸钱制成幡盖,陈于墓左。祭毕,子孙亲执于墓门之外而焚之。"④插佛多是满族风习,传说是为了纪念努尔哈赤妻子佛三娘的功绩,并感谢帮助努尔哈赤在战争中获胜的佛多老母。

东岳庙的主神东岳大帝和城隍庙的主神城隍爷都是主管生死的神灵,所以清明节北京人还有到东岳庙、城隍庙烧香祈求神灵庇佑的做法,《都门杂咏南城隍庙》云:"神庙还分内外城,春来赛会盼清明,更兼秋始冬初候,男女烧香问死生。"⑤然而,无论是扫墓还是去庙里烧香,都并非纯粹的信仰活动,它们总是与踏青结合在一起,成为一种兼具娱乐性的户外活动。因此"哭罢",扫墓人并不马上

---

① [元]熊梦祥著,北京图书馆善本组辑:《析津志辑佚》,北京古籍出版社 1983 年版,第 203 页。
② [明]刘侗、于奕正:《帝京景物略》,孙小力校注,上海古籍出版社 2001 年版,第 102 页。
③ 《燕京杂记》,转引自李家瑞编《北平风俗类征》,商务印书馆 1937 年版,第 50 页。
④ [清]富察敦崇:《燕京岁时记》,王碧滢、张勃标点,《燕京岁时记(外六种)》,北京出版社 2018 年版,第 79 页。
⑤ 《都门杂咏南城隍庙》,转引自李家瑞编《北平风俗类征》,商务印书馆 1937 年版,第 50 页。

回家,而是"趋芳树,择园圃,列坐尽醉,有歌者。哭笑无端,哀往而乐回也"①。

(二) 踏青戴柳

踏青出游也是普遍流行的清明习俗,北京很早就形成了专门的踏青地点,《帝京景物略》载:"是日簪柳,游高梁桥,曰踏青。多四方客未归者,祭扫日感念出游。"②高梁桥位于今海淀区西直门外偏北半里左右,为元世祖忽必烈于至元二十九年(1292)所建,是北京西郊历史上一座名桥。当年元世祖为满足大都城市用水需要和南粮北运的需要,派都水监郭守敬引昌平白浮泉及西山玉泉诸水,汇流至此,转入护城河、积水潭。明清之时,这里水清见底,风光秀丽,为京师郊外一处风景胜地。每到清明,"桃柳当候,岸草遍矣",前来踏青者络绎不绝,"是日,游人以万计,簇地三四里。"不仅如此,这里还有扒竿、觔斗、筒子、马解、弹解、烟火水嬉等各种杂技歌舞表演。其中扒竿表演,"立竿三丈,裸而缘其顶,舒臂按竿,通体空立移时也。受竿以腹,而项手足张,轮转移时也。"马解表演为"人马并而驰,方驰,忽跃而上,立焉,倒卓焉,鼍悬,跃而左右焉,掷鞭忽下,拾而登焉,镫而腹藏焉,鞦而尾骜焉"。筒子则是一项魔术表演,"三筒在案,诸物械藏,示以空空,发藏满案,有鸽飞,有猴跃焉。"③种种杂技歌舞表演纷采异呈,增加了高梁桥一带的魅力。只是时移世易,今天的高梁桥已失去从前的风采。但人们珍爱生命、踏青寻春的热情并未因时代而消减,每届清明,众多公园仍然游人如织。

过去北京还有戴柳习俗,民谚云:"清明不戴柳,死后变黄狗。"柳树生命力强,发芽早,戴柳,既装点春色,又俗信有借助柳树增强自身生命力的功效,早在唐宋时期已有风俗。在北京亦有此俗,《燕京岁时记》记载:"至清明戴柳者,乃唐高宗三月三日祓禊于渭阳,赐群臣柳圈各一,谓戴之可免虿毒"④,又《帝京岁时纪胜》载"清明日摘新柳佩带"⑤。但近年来多以折柳为不文明行为,此俗遂不多见。

---

① [明]刘侗、于奕正:《帝京景物略》,孙小力校注,上海古籍出版社2001年版,第102页。
② [明]刘侗、于奕正:《帝京景物略》,孙小力校注,上海古籍出版社2001年版,第102页。
③ [明]刘侗、于奕正:《帝京景物略》,孙小力校注,上海古籍出版社2001年版,第280—281页。
④ [清]富察敦崇:《燕京岁时记》,王碧滢、张勃标点:《燕京岁时记(外六种)》,北京出版社2018年版,第79页。
⑤ [清]潘荣陛:《帝京岁时纪胜》,王碧滢、张勃标点:《燕京岁时记(外六种)》,北京出版社2018年版,第38页。

（三）寒食十三绝

北京清明有"寒食十三绝"，即 13 种可以冷食的食品。但具体所指又有不同说法。赵书曾撰文探讨，并认为最能代表北京的"京华寒食十三绝"包括"三蒸、四烤、六炸"，其中三蒸指"芸豆卷、豆面糕、艾窝窝；四烤指烧饼、火烧、螺丝转、硬面饽饽；六炸指炸糕、炸三角、蜜麻花、姜汁排叉、馓子麻花、卷果"。① 其中蜜麻花，俗称糖耳朵，吃它是图个"耳聪目明"的好口彩。

四、端午节

端午是北京的重要节日，又称重午、午节、拜天节、五月节、女儿节等。节期以五月五日为标志性时间，但不限于五月五日。《帝京景物略》载："五月一日至五日，家家妍饰小闺女，簪以榴花，曰女儿节。五日之午前，群入天坛。"②又陆启浤《北京岁华记》云："朔日至旬杪，女儿艳服，带花满头，盛过元宵。"③

（一）饮食活动

北京端午节的饮食内容十分丰富，在不同的时代又有所不同。《契丹国志》记载："国主及臣僚饮宴，渤海厨子进艾糕，各点大黄汤下。"④可见在辽代宫廷，艾糕和大黄汤是重要食品和饮品。而在元代，饮食更加丰富，据《析津志》，各衙署在端午节都要进贡，其中不少贡品，都是饮食品，如"光禄寺酒、凉糕、密枣糕、秔米粽、金桃、御黄子、藕、甜瓜、西瓜，并同各大衙，并依上年故事"⑤。明代宫廷中，"初五日午时，饮朱砂、雄黄、菖蒲酒，吃粽子，吃加蒜过水面"⑥。到清代，"每届端阳以前，府第朱门皆以粽子相馈贻，并副以樱桃、桑椹、荸荠、桃、杏及五毒饼、玫瑰饼等物。"⑦

在众多食品，粽子是北京最重要的端午节令食品。粽子早在魏晋时期已普

① 关于北京"寒食十三绝"的讨论，详见《北京寒食节饮食习俗管窥》，赵书撰，载《中华传统文化研究与评论（第六辑）》，叶圣陶研究会编，人民教育出版社 2013 年版，第 15—18 页。
② ［明］刘侗、于奕正：《帝京景物略》，孙小力校注，上海古籍出版社 2001 年版，第 103 页。
③ ［明］陆启浤：《北京岁华记》，王碧滢、张勃标点：《燕京岁时记（外六种）》，北京出版社 2018 年版，第 7 页。
④ ［宋］叶隆礼：《契丹国志》，上海古籍出版社 1985 年版，第 251—252 页。
⑤ ［元］熊梦祥著，北京图书馆善本组辑：《析津志辑佚》，北京古籍出版社 1983 年版，第 219 页。
⑥ ［明］刘若愚著，冯宝琳点校：《酌中志》，北京出版社 2018 年版，第 180 页。
⑦ ［清］富察敦崇：《燕京岁时记》，王碧滢、张勃标点：《燕京岁时记（外六种）》，北京出版社 2018 年版，第 87 页。

遍食用,周处《风土记》记载:"以菰叶裹黏米,杂以粟,以淳浓灰汁煮之令熟……盖取阴阳尚相苞裹未分散之象也。"[1]而在北京元明清时期都不乏相关记载,民国时期,按老舍先生《四世同堂》里的描写,粽子已有"好几个宗派"。一种是"稻香村"卖的广东粽子,个儿大,馅子种类多,价钱贵,也不十分合北京人的口味,但送礼显着体面。一种是"正统"的北京粽子,个头很小,没有馅,吃的时候撒上一点白糖,虽然味道一般,但模样儿好看。还有用江米杂以红枣的,个头稍大,另有一种用黄米包成粽子,"也许放红枣,也许不放,个儿都包得很大"。过去卖粽子可以从四月初卖到五月底,小贩们走街串巷,大声吆喝:"江米儿的,小枣儿的,凉凉的大粽子。"为节日平添了几份热闹。如今粽子的馅料更丰富,品种也更多了,南方的肉粽、蛋黄粽等都会现身在北京超市里。不过,讲究的人家还是要自己用苇叶包江米小枣粽。

　　除了粽子,五毒饼也是应节食品。五毒饼是印有蝎子、蟾蜍、蜘蛛、蜈蚣、蛇等五种毒虫图案的玫瑰饼。据赵书先生介绍,"以京西妙峰山当年产的玫瑰花制成的饼最为高贵。用玫瑰花和以蜂蜜拌匀做馅,制成饼,上火烙,名曰端午饽饽,分为酥皮、硬皮两种,是高档细点,价格很贵,大约每斤八块,每块的价格相当于二斤白面,一般人家是吃不起的。但是,北京人认为若是在五月节吃上玫瑰饼是非常吉利的事,买不起饽饽铺的玫瑰饼,就自己动手蒸玫瑰馅的馒头或甜卷,以应节日之俗"[2]。

(二) 服佩装饰活动

　　端午节的服饰既包括对房屋的装饰,也包括人的服装和配饰,其中心思想是祛除凶邪,强健身体。类似的做法流传久远,早在《后汉书·礼仪志》中已经记载,五月五日,"朱索五色印为门户之饰,以难止恶气"[3]。

　　仲夏季节,菖蒲和艾叶生长茂盛,或泛酒,或充当佩饰,广泛应用于端午节,以致端午有"蒲节"和"艾节"的别名。辽朝宫廷,每届端午节,会将艾叶和棉花放在一起做棉衣,明代宫廷则从五月初一日起到三十日整整一月,都在门两旁

---

[1] 周处:《风土记》,转引自[隋]杜台卿撰、[清]杨守敬校订《玉烛宝典》,《续修四库全书》本,上海古籍出版社 2002 年版,第 58 页。

[2] 赵书:《老北京怎么过端午》,《新安全》2004 年第 7 期。

[3] 《后汉书》,中华书局 1965 年版,第 3122 页。

放置菖蒲和艾。宫廷如此,民间也用菖蒲、艾子插于门旁,或做成插虎、人形佩带,以禳不祥。俗话说:"不戴艾,要变怪。"节后,人们将蒲艾晒干,收藏起来备用,可以治疗冻疮,为新生儿举行"洗三"仪式时也要用到。

石榴花是端午节的应时花。富察敦崇《燕京岁时记》云:"京师五月,榴花正开,鲜明照眼。凡居人等,往往与夹竹桃罗列中庭,以为清玩。榴、竹之间,必以鱼缸配之,朱鱼数头游泳其中。几于家家如此。故京师谚曰:'天篷鱼缸石榴树。'"①石榴花易得到,加上花红似火,既艳丽,又被认为可以驱邪,所以深受人们喜爱,每到节日来临,"石榴花开戴满头"就成为传统京城端午节的亮丽风景。凤仙花也是"端阳之佳卉",形似蝴蝶,花色多样,也叫指甲花、透骨草、女儿花。女孩们常将花瓣捣碎,用树叶包在指甲上,可以染上颜色,"鲜红透骨,经年乃消",所以《燕京岁时记》里说:"凤草飞红,绣女敲而染指。"②

除了植物,用于装饰服佩的还有各种手工制品。如长命缕、香包、茧虎、麻弟、葫芦"等,或佩带身上,或悬于家中,或张贴门户墙壁,都可以避疠疫,防邪毒。《帝京景物略》云:"家各悬五雷符。簪佩各小纸符,簪或五毒,五瑞花草。项各彩系,垂金锡,若钱者,若锁者,曰端午索。"③其中长命缕,又叫避兵缯、避瘟绳、百岁索等,多缠于手足和颈项,因常用青、红、白、黑、黄五种颜色的丝线做成,又称五色丝,早在汉代已经使用,也在北京流行。直到今天仍然是重要的端午节物。

在北京,人们也用天师像、钟馗捉鬼图、符图、剪纸等作为服佩装饰之物。清初人庞垲曾作《长安杂兴》诗:"一粒丹砂九节蒲,金鱼池上酒重沽。天坛道士酬佳节,亲送真人五毒图。"

儿童身体孱弱,是端午节格外关注的对象,许多服佩都体现对儿童的爱护。让廉《京都风俗志》载:"人家妇女以花红绫线结成虎形、葫芦、樱桃、桑椹、及蒲、艾、瓜、豆葱、蒜之属,以彩绒贯之成串,以细小者为最,缀于小儿辫背间。或剪纸,或镂纸,折纸作葫芦蝙蝠卍字各式,总谓之'福儿'。杂五色彩纸以衬之,总谓之'葫芦儿'。"④此外,人们还会对儿童用雄黄点额,连宫廷中也不能免俗。

---

①② [清]富察敦崇:《燕京岁时记》,王碧滢、张勃标点:《燕京岁时记(外六种)》,北京出版社2018年版,第91页。

③ [明]刘侗、于奕正:《帝京景物略》,孙小力校注,上海古籍出版社2001年版,第103页。

④ 让廉:《京都风俗志》,《帝京岁时纪胜·燕京岁时记·人海记·京都风俗志》,北京出版社2015年版,第5—6页。

（三）信俗活动

"国莫大于祀，祀莫大于天。"端午节、中元节和重阳节都是辽金两朝举行拜天之礼的重要时间。在金朝，三节拜天的场地有所不同，中元在内殿，重阳在都城外，端午则在球场。拜天礼举行的时间是在五日早晨，有特定的仪式，并提前设置专门的拜天台，根据《金史》的记载："其制，刳木为盘，如舟状，赤为质，画云鹤文。为架高五六尺，置盘其上，荐食物其中，聚宗族拜之。若至尊则于常武殿筑台为拜天所。"①元朝也一度仿效金人行拜天礼，但这一礼仪在明清时期已不行。不过明清时期的人们习惯端午节去"天坛"玩，又或许留着一点拜天的痕迹。此外，清代都城隍庙在五月初一至初八日有庙会，"百货充集，拜香络绎"②，虽不专属于端午节的活动，因在端午节期间，对于北京端午节的繁盛也具有积极意义。

（四）娱乐活动

1. 踏青

"帝京午节，极胜游览"，娱乐活动非常丰富。首先是踏青之俗。明朝时期，踏青已形成固定的地点，"士人相约携酒果游赏天坛松林、高粱桥柳林、德胜门内水关、安定门外满井，名踏青。妇女如之，比之南京雨花台更盛。"③这些地点长期成为端午游览胜地。清代《帝京岁时纪胜》就专门提到天坛。人们或在天坛长垣之下骑马走解，即人在马上进行表演，或进入坛内，在神乐所前吃菜喝酒，喧呼于夕阳芳树之下，迟迟不愿回家。天坛一带，场地开阔，林木繁多，是休夏的好地点，适合骑马逞艺。神乐所，也称神乐署，坐落于天坛西门内稍南侧，是明清两代专门负责培训祭祀乐舞人员的机构，很长一段时间由道士经管，也是北京端午节的重要文化空间，所以清代有诗云："一粒丹砂九节蒲，金鱼池上就重沽。天坛道士酬佳节，亲送真人五毒图。"

端午踏青，女性也是主角。清人屈复有《耍青送青词》云："耍青送青去，黍白杏儿黄。龙舟在何处，但说闹端阳。"并对耍青和送青进行解释："五月朔后，妇

---

① 《金史》卷35，中华书局1975年版，第826页。
② ［清］潘荣陛：《帝京岁时纪胜》，王碧滢、张勃标点，《燕京岁时记（外六种）》，北京出版社2018年版，第44页。
③ ［明］沈榜：《宛署杂记》，北京古籍出版社1980年版，第191页。

女游天坛,曰'耍青',至端阳曰'送青'。"①女子游玩甚至形成了特定的俗语,可见其兴盛之一斑。

2. 射柳/走解

射柳是具有民族特色的习俗活动,当源于契丹族的祈雨仪式——瑟瑟仪。据《辽史》记载:"若旱,择吉日行瑟瑟仪以祈雨。前期,置百柱天棚。及期,皇帝致奠于先帝御容,乃射柳。皇帝再射,亲王、宰执以次各一射。中柳者质志柳者冠服,不中者以冠服质之。不胜者进饮于胜者,然后各归其冠服。"②早期的瑟瑟仪时间并不固定,而是择吉日进行。后来成为节日中的习俗,并被女真人吸纳。《金史》载,收国元年(1115)"五月庚午朔,避暑于近郊。甲戌,拜天射柳。故事,五月五日、七月十五日、九月九日拜天射柳,岁以为常"。③

射柳的做法在明代早期仍然传承。永乐十一年(1413)五月五日,明成祖就曾经在东苑组织过击球射柳活动,自皇太孙而下诸王、大臣都参与其中。结果皇太孙朱瞻基(后来的明宣宗)连发皆中,明成祖十分高兴,射柳之后,又出上联"万方玉帛风云会"让他对,朱瞻基对以"一统山河日月明"。④ 明中期之后,射柳活动渐被更具有观赏性的"走骠骑"取代。走骠骑也叫走解。潘荣陛《帝京岁时纪胜》:"仍修射柳故事,于天坛长垣之下,骋骑走繲。"⑤不过,到了民国时期,这一习俗已消亡,诚如张次溪所说:"走骠骑,捉蛤蟆,故事徒传,流风已尽。"⑥

3. 击球

契丹是以"鞍马为家""挽强射生"的游牧民族,辽朝多位最高统治者如辽穆宗、辽圣宗、辽兴宗等都喜欢击球运动,当时多称为击鞠,但没有固定时间。金朝建立后,延续了击球的做法,击球也成为端午节的习俗活动。金朝,击球的人员分为两队,都骑乘自己常骑的马匹,手持数尺长、头上如弯月的鞠杖,共击一球。其中一种游戏规则是将球击进事先布好的球网中的一方即是胜者。《金

---

① [清]屈复:《变竹枝词》,张勃主编《中国端午节丛书·史料卷》,广西师范大学出版社2013年版,第436页。
② 《辽史》卷49,中华书局1974年版,第834页。
③ 《金史》卷2,中华书局1975年版,第27页。
④ [明]陈建:《皇明通纪》,中华书局2008年版,第466页。
⑤ [清]潘荣陛:《帝京岁时纪胜》,王碧滢、张勃标点:《燕京岁时记(外六种)》,北京出版社2018年版,第44页。
⑥ 张次溪纂,尤李注:《老北京岁时风物:〈北平岁时志〉注释》,北京日报出版社2018年版,第201页。

史》记载:"已而击球,各乘所常习马,持鞠杖。杖长数尺,其端如偃月。分其众为两队,共争击一球。先于球场南立双桓,置板,下开一孔为门,而加网为囊,能过得鞠击入网囊者为胜,或曰:'两端对立二门,互相排击,各以出门为胜。'球状小如拳,以轻韧木枵其中而朱之。皆所以习踠捷也。"①

到元朝,承金朝故典,"常于五月五日、九月九日,太子、诸王于西华门内宽广地位,上召集备衙万户、千户,但怯薛能击球者。先以一马前驰,掷大皮缝软球子于地,群马争骤,各以长藤柄球杖争接之。……马走如飞,然后打入球门中者为胜。"元朝十分重视击球时所骑之马的装饰,都用上等骏马,"系以雉尾、璎珞,紫缀镜铃、狼尾、安答海,装饰如画",比赛十分好看,"当击球之时,盘屈旋转,倏如流电之过目",看得人惊心动魄,"英锐之气奋然"。② 明朝仍有击球的做法,杨荣《西江月·端午赐观击毬射柳五阕》之一云:"两朋骏马总腾骧,玉勒金羁光炫。左右分曹决胜球,飞仗击争先。流星一点影回旋,挥霍纷纭万变。"描写的就是击球的激烈场面。

4. 竞渡

端午竞渡习俗流行于南方,但至迟在明代时,北京也已有竞渡的做法。刘若愚《酌中志》云:"(五月五日)圣驾幸西苑,斗龙舟划船。"③清人徐珂《清稗类钞》中记载清代乾隆初年,"高宗于端午日命内侍习竞渡于福海。画船箫鼓,飞龙鹢首,络绎于波浪间,颇有江乡竞渡之意,召近侍王公同观。仁宗亲政,亦屡循旧制"④。除了宫廷之中,民间也有竞渡习俗。《帝京岁时纪胜》记述:"里二泗近张湾,有祐民观,……前临运河,五月朔至端阳日,于河内斗龙舟,夺锦标,香会纷纭,游人络绎。"⑤近年来,北京延庆连续举办多次端午文化节,竞渡是其中重要的活动内容。

5. 斗草

斗草也是端午期间的竞斗之戏,南北朝时期已经出现。在北京,有武斗、文

---

① 《金史》卷2,中华书局1975年版,第827页。
② [元]熊梦祥著,北京图书馆善本组辑:《析津志辑佚》,北京古籍出版社1983年版,第203页。
③ [明]刘若愚著,冯宝琳点校:《酌中志》,北京出版社2018年版,第180页。
④ [清]徐珂编撰:《清稗类钞》,中华书局2010年版,第29—30页。
⑤ [清]潘荣陛:《帝京岁时纪胜》,王碧滢、张劲标点:《燕京岁时记(外六种)》,北京出版社2018年版,第45页。

斗两种方式,武斗就是"拔老根儿",比试草的韧性。斗草者各选草茎一根,令其相交,各自用力拉扯草茎的两端,草茎断的一方为负。文斗就是比试谁认识的花草多,谁采到的花草品种多。《红楼梦》六十二回"憨湘云醉眠芍药茵　呆香菱情解石榴裙"里,香菱与芳官等四五人玩的就是典型的文斗。武斗是对参与者体力和判断力的测试,文斗是对参与者记忆力和反应能力的测试,无论武斗还是文斗,都引导人们亲近自然,是既有趣又有益,值得当下继续传承的好游戏。端午斗草,女子参与颇多,清人朱俊瀛《女儿节竹枝词》云:"榴红萱翠映窗纱,斗草归来日未斜。更有一番闲意趣,女儿节试女儿花。"但斗草并不局限于女子,《顺义县志》(民国四年)就说:"男子于郊原采百草,相斗赌饮。"①

五、七夕节

(一) 信俗活动

1. 祭祀牛郎织女

牛郎织女传说从汉代开始就与七夕节紧密地联系在一起,无论是作为天上的星星,还是作为能够满足人间愿望的神灵,织女和牛郎都是传统社会人们礼拜的对象。在北京也是如此。《析津志》记载:"宫庭宰辅、士庶之家咸作大棚,张挂七夕牵牛织女图,盛陈瓜、果、酒、饼、蔬菜、肉脯,邀请亲眷、小姐、女流,作巧节会,称曰女孩儿节。觇卜贞咎,饮宴尽欢,次日馈送还家。"②明末文人陆启浤在《北京岁华记》中写道:"七夕,宫中最重,各家俱设宴星河下,老丑妇则否。儿女对银河作拜。"③清代宫廷也保持着祭星传统。清代依然延续着祭星的做法,按《钦定宫中现行则例》的规定,"每逢太阴星君七夕(七月七日)祭牛女星君",当天要"设供案、奉神牌、备香烛、斗香、燎炉、拜褥。御茶房、御膳房设供献四十九品"④,皇帝皇后都要拈香行礼。

2. 乞巧

"燕京风俗斗穿针。"⑤穿针乞巧也曾是北京七夕节的习俗活动。不过这一

---

① 丁世良、赵放:《中国地方志民俗资料汇编(华北卷)》,北京图书馆出版社 1989 年版,第 21 页。
② [元]熊梦祥著,北京图书馆善本组辑:《析津志辑佚》,北京古籍出版社 1983 年版,第 220—221 页。
③ [明]陆启浤《北京岁华记》,王碧滢、张勃标点:《燕京岁时记(外六种)》,北京出版社 2018 年版,第 8 页。
④ 转引自郝成文、董越:《清宫乞巧节演剧述略》2018 年第 6 期。
⑤ [明]何景明:《七夕》,[明]刘侗、于奕正:《帝京景物略》,孙小力校注,上海古籍出版社 2001 年版,第 116 页。

习俗一度消失,如今则有所复兴。相比于穿针,观影是更为常见的北京七夕节乞巧方式。在七夕这天中午前,盛一盆清水放在太阳下曝晒,过一段时间后,水面上就结成一层薄膜,让女子将针丢在水面,观察投在水底的针影,以此判定女子的巧与拙。诚如明人沈榜《宛署杂记》所说:"日影或散如花,动如云,细如线,粗如槌,因以卜女之巧。"①一般来讲,影子是以细长为好、粗短为劣的。不过,在实际操作中,人们会赋予针影以更多含义。比如清末宫中仍然盛行乞巧之俗,宫里年老的太后会作为裁判,评定后妃和宫女们的巧拙。有机灵的宫女为博得太后喜欢,就挑选针孔大点的针放在水上,太阳光射过针孔会投下一个小白点,就恭喜说这是织女在保佑老太后年老眼不花、耳不聋,能健康长寿,哄得太后开心,皆大欢喜。当然也有以松针或极细的黍苗代替绣花针的,操作方法与绣花针如出一辙。

又有蜘蛛乞巧,将蜘蛛装于盒内或用碗覆盖,根据是否结网以及所结网丝的多寡,判断巧拙。这一做法早在南北朝时期已经出现端倪,唐宋时期颇为流行。过去北京也有这一做法,《析津志》中有"星前月下遥相忆,钿盒蛛丝觇顺逆"的语句,可以为证。②

3. 乞子

在民俗观念中,"瓜果"意为"瓜瓞绵绵""生籽结果",包含着子孙昌盛的祝福和期待。七夕祭星仪式上几乎都离不开瓜果,具有明显的乞子内涵。北京亦不例外。另外,七夕节时还常常出现一种叫"磨喝乐"或者"摩睺罗"的物什,也叫化生,是一种祝愿妇女生男孩用的婴孩偶像。《析津志》记载:"七月皇朝祠巧夕,化生庭院罗金璧。"当时北京市场上的生意人,"仍以芦苇夹棚,卖摩诃罗巧神泥塑,人物大小不等,买者纷然"。③

此外,生巧芽也带有明显的乞子意蕴。巧芽多为豆芽或麦芽,或以麦、谷、豆等数种合成,要提前培育。培育巧芽,在宋代叫种生:"又以绿豆、小豆、小麦,于磁器内以水浸之,生芽数寸,以红蓝彩缕束之,谓之'种生'。"④清代北京也有"种生"的做法,如《帝京岁时纪胜》载:"七夕前数日,种麦于小瓦器,为牵牛星之

① [明]沈榜:《宛署杂记》,北京古籍出版社1980年版,第192页。
②③ [元]熊梦祥著,北京图书馆善本组辑:《析津志辑佚》,北京古籍出版社1983年版,第220页。
④ [宋]孟元老撰,李士彪注:《东京梦华录》,山东友谊出版社2001年版,第84页。

神,谓之五生盆。"①

（二）饮食

"吃巧",即享用特定的食品也是顺应时节的典型表现。每到七夕节,民间喜用麦面或粉面(糯米面)加油、糖、蜜,剪成各式花样,或炸或烙,做成各种面点,称为巧果。据文献记载,宫廷中上演《七夕佳辰》《双渡银河》等承应戏时,演员要在台上向皇帝等人跪进巧果。

（三）娱乐活动

以戏酬神娱人是节日文化传统,因此每至节日往往演戏,清宫尤其重视节令戏的演出。乞巧节承应的剧目会在夏历六月底和七月初反复排练,乞巧节当日两次承应,一次是祭祀献戏,一次是观赏演戏。祭祀献戏戏目通常为《七襄报章》和《仕女乞巧》。两戏属于仪典戏,都没有出现牛郎,旨在献锦报瑞,歌颂盛世升平。献戏的地点,嘉庆、道光朝均在圆明园里的西峰秀色。宫廷之外,民间也上演《天河配》(《鹊桥相会》)等节令应景戏,所以一进夏历七月,北京家家戏园子门口就要贴出海报。京剧大师梅兰芳曾于1921年七夕节在吉祥茶园演出此戏,于剧中设计了摆七巧图、莲池出浴、鹊桥相会等布景,最后一场从鹊桥下飞出成百只鸟雀,一时传为美谈。

六、中秋节

（一）赏月

在北京,中秋赏月是最值得书写的节日习俗活动之一。张次溪曾在《北平岁时志》中评析:"年节虽履端肇始,户所夙重,第风寒刺人,冰雪载道,驾言出游,行者则苦。八月冷煖适中,正足怡情悦性,夜色天街,其凉如水,一轮皓魄,照彻人寰,十丈软红中,值斯美景,益未可掷负良辰,此中秋一节之所以首胜,而在此数百年首善之区之北平,尤当首与沥著者也。"②赏月,最适合在水边或山上,在北京,什刹海、颐和园、北海、景山等都是赏月胜地。

赏月可去户外,也可在家里。很多时候,赏月是与家庭团聚联系在一起的。

---

① ［清］潘荣陛:《帝京岁时纪胜》,王碧滢、张勃标点:《燕京岁时记(外六种)》,北京出版社2018年版,第49页。

② 张次溪纂,尤李注:《老北京岁时风物:〈北平岁时志〉注释》,北京日报出版社2018年版,第281页。

民国二十三年《平谷县志》记载:"夕设瓜果于庭院,坐待月华,供群饮为乐,谓之'赏月'。"①饮食,所以合欢也。中秋节重家庭团圆,通过宴会相聚一堂,共享天伦之乐,是阖家团圆最好的表达方式。今天的北京人,也愿意在美酒杯盘中赏月度中秋。尤其在什刹海一带,当夜色来临,明月升空,烛光摇曳,各种酒吧就忙碌起来,座位上坐满了人,点餐点酒点茶,边吃边聊,看水看灯,看月看星,倍感惬意。天上月圆,地上人圆,月圆共人圆,这就是北京人心目中的美满。赏月往往还伴随着一些游戏,以增加过节的趣味。出生于恭王府花园并在园中生活了9年的著名画家爱新觉罗·毓峘先生回忆,每逢中秋之夜,全家老小在大主山秘云洞上边的邀月台宴罢,一起赏月,不仅主人之间诗词唱和,一些识文断字的仆人也参与作"宝塔诗"以和韵。

(二) 祭月

"八月十五月儿圆,西瓜月饼供神前。"中秋祭月始盛于宋,北京人看重祭月仪式,十分讲究。"其祭果饼必圆;分瓜必牙错瓣刻之,如莲华。"此外,还要设摆专门的月宫符像,月宫符像也叫月光纸,对此,《帝京景物略》中有详细描写:"纸肆市月光纸,绘满月像,趺坐莲花者,月光遍照菩萨也。华下月轮桂殿,有兔杵而人立,捣药臼中。纸小者三寸,大者丈,致工者金碧缤纷。"②

宫廷中也重视祭月。比如清代,中秋节会在紫禁城中的乾清宫前设供案,摆月供,燃香,皇帝、皇后等人依次对月光神码行礼。乾隆四十一年(1776)的中秋节,乾隆皇帝是在前往盛京的途中度过的,关于这次中秋节,档案中有详细记载,从中可见皇家祭月之一斑:

> 八月十五日酉初,在莲花套大营西洋房东院内坐西北、向东南设摆月光花插一个,挨插屏前,摆条桌二张,一字摆着。用黄缎桌套一个(月花插屏、供桌、供器等样俱系打扫处随营带来的)。安毕,茶膳房随摆供一桌,十九品,摆三路。从里往外摆。月光祃两边,供子母藕一对(用斑竹杆,上捆鲜花,捆在月光祃插屏架上)。供桌后桌边上供黄豆角两把(高一尺五寸,挨着月光祃供)。头一路(供桌后桌边)中间设斗一个,上供大月饼一个(重

---

① 转引自丁世良、赵放:《中国地方志民俗资料汇编(华北卷)》,北京图书馆出版社1989年版,第24页。
② [明]刘侗、于奕正:《帝京景物略》,孙小力校注,上海古籍出版社2001年版,第104页。

十斤,彩画圆光)。斗左边鲜果三品,西瓜一品。右边鲜果三品,西瓜一品。
二路,中间设香炉一个,左边茶三盅,西瓜一品。右边酒三盅,西瓜一品。三
路,香炉前,中间设檀香炉一个,炉左边,月饼一品二个(每个月饼重三斤),蜡
台一个(此供子母藕,豆角,十斤重月饼,三斤重月饼,俱系随果报发来)。

万岁爷至供前拈香行礼,还西洋房少坐。

酉正,小太监常宁传送上用黄盘野意酒膳一桌,十五品。用茶房紫檀
木折叠矮桌摆。

酉正二刻十分,香尽,养心殿首领刘秉忠请万岁爷送焚化。

总管萧云鹏用茶房如意茶盘请茶三盅、酒三杯。跪进,与上奠茶、酒,
送焚化。毕,随撤供一桌。①

(三) 饮食

一般认为,月饼的前身是汉魏以降以胡饼为代表的圆形面食,"月饼"这一
名称,虽见于南宋周密的《武林旧事》,但到明代,月饼在中秋节中的地位才得以
确定。北京人吃月饼的历史也始于明代,据沈榜《宛署杂记》记载,当时"士庶家
俱以是月造面饼相遗",或有馅,在市场上多有销售;或没馅,以家庭自制为主。
家庭自制的月饼大小不等,但口味简单,市场销售的月饼"巧名异状",价格高
昂,"有一饼值数百钱者"。②

北京著名的月饼是"自来红""自来白"和"团圆饼",都是北京饽饽铺的应时
糕点,过去每年从夏历八月初一起就开始出售。自来红又称红月饼,烤的颜色
较深,清一色白糖、冰糖渣、果仁为馅,外皮上打一个红色圆圈,圈内扎着几个小
孔。自来白又称白月饼,制作原料主要有猪油、白糖、山楂、枣泥等。团圆饼,白
面为皮,白糖、冰糖渣、果仁、青红丝为馅,以香油和面烤成,个头大,小的直径也
有五六寸,大的直径更达尺余,上有月宫、玉兔等图案,用于祭月。还有一种"提
浆月饼",特点是有大小号,可以从大到小叠码起来,如同一座小塔。

北京人十分讲究共享"团圆饼",有的人家要将它留到除夕家庭团聚时分
食。乾隆四十一年(1776),乾隆皇帝在去盛京的路上过的中秋节,根据档案记

---

① 苑洪琪:《清宫宫廷庆中秋》,彭国梁、杨里昂:《我们的中秋》,岳麓书社 2004 年版,第 14—15 页。
② [明]沈榜:《宛署杂记》,北京古籍出版社 1980 年版,第 192 页。

载,对于祭月月饼是这样处理的:"大月饼(十斤重)遵例收贮,除夕共进。随将三斤重月饼两个呈送。切一个,托一个,用金龙盒盛,送上进。毕,赏随营妃嫔等位。整个月饼,果报来之日,随果报带进京去,交与养心殿内总管王成,赏京内妃嫔、阿哥、公主等位。"①可见,供月用的十斤重的大月饼要存放起来,待到除夕时候食用。两个三斤重的月饼,用金龙盒呈进给皇帝,其中一个切开,由皇帝和跟随的妃嫔分享;另一个没有切开的带回京城去,由京内的妃嫔、阿哥、公主等分享,体现了中秋节渴望团圆的文化内涵。

中秋是大节,人们往往在节日期间互赠礼品、互相宴请以加强联系,增进感情。正如民国时期著名北京民俗学者蔡省吾在其《北京岁时记》所载:"大家互送节礼,送馆师节敬,放学三日。"②月饼是节礼中不可或缺之物。清代有竹枝词云"红白翻毛制造精,中秋送礼遍都城",说的就是用月饼送礼的盛况。中秋送月饼,这种风俗至今仍在沿传。

八月是收获的季节。庄稼成熟,瓜果飘香。除了月饼,各种瓜果也是中秋节的节令食品,以至北京中秋节有了果子节之称。《京都风俗志》载:"前三五日,通衢大市搭盖芦棚,内设高案盒筐,满置鲜果、瓜瓞,如桃、榴、梨、枣、葡萄、苹果之类。晚间灯下一望,红绿相间,香气袭人。卖果者高声叫鬻,一路不断。"③他们大声吆喝着:"唉——毛钱儿来耶,你就挑一堆我的小白梨儿,皮儿又嫩,水儿又甜,没有一个虫眼儿,我的小嫩白梨儿耶""脆枣嘞,郎家园的枣枣枣儿嘞,买枣儿有鲜尝!"有韵味的声音更增添了节日气息,让北京的街头笼罩在丰收和喜庆的氛围里。

(四) 供奉兔儿爷

兔儿爷是北京中秋节的标志物,至少明代已经出现。明人纪坤在其《花王阁剩稿》中说:"京师中秋节,多以泥抟兔形,衣冠踞坐如人状,儿女祀而拜之。"④兔儿爷的原型是神话传说中在西王母身边执杵捣制神药的玉兔。大约

---

① 转引自苑洪琪:《清宫宫廷庆中秋》,彭国梁、杨里昂:《我们的中秋》,岳麓书社 2004 年版,第 15 页。
② 蔡省吾:《北京岁时记》,王碧滢、张勃标点:《燕京岁时记(外六种)》,北京出版社 2018 年版,第 233 页。
③ 让廉:《京都风俗志》,《帝京岁时纪胜·燕京岁时记·人海记·京都风俗志》,北京出版社 2015 年版,第 7 页。
④ 转引自李家瑞编:《北平风俗类征》,商务印书馆 1937 年版,第 93 页。

由于玉兔捣药治病的职能与民众祈求健康长寿的心理诉求相吻合,故而受到格外的敬奉,民间流传着为什么祭祀兔儿爷的传说。兔儿爷兔面人身,衣着华丽,双目直视,两耳竖立,形象可爱,多姿多态,还有的骑虎、鹿或麒麟等各种坐骑,另有一种肘关节和下颌能够活动的,俗称"呱嗒呱嗒嘴",是祭祀对象,也是孩子们喜爱的玩具。将各式各样的兔儿爷摆放一起,堆成蔚然大观的"兔儿爷山",是老北京中秋街头的胜景。如今兔儿爷已成为北京的一个文化符号,继续装点节日气氛、美化着人民的节日生活。

七、重阳节

(一) 审美娱乐活动

1. 登高游宴

登高是重阳节最具代表性的活动。北京地势东南低,西北高,三面环山,加上典型的暖温带半湿润大陆性季风气候,四季分明,农历九月,秋色斑斓,颇宜赏观,为登高提高了良好的自然环境条件。"北平的秋,才是真正的秋。"[1]而西山一带,自然风光优美,文化底蕴深厚,西山的秋天又是北京的秋天的代表。西山秋天的风景,最令人瞩目的是红叶。现代作家熊佛西写道:"尤其是北平郊外西山的红叶,在重阳的时候正红透了心,真使人迷醉!从香山(静宜园)沿着石板小道,穿过松林登山,几乎满山满谷都是红透了的红叶!"[2]因此,重阳登高,尤以西山为妙。

西山之外,还有一些著名的登高地点,《燕京岁时记》说:"南则在天宁寺、陶然亭、龙爪槐等处,北则蓟门烟树、清净化城等处。"[3]其中,陶然亭为清康熙年间工部侍郎江藻在此督造陶器砖瓦时所造,亭名取自白居易诗"一醉一陶然"句。今天的陶然亭仍然是重阳登高的好去处。1985 年首届首都"重阳老人日"活动就是在这里进行的。当天,五万多位离退休老人,在这里登高望远,对弈拼杀,湖边放舟,岸边垂钓,剧院听戏,不亦乐乎。

---

[1] 郁达夫:《北平的四季》,姜德明编:《梦回北京:现代作家笔下的北京:1919—1949》,生活·读书·新知三联书店 2009 年版,第 138 页。

[2] 熊佛西:《北平西山的红叶》,姜德明编:《梦回北京:现代作家笔下的北京:1919—1949》,生活·读书·新知三联书店 2009 年版,第 280 页。

[3] [清]富察敦崇:《燕京岁时记》,王碧滢、张勃标点:《燕京岁时记(外六种)》,北京出版社 2018 年版,第 100 页。

北京人不仅喜爱登高,讲究寻个好去处,而且要做些诗酒风流之事,方显得有趣。诚如富察敦崇《燕京岁时记》中所说:"每届九月九日,则都人士提壶携榼,出郭登高……赋诗饮酒,烤肉分糕,洵一时之快事也。"①特别需要一提的是,这种活动在北京被称作"辞青",与端午的"踏青"相对。一踏一辞,这是时间的轮回,也是生命意识的觉醒。

2. 赏菊

京城重阳重赏菊。北京菊花种类繁多,千姿百态,市场繁荣,人家多会买上几盆以应时令,过去富贵人家更将多种菊花摆放在一起,形成"九花山子"或"九花塔",供人欣赏。富察敦崇《燕京岁时记》对此有很好的描述,并通过引用的方式列举了 133 个菊花品种:

> 九花者,菊花也。每届重阳,富贵之家以九花数百盆,架度广厦中,前轩后轾,望之若山,曰九花山子。四面堆积者曰九花塔。②

一些酒楼茶社,也搭设菊花山,并在街巷贴告示,某馆肆新堆菊花山可观,以招徕顾客。此外,赏菊也有相对固定的地点,著名者如天宁寺。天宁寺创建于北魏延兴年间(公元 471—476 年),明朝以后逐渐成为京城赏花的好去处,尤以荷花、菊花最为有名。自 20 世纪 80 年代起,北海、天坛、北京植物园等北京各大公园陆续开办各类菊展活动,为重阳节注入了浓浓的画意和诗情。

在北京,重阳节有着丰富多彩的习俗。除上述活动之外,过去还有围猎、赛马、斗鹌鹑、斗蟋蟀、放风筝、戴吉祥字等。

(二) 饮食活动

重阳节是京城人家饮酒食糕吃烤肉的日子。在《帝京景物略》的作者看来,所谓"登高",也不过是"载酒具、茶鑪、食榼"罢了。

1. 重阳糕,长寿桃

重阳糕又称花糕,地位如同中秋节的月饼,是食品,也是礼品和供品。清

---

① [清]富察敦崇:《燕京岁时记》,王碧滢、张勃标点:《燕京岁时记(外六种)》,北京出版社 2018 年版,第100 页。
② [清]富察敦崇:《燕京岁时记》,王碧滢、张勃标点:《燕京岁时记(外六种)》,北京出版社 2018 年版,第102 页。

代，自九月初一起，内廷各殿神龛和奉先殿祖庙都要供应。花糕形制不一，对此，《帝京岁时纪胜》描写道："有油糖果炉作者，有发面累果蒸成者，有江米、黄米捣成者，皆剪五色彩旗以为标帜。"①当代著名作家梁实秋回忆说："主要的是两片枣泥馅的饼，用模子制成，两片之间夹列胡桃、红枣、松子、缩葡之类的干果，上面盖一个红戳子，贴几片芫荽叶"，乃"北平独有之美点"。②

　　2. 良乡酒，菊花锅

　　菊花堪赏，也可食，做羹、做菜、泡茶、制酒都可以。老北京人会用菊花酿酒。如民国二十三年《平谷县志》载："'重九日'，登高，制花糕相馈，酿菊酒。"③值得一提的是北京还有本地产的良乡酒，"重阳时，以良乡酒配糟蟹等而尝之，最为甘美。良乡酒者，本产于良乡，近京师亦能造之。其味清醇，饮之舒畅"④。

　　京城还有吃菊花锅的习俗。曾经长期生活于北京后来去了台湾的白铁铮，在《灯前话旧叙重阳》中记述："菊花锅上半截是白铜的，锅子里放好了高汤、山鸡片儿、鱼片儿、口蘑、葱花、菊花瓣儿和少许的盐，不用木炭，用烧酒或酒精，火柴一点，火焰扑锅，片刻汤便开了，用羹匙喝，其味鲜美。"⑤

　　3. 柿子

　　重阳节是吃柿子的季节。北京种植柿树的历史悠久，唐代已有，明清更盛，北京西北部山区不少地方如房山的张坊、昌平的十三陵等都有大面积柿林。因柿树有事事如意、世世平安的寓意，紫禁城里就种有不少。老北京人也喜欢在四合院里种植，其中最著名的当属老舍先生的故居"丹柿小院"，因院中有两棵柿树而得名。值得一提的是，老北京人摘柿子，讲究每棵树上都留下几个，说是帮助鸟儿过冬。这种关爱鸟类、讲求人与自然和谐共处的日常做法颇值得推崇。

---

①　[清]潘荣陛：《帝京岁时纪胜》，王碧滢、张勃标点：《燕京岁时记（外六种）》，北京出版社 2018 年版，第53 页。

②　梁实秋：《满汉细点》，梁实秋：《雅舍谈吃》，万卷出版公司 2015 年版，第 50 页。

③　丁世良、赵放：《中国地方志民俗资料汇编（华北卷）》，北京图书馆出版社 1989 年版，第 25 页。

④　[清]富察敦崇：《燕京岁时记》，王碧滢、张勃标点：《燕京岁时记（外六种）》，北京出版社 2018 年版，第103 页。

⑤　白铁铮：《灯前话旧叙重阳》，白铁铮：《老北平的故古典儿》，百花文艺出版社 2010 年版，第 220 页。

4. 烤肉与螃蟹

大约和北方游牧民族入主中原有关,北京的节日饮食中融合了草原文化的特色,烤肉在京城的普遍便是一例。重阳登高,旧朋新友,择宽敞处,边烤边吃,是大快朵颐的美好享受,皇家也十分喜欢。裕容龄讲与慈禧太后在颐和园过重阳节时就提到,在排云殿上面吃烧饼夹烤肉,烤肉是用木炭和松树枝烤的。松为百木之长,气味清香,具有药用价值,松树枝烤的肉,自当别有一番风味。

"秋高蟹正肥",重阳最是吃螃蟹的好时节。过去有小贩挑着螃蟹篓子沿街叫卖,如今超市里、便民菜市场上多有出售,那些专营螃蟹的店铺此时也格外忙活起来。买到家里,洗得净了,上锅蒸熟,备些姜醋,斟杯黄酒,持螯大嚼,自有一番言说不出的人生趣味。

上面主要描述了北京重要的传统节日及其习俗活动。这些传统节日各有其名,各有其时,各有其俗,各有其文化内涵,反映着北京人在处理人与自然、人与他者、人与自我关系方面的基本态度和原则。

从生活的维度看,北京的传统节日构成了北京居民日常生活的重要框架,而每一个传统节日虽然在具体表现上有所不同,但都具有特殊的饮食活动、特殊的服饰活动、特殊的社会交往活动、特殊的信俗活动和特殊的娱乐活动,从而成为北京居民的生活华章。传统节日生活就是美好生活的样子。今天要满足人们对美好生活的向往,传统节日所体现的丰衣足食、人情美善、个性自由、天人和谐为美好生活的建设提供了努力的方向。

从社会的维度看,北京的传统节日重家庭团圆和社会交往。春节的"荠菜"、元宵节的"汤圆"、中秋节的"团圆饼",都是家庭团圆的物化象征。礼物馈赠和聚会宴饮则是社会交往的典型表现,此外春节拜年、元宵观灯、清明踏青、端午耍青、七夕女儿会、中秋赏月、重阳登高等诸多习俗活动也都带有社交性质。所有这些活动,都将个人和家庭、家乡、社会网络联系起来。在节日特有的欢乐祥和气氛中,人际间的情感得以强化,人际间的冲突得以化解,社会和谐由此得以生成。

从文化的维度看,北京传统节日是北京地域文化的集中载体,也是中华传统节日在北京实践的具体化。一方面,它传承着北京的地域文化,同时也传承着中华优秀传统文化;另一方面,它为当代公共文化建设以及传统节日的创造性转化和创新性发展提供了宝贵资源。今天的传统节日振兴必须在充分尊重和充分利用传统节日文化资源的基础上进行。

第三节　北京传统节日当下振兴工作的情境、举措成效与经验

北京传统节日的当代振兴工作,不是孤立的存在,它是国家实施振兴中国传统节日重大战略的组成部分,同时又带有北京地域文化的特点,尤其北京的首都性质对于北京传统节日的当代振兴工作产生了深刻的影响。

一、北京传统节日当下振兴的情境

(一)国家实施振兴中国传统节日工程

我国节日传统源远流长,早在先秦时期就已出现萌芽,汉魏时期基本定型,隋唐以后较长时期保持着繁荣的态势。纵观汉代以迄清代约两千年的时间里,虽然也存在着国家对某些节日或节俗活动采取否定态度并加以禁断的事情,但认同和参与无疑是二者关系的主要方面。然而近代以来,由于多种因素的作用,国家与传统节日的关系出现重大变革,传统节日面临着式微的局面。[①] 进入 20 世纪 80 年代以来,尤其进入 21 世纪以来,随着非物质文化遗产保护行动和传承弘扬中华优秀传统文化工程的迅速展开,传统节日作为非物质文化遗产和中华优秀传统文化的代表,重新受到国家的重视,振兴中国传统节日成为国家工程,围绕传统节日出台了一系列政策文件并加以实施。

2005 年,中宣部、中央文明办、教育部、民政部、文化部联合发布《关于运用传统节日弘扬民族文化的优秀传统的意见》,高度评价传统节日的重要价值,指出:"中国传统节日,凝结着中华民族的民族精神和民族情感,承载着中华民族的文化血脉和思想精华,是维系国家统一、民族团结和社会和谐的重要精神纽带,是建设社会主义先进文化的宝贵资源。面对构建社会主义和谐社会的战略任务,面对人民群众日益增长的精神文化需求,面对世界范围内各种思想文化

---

① 具体论述参见张勃:《从传统到当下:试论官方对传统节日的积极干预》,《民俗研究》2005 年第 1 期。

的相互激荡,充分运用民族传统节日,大力弘扬民族文化的优秀传统,对于推动形成团结互助、融洽相处的人际关系和平等友爱、温馨和谐的社会环境,对于进一步增强中华民族的凝聚力和认同感、推进祖国统一和民族振兴,对于不断发展壮大中华文化、维护国家文化利益和文化安全,具有重要意义。"此外,该文件还提出运用传统节日弘扬民族文化的优秀传统的原则,并要求,要突出传统节日的文化内涵,精心组织好重要节庆活动,特别要组织好春节、清明节、端午节、中秋节和重阳节等最具广泛性和代表性的节庆活动。要充分发挥新闻媒体对宣传民族传统节日的导向作用,切实加强对民族传统节日的舆论宣传,积极营造尊重民族传统节日、热爱民族传统节日、参与民族传统节日的浓厚氛围。要积极开展传统节日的研究和保护工作,使传统节日不断传承和发展。要切实加强对传统节日活动的管理和引导,及时总结推广各地运用传统节日弘扬中华民族文化的优秀传统的好经验、好做法,进一步扩大传统节日的社会影响。这一文件的颁布,拉开了国家实施振兴中国传统节日工程的序幕,对传统节日的当代传承弘扬产生了极其重要的影响。

接着,2006 年,春节、清明节、端午节、七夕节、中秋节、重阳节等传统节日被列入我国第一批国家级非物质文化遗产名录。同年 9 月颁布的《国家"十一五"时期文化发展规划纲要》第二十九条写明:"充分发挥春节、元宵节、清明节、端午节、七夕节、中秋节、重阳节等传统民族节庆的作用,增强中华民族凝聚力,促进和谐社会建设。"2007 年,《全国年节及纪念日放假办法》修订,清明、端午和中秋三个传统节日被列为法定假日。这一改革,不仅具有振兴传统节日的象征含义,而且为人们过节提供了必要的时间。也是从这一年开始,全国开始举办"我们的节日"系列主题活动。2008 年,中央文明办从贯彻落实弘扬中华文化、建设中华民族共有精神家园的战略任务角度出发,颁布了《关于在端午节期间广泛开展"我们的节日"主题文化活动的通知》,要求当年端午节期间在全国广泛开展"我们的节日"主题文化活动。2009 年又先后发布《关于广泛开展"我们的节日·清明节"主题活动的通知》《关于组织开展"我们的节日·中秋"主题活动的通知》,并于 11 月发布《关于在 2010 年广泛开展"我们的节日"主题活动的通知》,要求:"以春节、元宵节、清明节、端午节、七夕节、中秋节、重阳节为重点,贴近实际、贴近生活、贴近群众,广泛开展'我们的节日'主题活动,引导人们认知传统、尊重传统、继承传统、弘扬传统,增进爱党、爱国、爱社会主义情感,在全社会唱响共产党好、社会主义好、改革开放好、伟大祖国好、各族人民好的时代主旋律。"①2010 年 7 月,中宣部、中央文明办等 7 部门又联合印发《关于深化"我们的节日"主题活动的方案》,从"更好地聚中国人的心、铸中国人的魂"的高度看待深化"我们的节日"主题活动。在工作设想方面提出:(一)深入开展形式多样的群众性节日活动;(二)加大"我们的节日"宣传推广力度,努力营造浓厚舆论氛围和良好文化环境;(三)大力发展节日文化、旅游产业,不断扩大传统节日的社会影响;(四)进一步做好研究、阐释工作,深入挖掘"我们的节日"丰富内涵和独特魅力。在工作要求方面提出:(一)高度重视,加强领导;(二)齐抓共管,形成合力;(三)因地制宜,务求实效。这两个文件的颁布和实施使"我们的节日"主题活动更系统性地在全国范围内蓬勃开展起来,至今方兴未艾。②

2017 年,中共中央办公厅、国务院办公厅印发《关于实施中华优秀传统文化传承发展工程的意见》更明确提出:"实施中国传统节日振兴工程,丰富春节、元宵、清明、端午、七夕、中秋、重阳等传统节日文化内涵,形成新的节日习俗。"中国传统节日振兴成为国家工程,由此全国各地、从上到下进一步加强了对传统节日的重视程度,传统节日的生态环境和传统节日本身更加向好发展。北京传统节日的当下振兴工作是国家振兴传统节日工程的有机组成部分。

(二) 北京大力推进全国文化中心建设工作

北京是世界著名古都和历史文化名城,文化底蕴深厚,文脉赓续绵长。2008 年奥运会成功举办,具有两千多年历史的奥林匹克运动与五千多年传承的灿烂中华文化交相辉映,共同谱写了人类文明气势恢弘的新篇章,启发人们认识到北京最大的优势是文化。之后,北京将"人文北京"建设放在城市建设的重要位置。2016 年 6 月 15 日,北京正式发布实施《"十三五"时期加强全国文

---

① 关于在 2010 年广泛开展"我们的节日"主题活动的通知(2009 年)——中国文明网 http://www. wenming. cn/ziliao/wenjian/jigou/zywmb/201709/t20170919_4428891. shtml。

② 中宣部中央文明办等 7 部门关于印发《关于深化"我们的节日"主题活动的方案》的通知(2010 年)——中国文明网 http://www. wenming. cn/ziliao/wenjian/jigou/zhongxuanbu/201203/t20120307_543725. shtml。

化中心建设规划》,这是北京首次将加强全国文化中心建设规划列为市级重点专项规划。文件要求:"广泛开展优秀传统文化普及活动,挖掘和展示中华传统节日的文化内涵,推动在国民教育中增加优秀传统文化课程内容。"2017年,为贯彻落实中共中央、国务院关于加强全国文化中心建设的决策部署,北京市成立了由市委书记担任组长的推进全国文化中心建设领导小组。2020年,该机构发布了《北京市推进全国文化中心建设中长期规划(2019年—2035年)》,在用优秀传统文化涵养社会主义核心价值观方面提出:"大力实施传统节日振兴工程,深化"我们的节日"主题活动,挖掘文化内涵,创新理念方法,开展丰富多彩的文化活动,引导市民在广泛参与中感悟中华文化、增进家国情怀。在打造文化精品方面、强化对外文化交流品牌方面,也提出要"用好传统节日载体,深耕'欢乐中国年'等海外春节文化活动品牌,拓展中国传统节日在世界各地的影响,注重传播、放大效应,促进中华文化与当地文化的交流交融、互学互鉴。"这些重要的法规文件,为北京当下开展传统节日振兴工作提供了制度遵循,而振兴传统节日也成为北京推进全国文化中心建设工作的重要内容。

二、北京传统节日当下振兴工作的举措和成效

北京传统节日当下振兴工作与北京传统节日当下振兴是两个既有联系又有区别的概念。北京传统节日当下振兴是一种事实或一个过程。作为一种事实,它是对当前传统节日在北京存在状态的一种概括。具体表现为从官方到民间都充分肯定传统节日的历史意义和当代价值、都高度重视对传统节日活动(或曰生活)的经营,都在传统节日上投入物力财力和精力,由此,传统节日的活力大大增强,在北京人生活中的地位更加重要。作为一个过程,它是传统节日在北京历时性演变状态的一种概括,具体表现为从相对衰落向相对繁盛的发展。北京传统节日当下振兴工作,则是为促成传统节日在北京活力再现并使其在中华民族伟大复兴和北京全国文化中心建设过程发挥更大作用而有意识做出的积极努力,是一种有目标、有主体、有计划、有措施的组织行为,体现了高度的文化自觉。

北京传统节日的当下振兴是多种因素影响的结果。尤其传统节日是大众的节日,是要广大民众付出时间和精力来过的。没有民众的充分认同、积极参与和真情投入，就不可能有传统节日的真正振兴。但以官方为主导、有目的、有计划、有组织地开展的振兴工作，无疑是促进传统节日在北京当下振兴的最重要的因素之一。

北京传统节日的当下振兴工作主要是围绕"我们的节日"主题系列活动的持续开展进行的。但是在"我们的节日"主题系列活动在全国推行开来之前，北京市的一些地方已经有自觉的行动。比如延庆县（今延庆区）就在 2006 年开始举办端午文化节。在这一届端午文化节上，有 10 支龙舟队在夏都公园竞渡争流，此外还举办了包粽子比赛、花会表演、挂艾草祈福等多项活动。曾连续多年参与端午文化节策划、筹备和宣传报道工作，时任县委宣传部副部长、县广电中心主任郭东亮回忆："我们就是希望通过这种方式，传承咱们的优秀传统文化。我们也从中发现，其实每个人都对咱传统节日感情很深，举办端午文化节可以说是一件顺应民意的好事，非常有意义！"[①]而在春节等期间开展"送温暖""三下乡"等活动，新时代文明实践活动在传统节日期间进行，等等，都在客观上起到了促进传统节日振兴的作用。

2008 年后，伴随"我们的节日"主题活动在全国范围的开展，北京的传统节日振兴工作也从个别地方向市域内扩展，成为全市的一项重要工作。通过官方引导，充分发挥媒体、专家、学校、公共文化机构的力量，广泛发动在京单位、企业、重点商圈开展节日文化活动，形成"政府引导、社会共建、市场参与、全民共享"的工作格局，有力促进了传统节日在北京的传承振兴。

（一）官方引导，加强顶层设计，推动开展形式多样的群众性节日活动 2 万余项，真正做到人民的节日人民过

传统节日振兴工作是自上而下围绕传统节日开展的一项政策行动。整体上看，北京的传统节日振兴工作是在国家相关工作框架下进行的，官方在其中居于引导地位。为了更好地开展此项工作，北京市成立了相应的组织机构，出台了一系列通知、方案，加强了顶层设计。

2014 年北京市成立了"我们的节日"主题活动组委会，组委会由首都文明

---

① 胡玖梅等：《端午文化在妫川大地熠熠生辉——延庆县连续 8 年举办端午文化节纪实》，《延庆报》2014 年 5 月 23 日，参见网址 http://yqb.bjyq.gov.cn/resfile/2014-05-23/03/1%203.pdf. 访问日期：2022 年 7 月 14 日。

办牵头。自 2018 年之后,这项工作改由市委宣传部牵头。组委会的成立和运行,大大增加了北京传统节日振兴工作的组织性和计划性。这从《北京市2018—2019 年传统节日文化活动工作方案》(下面简称《方案》)中看得十分清楚。

《方案》明确提出:"根据各个节日不同特点,充分挖掘节日内涵,分别以'福、忆、和、爱、月、孝'为核心要义,通过精心设计活动载体,开展丰富多彩的传统节日文化活动,让传统节日氛围浓郁、热烈,用优秀传统文化点亮人民群众的家国情怀。"方案以"一城一轴、一山一水、一国一家"(其中"一城"指北京城;"一轴"指中轴线;"一山"指西山、燕山等北京山脉;"一水"指大运河、永定河等北京水系;"一国"指伟大的祖国;"一家"指神州大地千万个家庭)为全市传统节日文化活动的布局,以全市主要公园、学校、历史遗迹、露天广场、文化馆、图书馆、博物馆及大型商圈等公共场所为主要阵地,16 区(东城、西城、朝阳、海淀为重点区域)同时联动,市、区、街(镇)、社区(村)多点齐发,让传统节日文化活动"看得见、听得见、遇得见",营造"一城十园百街千巷万家贺佳节"的浓郁节日氛围。

《方案》还对中秋节、重阳节、春节、元宵节、清明节、端午节、七夕节等七个传统节日的活动进行了策划安排,为每个节日设定了活动主题、"主场+"活动以及活动品类。具体参见表 2-1。

表 2-1 《北京市 2018—2019 年传统节日文化活动工作方案》一览表

节日名称	节日主题	"主场+"	活动品类
中秋节	月圆京城情系中华	东城、西城、朝阳、海淀四个区分别选择一个场所作为主场,举办各具特色的中秋文化活动。在月坛公园举办"月圆京城、情系中华"北京市中秋赏月嘉年华,以永定门南广场为重点举办中秋音乐会等活动。以世贸天阶、五棵松华熙下沉广场为重点,面向青年人群、外国驻华使馆举办特色中秋文化活动。	综合运用全市各级各类群众文化阵地,以月为主题,通过"赏、吟、伴、品、展"等方式,开展"五大品类"节日文化活动。 (1)游中秋——赏月 (2)诵中秋——吟月 (3)舞中秋——伴月 (4)绘中秋——品月 (5)秀中秋——展月

续表

节日名称	节日主题	"主场+"	活动品类
重阳节	孝满京城德润人心	在八大处公园举办"孝满京城、德润人心"北京市重阳登高祈福活动。重阳期间，以家庭为单位，开展各类尊老、敬老、爱老、助老活动，大力弘扬敬老尊老传统美德。	(1) 登山祈福 (2) 游园赏菊 (3) 暖心助老 (4) 文化孝老 (5) 重阳诗诵 (6) 重阳记忆 (7) 夕阳风采 (8) 敬老孝亲 (9) 重阳礼物
春节元宵节	福满京城春贺神州	利用地坛、龙潭湖、大观园、朝阳公园等公园、商业街区，举办"文化惠民十大庙会"。组织开展"我们的中国梦"——文化进万家活动，组织全市文化文艺单位做"新时代红色文艺轻骑兵"，以小分队的形式深入基层举办文艺演出、开展文化服务。	(1) 庙会过大年 (2) 广播过大年 (3) 电视机前过大年 (4) 影剧院中过大年 (5) 博物馆里过大年 (6) 网络过大年 (7) 基层过大年 (8) 旅游过大年 (9) 文明过大年
清明节	忆满京城情思华夏	举办北京清明诗会。在八宝山革命公墓举办红色祭扫活动，在中国人民抗日战争纪念馆举办"清明节的铭记"主题教育系列活动。	(1) 清明祭英烈 (2) 清明忆先贤 (3) 清明踏青游 (4) 清明诗画展 (5) 清明文明祭
端午节	和满京城奋进九州	延庆区、顺义区作为"和满京城奋进九州"北京端午文化节的两个活动主场。延庆区举办北京端午文化节暨北京市"非遗大观园"端午游园会。顺义区举办端午文化节。	(1) 泛舟端午 (2) 粽香端午 (3) 书香端午 (4) 健康端午
七夕节	爱满京城相约幸福	在通州区举办北京七夕文化节。北京民俗博物馆举办"我们的节日浓情七夕"传统民俗体验活动。各大商圈、商家针对青年群体策划开展各类七夕主题活动。	(1) 浪漫七夕 (2) 幸福乞巧 (3) 青春有约 (4) 真爱永恒

　　不仅如此，在设计不同品类的文化活动时，该《方案》往往设计出活动内容，并将其与实际地点、具体单位相结合，从而使得活动既接地气，又得以落实。比如在游中秋——赏月方面，就提出重点在景山、北海、颐和园、圆明园、天坛、大

观园、陶然亭、月坛、园博园、紫竹院等市属区属公园,届时要推出湖面泛舟、登高赏月、赏花灯、猜灯谜等游园赏月活动,同时要求中秋节当天,各公园统一进行花坛景观布置;有条件的公园夜间闭园时间延长至 22:00。另外,又提出天文馆、科技馆组织天文赏月科普活动。又如在"秀中秋——展月"方面,提出要利用金融街、北京坊、世贸天阶、五棵松华熙广场等地标性建筑,借助新科技手段,以中秋文化为主要元素,打造璀璨的中秋灯光秀,为市民和游客带来节日的视觉盛宴。

《方案》为各区开展传统节日文化活动提供了依据,各区则在这个框架下开展工作。多个区成立了自己相应的组织机构,并结合本区实际,研究制定了本区的活动方案,比如朝阳区就成立了朝阳区传统节日文化活动工作领导小组,成员单位包括区委宣传部、区社工委、区农工委、区教工委、区城管委、区商务委、区文旅局、区园林绿化局、各街乡等,统筹协调全区传统节日文化活动,并制定《朝阳区 2018—2019 年传统节日文化活动工作方案》,为本区的传统节日文化活动提供依据。延庆区在由区委宣传部总体统筹的情况下,又结合工作实际,进行分工,如区委宣传部直接筹办举办中秋节、重阳节文化活动,区文旅局筹办举办春节、元宵、端午节文化活动,清明节由区退役军人局、民政局、教委等部门分别组织活动,七夕节由区总工会、团区委、区妇联、区工商联等部门组织活动。

官方引导,自上而下有组织有计划地推动和层层落实,是北京开展传统节日振兴最重要的工作举措。截至 2021 年底,共开展各类文化活动 2 万余项,参与群众超过 1.5 亿人次,人们在节日文化活动中切切实实感受到传统节日的魅力,也用这些文化活动充实了自己的节日生活。

(二) 媒体发力,大力传播节日知识,广泛报道节日活动,积极拓展线上活动,营造了良好的舆论氛围

大众传媒作为具有速度快、范围广、影响大、公信力强等鲜明特点的传播媒介,在传统节日振兴方面作用巨大。北京作为首都,拥有十分丰富的媒体资源。在市委宣传部的统筹下,在市委网络安全和信息化委员会办公室的具体指导下,无论是属地的传统媒体还是新兴媒体,都积极参与。尤其 2020 年初新冠疫情暴发以来,大规模线下活动的举办受到严重影响,互联网媒体发挥了更加重要作用,线上过节已成为北京居民过节的重要方式。

以 2020 年为例,春节、元宵节期间,中央和北京属地 35 家网站围绕"福满中华 春贺神州"主题开展丰富网络文化活动,同时加强了应对新型冠状病毒疫情的宣传引导工作。截至 2 月 9 日,网络大过年活动相关内容总参与量达 979 亿次(含展示量、点击量、播放量),征集各类作品 5 027 万部,评论、跟帖、转发、点赞量达 24 亿。清明节期间,属地 32 家网站统一开展"忆满九州 情思华夏"清明节网络文化活动,通过开辟专题专栏、设置互动话题、创新传播形态等方式引导广大网民传承发扬清明传统文化,追忆先贤、敬畏生命、心怀希望、笃定前行,展现众志成城、战"疫"必胜的信心和力量。截至 4 月 6 日,相关内容总参与量 235.3 亿次,总评论、转发、点赞 1.47 亿次。端午节期间,属地 32 家网站统一开展"和满中华奋进九州"端午节网络文化活动,通过精品策划、创新体验形态,引导广大网民舌尖品端午、指尖庆端午、云上过端午。截至 6 月 27 日,上线端午节专题及特色策划 87 个,专题页面点击量 83 亿次,原创及征集各类作品 76 万部,播放量 35 亿次,评论、点赞等 9 074 万次。七夕节期间,属地 31 家网站统一开展"爱满中华 相约幸福"七夕节网络文化活动,引导广大网民在 H5 上写情诗、在表白墙上晒情话、在短视频中讲幸福,打造"爱在云端"网络文化活动品牌,截至 8 月 26 日 12 时,七夕节相关内容点击量 121 亿次,评论、点赞等 6 335 万次。中秋节期间,属地 31 家网站统一开展"月圆九州 情系中华"中秋节网络文化活动,推出中秋节主题宣传片《传承》,讲述有关老北京"兔爷"制作的传承故事;对北京市主场活动进行全方位网络宣传,通过图文、话题、直播、短视频等,重点突出中秋国庆双节同庆、家国相依等内容。截至 10 月 8 日,相关内容点击量 106.8 亿次,征集短视频 500 余万部,评论、点赞等 4 109 万次。重阳节期间,属地 31 家网站统一开展"孝满中华 德润人心"重阳节网络文化活动,对北京市主场活动进行全方位网络宣传,通过图文、话题、直播、短视频等,重点突出尊老敬老、厚德仁爱的节日文化内涵,弘扬孝老爱亲、老有所养的美德善行。截至 10 月 26 日,相关内容点击量 37.1 亿次,评论、点赞量等 2 800 万次。几千万次乃至几十亿次的点击量,充分反映了互联网的力量。

除互联网之外,传统媒体也做出积极贡献。大致而言,媒体主要在以下三个方面发力,并取得明显成效。

第一，传播节日、节气知识，大大提升了人们对于节日、节气文化的认知。

通过多种手段和路径向大众传播传统节日知识，增进大众对传统节日的认知和理解，是媒体振兴传统节日的重要举措，也是媒体的重要发力点。在每个重要的传统节日，报刊、电台、电视台都会有关于节日知识的传播。比如2021年，春节期间，北京电视台《这里是北京》栏目就邀请三位民俗专家录制了"大家说年俗"系列节目，每天一集，从除夕日至正月初六连续播放。同年中秋节期间，搜狐以"名著里的中秋节"为主题开展短视频征集活动，通过短视频回顾87版红楼梦第一回中秋夜的场景，科普传统节日习俗。网易发起"中秋诗歌鉴赏"SVG活动，通过方言朗诵与中秋节名画的方式结合，增强诗歌的可读性和趣味性，弘扬传统节日文化。探探联合8位主播开展中秋主题专场活动，主播们以嫦娥、玉兔、古装等造型展示舞蹈才艺，并在活动中穿插"中秋送祝福、邀月共舞、趣味PK、中秋感恩回馈"等环节与网民互动。重阳节期间，中华网在重阳节专题内搭建"戏曲里的重阳""书画里的重阳"专区，通过图文和视频的形式科普重阳习俗。酷6联合漫漫动画，推出系列重阳节科普漫画，科普各地重阳习俗、饮食、风景等。除传统节日之外，因为北京2022年冬奥会上二十四节气的精彩亮相，各大媒体加强了对节气文化的传播。仅以《北京日报》为例，自年初到2022年8月1日，《理论周刊》就连续发表了节气方面的文章13篇，而且有计划按照节气的节奏继续刊发相关文章。

表2-2　《北京日报·理论周刊》2022年1月—8月发表节气文章一览表

序号	作者	题　　目	时间
1	隋斌	二十四节气：中华文化鲜明标识	2022.02.28
2	张建军	惊蛰："雷"与"虫"的民俗寓意	2022.03.07
3	王晓鸣	春分：春生美好，万事可期	2022.03.21
4	施立学　吴亚楠	"游子寻春半出城"——清明探源	2022.03.28
5	张勃	节日与节气日的关系	2022.04.18
6	郑艳	谷雨：谷父蚕母　雨润万物	2022.04.18
7	袁瑾	立夏：薰风至而万物秀	2022.04.25
8	卫丽	小满：麦穗初齐稚子娇，桑叶正肥蚕食饱	2022.05.23

续表

序号	作者	题 目	时间
9	王蒙	二十四节气与七十二候	2022.05.23
10	张建军	芒种:稼穑蓬勃、驰而不息	2022.06.06
11	于湛瑶	夏至:骄阳渐近暑徘徊,一夜生阴夏九来	2022.06.20
12	胡琦	小暑:万物狂长正当时	2022.07.11
13	唐尚书	大暑:上蒸下煮正伏天	2022.07.18
14	杨秀	立秋:预先十日作秋天	2022.08.01

持续不断推出系列研究成果,大大提升了传播力。

第二,广泛报道节日活动,营造了良好的节日氛围。

节日是共享的文化,个人或个体家庭的过节深受社会氛围的影响,将不同地方、不同社会成员、不同家庭过节的情形及时地传递出去,对于形成浓厚的节日氛围意义重大。比如 2021 年春节元宵节期间,每天精选日报、北京时间等权威媒体报道,由属地商业网站大力转载推送,内容涵盖百姓过年、文旅信息、政府部门保障、行业人员值守等,反映疫情防控常态化下的过年情况。清明节期间,腾讯搭建"永远记住你"专题,集纳致敬英烈相关新闻报道,引导网民赓续英烈精神,汲取奋进力量,截至 4 月 6 日,点击量 437 万。2022 年春节元宵节期间,组织 10 余位网络名人和"网红"培育对象,赴北京坊劝业场沉浸式体验"赏年画过大年"北京市主场系列活动,建立国潮新年画话题,名人和"网红"集中发布图文、视频,展示传统年画和 VR 互动结合的年味惊喜,话题阅读量 439 万。发动几十位网络名人持续助力微博话题、网络中国节、京彩中国节,营造网上喜庆祥和的节日氛围。

除了报道节日活动外,各个媒体尤其是网络媒体还通过五个"统一",营造浓厚的节日氛围。所谓五个"统一",即统一主题设置、统一 LOGO 标识、统一宣传视频、统一时间节点、统一色彩展示。下面几张网页截屏可见其一斑。

第三,拓展线上节日活动,实现了节日活动的创新性发展。

经过近 40 年的连续举办,看中央电视台的春节联欢晚会几成过年的一种风俗。媒体不仅是对既有节日文化和节日生活的宣传,而且本身也在创造节日文化和节日生活。2020 年以来新冠疫情的暴发和近年来通信技术的进一步发

2020 年"网络大过年"北京时间专题页面

2021 年"网络大过年"千龙网专题页面 1

2022 年"网络大过年"千龙网专题页面 2

展为媒体拓展线上活动提供了更大的必要性和可能性。每到节日,多家网站都准备供网民消费的节日物品、节日活动。线上过节已成为当下传统节日过节的重要方式。比如,2022 年春节元宵节期间,抖音搭建年画 dou 出彩短视频话题,配合"赏年画　过大年"北京市主场系列活动,线上挑战创意年画创作,播放量 1.3 亿。腾讯网联合央少及央视动漫集团共同创制以"虎鼓生威向未来"为主题的《动漫大贺岁——金虎送福》节目,播放量 1 328 万。今日头条以"翻篇儿"为主题,制作优质的系列视频,相关内容纳入话题 2022 头条欢喜大拜年,阅读量 1.5 亿。清明节期间,快手联合数家烈士陵园开展 10 小时慢直播,直播通过共青团中央账号播出,上线"给英烈献花"弹幕功能,观看量 200 万。网易推出"云上纪念英烈"H5,网民云上进入英雄纪念馆,通过与英烈合照、为英烈鲜花、擦拭英烈墓碑、与英烈隔空对话等形式云祭奠革命先烈,点击量 58.3 万。腾讯发起"清明祭英烈"网上直播活动,为"觉醒年代"的陈延年、"海空卫士"王伟、"戍边英雄"陈祥榕等英烈"云端"献花,播放量 500 万。网易打造原创视频《勇者不孤——致先烈》,点击量 153.2 万次。豆瓣开展"春日美食大作战"征集,点击量 2 155 万。端午节期间,中华网推出"大戏看北京　云端演出周"活动,联合国家京剧院、北京京剧院等 12 家院团演出机构,进行经典剧目展播,共计 79 个剧目、81 场演出,观看量 4 700 万。这些活动因应新的社会需求,积极创新表达形式,并赋予时代内容,很大程度上是对传统节日文化的创新性发展,受到民众的广泛欢迎。

　　总之,通过传播节日知识、加强宣传报道、积极策划线上活动等多种方式,大众传媒为传统节日的北京振兴做出了积极而重要贡献。

　　第四,专家多维参与,提供了十分必要的智力支持和学术支撑。

　　1. 加强节日理论研究,为传统节日的振兴提供了坚实的学理支撑。

　　科学研究对于实践领域传统节日文化的传承和传播具有重要支撑作用,很大程度上决定了传承和传播工作的深度和广度。常人春、陈燕京著《老北京的年节》(中国城市出版社 2000 年版),吴汾等著《老北京的年节和食俗》(东方出版社 2008 年版),北京民俗博物馆编写《老北京传统节日文化》(商务印书馆国际有限公司 2010 年版),萧放、张勃等著《城市·文本·生活——北京岁时文献与岁时节日研究》(中国社会科学出版社 2017 年版),张勃、郑艳著《北京节日文化》(北京出版社 2021 年版)等,都是关于北京节日文化的系统研究。2004 年至 2007 年,中国民俗学会与北京市朝阳区合作,由北京民俗博物馆承办,先后举办了"民族国家的日历——传统节日与法定假日""节日习俗的惯制、结构与精神表现""文化空间:节日与社会生活的公共性"等三届国际学术研讨会,这些学术会议吸引了来自国内外多位著名学者,从理论与实践层面对传统节日进行了深度探讨,不仅在学术界产生了非常重要的影响,对于传统节日的保护振兴也起到了十分积极的作用。

2013 年北京市社会科学界联合会等单位主办的北京文化论坛,以"节日与市民生活"为主题,组织学者集中探讨北京节日的相关问题。论坛会议共收到论文 50 余篇,对北京节日文化的来龙去脉、北京的岁时节日文献、北京节日文化的地方实践与当代表现,北京节日文化与北京社会经济发展的关系等方面进行了研究,如张勃《北京节日的历史、现状和未来建设》,赵书《金中都的建设与老北京的节庆文化》,萧放《北京端午习俗的影响因素分析》,周琦《北京市传统节日式微及其影响因素》,李彩萍《传统节日的当代实践——以北京民俗博物馆为例》,王颖超《〈清代北京竹枝词〉中的岁时节日》,郑春蕾《北京节庆民俗文献整理综述——以首都图书馆为例》,杨布懿《开放与传统交汇中的北京节日》,白杰《北京特色节庆与区域社会团结——以广安门内空竹文化节为个案》,侯秀丽《幡鼓齐动享太平——关于节庆与老北京民间花会保护传承的思考》,李石《让社区成为特色节庆传承与发展的共同体》,朱万峰《休闲经济下北京旅游节庆活动的特征、发展趋势及对策研究》,高大伟、李妍《公园节庆活动对北京节日民俗的影响——以北京几个公园节庆活动为例》,王溪、谢力丹《节庆活动对旅游产业的影响分析——以怀柔区节庆活动为例》,李金玺《新城建设背景下的通州节事发展研究》,等等。这些成果对于充分挖掘北京的传统节日文化资源,传承节日文脉、发挥节日功能以及当代北京节日建设具有重要理论意义。

2. 整理出版了多种岁时节日文献,为传统节日振兴奠定了坚实的资料基础。

北京具有悠久的节日文化传统,也形成了丰富的节日民俗文献。不同历史时期的地方志记,如元代熊梦祥《析津志》,明代沈榜《宛署杂记》,《(万历)顺天府志》,刘侗、于奕正《帝京景物略》,刘若愚《酌中志》,清代《(康熙)顺天府志》

《(康熙)宛平县志》,民国时期《北京市志稿》等,都有对岁时节日民俗的集中记述。明末陆启浤的《北京岁华记》,清代潘荣陛《帝京岁时纪胜》、富察敦崇《燕京岁时记》、让廉《京都风俗志》《春明岁时琐记》,以及蔡绳格《北京岁时记》《一岁货声》,张次溪《北平岁时志》等,更是记述北京岁时节日生活的专书。于敏中《日下旧闻考》、李家瑞《北平风俗类征》则将历代与节日有关的文献记载分门别类地汇集在一起,提供了丰富的资料。此外,还有大量文献见于史书、政书、笔记、散文、小说、戏曲、诗词歌赋、碑刻之中。尤其明清以来北京产生了大量以吟咏风土为主要内容的竹枝词,其中涉及节日者荦荦可观。整理北京岁时节日文献,是当下振兴的基础性工作。

在整理北京岁时节日文献方面,2018 年北京出版社出版的是“北京岁时”系列是一项标志性成果。该系列丛书包括 3 本,即张次溪编著,高辰标点的《北平岁时志》,李家瑞编著、童轶标点的《北平岁时征》和《燕京岁时记(外六种)》,以简体横排彩插小开本形式出版,汇集了多种北京岁时民俗资料。其中由王碧滢、张勃标点的《燕京岁时记(外六种)》,除了清代富察敦崇的《燕京岁时记》外,还包括明代陆启浤的《北京岁记华》,清代张茂节、李开泰的《大兴岁时志稿》,王养濂、李开泰的《宛平岁时志稿》,潘荣陛的《帝京岁时纪胜》,让廉的《春明岁时琐记》和民国蔡省吾的《北京岁时记》。其插页使用晚清名家刘锡玲所绘《七十二候笺》,绘刻精美,题词意境深远,为海内仅见。此外,北京日报出版社出版的张次溪编、尤李注《老北京岁时风物:〈北平岁时志〉注释》,也是一项重要成果。对于岁时民俗文献的整理出版,不仅为广大民众了解和理解历史时期北京居民节日生活提供了重要凭借,而且也为今天振兴传统节日提供了宝贵资源。

3. 为官方提供咨询服务,建言献策,使传统节日活动更好地实现传统与现代的对接,既延续场所精神,又具有丰富的文化内涵。

为了提升节日活动的品质,北京市委宣传部重视专家力量的发挥。在制定方案、策划活动阶段,会邀请专家提供咨询服务。在组织实施节日活动阶段时会召开部署协调会,除了邀请各区主管部门、各大市级活动承办单位、媒体以外,也会邀请专家参加会议,发表意见或建议。笔者与张宝秀教授撰写并提交了咨询报告《北京传统七夕节有关地点与活动建议》(北京学观点第 1 期)、《中秋节的文化内涵及 2019 年北京中秋节文化活动方案建议》(北京学观点第 2 期)两篇咨询服告,获得市委宣传部的采纳和市委宣传部部长的肯定性批示。之后,笔者又与张宝秀教授、北京联合大学城市系杜姗姗副教授撰写了《北京学观点 3·2020 年北京春节元宵节文化活动方案建议》,再次获得市委宣传部的采纳。

2019 年 11 月,北京市委宣传部专门发来《感谢信》:"近年来,北京学研究基地坚守'立足北京,研究北京,服务北京'学术宗旨,依托北京联合大学,充分发挥校内外科研力量,在推进北京市社会进步和文化建设、北京历史文化保护与传承方面进行了深入研究,向我市相关领域工作提供了决策咨询和宝贵建议,特别是在今年全市开展的传统节日文化活动中,提供了学术支撑和工作参考,对推动全市传统节日活动更加有特色、接地气、覆盖广起到了积极作用。"在 2019 年"中国智库索引"(CTTI)智库年会上,由笔者执笔撰写的《咨询备问:北京学研究基地服务北京市传统节日文化活动开展案例》入选"2019 年度 CTTI 智库年度最佳实践案例"。2020 年 6 月初,市委宣传部主持召开当年的端午节文化活动策划会,再次邀请笔者出席,提出:"希望帮助我们深入介绍端午节相关内容,谋划相关活动。"本次会议上受邀的还有节日专家高巍先生。会后,具体负责活动策划的市委宣传部的同志又向笔者征询了意见。

除了市级层面,区级层面也会邀请专家进行传统节日文化方面的探讨和指导。比如 2019 年北京中秋文化节暨延庆区第三届独山夜月文化体验周中,延庆区委宣传部就在有"陶艺之乡"美誉的旧县镇盆窑村,举办了"独山夜月"中秋雅集文化沙龙活动,活动邀请十三届全国政协常务委员、中国作家协会副主席白庚胜,中国国际文化交流中心国际文化交流艺术馆馆长洪和文,《中国文艺评论》杂志副主编、编辑部主任胡一峰,北京市正阳门管理处主任、京津冀博物馆协同发展推进办公室主任关战修等民俗专家、文化专家讲解中秋传统民俗,并就"独山夜月"文化 IP 打造、历史文化内涵挖掘、文创品牌打造等内容进行了探讨。笔者也在受邀之列。2021 年中秋节前,延庆区委宣传部再次围绕独山夜月文化体验周组织了专家研讨。

由于专家参与是在顶层设计层面的参与,故而对传统节日活动的开展产生了直接影响。比如 2019 年 7 月提交的《北京传统七夕节有关地点与活动建议》

中提及北京 6 处(种)与传统七夕节有重要关联的地点或场域,并一一梳理了相关的文化遗存和历史文献中关于七夕活动的记载。比如颐和园是世界文化遗产,它以昆明湖象征银河,排云殿、佛香阁象征天庭,湖东有铜牛,湖西有耕织图,从而成为左牵牛、右织女的象征。这与七夕节承载的牛郎织女星象传说关联十分密切。晚清时期皇家的七夕活动有时也在颐和园举行。因此,无论从文化内涵方面看,还是历史传统方面看,颐和园都是当下举办七夕节活动的最佳选择。2019 年北京市七夕节以"爱满京城　相约幸福"为主题,为广大市民提供了一系列文化活动,其中的一个重头戏就是"我在颐和园等你——颐和园七夕特别活动"。总之,在官方咨询专家、专家积极配合的良好互动中,专家在北京节日文化活动的开展中发挥了积极作用。

4. 开展社会服务,普及正确的传统节日知识,阐释传统节日的当代价值,为传统节日深入民众生活奠定了理念基础。

面向社会大众,普及传统节日知识,弘扬传统节日文化,是专家学者参与北京传统节日振兴工作的重要方式。参与路径则主要有接受媒体采访、进行节目录制,进行科普讲座等。

北京媒体数量众多,类型各异,影响力强。正如前面已经说明,大众传媒会通过传播节日知识、加强宣传报道、积极策划线上活动等多种方式,促进传统节日的振兴。但目前各种媒体上有海量节日文化信息,良莠并存,真假莫辨。要想弘扬传统节日的真文化,传播正确的节日知识,设计内涵丰富的节日活动,阐释传统节日的当代价值,就必须依靠专家力量的支持。为了保证传播知识的准确性和权威性,北京市网信办曾多次组织节日文化讲座,邀请节日专家为各大媒体负责传统节日文化传播工作的记者和编辑开展培训工作,取得了良好效果,是十分值得推广的经验。

进行科普讲座,是专家学者发挥作用的重要方式。自"我们的节日"主题活动在北京开展以来,诸多图书馆、博物馆、文化馆、科技馆等文化机构都会组织节日讲座,有些坚持数年,颇成系列。以首都图书馆"乡土课堂"为例,自 2018 年以来,每年都在重要传统节日期间举办科普讲座。详情见表 2-3。

表 2-3　2018 以来首都图书馆"乡土课堂"传统节日(包括节气)讲座一览表

序号	时间	讲座题目	专家姓名	专家职务、职称
1	2018.2.10	传统节日与家国情怀	侯仰军	中国民间文艺家协会国内联络部主任,中国节日文化研究中心秘书长
2	2018.6.2	天地节律——论二十四节气	陈连山	北京大学中文系教授,民间文学教研室主任
3	2018.6.9	红楼梦里的二十四节气	李小龙	北京师范大学文学院副教授
4	2018.6.16	北京城的二十四节气文化	张勃	北京联合大学北京学研究所研究员,中国民俗学会常务理事
5	2018.6.23	唐宋诗词中的时间生活	谢琰	北京师范大学文学院古代文学研究所副教授,硕士生导师
6	2019.2.2	春联习俗趣谈	刘太品	中国楹联学会副会长、学术委员会主任、教育委员会主任,宣传出版委员会主任兼秘书长,中国楹联学会对联文化研究院副院长兼秘书长
7	2019.2.9	春节的文化符号和文化内涵	张勃	北京联合大学北京学研究所研究员,中国民俗学会副秘书长
8	2019.4.6	清明:祭祖踏青两相宜	邵凤丽	辽宁大学文学院副教授,中国民俗学会理事
9	2019.6.8	话说端午	侯仰军	中国民间文艺家协会副秘书长,中国节日文化研究中心秘书长
10	2019.8.3	万古永相望——文学作品中的七夕与风俗佳话	成敏	北京语言大学副教授,中国聊斋学会副秘书长
11	2019.9.14	庆赏中秋结彩棚:北京中秋节的习俗活动与文化内涵	张勃	北京联合大学北京学研究所研究员,中国民俗学会常务理事
12	2020.1.18	新春话鼠——生肖鼠的文化和象征	李彩萍	北京民俗博物馆研究馆员,中国民俗学会理事,中国文物学会民俗文物专业委员会副主任
13	2020.9.30	不知秋思落谁家——诗词里的中秋	谢琰	北京师范大学文学院古代文学研究所副教授
14	2020.10.24	九九重阳节——谈文学作品中的重阳书写	杨秀	中国艺术研究院副研究员,中国民俗学会常务理事、副秘书长

续表

序号	时间	讲座题目	专家姓名	专家职务、职称
15	2021.2.13	牛年说牛——古陶瓷文物中的牛	龙霄飞	首都博物馆学术委员会秘书长,研究馆员
16	2021.2.26	灯火不曾阑珊——文学中的元宵节	成敏	北京语言大学人文学院副教授
17	2021.4.3	榆火应春开——文学作品中的清明节与寒食	雍繁星	首都师范大学文学院副教授
18	2021.6.12	阳极阴生五自重——文学作品中的端午节	陈连山	北京大学中文系教授、博士生导师,民间文学教研室主任,中国俗文学学会副会长
19	2021.9.20	今夜月明人尽望——明清小说里的中秋节	莎日娜	北京师范大学文学院副教授
20	2021.10.10	万寿千秋奉寿康——寿康宫和崇庆皇太后	林姝	故宫博物院研究馆员
21	2022.2.5	虎年说虎——古陶瓷文物中的虎	龙霄飞	首都博物馆学术委员会秘书长,研究馆员
22	2022.2.12	北京礼俗文化漫谈	关昕	中国历史研究院副研究馆员

这些讲座深入浅出,每次都吸引 200 人左右的观众到现场听讲。此外,首都图书馆还将这些讲座录制下来,在互联网上广泛传播。

第五,大中小学和幼儿园积极开展节日文化教育,让节日文化在年轻人心中扎根。

传统节日传承是面向未来的,大中小学的学生和幼儿园的小朋友是重要的传承主体。只要这个为数众多的群体形成了对"我们的节日"的感情,养成了过"我们的节日"的习惯,那么传统节日就不愁未来。因此,我国从开展传统节日振兴工作伊始,就十分重视学校作用的发挥。2005 年发布《关于运用传统节日弘扬民族文化的优秀传统的意见》的五部委中就有教育部,而该文件也特别强调,传统节日中所蕴含的民族文化的优秀传统,是对青少年进行思想道德教育的宝贵资源。北京市教委 2012 年发布《北京市中小学德育工作行动计划(2012—2015 年)》,指出"文化是教育发展的力量",并要求开展"推动中小学主题教育活动系列化"等多项文化工程,其中就包括"我们的节日"活动。① 自此,在北京中小学校和幼儿园中,开展"我们的节日"主题活动就蔚然成风,迄今依然保持良好的发展态势。

除了中小学,北京属地诸多高校也积极加入节日文化教育的行列。以北京师范大学为例。北师大民俗学专业积极探索"1+3"网络思政教育工作模式,围绕一个平台展开三种应用场景,充分利用节日资源开展以文化人、以文育人活动。其中一个平台即指"北师大民俗学"微信公众平台。自 2015 年,北师大民俗学信息公众平台开设以来,搭建"顾问专家—指导教师—执行主编—栏目责编—运营编辑—作者团队"的公众号运行团队,组织北师大民俗学师生参与,积极刊发节日方面的研究成果,形成"每逢岁时节日,必有民俗知识"的基本传播格局。同时借助公众号锤炼的实践队伍,利用公众号积累的社会声誉和优秀内容,积极开展社会、社区和校园文化服务。比如 2020 年底,受中国民俗学会委托,北师大民俗学微信公众号团队与支付宝合作,协助其完成"支付宝集福"活动中年俗内容设计;由北师大民俗学团队参与设计的支付宝新春海报出现在全国各地的高铁站、机场和公交站,线上年俗福卡更是服务了数以亿计的人次。又如 2021 年端午节、中秋节、重阳节期间,连续在朝阳区堡头社区开展专家讲非遗活动等。公众号实践团队在社会服务过程中,通过主动使用国家政策指导社会实践,深入体会思政教育与专业素养的联系,不断收获成长经验与集体认同。

再以笔者所在的北京联合大学为例,自 2015 年起就开设了"中国传统节日文化"通识选修课程,迄今已有 400 余名学生选修此课程。在多轮次上课的基础上,2019 年录制了"中华传统节日文化"慕课课程。该课程共 47 集,约 480 分钟,系统介绍中国传统节日的历史与现在,深刻阐释它们的内涵与价值。2021 年 5 月,该课程在学习强国上线。截至 2022 年 7 月 31 日,首集阅读量为 16.1 万人次。

依托北京联合大学,北京市宣传文化高层次人才资助名家工作室项目——"我们的节日"北京工作室,2021 年 10 月获准立项。工作室由张勃研究员作为项目负责人,汇聚校内外专家力量,以春节、元宵、清明、端午、七夕、中秋、重阳等七大节日为主要时间节点,兼及其他传统节日和节气文化,做强传播内容,创

---

① 中共北京市委教育工作委员会、北京市教育委员会、北京市人民政府教育督导室关于印发《北京市中小学德育工作行动计划(2012—2015 年)》的通知　http://jw.beijing.gov.cn/xxgk/zxxxgk/201602/t20160229_1445072.html,访问日期:2022 年 7 月 31 日。

新传播形式,探索高校与社区共建节日活动新模式,积极开展中华传统节日的资料搜集、科学研究、传承传播和人才培养。"我们的节日"北京工作室自成立以来,持续开展节日文化研究和传播活动。主要包括以下几方面。

1. 利用微信公众号"节日博览",持续推送节日研究、节气研究方面的优秀著作推介和研究文章。其中既有中国社会科学院刘魁立荣誉学部委员,北京师范大学萧放教授、万建中教授,北京大学陈泳超教授、陈连山教授,清华大学刘晓峰教授,中央民族大学林继富教授,南开大学常建华教授,中山大学王霄冰教授,温州大学黄涛教授,日本东京都立大学何彬教授,韩国国立济州大学王天泉教授等资深专家的文章,也有年轻学者甚至本科生的习作。此外,工作室还在每个节日制作中英文双语专题海报。

2. 建立传承基地,线上线下开展节日活动,并根据情况进行直播。目前工作室已在怀柔区九河渡镇吉寺村建立传承基地,推动在当地开展"我们的节日"传承活动。此外,工作室内部还举办了多次节日活动,感受不一样的节日生活。比如 2021 年 12 月 21 日冬至节的"传统节日在北京·一阳来复气回新",2022年 2 月 14 日元宵节前夕的"传统节日在北京——万家灯火闹元宵",2022 年 3月 2 日龙头节前的"传统节日在北京·二月二龙抬头读书会"等。2022 年 7 月工作室又推出"我们的七夕"和"乞巧浮针"视频征集活动。

3. 开展科普讲座,采取媒体采访和节目录制。截至 2022 年 8 月 10 日,北京工作室已由张勃研究员、刘晓峰教授、常建华教授主讲,"冬至:一阳来复气回新""元宵节文化内涵与习俗文化""清明节的习俗与文化内涵""端午与夏至""全生避害与家国情怀:北京人的端午节""多元视野看七夕节的由来与民俗"等系列讲座6 讲。刘宗迪教授、孙正国教授、毕雪飞教授等进行与谈。讲座由工作室和北京市政府官网"首都之窗",海淀区花园路街道,北京联合大学研究生会,北京联合大学应用文理学院研究生会、学生会合作,并向社会开放,受益听众超过 3 000 余人次,取得良好效果。此外,工作室成员还录制首都之窗的"节气专家说"24 期,接受《人民日报》《光明日报》《中国青年报》《中国社会科学报》《中国环境报》《中国消费者报》、中央电视台、央视频、中国教育电视台、光明网等媒体采访 40 余次。

4. 开展理论研究,撰写发表研究成果。仅 2022 年 1 月到 8 月期间,工作室成员就出版著作《岁时节日传说》一部,在《人民日报》《人民日报(海外版)》

《光明日报》《北京日报》《天津日报》《文史知识》等报刊上发表《应季而食享安康》《清明:醇厚温情的春天仪式》《一个清代北京人的年节》《芒种:稼穑蓬勃、驰而不息》《节日与节气日的关系》《节气文化,如活泉般滋养现代生活》等理论文章 17 篇。这些采访和文章在互联网上广泛传播。其中《节日与节气日的关系》一文在学习强国上的阅读量就近 100 万。

5. 召开学术会议,助力乡村振兴,推动深入开展节日研究。2022 年 8 月 8 日,工作室在怀柔区吉寺村传承基地主办了民俗文化与乡村振兴(壬寅七夕)论坛,近 40 位来自民俗学、历史学、文学、心理学的学者以及中国民间文艺家协会、北京美丽乡村联合会的领导以及非遗传承人、吉寺村村民参加了研讨。《人民日报》客户端、《光明日报》客户端、中国社会科学网、千龙网等媒体,都对本次活动进行了报道。另外,工作室还拟于 2022 年 11 月 5 日,和北京学研究基地、我们的节日南京工作室联合,共同举办"节日史研究的理论、方法与实践——2022 年节日文化高端论坛"。

这些工作的开展,大大扩展了学生们对于传统节日文化的认识,加深了他们对传统节日文化的理解和热爱,对于传统节日在年轻人心中扎根起到了良好的作用。

第六,博物馆、图书馆、公园等各种公共机构,传播节日知识,搭建节日活动平台,不仅将自身构筑为传统节日的文化空间,而且引领了过节新风尚,在北京形成在园馆中过节的文化现象。

北京是全国文化中心,拥有数量可观的公共文化机构。截至 2021 年底,北京市已拥有 21 个公共图书馆(含国家图书馆),同时拥有 204 家备案博物馆,成为世界上拥有博物馆资源最多的城市之一。当前,北京正在加快博物馆之城建设的步伐,多层次、全类型、广布局的博物馆集群逐步形成。伴随社会教育功能的拓展,这些公共机构都为传统节日的传承和传播搭建了重要的平台。前引首都图书馆近些年来每逢传统节日都举行相关讲座,就是明证。

博物馆作为一种文化设施,其职能一直处于不断变化中。"今天博物馆的核心价值,是从保护文物藏品到保护文化遗产,再到服务社会,进而向参与推动社会变革的神圣责任回归。"①在北京传统节日保护与振兴的实践过程中,博

---

① 单霁翔:《关于新时期博物馆功能与职能的思考》,《中国博物馆》2010 年第 4 期。

物馆发挥了十分重要的积极作用。尤其博物馆里过大年,近来已成风尚。比如 2019 年,故宫博物院举办了故宫史上的最大展览——"紫禁城里过大年"。此展览为期三个月,从 1 月 6 日试开放,1 月 8 日正式展出至 4 月 7 日,展览时间与传统的庆贺新年活动的时间在很大程度上相吻合。"紫禁城里过大年",有在午门-雁翅楼展厅室内展览,展出文物 885 件(套),以"祈福迎祥、祭祖行孝、敦亲睦族、勤政亲贤、游艺行乐、欢天喜地"六大主题,全面展现清代宫廷过年习俗。有在乾清宫东庑举办的"宫里过大年"数字沉浸体验展,展览分为冰嬉乐园、门神佑福、花开岁朝、戏幕画阁、赏灯观焰、纳福迎祥六个部分,以数字技术、虚拟影像、动作捕捉等科技手段,呈现紫禁城传承丰厚的年节文化。有统计数据显示,从 1 月 6 日该展览开幕至 1 月 20 日,故宫博物院共接待观众 47 万余人次,比 2018 年同期增加了近 20 万人次,同比增长了70.87％。整个春节假期,故宫每天游客都达到限流上限的 8 万人。而 2019年故宫博物院全年游客量首次突破 1900 万人次,其中不能不说有紫禁城里过大年这一展览的功劳。

另一些博物馆,则形成了自己的节日品牌活动。比如北京石刻艺术博物馆(原称五塔寺)自 2013 年起就举办"五色五香——五塔寺端午文化嘉年华"民俗文化活动,至 2019 年连续举办七届。该活动既有"重五佳节祈安康"为主题的端午节俗文化展览,还有"五彩连台"非物质文化遗产代表性项目展演,"五行八作"非物质文化遗产手工艺展示与互动,"五彩斑斓"书法、绘画笔会,"五子登科"五子棋小棋王争霸赛、"五彩缤纷"石刻拓片现场表演、展示与互动,以及包粽子比赛,等等,不仅大大拓展了广大观众和周边社区民众的端午节知识,也大大丰富了他们的端午节生活。

北京民俗博物馆,作为北京市唯一一家国办专题民俗博物馆,早在 1999年,就开始关注传统节日文化,之后不断通过召开学术会议、出版著述、举办专题展览、进行节日调研、组织节日活动等多种方式,在传统节日的保护和振兴方面做出了十分突出的贡献。近年来,北京民俗博物馆进一步加强了对传统节日、节气文化的保护力度,每年都会举办不少于 10 次的活动。以 2019 年为例,本年度共举办活动 11 次。详情见表 2-4。

表 2-4　2019 年北京民俗博物馆活动统计

序号	活动名称	举办时间	举办地点	活动内容
1	福满京城 春贺神州之腊八赠粥·品味温情	1月13日	东岳庙·北京民俗博物馆门前广场	向市民免费发放腊八粥。
2	福满京城 春贺神州之福赠春联祈平安·名家挥毫迎新春	1月28日	东岳庙·北京民俗博物馆门前广场	书法家挥写春联，免费赠送给市民。
3	福满京城 春贺神州之我们的中国梦——文化进万家活动	2月5日—2月9日	东岳庙·北京民俗博物馆、朝阳公园	1. 民俗文化展示，传统非遗等项目，有剪纸、泥塑、面塑、毛猴、风筝、大平鼓、灯彩等不同工艺门类的民间工艺品在参观游览、动手制作中，体会民间艺术的魅力。邀请训白鼠、拉洋片、扁担戏等传统杂耍，为文化节增添喜庆的气氛。2. 共建文化交流，促进文化扶贫过程交流展示。3. 邀请张家口非遗项目"二人台"及"康保泥塑"来馆展示。3. 朝阳公园内举办非遗花会演出。4. 文化讲座。
4	2019年高碑店"二月二民俗文化节"	3月8日	高碑店村漕运文化广场	1. 学童开笔礼，再现古代礼仪。2. 二月二文化展。3. 花会表演，邀请了舞龙、舞狮、小车会、高跷、腰鼓、威风锣鼓花会表演。4. 现场书春送福。5. 义务理发。6. 二月二习俗竞答有奖竞答。
5	第七届"北京二闸清明踏青节"	4月4日	庆丰公园东园大涌风帆前	1. 传统民俗活动花会表演。2. 特色文化会演，如大秧歌、民族舞蹈、合唱团表演、民乐团表演。3. 辖区青少年专场表演文化节目。4. 设立家风家训背板墙·游园人员可写展示，留念拍照即可获得该区域印章。5. 公益募捐活动。6. 制作清明节知识板进行展示。7. 结合双井13社区的微心愿募捐计划，在园内设立党员志愿服务展示区。8. 传统文化小游戏。9. 传统清明节庆丰公园园梦小游戏。邀请非遗老师现场为居民带来传统彩绘，包括风筝制作、风车等。(1) 组织现场居民参观中国民间艺术制作，画糖画、糖人、毛猴制作。(2) 组织现场居民参与制作，泥塑彩绘，吹糖人等。

续表

序号	活动名称	举办时间	举办地点	活动内容
6	第二十八届奶子房庙暨崔各庄乡第七届文化艺术节活动	5月17日—5月19日	碧霞元君祠、奶东村村内	体验馆：油印画、剪纸、京剧脸谱绘画；棕编；吊坠打磨制作等。10. 趣味互动活动：(1) 邀请健身专家带领大家体验正确手工艺，(2) 邀请专业人员现场进行义诊。(3) 益智积木游戏体验。(4) 老北京小游戏体验。
7	福满京城 春贺神州之·端午——2019年我们的节日·端午节系列文化活动	6月6日	北京民俗博物馆（主会场）高碑店漕运文化广场（分会场）	1. "打开端门，以会会友"传统文化项目主题活动。2. 传统民间文化表演。3. 全国各地传统手工艺者展演。4. 设立吉祥阁和祈福墙。5. 非遗展示活动。 主会场： 1. 传统服装表演。2. 端午节令民谣表演。3. 端午习俗展。4. 端午场复原。5. 端午风俗体验活动。6. 拓印、灯笼、京绣、毛猴、兔爷、绒花等手工制作活动。 分会场： 1. 端午场景复原。2. 端午节民俗活动、包粽子比赛、体验系长命缕、画王老虎。3. 端午节日用品展示。4. 书法、绘画展示。5. 高跷表演、大秧歌、腰鼓队表演，威风锣鼓队表演。6. 斗百草、端午知识竞答。7. 文化展演。
8	福满京城 春贺神州之 朝阳区弘扬中华优秀传统文化系列活动：2019 东岳·芳草第六届非遗嘉年华——体验传统节令·传承文化根脉活动	6月6日—6月8日	北京民俗博物馆	1. 传统服装表演。2. 端午节令民谣表演。3. 《巧手慧心传递》新书发布。4. 东岳·芳草"非遗嘉年华"体验活动：邀请青少年眼随民间工艺家现学习风车、宫廷团扇、好运鼓、葫芦画、古建彩绘等民间工艺技法。还可以体验空竹、拉洋片、踢毽子、皮影等传统游戏。另有精彩灯谜和有奖知识问答活动。

续表

序号	活动名称	举办时间	举办地点	活动内容
9	爱满京城 相约幸福之"我们的节日·七夕节"活动	8月7日	北京民俗博物馆	1. 七夕文化文物展。2. 拜织女场复原景陈列。3. 拜月老挂红线。4. 七夕传统习俗动态表演。5. 七夕针俗互动体验竞技,有穿针引线、摆乞巧图、投针验巧、凤仙花染指甲等活动。6. 七夕赛巧非遗展示和体验。
10	月满京城 情系中华之2019年中华民俗文化节中秋节活动	9月13日	北京民俗博物馆	1. 中秋节主题文物展。2. 恢复老北京传统"兔爷山"。3. 传统拜月场景复原。4. 中秋节传统习俗动态演出。5. 中秋灯谜心猜。6. 月饼、兔儿爷制作比赛。7. 花好月圆人团圆赏月晚会。
11	孝满京城 德润人心	10月7日	北京民俗博物馆(主会场),崔各庄乡东方综合养老院(分会场)	主会场:1. 我们的节日——重阳习俗展。2. 重阳赏菊菊九花塔。3. 重阳习俗展示——佩茱萸、食花糕、饮菊酒。4. 老年人风采演示展示。5. 北京妈祖夫秀表演示。 分会场:1. 节目展演。2. 重阳赏菊菊九花塔。3. 重阳习俗展示——太极拳、太极扇,摸特旗袍夫秀表演示。3. 重阳习俗展示——食花糕、饮菊酒。4. 有奖知识竞答。5. 老年人健康义诊咨询服务。

富有节奏的活动安排和丰富多样的习俗活动，为北京市民过好节日搭建了重要的平台。

除了图书馆、博物馆，公园作为供公众游览、观赏、休憩、开展科学文化及锻炼身体等活动的场所，有较完善的设施和环境良好的公共绿地，也已经成为北京重要的节日文化空间。早在 2013 年，时任北京市公园管理中心副主任的高大伟就与同事李妍合作撰文指出："近年来，为满足市民生活需要，北京各大公园策划出了系列节庆文化活动，这些文化活动在继承风俗习惯的基础上，借用北京园林优质的文化和生态资源，将植物的观赏性与各园不同的文化特色相结合，形成了新的民俗文化空间，充实着市民节日生活。"①截至 2022 年 6 月，北京市已有公园 1 050 个。在传统节日振兴方面，北京公园的努力是持续不断的。甚至在疫情期间，公园仍然采取多种形式构筑节日空间。以 2022 年端午节为例，北京 10 家市属公园和国家植物园公园就推出"民俗端午""科普端午""红色端午""线上观展"四大板块、25 项端午节文化活动。活动受到广泛欢迎，根据统计，端午节三天假期，共接待游客 55.87 万人次，651.39 万人次线上参与体验，其中，近 310 万网友参加了"端午云游颐和园"直播活动，在线上游览公园初夏景观，聆听民俗文化科普知识讲解。万余名网友观看了天坛公园的"清明雅乐音乐会"，线上感受天坛里的端午文化。北京动物园通过线上方式为游客们展示了肉粽、虫粽、水果粽、巨型荷叶粽等动物们的"特色粽子"。

综观博物馆、图书馆、公园等各种公共机构，这些年来广泛传播节日知识，持续搭建节日活动平台，不仅成功地将自身构筑为传统节日的文化空间，而且引领了过节新风尚。在北京，在园馆中过节已经成为引人瞩目的文化现象，促进了传统节日过节方式和过节内容的当代变化。

三、北京传统节日振兴工作的五点经验

尽管近几年受到新冠疫情的深刻影响，尽管无论在内容上还是形式上都需要进一步建设，但是北京传统节日业已呈现明显的振兴面貌。综观北京传统节日的振兴工作，以下几点经验格外值得注意。

---

① 高大伟、李妍：《公园节庆活动对北京节日民俗的影响——以北京几个公园节庆活动为例》，《2013 北京文化论坛——节日与市民生活文集》（会议论文集），第 85 页。

第一，价值引领，人民中心。

在长期的发展过程中，传统节日形成了自己的精神核心，包蕴着中华民族的价值追求和审美理想。这种精神核心是传统节日得以传承发扬的内在力量。振兴工作以价值为引领，不仅符合振兴工作的要义，也是使振兴目标得以实现的必要条件。北京的传统节日振兴工作特别强调对节日文化内涵的挖掘和提炼，《方案》将"福、忆、和、爱、月、孝"分别作为春节元宵节、清明节、端午节、七夕节、中秋节和重阳节的核心要义，以其统领各个节日的多种文化活动，并通过活动进一步明确其价值导向，就使丰富多样的活动内容和活动形式有了精神，有了灵魂。比如2022年清明节期间，就强调以追忆为建党、建国、改革事业抛头颅、洒热血的英雄人物为重点，激发浓厚家国情怀。端午节期间，突出展现新时代干部群众奋发创新、开拓进取的精神风貌，大力弘扬爱国主义主旋律，培育和践行社会主义核心价值观，增强人们爱国爱家的情感。同时开展体育健身、防疫祛病科普宣传，倡导广大网民尊重生命与自然，收获健康、享受快乐。

传统节日是我们的节日，是人民的节日。北京传统节日振兴工作坚持人民的节日为人民。基于满足广大市民对美好节日生活的期待，北京传统节日文化活动在设计活动时注意空间布局，强调活动内容的丰富多彩和参与活动渠道的多样，使其能够最大程度地惠及广大市民，也因此吸引了广大市民的参与。反过来，正是民众的广泛参与，才有了传统节日的真正振兴。自2018年中秋节起，至2021年底，北京市共开展各类文化活动2万余项，参与群众超过1.5亿人次，网络参与量达2 800余亿次，庞大的数字足以说明节日活动的人民中心性。

第二，统筹联动，多元协同。

北京市传统节日振兴工作是由北京市委市政府统一部署的一项工作，由此在市级层面方案的框架下，各区根据自身情况制订出各区的活动方案，主要依托公园、露天广场、图书馆、博物馆、文化馆及大型商圈等公共场所积极开展活动并进行媒体宣传，从而实现了七大传统节日期间16个区同时联动，市、区、街（镇）、社区（村）四级联动。而在自上而下的实施过程中，又有官方、专家、媒体、学校以及公共文化机构的多元协同，从而实现了传统节日文化活动能够协同增效,并在全市域常态化开展。

第三,顶层设计,主题鲜明。

北京市传统节日振兴工作重视顶层设计,尤其 2018 年以来,制定了《北京市 2018—2019 年传统节日文化活动工作方案》,明确"一城一轴、一山一水、一国一家"为活动布局,七个传统节日每个传统节日都设一个或几个主场,以"主场＋"模式开展全市节日活动。各区也采取"主场＋"模式开展活动,以点带面,整体推进。以怀柔区 2019 年春节为例,该区共计开展各类文化活动 195 项,519 场次,主场活动有第 29 届群众艺术节开幕式、2019 怀柔春晚、春节精品展演、雁栖镇第四届燕城饺子宴、2019 怀柔敛巧饭民俗文化节、2019 怀柔元宵音乐会等。

《方案》还为各大节日设定了活动主题和活动品类,为各区开展活动提供了方向和框架。各区以之为依据,举办了主题鲜明突出、内容丰富多彩的习俗活动。比如春节和元宵节,多以庙会、灯会、花会、游园为主,突出辞旧迎新、团圆平安、欢乐祥和的喜庆氛围,举办了地坛庙会、龙潭庙会、厂甸庙会、圆明园新春皇家巡游、京西古道冰雪嘉年华灯会、房山元宵节花会走街活动、顺义赵全营民间花会、密云元宵节九曲黄河阵灯俗活动、延庆元宵节花会展演及凤凰岭新春游园会、京西文化游园会、红螺寺祈福游园会等节日文化活动。由于顶层设计上坚持主题的延续性,对于这些节日文化活动向品牌文化活动发展产生了积极的推动作用。

第四,守正创新,科技赋能。

北京市及各区一方面重视坚守节日传统内涵和形式,另一方面注重对时代新内涵和新形式的挖掘与利用,充分利用当地资源,结合重点工作,促进传统节日的创造性转换和创新性发展。门头沟区所在的京西地区是抗战时期北京地区的主战场,有众多遗址遗迹,门头沟区坚持以红色文化为主线,在清明节、端午节等节日期间,发挥爱国主义教育基地等红色资源优势,积极开展清明祭英烈等活动,弘扬爱国主义精神,传承红色革命基因。石景山区是冬奥组委会所在地,该区将迎接冬奥会工作和春节文化活动相结合,在北京国际雕塑公园开办冰雪体育庙会,不仅向市民普及冬奥知识,还提供参与冰雪娱乐活动的条件。大兴区配合北京大兴国际机场建设,于机场回迁房入住后的首个春节,在机场拆迁地区榆垡镇举办"新国门·新大兴"首届京南新春文化庙会。海淀区立足海淀科技大区、教育大区、文化大区的区域特点,在传统节日文化活动中融入科技元素,为传统节日加入新鲜感、时尚感,在中秋节期间精心打造在华熙 LIVE 五棵松中央广场举办"海淀区中秋文化科技体验节",用"文化＋科技"手段,充分展示传统文化节日内涵。

第五,线上线下,双管齐下。

传统节日文化活动首先是线下活动,但在信息技术高度发达的当下,线上已经成为节日活动的重要空间。疫情时期,线上的作用更加突出。北京市及各区双管齐下,通过线上线下相结合、传统媒体与新媒体相结合,形成对传统节日文化和相关活动进行多层次、多媒体、立体宣传报道网络和线上参与网络,大大增强了传统节日及其相关活动的影响力和广大人民群众的参与度。在推进传统文化节日覆盖上,各区都注重了传播手段的创新,发挥新媒体资源的作用,新时代用新媒体助推传统节日文化传播。

总体上看,北京传统节日振兴工作,贴近实际、贴近生活、贴近群众,积极创新载体、形式和内容,在全市广泛组织开展群众性传统节日文化活动,是全国范围内普遍开展的振兴我们的节日工程在北京进行的生动实践,鲜明体现了北京落实文化强国战略的首都担当。当前,北京广大市民对于传统节日的历史变迁、习俗活动、文化内涵和当代价值的认知大大提升,并已形成过好我们的节日的文化自觉。由此,传统节日重新走到北京市民日常生活的重心位置,成为日常生活的重要时间框架,在中华民族伟大复兴进程中发挥着丰富美好生活,传承优秀文化,凝聚团结民心,推动经济发展,促进社会和谐,增强文化认同,彰显大国首都风貌,铸牢中华民族共同体意识,提升广大人民群众的获得感、幸福感和安全感的积极作用。

北京的传统节日振兴是一项未竟的事业。立足当下,面向未来,需要继续坚持价值引领,人民中心;坚持统筹联动,多元协同;坚持顶层设计,主题鲜明;坚持守正创新,科技赋能;坚持线上线下,双管齐下。同时,应进一步深化对传统节日振兴工作意义的认识,进一步提升文化自觉;进一步加强城乡联系、区际合作,开展更广泛的社会动员,使传统节日文化活动不仅为人民共享,而且为人民共建;进一步融古汇今,丰富文化符号和习俗活动,持续增强传统节日的文化魅力;进一步加大对传统节日的资料整理、调查研究和理论研究,为振兴工作提供学理支撑;进一步密切节日振兴与乡村振兴、非物质文化遗产保护、传统村落保护、北京落实首都功能定位等国家战略和首都重大发展战略之间的关系。在传统节日振兴中,首都北京理应也能够在全国发挥示范引领和辐射带动作用。

第三章　广州传统节日传承与振兴调查报告

第一节　广州传统节日文化的历史环境及其节日特点

传统节日作为一种关乎民众精神观念与审美趣味的民俗形式,往往是一种社会文化结构的集中体现,其形成、发展与演变都与当地的历史文化环境密切相关。自古以来,广州的传统节日文化历史悠久,内容丰富多彩,受益于广府文化、移民文化以及特殊的岭南地域文化与海外通商文化影响,既兼有一般意义上通行节日的风俗特征,又在多种文化作用下形成了独有的特色节日节俗。

一、岭南中心与移民文化:广州传统节日文化生成的历史环境

传统节日的形成并非一蹴而就,亦非脱离于文化环境的产物,恰恰相反,相较于手工艺民俗等其他民俗形式,传统节日更容易受到地域文化、制度文化、信仰文化等影响。广州传统节日也不例外,浸润于岭南文化、广府文化的广州传统节日文化具有显著的地方性特点。从时间维度来看,广州传统节日跨越数千年的历史,从中原迁徙而来的移民扎根于岭南,在民族汇聚融合的过程中创造出多彩的节日风俗,从迎春花市、端午赛龙夺锦、"竖中秋"到七夕"七姐诞",再到雨水补天穿等农历时令风俗以及名目繁多的民间诞会,广州传统节日历经时间的洗礼,代代相承、绵延不绝,至今仍是传统节日文化保留最为完好且最有特色的地方之一;从空间维度来看,广州地处珠江入海口,南邻大海,北通中原,乃

珠江三角洲的腹心位置,三江汇总之地,既享有三角洲平原的物产优势,又具有北往、西联、南下,连通东南亚的交通优势。早在先秦时就是百越族群的主要活动区域,逐水而居、向海而生的生活环境造就了开放、包容的文化。广州不仅是广府文化的发祥地,也是从秦汉到明清两千多年间对外贸易的著名港口城市,更是"海上丝绸之路"的起点。总体来说,广州传统节日文化乃是以广府文化为中心的民俗文化。

作为一座拥有两千多年历史的文化名城,广州的别称众多。例如,一般为大家所熟悉的有"番禺""穗城""羊城""五羊城""仙城""花城"沿用至今,这些称呼的背后皆有来历。不过,论起最早的称呼则为"楚庭",根据屈大均《广东新语·宫语》之"楚庭"条目记载,"越宫室始于楚庭。初。周惠王赐楚子熊恽胙。命之曰。镇尔南方夷越之乱。于是南海臣服于楚。作楚庭焉。……地为楚有,故筑庭以朝楚"①,按照此说法,此处为春秋时期周惠王(公元前 676—652 年)楚国治理南越之地,后因南海臣服于楚国,固而广州有楚庭之称。尽管这一别名多被废弃使用,但在今天的广州越秀公园里仍可见一座兴建于清顺治年间的牌坊,上刻有"古之楚庭"。一般认为,"楚庭"是广州最早的宫室建筑,至于广州为何被称为"羊城"或"五羊城",则与著名的五羊传说密切相关,在晋人顾微的《广州记》、清人屈大均《广东新语》等典籍中都有记载。《广州记》记录了"五羊衔谷萃于楚庭"的传说:

> 广州厅事梁上,画五羊像;又作五谷囊,随像悬之。云昔高固为楚相,五羊衔谷萃于楚庭,故图其像为瑞。六国时广州属楚。②

这被认为是广州羊城传说的起源,五位仙人手持谷穗,骑羊飞腾,降于楚庭,给广州带来了福祉。宋代郑熊《番禺杂记》亦称"广州昔有五仙骑羊而至,遂名五羊"③。五仙人何时降临于羊城,有多个说法,最早的降临年代可追溯至周夷王时期,《广东新语》云:

---

① [清]屈大均:《广东新语》(全二册),中华书局 1985 年版,第 460 页。
② [晋]顾微撰、[元]陶宗仪辑:《广州记》,[清]梁廷楠、[汉]杨孚等著,杨伟群校点:《南越五主传及其它七种》,广东人民出版社 1982 年版,第 48 页。
③ [唐]郑熊撰、[元]陶宗仪辑:《番禺杂记》,[清]梁廷楠、[汉]杨孚等著,杨伟群校点:《南越五主传及其它七种》,广东人民出版社 1982 年版,第 50 页。

周夷王时。南海有五仙人。衣各一色。所骑羊亦各一色。来集楚庭。各以谷穗一茎六出。留与州人。且祝曰。愿此阛阓永无荒饥。言毕腾空而去。羊化为石。今坡山有五仙观。祀五仙人。少者居中持粳稻。老者居左右持黍稷。皆古衣冠。像下有石羊五。有蹲者、立者。有角形微弯势若抵触者。大小相交。毛质斑驳。①

五位穿着不同颜色的仙人赐予了广州地区至关重要的谷穗，送上祝福后就腾空而飞，五羊化为石，守护着广州。因周夷王时期广州尚未有"楚庭"之称，这则传说并非靠得住，不过却因寓意吉祥久久流传，越秀山上矗立着建于 20 世纪的五羊石雕像，至今仍是广州的城市象征。

在历史上，广州虽偏于一隅，不过却很早就被纳入统一的管理体系中。春秋时泛称"百越"，战国时称"扬越"，秦始皇统一中国时分天下为 36 郡，秦始皇三十三年（公元前 214 年）在岭南地区设置桂林、南海、象郡，"三十三年，更使任嚣与佗发诸尝逋亡及赘婿、贾人，略取陆梁地为桂林、象郡、南海三郡。谪有罪者五十万人徙居焉，使与其土人杂处。以嚣为南海尉，佗为龙川令，使共守越地"②。广东被称为"南海郡"，广州则是当时的郡治所在地，被称作"番禺"，自此广州开启了建城史，时任南海郡尉任嚣所筑造的番禺城也被史书称为"任嚣城"，由此算起广州建城有 2 230 多年的历史。秦朝末年，广州迎来了南越国的变动。龙川县令赵佗受任嚣之命，凭借"番禺负山险阻"③自立为王，自称"南越武王"，建立南越国，定都番禺，奠定了岭南的基本范围，引进了中原先进的耕种文化。

汉朝，汉武帝元鼎五年（公元前 112 年），南越国灭亡，汉武帝将其划为九个郡，番禺仍为南海郡治。东汉时期岭南隶属交州管辖，州治设在广信。三国时期，东吴孙权占据长江中下游之后，向南扩张略取交州。《水经注》记载了交州刺史步骘考察番禺的状况，称"骘登高远望，睹巨海之浩茫，观原薮之殷阜，乃

---

① ［清］屈大均：《广东新语》（全二册），中华书局 1985 年版，第 180 页。
② ［清］梁廷楠撰：《南越五主传》，［清］梁廷楠、［汉］杨孚等著，杨伟群校点：《南越五主传及其它七种》，广东人民出版社 1982 年版，《南越五主传》，第 3 页。
③ ［清］梁廷楠撰：《南越五主传》，［清］梁廷楠、［汉］杨孚等著，杨伟群校点：《南越五主传及其它七种》，广东人民出版社 1982 年版，《南越五主传》，第 4 页。

曰:'斯诚海岛膏腴之地,宜为都邑'。建安二十二年,迁州番禺,筑立城廓,绥和百越"[1],将州治从广信迁往番禺。公元 226 年交州分为交(趾)、广(州)二州,这也是史上首次出现"广州"之名。从广州的名称正式出现的 1 700 多年间,广州基本都是政权所在地,愈发凸显出其区域行政中心的地位。在此之前,广州主要是作为岭南交通枢纽与对外贸易港口而出现,与南海的一些国家开展商业贸易。

从隋唐至元明清,广州作为岭南政权中心,先后经历了广州都督府(唐朝)、广南东路路治地(宋代)、广州路(元代)、广州府(明清)的演变,并逐渐演化为千年商都,进一步巩固了区域中心的地位。出于商业贸易的考虑,广州也形成了"以商筑城、以墟聚镇"[2]的商业城建模式,各个朝代均对广州城进行扩建或改造。唐代,广州作为"通海夷道"的起点发展为对外联络与沟通的主要通道,源源不断的异域货物抵达广州,"货贝狎至。岭表奇货,道途不绝"[3],朝贡贸易发达,金银流通活跃,外国客商云集。为了管理大量涌入的外来人口,唐朝在广州设置了专供外国人居住的"蕃坊",为贸易活动提供便利。此时,广州城已经形成了牙城、子城、罗城"三城支撑"的格局。

宋代,广州城市规模进一步发展,先是通过扩建使得子城、东城、西城连接,又疏通水道,开凿内河,联系内河水运与海洋航运,构建八港、三濠、六脉的水系,大大提升了水运交通的便利性。并且打破了坊市制,沿着水道,依水而建发展临水街市以适应商业贸易,商船可直接沿着密布内部水道的毛细血管运送至市内。宋代广州海外贸易发达更甚于唐朝,商业贸易管理亦更为精细,在广州设立了第一个市舶司。宋朝政府积极招徕外商来华贸易,外地蕃商络绎不绝,不少长期定居广州,称为"住唐"。不同民族、国家的贸易以及杂居生活不仅推动了广州的经济发展,也催生出广州包容、务实的文化精神。

到了明代,广州城在宋元的基础上继续扩展,1380 年永嘉侯朱亮祖将宋朝的三城(中城、东城、西城)合为一城,且改造旧城,扩建市区,朝向东北部发展,又筑造外城,另修筑了南城、定海门月城等城楼。如蒋祖缘所言,明期"广州商

---

① [北魏]郦道元著、陈桥驿校证:《水经注校证》,中华书局 2007 年版,第 873 页。
② 潘彤:《明清时期广州商业文化特征研究》,《五邑大学学报(社会科学版)》2017 年第 4 版。
③ [后晋]刘昫等撰:《旧唐书》卷一百六十三,中华书局 1975 年版,第 4260 页。

业的发展与地方大吏出于政治上的需要，推动了广州城的改造与扩建，而广州城的改造与扩建又进一步促进了广州商业的繁荣，并由于扩建而临近珠江边，又有濠水与珠江沟通，更适应货物的起卸、运输和商船避风"①。总体而言，明代广州商业发展到前所未有的繁盛，屈大均谓"香珠犀象如山。花鸟如海。番夷辐辏。日费数千万金。饮食之盛。舞之多。于秦淮数倍"②。广州的经商风气浓厚，明代叶权《贤博编》称"广城人家大小俱有生意，人柔和，物价平，不但土产如铜锡俱去外江，制为器，若吴中非倍利不鬻者，广城人得一二分息成市矣。以故商贾聚集，兼有夷市，货物堆积，行人肩相击，虽小巷亦喧嚣，固不减吴阊门、杭清河坊一带也"③。以花卉生意为例，广州城内处处可见卖花者，达至万家，专门的花市也已出现，连载送素馨花的南岸上船渡头也被称作"花渡头"；许多外省人也前来做生意，"夫贾人趋厚利者，不西入川，则南走粤。以珠玑金碧材木之利，或当五、或当十、或至倍徒无算也"④，甚至士大夫也不免受其影响。对内，广货流行，遍布全国，"东粤之货。其出于九郡者。曰广货"⑤，广州是最重要的广货集散中心城市以及全国各地商品流通、出口的枢纽；对外，广州是名副其实的"夷夏之都会"，中国对外贸易最重要的口岸，尤其是明中叶以后政府被迫取消海禁，通海者十倍于往昔，民间贸易繁荣，广州的城市商业更为兴盛。

　　清代，又增修东、西两翼城，向南拓至珠江边，形成了广州今天老城区的格局。随着旧有市舶司制度的终结，清政府实行"一口通商"，在广州设立了十三行，从 1757 至 1842 年间"广州十三行"是中国唯一的对外贸易通商口岸，"晓谕番商，将来只许在广东收泊交易，不得再赴宁波"⑥，由此广州一举成为国际著名的贸易港口。广州既是对外贸易唯一平台，西方国家进入中国的唯一通道，也是外国文化与中国文化交流碰撞至关重要的文化窗口。这一政策的施行极

---

① 蒋祖缘：《明代广州的商业中心地位与东南一大都会的形成》，《中国社会经济史研究》1990 年第 4 期。
② ［清］屈大均：《广东新语》（全二册），中华书局 1985 年版，第 475 页。
③ ［明］叶权撰、［明］李中馥撰，凌毅点校：《贤博编　粤剑编　原李耳载》，中华书局 1987 年版，第 43—44 页。
④ ［明］张瀚撰、萧国亮点校：《松窗梦语》，中华书局 1986 年版，第 85 页。
⑤ ［清］屈大均：《广东新语》（全二册），中华书局 1985 年版，《广东新语》，第 432 页。
⑥ 中国第一历史档案馆、广州市荔湾区人民政府：《清宫广州十三行档案精选》，广东经济出版社 2002 年版，第 107 页。

大抬升了广州的地位,不仅形成了历史上广州十三行商业贸易繁荣的盛况,而且造就了广州外贸发达、经济繁盛、文化兼容的近代辉煌。鸦片战争之后,广州更是近代中国的瞩目焦点,《中英南京条约》开通广州为通商口岸,广州直接面对外来力量的冲击。在近代风起云涌的革命运动中,广州几乎经历了所有的重大事件:鸦片战争的导火索林则徐禁烟发生在广州;洋务运动开始的一个标志即广州同文馆的建立,广州机器局是广东第一家洋务企业;1911年黄花岗起义发生在广州;武昌起义后,广东军政府正式成立,等等。在开展反帝反封建的革命斗争中,广州更是发挥了重要的作用。从中山纪念堂、黄花岗、烈士陵园、农民运动讲习所、三元里抗英遗址到黄埔军校旧址等都是广州近代革命运动的重要见证。

新中国成立后,广州曾一度为中央直辖市,后被调整为省辖市,1982年被赋予国家历史文化名城称号。1978年,广州乘着改革开放的春风,以"敢为天下先"的精神,成为国家首批沿海开放城市,担起了改革排头兵的角色。凭借着中央所给予的特殊政策,广州作为全国改革开放先行试验区,积极开展探索,进入了经济发展的快车道,开放型经济取得了长足发展。经过四十年的建设,如今的广州已经成为常驻人口1 800多万人的超大城市,粤港澳大湾区、泛珠江三角洲经济区的中心城市以及一带一路的枢纽城市。

回望广州历史发展,作为广府文化的发祥地,广州深受移民文化影响。古时的岭南为蛮荒之地,人烟稀少,不适宜生存,秦朝时就将岭南作为发配流落之地,后中原人或为躲避战乱或随军南迁。历史上至少有三次移民潮,深刻影响了广府民俗的形成与广州文化的发展。第一次是西晋末年至南朝时期,永嘉之乱后中原人民躲战乱大批南渡,《晋书·卷七十三》载"时东土多赋役,百姓乃从海道入广州"[①],不少北方士族也迁至岭南,聚族而居。据《广东通志》记载"自汉末建安至于东晋永嘉之际,中国之人,避地者多入领表,子孙往往家焉,其流风遗韵,衣冠气习,熏陶渐染,故习渐变而俗庶几中州"[②]。第二次移民发生在两宋末年,在北宋遭受金兵入侵之时,宋高宗赵构带着大批官员南渡避乱。到

---

① [唐]房玄龄等著:《晋书》(全十册),中华书局1974年版,第1932页。

② [清]阮元修,刘彬华、陈昌齐等纂:《广东通志》(商务印书馆1934年影印本),古籍出版社1988年版,第1780页。

了南宋都城临安被元兵攻破之后,南迁的移民愈益增多,可日以万计,他们翻越梅岭,聚居村野。据说,广东许多地区的人家都将南雄县城的珠玑巷视为"祖宗故居",对此,《粤中见闻》称"祥符亦有珠玑巷,今广州世家巨族多云先世自珠玑巷来,或宋南渡时,诸朝臣从驾入粤,至止南雄,不忘枌榆所自,故称其地为珠玑巷以志故乡之思也"①。当时移民来到广东的第一站就是在珠玑巷,后从珠玑巷迁到珠三角各个地方,据不完全统计,迁出的姓氏有 170 多个。第三次移民浪潮同样是在乱世,明朝灭亡之后一些官员逃至广东,准备在岭南重建小朝廷,反清复明虽未成功,不过却带来了大批的移民。应该说,每一次的移民南迁都使得中原的习俗、语言与文化向南传播,北方人在定居岭南并与当地人杂居、通婚的过程中,不仅深刻改变了岭南的文化结构,也逐渐融合形成了特殊的文化模式。广府民俗正是在中原传统民俗的基础上融合当地习俗而发展,甚至是中原文化在岭南地区的直接移植。

二、广府文化与广州传统节日文化的特点

所谓"广府文化",一般认为"是一个富有岭南风韵与特质的文化概念,关于广府文化的构成,大抵涵盖三个要素,曰地域、曰方言、曰文化认同"②。广府民系主要分布在广东土壤最为肥沃、河网密集、植被茂盛的珠江三角洲平原,相较于广东其他地方,这里气候湿润多雨,自然条件优越,更适宜生存繁衍,因此第一批北方人迁入岭南之时就选定此处,这也使得广府民系比客家民系、潮州民系、雷州民系等形成得更早。从秦汉之时南迁的中原汉人到魏晋南北朝再到两宋末年,多次南迁的中原移民在与古越族人的融合中形成以广州为核心的广府文化。

通常来说,岭南文化包括三大文化,即广府文化、客家文化与潮汕文化。广府人,多是指那些早期中原移民与本地族人融合相生的一支汉族民系,他们操持广府话,具有较强的身份认同感。相对而言,广府文化最主要的衡量标尺即粤语方言体系,"粤语的形成主要是中原移民大批涌入、古越族人主动吸收中原古汉语的结果"③。"广府"一般指那些说粤语的地区,包括珠江三角洲的部分

① [清]范瑞昂撰、汤志岳校注:《粤中见闻》,广东教育出版社 1988 年版,第 37 页。
② 王杰:《"广府文化"要义说略》,《湖南社会科学》2018 年第 3 期。
③ 叶春生:《广府民俗》,广东人民出版社 2000 年版,第 4 页。

地区,按照过去的说法有"上四府"(南海、中山、番禺、顺德)与"下四府"(台山、开平、恩平、新会),实则还涉及粤西与广西的南宁、梧州等地区,其中通常认为广州尤其是荔湾区西关的粤语最为正宗。广府文化在岭南文化中影响极大,一般被视为广东文化的代表。作为广府文化的中心,广州也体现出鲜明的文化二重性。有学者认为广府文化的性格开先与守旧共存,"近代以降,中西方文化在这里剧烈碰撞交流,使这里得风气之先,开风气之先,演成中国探步近代化的前沿;这里的民众争先反抗外侮与强权,抵御有毒文化,拒绝全盘西化,同时也保留了守成或守旧的观念"①。岭南大学校长陈序经也曾言,"广东是旧文化的保留所,又是新文化的策源地。因粤人既是旧文化的守护者,又是新文化的先锋队"②。这一点不仅反映在敬祖尊宗的宗族文化观念上,也表现在形式多样的传统民俗文化上,诸如"广绣""广彩""广雕""粤剧""粤曲""粤菜""醒狮""岭南古琴"仍能在现代的广州寻得一席之地。

具体至节日风俗,广州更是保留了丰富多彩的节日文化,有迎春花市、番禺飘色、生菜会、醒狮、龙狮、鳌鱼舞、黄阁麒麟舞、鱼灯、乞巧、中秋灯会、元宵灯会、重阳登高、凤舞、八音锣鼓、木鱼歌、龙舟、北帝诞、波罗诞、郑仙诞、田了节、盂兰节、木偶戏、卖身节、羊城荷花节等。概而言之,正是扎根于岭南的独特环境中,在广府文化的滋养下,才生成出多姿多彩的广州节日文化。具体而言,广州的传统节日文化具有以下特质。

一是深受中原文化影响。"岭南地区节日节庆多姿多彩,但是其中主流的节日节庆的根基是中原汉文化。这很大程度上是历代大批流向岭南的移民以及汉文化自身强大的辐射力决定的"③,中原移民促使岭南人群结构的改变,在迁入融合的过程当中汉文化亦逐渐渗透并被原有土著居民认同。随之中原汉文化中主要的节日如春节、元宵节、清明节、端午节、中秋节等都被岭南大体承袭,成为岭南主要的节日节庆,其中主要节俗内容亦基本一致。甚至,广州地区的节俗中还保留了许多在中原地区逐渐消失或弱化的习俗。比如,广州人对冬至节的重视,将冬至看得比过年更重要,真实贯彻了"冬至大如年"的说法,全家

① 王杰:《论广府文化的两重性》,《湖南社会科学》2020 年第 1 期。
② 田彤编、陈序经撰:《中国近代思想家文库·陈序经卷》,中国人民大学出版社 2014 年版,第 170 页。
③ 吴九占、江绮颖:《岭南特色传统节日节庆的源流、事象与特征》,《南方论刊》2017 年第 1 期。

要团聚吃饭，必不可少的是吃汤圆。这就是传承了传统社会的冬至文化。直至今日，一定程度上广州过冬至的氛围仍要高于大多数中原地区。

二是具有浓厚的重商言利色彩。这与广府文化重商实用的特点一脉相承，在广州的传统节日中体现得尤为显著。从唐宋明清以来，广州始终是岭南的商业文化中心，广府人普遍比较务实，崇商重利，追求财富。例如，对"财神"的崇拜，诸如财神诞、关帝诞、观音开库等民间庙会基本都人声鼎沸，由此可以窥见人们祈求发财的愿望；对节日菜式的讲究，广府年夜饭要吃发菜猪手，有"发财、生财"之意；看重求财的节俗，重视节日物件的"好彩头"或"好意头"，通常通过取谐音来表达祈财愿望，如过年要卖发财大蚬，发"利是"、挂"利是"（红包），元宵要"偷菜"，寓意"偷财"，举办"生菜会"（生财）等；节俗活动要附加上赶走霉运，迎来好运的意图，春节逛花市行大运，重阳登高买风车"转运"等都有重好运、重实惠的价值取向。这种讲究务实，发财致富的浓重观念是较为高于其他地区的。

三是呈现为轻松明快、兼容并包的风格。民俗学者叶春生曾指出，"岭南山川之灵秀，海外风情之熏染，远离中原内核文化之监控，使得广府文化表现了一种大胆追求的精神和宽松自由的风格，民俗风貌亦偏于自然清新"[1]。他将广府民俗风情概括为三点："丰富多彩，古老而又年轻；活泼明快，充满南国水乡的浪漫情调；兼容的情怀和温顺的生活方式"[2]，显然，这种形容对于广州的传统节俗也是适用的。平民文化的盛行，世俗享乐的繁多，以及开放兼容的心态，使得广州的传统节日文化轻松热闹，参与度广，形式多样。

总体而言，广州传统节日文化深受中原移民文化、商业文化、海外文化的影响，因长期偏居一隅从而保留了中原文化传统，又因身处海外文化传播的第一线而善于接受学习新事物、新思想、新文化。中原汉文化的渊源、古越文化的影响、海外文化的冲击加之长期的重商主义，使得广州的传统节日文化呈现重商实用、明快清新、热闹吉祥、务实进取的鲜明特点。

---

[1] 叶春生：《广府民俗》，广东人民出版社 2000 年版，第 8 页。
[2] 叶春生：《广府民俗》，广东人民出版社 2000 年版，第 9—10 页。

第二节　广州主要传统节日的习俗活动

(一) 春节

中国人过年的历史悠久,《四民月令》及《荆楚岁时记》等古代典籍都有记载。东汉时期就已经形成了拜年、吃团圆饭的习俗。早在唐代,广州司马刘恂《岭表录异》云,"岭表所重之节,腊一,伏二,冬三,年四"[1]。广州的春节相当具有代表性且影响范围颇广,保留了敬老尊祖、家庭团圆的文化内核及其相关节俗,同时又发展出不少渴求发财吉祥的世俗性节俗。从诸多典籍中都可以看到广州春节的相关记载,明代嘉靖《广东通志初稿》卷十八曾对广州春节作了详细描述,涉及春节食春饼,大年初一祭祀、拜年,廿二十饮分岁酒,廿二十四扫尘,除夕守岁,贴桃符和门神等习俗。现摘录如下:

> 迎春日竞看土牛……啖春饼、生菜。
>
> 元日焚香祀神,以祈福祚,亲朋交贺,谓之拜年,乐饮为欢,三四日止。
>
> 十二月二十后设酒席相聚,名曰分岁酒。二十四日以竹枝扫屋尘,换炉灰,具酒果,祀灶君朝帝。除夕热炬通夕,饮团圆酒,长幼咸集,坐守不寐,谓之守岁。夜分挂楮币于门,易门神、桃符、春贴,以灰画弓矢象于道以射祟。具香烛,设果酒粉食,伺质明诣祠堂行礼。[2]

《广东新语》之"广州时序"篇也如是描述广州的春节节俗,重点提及了打春牛、拜年、吃煎堆、除夕祭祀、饮分岁酒、卖冷等节俗。

> 立春日。有司逆勾芒土牛。勾芒名拗春童。著帽则春暖。否则春寒。土牛色红则旱。黑则水。竞以红豆五色米洒之。以消一岁之疾疹。以土牛泥泥灶。以肥六畜。[3]
>
> 元日拜年。烧爆竹。啖煎堆白饼沙壅。饮柏酒。[4]
>
> 小除祀社。以花豆洒屋。次日为酒以分岁。曰团年。岁除祭,曰送

① [唐]刘恂:《岭表录异》,广东人民出版社 1983 年版,第 52 页。
② [明]戴璟修、[明]张岳纂:《广东通志初稿》,明嘉靖十四年(1535)刻本,中国数字方志库。
③④ [清]屈大均:《广东新语》(全二册),中华书局 1985 年版,第 298 页。

年。以灰画弓矢于道射祟。以苏木染鸡子食之。以火照路。日卖冷。①

可见，广州春节的节俗丰富多样，在不同朝代略有差异，现在详细介绍一些较有代表性的广式年俗。

1. 谢灶

谢灶，也叫"送灶""祭灶""送灶神"等，是全国各地普遍流行的春节节俗，广州地区多称为"谢灶"。一般有"官三民四疍五"之说，换句话说，官宦人家是在腊月二十三、平民人家是在腊月二十四、水上人家（疍民）在腊月二十五祭灶。旧俗也往往把祭灶日称作"小年夜"。在谢灶仪式上，广州几同于其他各地，谢灶的目的是求得灶君"上天言好事，下界保平安"，谢灶贡品颇为丰富，一般有"一碗米、一片糖、一封利是、一碗清水、一把烧猪肉、一些蔗桔、纸钱等，还有饴糖、麻圆等甜品，常供上些糯米做的糕点，为的是把灶君的牙黏住。另有一匹纸马，给灶君老爷代步飞升，有的地方还特备一件黑衣、一双黑靴，给灶君上天见玉皇大帝作礼服"②。广州地区的谢灶仪式同样有着较强的性别规训，焚香祭拜时一般由男性担任，女性不得观看。拜时要烧香烧纸、放鞭炮，拜完需要将贡品放入米缸中，这叫做"责瓮"，有预示来年衣食丰足之意。等到年三十晚上，还要接灶君，一起来过年。

2. 入年关

"谢灶之后至大年夜称年关"③，从祭灶那天起就进入了年关，人们要开始"忙年"了。广州地区流行的俗谚称，"廿三或廿四谢灶，廿五开炸，廿六扫屋，廿七洗嘢④，廿八蒸糕，廿九贴春联，卅团年"。数千年来，即使广州的穷苦人家，到过年也要稍作忙年，至少要准备好煎堆的吃食，所以有"年晚煎堆，人有我有"的俗谚。清《粤东笔记》记载了"煎堆"的节俗，"元日拜年，烧爆竹，啖煎堆白饼沙雍"⑤，《广东新语》亦详载"广州之俗。岁终以烈火爆开糯谷。名曰炮谷。以为煎堆心馅。煎堆者。以糯粉为大小圆。入油煎之。以祀先及馈亲友者也。

① ［清］屈大均：《广东新语》（全二册），中华书局 1985 年版，第 300 页。
② 叶春生、施爱东编：《广东民俗大典》，广东高等教育出版社 2010 年版，第 79 页。
③ 广州市白云区地方志编纂委员会编：《广州市白云区志》，广东人民出版社 2001 年版，第 1042 页。
④ 嘢，广州方言，即东西；洗嘢，即洗东西。
⑤ ［清］李调元辑：《粤东笔记》，新文丰出版公司 1979 年版，第 27 页。

又以糯饭盘结诸花。入油煮之。名曰米花。以糯粉杂白糖沙。入猪油煮之。名沙雍"①。煎堆之所以对老广州人来说必不可少,因其寓意丰富:一是有发财的好兆头,所谓"煎堆碌碌,金银满屋";二是煎堆有五谷丰登之意,煎堆多是用苞谷、芝麻、花生制成,寓意老百姓五谷丰登、吃喝不愁的希望。

此外,还流传着这样的说法,"初一人拜神,初二人拜人,初三穷鬼日,初四人乞米,初五初六正是年,初七寻春去,初八八不归,初九九头空,初十打春去,十一打仔回,十二搭灯棚,十三人开灯,十四灯火明,十五祈完灯,采青走百病"。还有《迎春扫尘歌》,"腊月二十三,晒被洗衣衫;腊月二十四,清洁房边地;腊月二十五,扫房掸尘土;腊月二十六,洗净禽畜屋;腊月二十七,里外洗归一;腊月二十八,家什擦一擦;腊月二十九,赃物都搬走"。民间亦有所谓"年二十八,洗邋遢"之说,扫尘时家家都备有一把新扫把,还有人用"有尾蔗"来扫以求吉利。

3. 卖懒

这是一项流行广州地区的独特年俗。除夕上灯之后,给小孩每人一个鸡蛋,点上几炷香,一边提着灯笼一边走,结成队在街上闲逛,唱到"卖懒,卖到年三十晚,人懒我唔懒!"这一般是广州小孩的唱法。小孩儿们不停地叫唱,一直走到土地庙中,插上香,返回家,再把鸡蛋分给长辈吃,这就完成了"卖懒"的任务。从此以后,孩童就努力勤快读书干活,不再是懒仔了。这项充满童趣的卖懒习俗试图通过"叫卖"去除身上的缺点、晦气,以期待来年好气象。事实上,《广东新语》中就有此记载,"以灰画弓矢于道射祟。以苏木染鸡子食之。以火照路。曰卖冷"②,苏木染鸡子,意为用红水染鸡蛋,用火照路,跟提灯笼照路大同小异。在粤语中,"冷"与"懒"发音很接近,岭南文学学者叶春生、黄天骥都认为实则为口误,卖冷也就是卖懒。这一定程度上与江浙地区的"卖痴呆"较为类似。

4. 开门炮

开门炮是为了迎接新年的到来。年三十晚上,广州人家一般守岁至深夜,等到了子时,就会大开大门,口喊"开门大吉",抑或是贴上红底烫金的"开门大吉",烧开门炮。在新旧交替的特殊时刻,家家户户都会燃放鞭炮,以期盼来年

---

① [清]屈大均:《广东新语》(全二册),中华书局1985年版,第381页。
② [清]屈大均:《广东新语》(全二册),中华书局1985年版,第300页。

好兆头。不少人为了争抢头炮,就会提前燃起鞭炮以此"抢跑"几分钟。过了午夜,基本上都是震耳欲聋的鞭炮声,一直持续到凌晨一两点。一般到了凌晨四点钟左右,鞭炮声又会再次响起来,以迎接新的一年的到来,天亮之时就会看到家家门口都是燃放过后的鞭炮红纸,颇有节日喜庆氛围。

5. 年夜饭

"食在广州"名不虚传,广州人对吃食颇为讲究,年夜饭更是如此。广式团年饭,上菜要求数量是"双数",不能是"单数",常年累月形成了传统的年夜饭"八大式"。一般来说,第一,必须要有鸡在桌,所谓"无鸡不成宴"也;第二,要有发菜猪手,缘于发菜或生菜在粤语中谐音"发财"和"生财";第三,需上菜胆扒冬菇,因为冬菇在外形上似铜钱,有财源滚滚来之美好寓意;第四,鱼必不可少,寄望年年有"余";第五,红皮赤壮烧猪肉,亦有好寓意,即身体健康、红红火火;第六,虾,所谓"虾"谐音"哈",即哈哈大笑,人们希望笑口常开;第七,要有盆菜,所谓一"盆"喜庆;第八,老火靓汤,广府人对靓汤情有独钟。

6. 卖发财大蚬

广州的商业氛围浓重,所以更为在意"发财"的寓意或兆头,发财大蚬就是一个典型代表年俗。一般情况,在旧时广州地区,正月初一是当地喜迎财神的日子,人们往往对叫花子、小孩、小贩等比较宽容,为了讨个好兆头就会买下一些东西,给个"利是"(红包)。一些小贩就趁机过来挑着蚬子挨家挨户去卖,边走边喊"发财大蚬,发财大蚬","蚬"与"显"同音,有显现之意,暗示着财神显灵,会有好运发生。为了新年的好彩头,加上广州人过年的习惯是要吃蚬的,因此人们总会争先恐后购买,即便是贫穷人家也会买一些。不过,这种风俗多发生在1958年之前,后来就逐渐沉寂了。

6. 行花街

广州素来有"花城"之美誉,对于广州而言,岁暮逛花市是最具有节日味道的年俗之一。广州花市作为"粤东四市"(廉州珠市、东莞香市、罗浮药市、广州花市)之最,历史悠久,影响深远。一般认为,在19世纪60年代就已经形成了一年一度的岁暮花市。广州人民很早就懂得赏花,用鲜花来装饰节日,增添浓浓的过年气氛。旧俗有"三十喜团年,行花街,接财神",行花街是老广府人过年的必备项目。传统的广州迎春花市一般从农历十二月二十八日开始一直持续到新年初一凌晨,"看花市"是广州民众非常看重的一个年前节俗仪式。春节时,北方正处寒冬,而广州却是鲜花盛开,繁花锦簇,人们逛着热闹的花市,采购鲜花,逐渐形成了除夕行花街习俗。清代光绪年间冯向华《羊城竹枝词》曰:"羊城世界本花花,更买鲜花度年华。除夕案头齐供奉,香风吹暖到人家。"广州童谣《行花街》也歌唱了农历年的行花街热闹景象,歌词朗朗上口:"年卅晚,行花街,迎春花放满街排,朵朵红花鲜,朵朵黄花大,千朵万朵睇唔晒。阿妈笑,阿爸喜,人欢花靓乐开怀……"

7. 人日游花地

人日,即正月初七,人日那天,广州民众结伴前去花地游玩,以赏玩鲜花装点新年的好心情,这项"游花地"的年俗也颇有年头。所谓"花地",是指广州的芳村,"花地"本为"花埭"("埭",土堰),人们为了护卫花田修建了大量土堰,造成了花草茂盛,堤堰曲折的盛景,故而得名。又因"埭"谐音"地",后在清初时称为"花地"。清代中叶以后,诸如留香、醉观、纫香等大大小小三十多个园林遍布花地,不少园主于节日期间设置"花局",供人赏花,举办雅集,邀请文人雅士前来观赏赋诗、品花、点评。康有为《人日游花埭》曰:"烟雨井边春最闹,素馨田畔棹方徊。千年花棣花犹盛,前度刘郎今可回。"清诗人张维屏亦有"花地接花津,四时皆似春。一年三百六,日日卖花人",清代编印的《羊城竹枝词》中也有60多首关于花地的题咏。明末清初,"游花地"习俗就已兴起,后来愈受欢迎,为了增加人日赏花的热闹氛围,就像选美一样,人们还会评选出"人日皇后",选出的皇后作为主持人来主持当天的活动,由此可见广州人对人日的重视程度。直至20世纪初,人日游花地之风依然兴盛,游玩人群涌动不绝。

8. 舞醒狮

自古以来,广东醒狮就被视为驱邪避害的吉祥物,在节庆场合多有出现,舞醒狮是广州民众春节期间喜闻乐见的民间活动。民间狮舞起源很早,早在汉代就已出现,据称从西域传来,《后汉书》曰,"正月旦,天子幸德阳殿……作九宾散乐。舍利兽从西方来,戏于庭极……"①,到了唐代狮舞已经称为宫廷乐舞"五方师子",宋代的民间狮舞更为繁荣,已具有戏剧表演情态。迟至明末,"广东狮

---

① 〔晋〕司马彪撰,〔梁〕刘昭注补:后汉书》第11册《志第五·礼仪中》,中华书局1965年版,第3130—3131页。

子"就流行开来,技术性突出,且具有引狮导舞的角色。清人张心泰《粤游小志》曾记载,"潮、嘉新年,有舞狮戏,以五色布为狮身,狮头彩画,如演剧式。一人擎狮头,一人擎狮尾,一人戴大头红面具,褐裘短衣,右手执竹梢,左手蒲葵扇,为沙和尚,别一短小精悍者为小鬼,蒙鬼面"①。在广东地区,每有重大活动即以舞蹈醒狮助兴,长久相传,广泛分布在佛山、广州、湛江等地。广州以番禺区沙湾镇的沙坑醒狮为代表,已入选广东省非物质文化遗产名录。在造型上额高而窄、眼大口阔、背宽鼻塌,牙齿可隐可露,有文狮、武狮、少狮之分,多出现于春节元宵场合,活泼热闹多变的醒狮表演寄托着广州民众祈福纳吉的愿望,至今仍活跃在广州的节庆空间。

此外,广州春节还盛行舞龙、舞凤、舞麒麟、舞貔貅等民间游艺,节庆氛围浓厚喜庆。另有借裤(富)、贴挥春封利市、迎灶神、接财神、送穷神、打春、春节盲妹歌、置全盒、采大鸡公等年俗。

(二) 元宵节

作为"一年明月打头圆"的元宵节,在广州地区也具有重要的意义。一般来说,广州从唐朝开始过元宵节,民间元宵燃灯持续三天,南汉时的广州元宵之夜,六榕寺花塔遍燃灯烛,可堪与月争光,被称为"赛月灯会"。从宋至明清,始终延续元宵灯会的习俗,不过节期有所不同,宋朝灯期五天,明代则从初八至正月十七夜,长达近十天,清代为四至五天。在元宵灯会持续期间,几乎所有宗祠、神庙皆挂起莲花灯,各家的灶头也点起灯。

按照广州的过法,初七人日游花地,初九打春去,初十打仔回,到了正月十三人们在厨房点灯,被称为"点灶灯"或"开灯""试灯",有先试点元宵灯之意。正月十四民间就进入了灯节模式,纷纷搭灯棚,张挂灯彩,披红挂绿,装扮街道,预演元宵节节目。街上也开始售卖琳琅满目的花灯,令人眼花缭乱,最有名的就是归德门灯市,争奇斗艳,目接不暇。《广东通志初稿》载有上元灯市的热闹场景:

> 上元作灯市,采松竹于通街结棚,缀花灯于其上,有楮帛、竹缕、菩提、

---

① 〔清〕张心泰:《粤游小志》,〔清〕王锡祺辑:《小方壶斋舆地丛钞》卷11,光绪十七年(1891),着易堂铅印本,第302页。

琉璃诸品。又为稻草、虫鱼、人马等像,极其工巧,其鳌山则用彩楮为人物故事,运机能动,有绝妙逼真者,箫鼓喧阗,士女嬉游达曙。或粘诗藏谜题,写诸经书典故、鸟兽花木物类,暗蓄事义,作为诗词,粘于方灯,以示博物通征,谓之打灯。①

这种张灯结彩的上元夜之繁华、欢乐、热闹与江浙一带的灯会如出一辙,风俗相近。清嘉庆年间(1796—1820)两广总督阮元曾有《羊城灯市》一诗:"海鳌云凤巧玲珑,归德门明列彩屏,市火蛮宾余物力,长年羊德复仙灵。月能彻夜春光满,人似探花马未停;是说瀛洲双客到,书窗更有万灯青",可谓是对广州灯市的生动形容。

《广东新语》则详细描述了元夕游艺的场面:

> 元夕张灯起火。十家则放烟火。五家则放花筒。嬉游者。率袖象牙香筒。打十八闲为乐。城内外舞狮象龙鸾之属者百队。饰童男女为故事者百队。为陆龙船。长者十余丈。以轮旋转。人皆锦袍倭帽。扬旗弄鼓。对舞宝灯于其上。昼则踢毽五仙观。毽有大小。其踢大毽者市井人。踢小毽者豪贵子。歌伯斗歌。皆著鸭舌巾。驼绒服。行立凳上。东唱西和,西嘲东解。语必双关。词兼雅俗。大约取晋人读曲十之三。东粤摸鱼歌十之四。其三分则唐人竹枝调也。观者不远百里。持瑰异物为庆头。其灯师又为谜语。悬赏中衢。曰灯信。②

除了放烟火、放话筒,人们还以"打十八闲"为乐,即八音锣鼓柜。城内舞狮、象、龙、凤的队伍众多,以金童玉女扮演的民间故事表演队亦是满目充盈,还有陆上龙船表演队,龙船长十余丈,下有旋转轮,表演者装扮富丽,挥旗打鼓,手持宝灯跳舞。此外,还有踢大毽子的、小毽子的、唱曲的、猜灯谜的,极尽欢乐。

又据康熙《花县志》载,"'元宵',自十二三至十六七,坊乡神庙结彩张灯,鼓吹喧阗达曙,人家亦悬灯聚宴,谓之'庆灯'。十五日啜粉丸,谓'食元宵'。乡落

---

① [明]戴璟修,[明]张岳纂:《广东通志初稿》,明嘉靖十四年(1535年)刻本,中国数字方库。
② [清]屈大均:《广东新语》(全二册),中华书局1985年版,第298—300页。

沿门迎神,放花爆,烧起火,谓之'拦巷',行乐数宵"①,可见广州元宵节前后享乐游玩之盛。在饮食上亦食汤圆,与他地并无不同。

广州元宵节既有类似于全国各地的灯市,又有自身的元宵节特色。例如,"采青"或"偷青",即偷菜。广州地区,或者说广东的许多地区都以元宵之夜偷菜为乐,其中以年轻人居多。偷到不同的菜寓意不同,偷生菜意为"生财",偷葱就会变得聪明,偷韭菜就代表着长长久久。总之,偷得菜就寓意着好运气、好兆头。倪云癯《羊城竹枝词》曾写道:"几队惊鸿人影过,元宵即是采青天。"有些农家为了防止被偷,就将粪水泼在菜上,不过大部分菜园主人往往不会在意这种偷菜行为,甚至还会主动赠菜,来表达祝福。又如,"东行祈子",《广东新语》载"广州灯夕。士女多东行祈子。以百宝灯供神。夜则祈灯取采头。凡三筹皆胜者为神许。许则持灯而返。逾岁酬灯。生子者盛为酒馔庆社庙。谓之灯头"②,可见旧时妇女多于元宵夜以百宝灯供神祈祷获子,因粤语的"灯"与"丁"谐音,被认为这一天求子很灵。再如"投灯",所谓"投灯"就是通过竞价来买灯,"投灯"也即"投丁",人们认为购得灯即有得男丁的意思。这些灯都冠上了吉祥名称,如"福禄寿灯""一路发灯""主帅圣灯""观音送子灯",一般谁出价高就能得灯。此外,广州人为求开年吉祥,还会去三元宫烧香,祈祷天官赐福,烧完香会带大香或纸做成风车回家。不过这种习俗在 20 世纪 70 年代多被消除,后来于 80 年代有所复兴,三元宫香客众多,门口卖香的也是络绎不绝。

(三)清明节

广州清明祭祀的节俗基本承袭了中原文化,在祭拜仪式上也大体相同,不过由于先祖一般是埋在山中,所以广州人多称扫墓为"拜山"。《粤中见闻》明确记载"清明祭先茔曰拜清"③,《广东新语》称"清明有事先茔。曰拜清。先朝一日曰划清。新茔必以清明日祭。曰应清"④。此外还有"行清"之说,即在清明期间举行例行的祭祖活动,清明日当天"行清"就称作"行正清","行清"有别于

---

① 花县志,(清康熙二十六年刻,清光绪十六年惠登甲重刻本),广东地方史志办公室辑,广东历代方志集成·广州府部(四七),岭南美术出版社 2007 年版,149 页。

② 〔清〕屈大均:《广东新语》(全二册),中华书局 1985 年版,第 300—301 页。

③ 〔清〕范瑞昂撰、汤志岳校注:《粤中见闻》,广东高等教育出版社 1988 年版,第 24 页。

④ 《广东新语》广州时序篇,〔清〕屈大均:《广东新语》(全二册),中华书局 1985 年版,第 299 页。

"踏青",踏青是外出郊游,享受美好春光,"行清"更为肃穆,多指一族人员集体约好时间去扫墓,这也使得清明节成为广州家族团聚的一个重要日子,即使远在外地、海外也赶回来拜祭祖宗,由此可见广府文化中对祖先祭拜的重视程度。过去妇女不被允许参加"行清",只有男性可以参加,如今则不讲究性别,都可以一起去祭拜先祖。关于旧时清明祭祀的场面,诸多县志多有记载,根据《花县志》(1890 年版),"'清明'具筵上墓。祭毕,群饮祖墓,则颁胙肉。墓远者依次往祭,至一月乃巳(已),谓之'闭墓'也"①。"行清"多是从清明日持续到一个月,最后一天称为"闭墓"。《增城县志》(1921 年版)亦称,"'清明'前一日,作糍以代饭,袭古寒食禁烟遗意。'清明日'插柳于门。始前五日竟一月,多于此时墓祭,曰'铲地',曰'拜山',或曰'挂纸'(以墓祭者必用楮遍压坟上之故)"②,祭品有烧猪肉、松糕、包点、蔗、酒、香烛等,先铲除坟前杂草,然后用纸钱压坟,摆开祭品,点烛装香,依照长幼秩序拜祭、烧纸钱。祭祀过后,大家还会分食甘蔗,甘蔗渣子丢在坟前,包子也要掰碎扔于坟前。另外,广州人还会在祭扫完毕,买个风车回家,这些风车是用纸做成,插在彩色金纸装饰好的宛如花圈的竹圈上,或有竹圈还饰有一条栩栩如生的纸蛇。根据民间传说,纸蛇象征着"坟龙",风车有转运之意,这就说明风车并不是纯粹的玩具,在旧时广州人看来可以以风车唤醒坟龙,消灾得福,求得祖先保佑。此外,从《增城县志》可以看出,除了祭祀祖先是必备节俗,旧俗广州还会在清明节插柳。一般会插在门上、祖宗牌位前用来避野鬼,广州人称杨柳为"鬼怖木",清明一周后会拿掉。这个习俗在 20 世纪 20 年代渐废,后于 80 年代又现。

(四)端午节

端午节在东汉时期主要以系五色丝、采药或夏至祭祖为主,六朝时期发展人物祭祀、悬挂艾草、斗百草、龙舟竞渡、食粽等,涉及节日禁忌、祭祀、娱乐、传说、饮食等多个方面。《广东新语》载"五月自朔至五日。以粽心草系黍。卷以柊叶。以象阴阳包裹。浴女兰汤。饮菖蒲雄黄醑。以辟不祥。士女乘舫。观竞渡海珠。买花果于疍家女艇中"③,有诸如吃粽子、浴兰汤、饮雄黄酒、赛龙舟

---

① 转引自凌远清:《岭表寻春:广东清明节》,广东教育出版社 2010 年版,第 44 页。
② 转引自凌远清:《岭表寻春:广东清明节》,广东教育出版社 2010 年版,第 44—45 页。
③ [清]屈大均:《广东新语》(全二册),中华书局 1985 年版,第 299 页。

等节俗。不过由于广州地区多江河又近海,河网密布,此地"广为水国。人多以舟楫为食"①,当地人自古以来善于与水打交道,善驭舟,以水上龙舟祭祀祈求上天保佑,故而竞渡的风气胜于别地,端午扒龙舟也成为广州端午节最重要的节俗。广州的番禺一带龙舟竞渡尤甚,其所用龙船制作也极其精良,《广东新语》如此记载番禺的大洲龙船:

> 番禺大洲。有宣和龙舟遗制。是曰大洲龙船。洲有神曰梁太保公。盖以将作大匠。从宋幼帝航海而南者也。公将营宫殿于大洲。未成而没。村民感其忠。祠祀之。每岁旦请举龙舟。覆珓得全阴。则神许矣。许则举,辄有巨木十数丈浮出江中。舟之长短准之。号曰龙骨。自崇祯丁丑以来。请辄不许。辛丑之岁。有泣诉于神者。吾老矣。神今垂许。犹可传之后人。否则此法遂绝矣。神乃许之。船长十余丈。广仅八尺。龙首尾刻画奋迅如生。荡桨儿列坐两旁。皆锡盔朱甲。中施锦幔。上建五丈樯五。樯上有台阁二重。中有五轮阁一重。下有平台一重。每重有杂剧五十余种。童子凡八十余人。所扮者菩萨、天仙、大将军、文人、女伎之属。所服者冠裳、介胄、羽衣、衲被、巾帼、襁褓之属。所执者刀槊、麾盖、旌旗、书策、佩玦之属。凡格斗、挑招、奔奏、坐立、偃仰之状。与夫扬袂、蹇裳、喜、惧、悲、恚之情,不一而足。咸皆有声有色,尽态极妍。观者疑为乐部长积岁月练习。不知锦幔之中,操机之士之所为也。每一举费金钱千计。神之许以十年二十年之久。盖以惜民力也。龙之口。铁鑠鑠之。问之神。曰。不尔则雨。②

清朝王士祯《竹枝词》也再现了广州海珠区石江中赛龙舟的盛景:"海珠石上柳荫浓,队队龙舟出浪中。一抹斜阳照金碧,齐将孔翠作船篷。"

根据1927年6月6日的《民国日报》副刊所载的两首"端午风俗歌",我们也可以看到70多年前广州番禺的端午风俗,各色人等聚集赛会,热闹非凡,宛如眼前:

> 其一:五月初间斟艾酒,荔枝红熟可尝新,龙船花共菖蒲草,每扎街前

---

① [清]屈大均:《广东新语》(全二册),中华书局1985年版,第395页。
② [清]屈大均:《广东新语》(全二册),中华书局1985年版,第486—487页。

卖数文,冬叶买来齐裹粽,蚊烟点着可驱蚊。①

其二:初五日,是端阳,朱砂黄纸写符章,香包挂在襟头上,绸裤纱衫好在行。睇见龙船长十丈,锦标罗伞甚辉煌,鼓声震动冲波浪,水色娇娇艇内装,紫洞船头绷布帐,游河公子坐船舱。渡头挤拥人来往,热闹奢华又一场。②

从传统社会到民国,直至解放后,广州的端午龙舟始终未曾断绝,新中国成立后还开始举办起一年一度的端午龙舟赛事,珠江水面锣鼓喧天,参与者众多,人潮涌动。即使在六七十年代,广州的村民也要创造条件过好龙船节。改革开放以后,民众龙舟竞渡的热情更为高涨,番禺区流传着"宁愿荒废一年田,不愿输掉一年船"的说法。90年代,广州人民政府正式将"广州龙舟节"设在端午节,使得端午龙舟更加成为本地的特色风俗与富有影响力的赛事。

(五)七夕节

宋代时七夕节风靡,从中原传入南粤大地的七夕节极其流行,宋代诗人刘克庄曾有诗"瓜果跽拳祝,喉罗朴卖声,粤人重乞巧,灯火到天明"(《即事十首》),可见岭南地区通宵乞巧的热闹景象。从宋代以来,广州就重视七夕节,发展至清末民初,达到鼎盛,这也是旧时未婚女子最为隆重的节日。清代末期,广州还在上九甫、下九甫、第十甫等地形成了专卖女子用品的乞巧街市。倪云癯《羊城竹枝词》有"预乞佳期先一夕,世间儿女亦情痴",广东番禺人汪兆铨《羊城竹枝词》有"岭南六夕祀牛郎,儿女庭前瓜果香。昨日邻家双姊妹,商量瓜子砌鸳鸯"。清人陈坤《岭南杂事诗钞》有"银河鹊尚未成桥,花果陈筵迎碧宵。儿女心忙先乞巧,分明七夕是来宵。"还有广泛流传的《乞巧歌》,"乞手巧,乞貌巧;乞心通,乞颜容;乞我爹娘千百岁;乞我姊妹千万年"。"天皇皇地皇皇,俺请七姐姐下天堂。不图你的针,不图你的线,光学你七十二样好手段。""巧芽芽,生的怪。盆盆生,手中盖。七月七日摘下来,姐姐妹妹照影来。又像花,又像菜,看谁心灵手儿快。"

不同于中原地区,广州对七夕的称呼与过法上略有区别,广州多称其为"七姐诞"或"摆七娘""拜七娘"。在仪式上,中原地区多讲究"拜",广州更注重

①② 转载于叶春生、施爱东编:《广东民俗大典》,广东高等教育出版社2010年版,第92页。

"摆",女子们会提前精心制作出精美的供品,"摆"出一台美好的七夕民间手工艺展,显示自身的心灵手巧。广州七夕摆品丰盛,仪俗繁复,流程可分为摆巧、迎仙、拜仙、乞巧等,显现出鲜明的广州特色。胡朴安曾记录了清末民初的广州七夕盛景,事无巨细地呈现了七夕"摆巧"的过程:

> 七月初七,俗传为牛女相会之期,一般待字女郎,联集为乞巧会。先期备办种种乞巧玩品,并用通草、色纸、芝麻、米粒等,制成各种花果、仕女、器物、宫室等等,极钩心斗角之妙,初六日陈之庭内,杂以针黹、脂粉、古董、珍玩及花生时果等,罗列满桌,甚有罗列至数十方桌者。邀集亲友,唤招瞽姬(俗称盲妹),作终夜之乐。贫家小户亦必勉力为之,以应时节。初六夜初更时,焚香燃烛,向空礼叩,曰迎仙。自三鼓以至五鼓,凡礼拜七次,因仙女凡七也,曰拜仙。礼拜后,于暗陬中持绸丝穿针孔,多有能渡过者,盖取"金针度人"之意。并焚一纸制之圆盆,盆内有纸制衣服、巾履、脂粉、镜台、梳篦等物凡七份,名梳妆盆。初七,陈设之物仍然不移动,至夜礼神如昨夕,曰拜牛郎。此则童子为主祭,而女子不与焉。礼神后,食品玩具馈赠亲友。拜仙之举,已嫁之女子不与会,惟新嫁之初年或明年必行辞仙礼一次,即于初六夜间,礼神时加具牲醴、红蛋、酸羌等,取得子之兆,又具沙梨、雪梨等果品,取离别之义。惟此为辞仙者所具。他女子礼神时,则必撤去。①

此外,还有所谓的"拜檐前","又初七日午间,人家之有幼小子女者,咸礼神于檐前。礼毕,燃一小梳妆盆,曰拜檐前,祈其子女不生疥疮。俗以檐前之神为醒醍神也。复有一事,即于是日汲清水贮于坛内密封之,尝久贮不变臭味,曰七月七调药,治热性疮疥,极有特效"②。

(六) 中秋节

广州一般将中秋节称为"月光诞",有"拜月光""竖中秋"、吃芋头等节俗。旧时正月十五的早上,广州家家户户都要用月饼生果来祭祀祖先拜神,晚上则准备丰盛的团圆饭合家欢聚,入夜则开始举行"拜月光"的仪式。通常会设个香案,摆上准备好的供品如月饼生果之类,对着月亮的方向焚香礼拜。胡朴安辑

① 胡朴安:《中华全国风俗志》(下),岳麓书社 2013 年版,第 649—650 页。
② 胡朴安:《中华全国风俗志》(下),岳麓书社 2013 年版,第 650 页。

录广州拜月、赏月、追月之俗，"是夜以橼柚、月饼、果品及炒螺、香芋拜月。夜半设酒馔于中庭，宴饮为乐，曰赏月。翌夜再宴饮，曰追月。赏月、追月之宴，有于珠江之滨，雇河道船畅饮者。船宏大，陈设精美，调制肴馔，每有独到之妙"①。

对月礼拜之日，广州人还喜欢用灯笼来装点节日，形状各异的灯笼挂在高处，争奇斗艳，明亮动人，以此庆祝中秋。孩子们互相比赛谁的灯彩精巧，谁竖得高、竖得多，这项富有广府风趣的习俗叫做"竖中秋"。《中华全国风俗志》载：

> 广州有竖中秋之举。竖字之义，颇涉不经，亦习惯语也。盖广州屋宇，多有楼台，中秋之夕，咸竖旗于台上，饰以灯笼，富家所悬灯笼或至百数，砌成庆贺中秋等字，年来有用电灯者，高可数丈。家人咸聚于台中，聚饮为乐。而中人之家，竖旗一竿，灯笼两颗，亦自得其乐。是夕若登高远眺，光芒万丈，不啻琉璃世界也。②

过去有谚语曰"冬唔饱，年唔饱，八月十五得餐饱"，广州人很重视中秋节的饮食，吃食多样，且寓意吉祥。月饼是必不可少的，各家茶楼从三四月就备料做月饼，七月底八月初掀起售卖月饼大战。20 世纪 20 年代广州就有南如、宜珠等六大茶楼展出 80 多种月饼，如今还有广州酒家等诸多茶楼延此风俗。中秋佳节有互赠月饼之俗，称"送节"。

> 广州每至八月初间，城中各饼店门前挂一挑凿通花金色之木牌，上刻"中秋月饼"四字，很是精致。直到中秋以后，才将除去。店中陈列之月光饼有圆式者，有方式者，有椭圆式者，有多角式者，大小亦各不同，有大似盘者，有小似碗者，表面用种种颜色，绘花草人物等图，装以玻璃盒或纸盒，甚是美丽，人家多买之赠送亲友。另有一种月饼，因馅之材料不同，分甜肉、咸肉、豆沙、豆蓉、莲蓉、麻蓉、烧鸡、烧鸭、金腿等种种名目，节前人亦多买之赠送亲友，名曰送节。③

除了月饼，老广州人还会吃芋头、炒螺、柚子，清代《羊城竹枝词》即是明证，

---

① 胡朴安：《中华全国风俗志》（下），岳麓书社 2013 年版，第 652 页。
② 胡朴安：《中华全国风俗志》（下），岳麓书社 2013 年版，第 653 页。
③ 胡朴安：《中华全国风俗志》（下），岳麓书社 2013 年版，第 652 页。

"中秋佳节近如何,饼饵家家馈送多,拜罢嫦娥斟月下,香芋啖遍更炒螺",屈大均也称"桂酒剥芋。芋有十四种。以黄者为贵"①。所谓"芋头"谐音"护头","柚"通"佑",很多家庭便会一起吃芋头以及刚上市的柚子,图个好兆头,祈求平安护佑、辟邪消灾。此外,中秋节前,出嫁的女儿会送月饼回娘家"送节",娘家以柚子和大小俱全得"仔嫲芋"。

(七) 重阳节

广州重阳有吃菊花糕、饮茱萸酒、登高、放风筝的习俗,不过因重阳又称"重九",被广府人视为"转运日",故而登高又有转运的含义。《广东新语》载"九日载花糕萸酒。登五层楼双塔放响弓鹞。霜降展先墓。诸坊设斋醮禳彗"②,人们在九日带着菊花糕、茱萸酒登山,广州人称风筝为"纸鹞","弓鹞"即一种会发出声响的风筝。广州人认为在纸鹞上写下诸如不幸事,此日尽消除等字样,放飞断线就能使得衰运消尽,时来运转。此外,20世纪二三十年代,广州还流行重阳照相的节俗,称重阳照相有助于转运,使得来日运气佳,又称"好运相"。

(八) 冬至节

所谓"冬至大如年",在广州亦是如此,冬至的隆重堪比过年。民间特别重视冬至,广州的冬至在过法上讲究两点,一是冬至祭祖,二是冬至饮食。古代广州人冬至祭祀颇为隆重,家人齐聚团餐,称"团冬",仪式形制类似于过年。祭祀时要准备酒肉三牲、果品、汤圆等,有些地方还会演戏酬神。另有一些乡村宗祠还有冬至分柑橘的习俗,因粤语"柑"与"金"谐音,所谓"分柑"亦即"分金",有祖先派利到子孙后代之吉祥寓意。在饮食方面,旧时广州地区有"冬至鱼生,夏至狗肉"之俗,"冬至曰亚岁。食鲙。为家宴团冬。墓祭曰挂冬"③,这里就提及食鱼生,屈大均另有诗相应"成双碟食如流,冬至鱼生绝胜秋"(《过定思族翁斫鲙作·其二》)。后随着健康意识提高,鱼生或含寄生虫之因,就改为冬至"打边炉"以及开锅狗肉。如今,广州冬至家家户户都要吃汤圆,各大学校等到处都有免费分汤圆的习惯,冬至氛围浓厚。

此外,除了传统八大节日,广州富有特色的节日及各类诞日,如天穿节、生

---

① 〔清〕屈大均:《广东新语》(全二册),中华书局1985年版,第299页。
② 〔清〕屈大均:《广东新语》(全二册),中华书局1985年版,第299页。
③ 〔清〕屈大均:《广东新语》(全二册),中华书局1985年版,第300页。

菜会、波罗诞、郑仙诞等,暂不一一赘述。

第三节　广州传统节日当代传承与振兴举措

一、广州传统节日当代传承状况及问题

广州传统节日根植于岭南环境,长久浸润于广府文化,形成了多姿多彩的节日体系,关联着广州民众的祖先崇拜、宗族观念、俗信、饮食、工艺、民间舞蹈、体育竞技等多个方面,可以说是广府文化圈的鲜明文化现象。不过,随着社会的发展、文化环境的变动、经济水平的提升及现代技术传媒的广泛运用,广州传统节日也不断遭受着现代文化的冲击,一定程度上出现某些节日的弱化或节俗的消亡、演化等现象。主要表现为以下几个方面。

一是在自然传承状态下,传统节日难免有所衰落,难以对抗快节奏的生活与活跃的大众文化,整体处于低迷状态。新中国成立后,由于社会环境的巨大变动,既往流传上千年的传统节日体系面临着前所未有的危机,从五六十年代至七十年代,除春节外,几乎所有的节日都遭受了较大打击,传统节日处于被贬低或禁止的状态。改革开放后,与全国的情形类似,广州传统节日有所复兴,包括传统八大节及庙会在内的节日基本都重新回归到民众的生活中,拥有了传承的空间。然而,因环境变迁或社会风尚的变化,广州传统节俗的消亡或式微亦时有出现。以广州的年俗传承为例,过年时"谢灶"习俗在城市已经难觅踪影,且从1993年开始广州八个区出于安全考虑都禁止燃放鞭炮,接送灶王爷放鞭炮也不复存在;广州过年"洗邋遢"的扫尘习俗,以前都是全家人齐心协力打扫干净屋室,现在因为生活节奏的加快与工作的繁忙,过年前的清洁工作虽仍然在腊月二十八前后进行,但很多家庭都已经交给保洁员或清洁公司来负责;过去小孩们"卖懒"的习俗已经绝迹,成为永久的记忆;过年卖发财大蚬的节俗自从1958年以后就很罕见了;以前兴盛的"人日游花地"习俗相对保存较好,至今仍旧兴盛,不过游花地并不限于正月,更不再选"人日皇后"来主持活动了,广州民众遇上节假日休闲都喜欢到花地游玩。再如,七夕节,据《番禺县志》(1993年版)记载,"'七夕'活动,以30年代中期最为鼎盛,以后逐渐淡化。抗战胜利后曾一度复苏,时至今日,大型活动非常罕见,仅潭山、凌边2村仍保留有这种

风气"①,广州番禺的七夕活动在 90 年代已经很少见了。虽然广州的七夕节并未消亡,比如近年来广州西关一带举行"西关小姐"评选活动保留了"七夕会展"一项,不过总体来说七夕活动的兴盛程度并不如以往。加之消费文化与大众文化的冲击,广州传统节日被蒙上了消费主义的色彩,节俗的内涵渐趋失落,被改造成购物节的节日却越来越多,这些都影响了广州传统节日在当代的真正传承与振兴。

二是关系到家庭、宗族观念的祭祀节日不减反盛。比如清明节,近年来广州清明扫墓风气一年盛过一年,人们把扫墓与踏青春游结合在一起,参加扫墓的青年人也增加了,扫墓期延长了,提前或推迟扫墓逐渐称为习惯。一般从公历 3 月下旬开始,便有人上山扫墓,此时一般是"拜新山"。俗云"新山不过社",即拜新山必须在清明的"社日"完成。至清明前后的星期天为高峰,一直延续到 4 月下旬,历时一个月左右。人们已经不再迷信过去"划清""应清"等传统习惯,认为纪念先人,全凭心诚,时间晚一点关系不大。② 可以看出,清明节在现代社会并未受到冷落,反而有更盛之势,人们更注重祭祀先人的真诚实意,一定程度上根据自己的实际情况微调了祭祀的时间或仪式,既有的"行清"与"踏青"相结合,反而迎来了更为蓬勃的发展。这固然与改革开放后家族复兴密不可分,但也说明了其能够有效解决人们缅怀先人、安置心灵的问题。从东汉时期开始节日就是祖先祭拜的重要场合,从《四民月令》所记载的岁时节日习俗来看,几乎大节小节都少不了祭祖的身影,如:正月正日"躬率妻孥,洁祀祖祢",正月上丁"祀祖于门",正月上亥"祠先穑及祖祢"。二月"祠太社之日,荐韭、卵于祖祢","其夕又案家簿馔祠具。厥明,於冢上荐之"。五月"夏至之日,荐麦、鱼于祖祢。厥明祠冢"。六月"初伏,荐麦、瓜于祖祢"。八月"祠日,荐黍、豚於祖祢。厥明祀冢,如荐麦、鱼"。十月上辛"必躬亲洁敬,以供冬至、腊、正、祖荐韭卵之祠。是月也,作脯、腊,以供腊祀"。十一月冬至"荐黍、羔。先荐玄冥于井,以及祖祢……如正月"。十二月腊日"荐稻、雁""遂腊先祖、五祀",并于此月"乃冢祠君、师、九族、友朋,以崇慎终不背之义"③。在节日期间,以供奉食物、上坟

---

① 番禺市地方志办公室编:《番禺县志》,广东人民出版社 1995 年版,第 890 页。
② 叶春生、施爱东编:《广东民俗大典》,广东高等教育出版社 2010 年版,第 91 页。
③ 〔汉〕崔寔撰,石汉声校注:《四民月令校注》,中华书局出版社 2013 年版。

扫墓来达到与祖先沟通、祈求与酬谢的目的是东汉人的主要节日活动。尽管现代人的节日更加娱乐化、休闲化，但是慎终追远的文化源远流长，人们终究需要一个正式场合来寄托哀思、缅怀先祖，清明节无疑就是一个抒发情感的重要神圣时刻。在宗族观念较重的广府地区，广州的清明节兴盛也是情理之中。

三是能够适应都市休闲娱乐生活的节俗更容易得到传承。这一点在诸多广州节日节俗中都可以看到，比如迎春花市，"到 20 世纪 20 年代，广州花市已是相当的兴旺了。1949 年前，全市已分设四个花市：中心花市仍在西湖路、教育路一带，东山区花市设立在东川路，南区在滨江路，西区在新凤路。1978 年后逐步拓展，近年，广州越秀、荔湾、海珠、天河、芳村等共 10 区都开设了迎春花市，上市花卉品种多达 500 多种。其中，除了桃花、金橘、水仙、菊花、芍药等一些传统品种外，大花蕙兰、郁金香、百合、玫瑰、海棠等也受到欢迎"①。自明清广州岁暮花市形成以来，尽管历经时代变迁，但是花市的规模却不断扩大，花的品种也不断增加，如今，广州民众依然保留着过年"行花街"的习惯，逛花市、买鲜花，热闹不减。显然，这与广州历来的赏花传统有关，不过更是因为迎春花市适应了人们追求美好生活、装点心情与居住空间、人际交往的需求，故而能够顺利传承下去。不仅仅是迎春花市，诸如"竖中秋"也尚有余风，因其本身即是中秋装饰庭院、住所等环境的一种习俗，可以想象中秋之夜绚丽多彩的灯笼与皎洁的月亮相映成趣，美不胜收，能够给人们带来无尽的节日美感，营造浓浓的节日氛围，应了人们的爱美之心，这一节俗自然不易消亡。又如春节和元宵"舞醒狮"的习俗，20 世纪 80 年代以来几乎各乡都有自己的舞狮队，甚至城里的一些单位也有自己的狮队，每逢年节或开张场合就会有醒狮的身影，上街表演采青，盛况空前，恰是因为醒狮作为一种祥瑞符号，不仅装点了节日的喜庆，而且以兼具神、形、态、技的表演征服了观众，受到广州民众及周边地区的喜爱，能够活跃在民间的文化空间中，更适应了人们群众日益增长的文艺需求。再如，广州重阳节的登高习俗近年来更为兴盛，而其他诸如喝茱萸酒、吃菊花糕却很少见，这也是广州民众做出的自然选择，因为以往依靠饮食辟忌的需求基本不太存在了，反而登高祈福、转运或强身健体的需求与日俱增。根据《广州州志》所

---

① 叶春生、施爱东编：《广东民俗大典》，广东高等教育出版社 2010 年版，第 80 页。

言,"重阳登高的习俗,五六十年代并不见很热闹,但 70 年代末期起,登高人数逐年增加,每年于九月初八晚上 8 点,已有人登白云山,也有在山上搭帐篷露宿的。天亮后,过夜的人下山,而登山的却越来越多,一直到初九傍晚,尚有登山人流。中午时分,遍山人头涌动,蔚为壮观"①,广州民众登高的地点也更多样化,不少人选择了广州塔等。根据 2010 年的新闻报道,自高度 600 米的广州塔落成后,"因其既符合'重阳登高'的习俗,又能看看因为亚运而面貌焕然一新的新广州,而代替了往年市民重阳登高首选的白云山海拔 382 米的摩星岭,成为不少"贪新鲜"老广们今年重阳登高的新选择"②,不论白云山主峰摩星岭还是广州地标建筑小蛮腰,都反映出重阳登高的与时俱进性,本质上登高活动还是适应了现代城市的休闲文化。还有端午节扒龙舟习俗,这项习俗在广州的诸多区都依然兴盛,并且有了新发展,这并不是偶然。究其原因,广州水乡的优越条件与民众对玩水赛龙舟的高涨热情都为端午节扒龙舟的传承打下了基础,再加上广州政府对端午龙舟活动的大力支持,使之从小范围的乡村民俗变成参与度广的龙舟节,更加推动了端午龙舟的当代传承。自从 1994 年起,广州市政府每年都在端午期间举办规模盛大的龙舟节,并逐渐将其扩展成国际赛事,"龙舟竞渡从民间地方习俗演变成具有官方色彩的专业竞技活动,形成有章法、有规范的龙舟体育文化,并蔓延到世界多个国家和地区……每年举办的珠江河段的广州国际龙舟邀请赛,是广州市民欢度民间节庆的一个新热点"③。作为中国四大一线城市之一,广州传统节日的都市性、娱乐性更为显著,这就造成了不同节日或节俗在现代大都市的适应程度不同,传承的状况也有差别,能顺应都市生活的节日或贴合都市人群需求的节日更能拓展传承空间。

　　广州传统节俗并非一成不变的,而是处于流变的过程中。有些节俗消亡绝迹了,比如广州年俗中的"卖懒""打春";有些改头换面了,比如重阳节变成了老人节,这是现代社会挖掘重阳节的深层内涵结合时代的养老敬老需求所做出的合理调整。笔者通过考察传统节日的发展变迁,曾指出"在传统节日的发展过程中,稳定性与变异性同时存在,实际上,两者并不矛盾,恰恰是结构的稳定性

① 广州市地方志编纂委员会编纂:《广州州志》,广州出版社 1998 年版,第 55 页。
② 李晓健:《"广州塔"成重阳登高新宠》,《中国旅游报》2010 年 10 月 25 日,第 005 版。
③ 曾应枫、陆穗岗编写:《赛龙夺锦——广州龙舟节》,广东教育出版社 2009 年版,第 11 页。

与节俗的变异性构成节日的常态。这种辩证统一的关系在阐明一个事实,即一方面节日是有着自身的'传统'的,节日的发展有着内在的稳定性、自身的规律性,跟历法、结构、功能有关;另一方面节日又是'流变'的,经历着诠释、更新与变异,与时代、环境、文化相连"①。因此,对于不同节日的传承状况,需要采取不同的措施与办法,可抢救、可扶持、可助长,因时因地合理诠释调整以促进广州传统节日在当代社会的传承,总体来说要更适应当代都市生活,更能满足民众的文化需求。

二、广州传统节日当代振兴的必要性

传统节日当代振兴作为现代社会的重要命题,关系着传统文化的传承与弘扬。在传统社会中,广州的传统节日基本处于一种自然传承的状态,这是几千年来广州地区百姓的日常生活,农耕语境中的传统节日关联着广州民众的农业生产、婚丧嫁娶、人际交往等多个方面,故而能够代代延续、世世循环。在进入现代社会后,由于遭到时间制度的变革、社会政策的影响及全球化经济文化的冲击,从总体来说广州传统节日已经难以仅靠自然传承,即使个别节日或节俗仍活跃在现代生活中,但整体状况却大不如以前,或不温不火,或苟延残喘,或濒临消亡,同样面临着传承的危机。尤其在诸如广州这样的超大城市,大众文化盛行、商业娱乐众多、人口杂糅繁盛、生活节奏快捷,传统节日的生存空间更容易受到挤压,若是缺乏坚实的节日主体与多元的参与力量,则难以抵挡日渐衰微的命运。进而言之,广州传统节日的当代振兴不仅有其必要性,而且有其价值意义,主要表现为以下三个方面。

一是广州传统节日是广府文化的集中体现与重要方面。粤地广府风俗在历经千年的演变中既保留了中原文化的传统,又形成了自身的特点。总体来说,"广府民俗文化是汉文化的一部分,作为华夏的一种地域文化,广府民俗以保存有古代南汉文化的积淀、汉文化与南越文化的结合变异,以及近代以来接受西方文化的影响等因素,构成其独特风采"②。广州的传统节日往往保留了中原传统文化的特点和内容,并在一定程度上予以发扬,从除夕祭灶,正月拜

---

① 张娜、李中扬:《结构性传承:传统节日变迁的内在理路及其更新方式》,《中国农史》2021 年第 4 期。
② 陈泽泓:《广府文化》,广东人民出版社 2007 年版,第 399 页。

年、迎财神,元宵灯会,清明扫墓,端午赛龙舟,七夕乞巧,中秋拜月,重阳登高到冬至拜贺食汤圆,广州节庆的核心节俗与中原地区并无二致,甚至还延续了古老中原文化的传统节俗。对于一些渐为中原多地遗忘的传统节俗,广州民众不仅保持着高涨的节庆热情,而且延续保留了较为原始的、隆重的仪式流程或节庆活动。比如,繁复、隆重的七夕乞巧拜月仪式,至今仍在广州流传,并成为数百年来当地未婚女性的重要节日;又如激情四射的端午龙舟赛,每年在珠江水面、城中河涌都能看到龙舟的身影。这种对传统文化的延续、守望与热情构成了广府文化的一个重要特点。不过,与此同时,亦能从传统节日中看到广府文化的另一面,即重商重利、开放进取的取向,无论是对诸如有关发财的财神诞、生菜会、关帝诞等节庆的追捧,还是对讨彩头的节俗寓意的讲究,如偷菜的不同寓意,以及争相购买"发财大蚬"、风车、乞巧物品等吉利的节庆物品,都蕴含着务实重利、财源滚滚的意涵。可以说,广府文化的特质集中体现在传统节日民俗中,直观反映出广州民众的世俗追求。传统节日作为广府文化的的重要组成部分,鲜明地展现出广府文化的特点。

二是广州传统节日蕴含着广州民众的生活记忆、情感内涵与审美趣味,关系到广州民众的身份认同与文化认同。传统节日串联起民众一年四时的生活,通过年复一年的节庆仪式将文化审美、道德规训、集体追求都内化于其中。传统节日既是公共性的事件,也是集体性的记忆,其不仅指向表层的集体生活,也指向深层的情感维系、价值观念与文化认同。正如高小康所言,"节日是公共仪式化的神话,在叙述的深层是文化群体的记忆结构,对节庆活动的参与和共情就是在唤起心灵深处属于特定文化群体的集体记忆"[1]。在广州地区,民众岁暮逛花市、人日游花地、元宵舞醒狮、清明"行清"、端午扒龙舟、七夕"摆乞巧"、重阳登高转运、冬至打边炉食汤圆,点缀于平凡日子中的节日节庆构成了人们共同的生活记忆,在历经岁月变迁共享节日的过程中也塑造出共同的身份认同与文化认同。所谓认同问题,"就是你认为自己是什么样的人以及你归属于哪个群体的问题"[2],广州民众恰是在共享的节庆仪式生活中构建广府人的群体认同,传统节日文化最为直接地传递并构造了这一认知。脱离了日常中的节庆

---

① 高小康:《"我们的"节日与文化认同》,《节日研究》2020 年第 2 期。
② 韩震:《论国家认同、民族认同与文化认同》,《北京师范大学学报》2010 年第 1 期。

以及循环往复的展演过程,不仅广府文化的传承、延续与发扬会受到影响,而且也难以构建坚实的文化传承主体,塑造深刻的文化自觉。可见,弘扬振兴广州传统节日一定程度上亦是传承广府文化的要求。

三是广州传统节日是塑造广州形象,增强广州文化软实力,提升城市竞争力的重要内容。节日节庆往往是城市文化的重要代表,随着节日的非遗化,广州的诸多节俗如七夕乞巧、端午扒龙舟、迎春花市等也都被纳入国家、省市级非遗项目。基于地方性、本土性的节日类非遗是城市中具有浓厚地域特色的无形文化资产,在城市名片与城市品牌构建过程中发挥着重要的作用,能彰显城市特色与城市形象。节庆类非遗被纳入城市经济系统,成为可以被消费的旅游文化商品,并依托相关产业链的延伸,推动文化创意产业的集聚,加速城市经济结构转型。同时,传统节日一方面是城市居民认同感与自豪感的依托,凝聚了居民对于城市文化的集体记忆,成为个人与城市特定记忆与认同的"催化剂";另一方面,也是城市中不同文化群体的文化表征,振兴传统节日能够彰显不同文化群体的文化身份,从而构建城市文化生态的多样性。在城市竞争日益激烈的时代,广州传统节日作为广州城市文化的重要构造部分,能够有效地塑造广州城市形象,通过开展各类群体性节庆活动激发民众的文化认同感,提升对自身文化身份的认同,凝聚城市向心力。换而言之,传承振兴广州传统节日,打造广州节日文化品牌,不仅能够唤起广州民众的文化认同,增强民众的幸福感,而且能够重塑千年文化商都的城市形象,增强广州的文化软实力,提升广州的文化竞争力,这对于总被视为华南商业中心的广州来说无疑有着诸多益处。

三、广州传统节日当代振兴的重要举措

近年来,为进一步传承弘扬中华优秀传统文化,大力培育和践行社会主义核心价值观,推进传统节日振兴工程,推动中华优秀传统文化创造性转化、创新性发展,充分展现传统节日文化内涵和时代特色,广州市文明办组织开展年度"我们的节日"系列主题活动,包括春节、元宵、清明、端午、七夕、中秋和重阳 7 个主题活动。把统一思想、凝聚力量作为开展传统节日文化活动的着力点,紧紧围绕推动习近平新时代中国特色社会主义思想深入人心、落地生根,在每个传统节日期间,集中开展百姓宣讲、主题展览、节日习俗展示等活动。目前主要从以下几个方面展开传统节日振兴工作。

（一）以岭南文化中心建设为目标，文旅融合塑造节日品牌

　　岭南文化一般是指中国南方五岭（即越城岭、都庞岭、萌渚岭、七田岭、大庾岭）以南的地区文化。从地域分布上来看，岭南文化包括广东文化、桂系文化、海南文化，其中以广东文化为主，广东文化又有广府文化、客家文化、潮汕文化之细分。作为广府文化的发祥地，拥有 2 200 多年建成史的广州属于名副其实的岭南文化中心。近几年来，广州高度重视文化建设，先后推出多项文化创新发展措施，包括：2019 年 12 月 29 日《广州市岭南文化中心区（荔湾片区）发展规划（2019—2025 年）》、2021 年《广州市岭南文化中心区发展规划（2021—2025 年）》、2021 年 7 月 7 日《广州市促进文化和旅游产业高质量发展若干措施》、2021 年 10 月 9 日《广州市文化和旅游发展"十四五"规划》等，均以文旅融合作为重要路径，繁荣发展文化事业和文化、旅游产业，充分发挥文化铸魂、文化赋能、旅游为民、旅游带动作用，将推动岭南文化中心建设作为重要目标。

　　在做强做精岭南文化中心极核的文化建设过程中，广州开启了以岭南文化、广府文化为主线的节日品牌塑造。根据规划所提出，"每年春节开展'广州过年·花城看花'活动，并成为广州旅游享誉世界的靓丽名片"，"推动广州海丝文化资源、设施的旅游景区化、文化公园化、文化和旅游节庆化发展，打造国家3A 级以上旅游景区、城市文化公园、品牌节庆"①，致力于打造一批诸如花城春节等富有享誉度的节庆名片，以凸显广州城市形象，彰显广州城市精神，传承城市文脉，留住广州的民俗文化记忆，助推广州城市文化高质量发展。广府文化是岭南文化的主要构成部分，传统节日又是广府文化的鲜明体现与重要代表，民俗节庆的繁荣复兴及品牌化建设乃是凸显广州岭南文化中心地位，传承广府文化，增强群体对广府文化认同的重要路径。广州不遗余力推动节日的品牌化，形成了"广州过年·花城看花"春节品牌、端午龙舟节、七夕"摆乞巧"等节日品牌，其中最重要且影响力最大的就是"广州过年·花城看花"春节品牌。

　　自 2013 年以来，广州已经连续举办了 10 届"广州过年·花城看花"新春活动，已成为享誉世界的广州城市文化品牌。每一年的"广州过年·花城看花"活

---

① 《广州市文化和旅游发展"十四五"规划》，http://www.gz.gov.cn/zt/jjsswgh/sjzxgh/content/post_7845328.html。

动都各有特色,且年年升级。如 2019 年"广州过年·花城看花"花市节目主打"创新",线上线下联动打造"花城"城市品牌,充分贯彻"我们的节日"宗旨,将全民共享的民俗节庆活动与提升广州城市品牌相融合,设置了"粤剧头冠"变花市牌楼、AI 花市上演炫酷花房、海外花市走进常春藤名校、灯光音乐秀新春不落幕、园博会首创"水上花园"扮靓地铁开"流动花市"、国外知名家庭过地道广府新年、大师名人争护花、找"猪猪侠"赢真金猪、唱神曲《发歌》跳抖音花舞等九个看点。① 活动形式多样,考虑到不同群体的文化需求,以充满活力的新形式展现出广式年味。

2022 年在确保疫情防控的前提下,广州继续创新,推出"广州过年·花城看花"新春系列活动,再次擦亮"花城"品牌。在新春期间,云台花园春节郁金香花展、莲花山桃花文化旅游节、流花湖公园"流花杯"2022 年迎春盆景展、宝趣玫瑰世界春节大型主题花展、文化公园花展,海珠湖花海、花都湖花海以及白云山桃花涧、萝岗香雪等及荔枝湾水上花墟、永庆码头水上花市惊艳亮相。按照"线上为主,线下为辅"的原则,2022 年迎春"云上花市"启动活动在花都区赤坭镇竹洞村举行,白云、花都、番禺、南沙、从化、增城等区的数百个年花生产基地约 1 200 万盆(株)年花开启"云端待客"模式,人们可线上购买,"一键"到家。② 同时,为了充实、提升与丰富"花城看花·广州过年"品牌内容,虎年春节假期期间,广州市、区文旅部门及相关企业推出 600 余项线上线下文化和旅游活动以及一系列惠民措施,为市民游客奉上诚意十足的新春文旅"大礼包"③。吸纳多元主体力量,促进商家参与,以龙头、领军文旅企业为引领,联合广州文旅和相关商协会及 100—300 家文商旅企业,涵盖景区酒店、美食购物、非遗手信、乡村旅游、金融服务等各大消费领域,共同开展线上线下联动的"花城看花、广州过年"超级文旅嘉年华活动,推出"超级品牌季""温泉优惠季""超级美食+""坐标行者"旅游打卡、线下"文旅市集""数字礼品"智慧消费等一系列活动、

---

① 《2019"广州过年 花城看花"系列活动开启》,发表时间:2019-01-14,来源:广州文明网,http://gdgz. wenming. cn/wmdjr/201901/t20190114_5646094. htm。

② 《2022"广州过年,花城看花"再升级!"线上+线下"不打烊陪你过年》,https://baijiahao. baidu. com/s? id=1723005634308547597&wfr=spider&for=pc。

③ 《虎年新春广州文旅"大礼包"来了! 线上线下活动年味满满》,http://gdgz. wenming. cn/2020index/yw/202201/t20220129_7479845. html。

板块,①真正发挥民俗节庆的文化消费带动作用,营造浓浓年味。此外,积极推动新的表现形式与古老节庆文化精神的交融、碰撞,如岭南印象园举办了庙会集市、财神巡演、水上醒狮、木偶剧及复古快闪舞蹈等花式活动;荔枝湾片区精心开办了新春贺岁汇演、水上节目、非遗手作体验等活动;永庆坊回归传统年俗,让年味回到当下,推出"赏花灯＋行花街＋睇大戏"活动,再现西关水上花市的传统节俗;沙湾古镇以"捧银""醒狮""拍财神"等传统广州春节节俗来唤起游客的记忆。② 在以"花"为主题,又兼容不同文化表达形式与内容的嘉年华系列活动中,广州不断演绎传统的"花城"名片,也使得"花城看花"的广府年俗深入人心。

　　对于一个地方来说,民俗节庆的品牌化能够有效形成聚集优势,将与节庆相关的诸多民俗活动、舞蹈、音乐、工艺、戏剧等汇聚于节庆空间。如在广州花城年俗的品牌化过程中,所串联的民俗事项包括醒狮、接财神、粤剧、广彩、广绣、广雕、迎春花市、广府庙会等,同时又在文旅融合中将民俗节庆的文化消费纳入其中,形成了花城年俗节庆与文旅发展齐头并进的局面。这种聚集性优势不仅使得广州的"花城""花市"标识更为凸显,也带动了多方面的文旅经济,同时经由民俗节庆活动也显著地增强了地方性文化认同。一般来说,"节庆允许地方居民引用共享的故事、文化实践和观点等,对内而言,有助于保留地方传统历史文化,宣扬地方的文化,增进人们自我身份与地方的联系,进而增强群体凝聚力和认同感;对外而言,节庆在表达特定群体的文化意义时,为他者提供了一个学习自我文化、习俗和生活方式的机会,实现了与他者的文化沟通与交流。这亦有助于多元文化的共存。因此,节庆的本质是建构在本土文化之上且具有外向包容性的文化事件"③。广州将"广州过年·花城看花"作为最重要的节庆品牌予以打造,即在于其能够起到建构本地的广府文化认同,彰显城市文化特色,又能沟通联系外界,增强外界的花城认知,促进文化旅游,多方位展现岭南

---

① 《500余项文旅活动喜迎元旦! 广州欢迎您!》,http://wglj. gz. gov. cn/gzdt/wlzc/content/post_7996746. html。

② 《广府味,幸福年! 这个春节精彩纷呈》,http://gdgz. wenming. cn/2021zt/wndgb/dgn_jrdt/202202/t20220214_7485356. html。

③ 刘博:《民俗节庆与地方认同:源于广州的多案例比较研究》,商务印书馆2017年版,第22—23页。

文化魅力,做强岭南文化中心的重要作用。可以说,"广州过年·花城看花"充分呈现了南粤大地的节庆特色,乃是岭南文化的一个重要符号。

（二）依托非遗文化建设,塑造"节日＋"新格局

在非遗化的时代,许多广州传统节日也被列入国家、省市级非遗代表性项目名录,主要有以下节日或节俗项目:七夕节(天河乞巧节俗)、中秋节(舞火龙)、端午节(扒龙舟)、乞巧节、迎春花市、花都元宵灯会、广州重阳登高、赛龙舟(扒龙舟)、添丁上灯习俗、舞火龙、春节习俗(掷彩门)、扒龙舟(车陂村扒龙舟)、波罗诞等,基本囊括了大部分节日或民间诞会。作为文化遗产保护的重要内容,非遗保护在广州受到高度重视。

非遗保护传承工作的大力开展进一步推动了广州传统节日的传承与振兴,依托于非遗文化建设,节庆与非遗的携手并进,不仅促进了节日类非遗的振兴发展,也塑造了广州"节日＋"的新格局。2022 年荔湾区以春节为题,将年俗文化与非遗文化无缝衔接,带领民众赏年俗、品非遗,感受荔湾非遗技艺的魅力。自 2 月起,由荔湾区新时代文明实践中心、荔湾区文化馆主办、各非遗大师工作室承办的"寻味非遗年　过西关春节"系列活动分别走进永庆坊、西关美食老字号、花地湾生活馆等地,以不同的非遗技艺庆祝虎年。[①] 广州文园学堂开展春节非遗体验活动,包括非遗广州泥塑体验、非遗广东醒狮体验等。[②] 广州南沙天后宫推出了"妈祖非遗贺新年"活动,为市民送上虎年祝福。[③] 黄埔区连续举办 15 届国家级非物质文化遗产的"波罗诞"千年庙会,通过挖掘并举办仿古祭海、海丝盛会、五子朝王、非遗华彩、四乡会景、风雅颂歌等民俗文化活动展现"海丝"文化,展现了海洋文化魅力;推动节日类非遗融入现代生活创新性转化,开启"线下场景"＋"线上互动"新模式。结合第 17 个"文化和自然遗产日",组织"连接现代生活　绽放迷人光彩"百场非遗宣传展示活动。2022 年"非遗"主会场广州非遗街区(元宇宙)在北京路揭幕,以"行花街"为主体打造"永不落幕

---

① 《学非遗、做灯笼、写春联,广州各区年味十足!》,http://gdgz. wenming. cn/2021zt/wndgb/dgn_jrdt/202202/t20220214_7485416. html。

② 《广州市民 150 项重点文化活动登场,陪你过春节!》,https://baijiahao. baidu. com/s? id＝17231714771379086148&wfr＝spider&for＝pc。

③ 《2022 年广州南沙天后宫春节系列活动汇总》,http://gz. bendibao. com/tour/2022127/ly308081. shtml。

的花市",设置文创展示区、花市打卡区、非遗 IP 形象互动区,展演结合、立体呈现国家入选联合国教科文组织非遗名录的 42 个项目、广州国家级非遗项目、越秀区 12 项非遗项目 3 大板块。线上开启非遗展区、非遗集市等数字体验,结合5G 云计算、全 3D 精细化沙盘、AR/VR、虚拟直播等技术,搭建以北京路骑楼为原型的虚拟公共文化空间,以数字建模与虚幻引擎为核心技术展示广州代表性非遗精品,设置元宇宙 VR 沉浸式体验区为观众提供逼真的非遗体验;①厚植土壤,推进非遗"五在"工程发展。2022 年印发的《广州市进一步加强非物质文化遗产保护工作的实施方案》指出,将非遗进景区、进博物馆、进校园、进商场、进社区提升到新阶段,实现非遗在景区、在博物馆、在校园、在商场、在社区,厚植非遗土壤,推动非遗聚集化发展,强化大众参与。现已形成永庆坊、广州非遗街区等著名非遗聚集区,成为岭南文化展示窗口,得到广泛认可。

(三) 打造节日文化空间,强化公共文化服务

自古以来,节日都是一种重要的文化空间,既是一种地理学意义上的文化场所,又是文化意义上具有象征性、隐喻性的空间,能够起着激发文化认同的作用。学者黄旭涛指出,"从时间、空间、文化活动特点看,节日文化空间具有阈限意义和集体欢腾的性质;从功能上看,节日文化空间既是对传统的积淀和延续,也是满足当下需求的创造。恢复与重建节日文化空间具有延续社群的集体记忆、强化社群的文化认同、传承社群文化传统的重要意义,是促进优秀传统文化当代传承的有效途径"②。不过,节日文化空间并非只是文化意义的一种再现形式,仍离不开物理性、地理性空间场所,需要由不同形式的物质景观予以呈现,以及承载仪式展演的具体场所,正如有学者所言,"城市庆祝活动总是根植于地方的,物质景观为节庆实践提供场所,节庆实践反过来为物质景观书写新的记忆,增强或者改变城市的地方性"③。

为了恢复、延续节日民俗文化活动,进一步促进节日文化的传承,以街区、景观的再造强化地方性,开展周期性的节庆实践,广州市政府用好永庆

---

① 《行花街、逛非遗,广州非遗街区(北京路)原来这么好玩!》,https://xw. qq. com/cmsid/20220612A086QB00。

② 黄旭涛:《节日文化的空间特点及其重建意义探讨——基于天津天后宫年俗仪式活动的调查》,《节日研究》2020 年第 1 期。

③ 刘博:《民俗节庆与地方认同:源于广州的多案例比较研究》,商务印书馆 2017 年版,第 25 页。

坊、粤剧博物馆等历史文化街区,以及各类广东省、广州市博物馆、南汉二陵博物馆、广州图书馆等诸多公共空间,采用就近就便、小型多样的方式开展文化文艺活动,让传统节日、民俗文化、非物质文化遗产活起来,使其富有时代感、更具生命力,营造浓厚传统节日文化氛围。在空间规划上,侧重于节庆文化资源丰富、非遗项目众多的荔湾区,"以西关历史城区为核心,活化利用历史街区、建筑,保护开发岭南传统非物质文化遗产,深入挖掘博物馆文化,重点发展荔枝湾、恩宁路、陈家祠、沙面、十三行、上下九、西门瓮城七大特色功能区,构建文化创意产业、文商旅融合两大组团,打造'一核七区'岭南文化传统风貌传承展示区"①,融合多元文化因素于一体,充分统合提升并发挥不同类型文化场所的功能,突出文化空间的体验感,使之成为安放触发民俗记忆、文化情感的重要空间载体。

根据《广州市岭南文化中心区(荔湾片区)发展规划(2019—2025 年)》,荔湾区工作的一个重点即是提升特色民俗节庆,结合非物质文化遗产等各类特色文化资源,多次开展并优化提升"三月三,荔枝湾""五月五,龙船鼓""七月七,敬魁星"及黄大仙诞、粤剧华光师傅诞等传统民俗活动,依托荔枝湾水上花市打造广州花市中心,丰富活跃西关美食节、玉文化节、茶文化节、"穗港澳粤剧日"等系列活动,形成荔湾特色文化旅游节庆活动品牌。② 同时,善于整合多方面的文化资源齐力合造文化空间,包括岭南园林、岭南建筑、博物馆、岭南民俗、岭南戏剧、粤剧粤曲、广东音乐、美食等优秀岭南文化资源都与节庆文化融为一体,以西关大屋、骑楼、西关美食、永庆坊、粤剧艺术博物馆等优秀岭南文化符号成功经验为带动,努力激活节日文化的活力,③真正打造文化记忆浓厚、文化形式丰富的节庆文化空间。

荔湾区文化空间再造的一个典范即"微改造"后的永庆坊。秉持"修旧如旧"的理念,永庆坊不仅保留了广府文化的特色,而且尝试以多元的方式承载广

---

① 《广州市文化和旅游发展"十四五"规划》,http://www.gz.gov.cn/zt/jjsswgh/sjzxgh/content/post_7845328.html。
② 《广州市岭南文化中心区(荔湾片区)发展规划(2019—2025 年)》,http://www.gz.gov.cn/attachment/0/63/63121/5657208.pdf。
③ 《广州市岭南文化中心区(荔湾片区)发展规划(2019—2025 年)》,http://www.gz.gov.cn/attachment/0/63/63121/5657208.pdf。

州的城市文脉。从广彩、广绣、牙雕、木雕等非遗文化到粤剧艺术,永庆坊让历史文化底蕴在新时代重新绽放,打造出传统文化韵味浓厚的街区风貌。依托于永庆坊的历史街区空间,广州传统节日与非遗文化、国潮文化碰撞交汇,以多层次的民俗活动、文艺活动重新将人、物、节庆聚集统合起来,打造出更具有活力的节日文化空间。在 2022 年虎年来临之际,广州西关的永庆坊就张灯结彩,人们在永庆码头花船体验区,登船游荔枝湾,体验春节限定的"水上贩花"活动。2022 年元宵节期间举办了《谜之自信——永庆坊上元灯会》,于 2 月 12 日至 16 日以快闪的方式展出五天,艺术家们别出新意,将传统猜灯谜游戏与书写艺术相融合,古老而又新潮的元宵节俗尽在其中。同时,在文旅融合不断深化的时代,作为公共性的文化空间,永庆坊也不断探索传统节庆文化表达的新形式、新途径,其中绽放异彩的是通过融合粤剧、戏剧、现代舞等文化拓展节庆空间,让不同的新旧艺术、不同的社群展开交流对话。2022 年 6 月 5 日,由中共广州市荔湾区委宣传部、荔湾区文化广电旅游体育局、荔湾区文学艺术联合会指导的永庆坊首届"表演艺术月"在金声广场启幕,通过现代舞、传统戏剧、青年剧场、装置等多种形式,让文化艺术走进历史文化街区,有超过 30 组艺术家团队汇聚永庆坊街区舞台、粤剧艺术博物馆,带领市民共同进入这场古今文化艺术交融的体验之旅。① 立足于永庆坊历史街区的公共空间特点,艺术家们致力于探究传统文化、广州本土精神与现代文化的关联,这些多层次、立体化的艺术项目既激发了永庆坊作为当代文化空间的活力,也促进了粤剧文化、非遗文化、手艺文化与当代艺术在此交融。

　　在天河区,为了推动天河乞巧节俗文化的传承与发展,除了开展多种形式的节日活动,还打造了中国第一个以乞巧为主题的博物馆:广州乞巧文化博物馆。该博物馆位于素有"中国乞巧文化第一村"的天河珠村文华大街 11 号,正式开馆于 2014 年 7 月 31 日。乞巧博物馆总占地面积 1 823.6 平方米,以岭南传统祠堂为建筑风格,三层三进,保留了锅耳墙、龙船脊等建筑特征,设立多媒体厅、历史溯源厅、供案厅、华夏乞巧厅以及为珠村潘氏以良公后裔所保留的传统祠堂区等五个展区。博物馆内收藏国家、省市级非遗传统手工

---

① 《广州永庆坊首届"表演艺术月"让文化艺术走进历史文化街区》,https://baijiahao. baidu. com/s? id =1734877806582138903&wfr=spider&for=pc。

艺人的乞巧作品共 24 件,以及中国乞巧节俗文化重要物件的民间乞巧供台 5 台。① 作为了解与认识乞巧文化的场馆与平台,乞巧博物馆具象化了乞巧文化,提供了容纳乞巧节俗、不同人群与文化实践的重要空间,天河区依托于乞巧博物馆多次举办乞巧文化展示与体验活动,使得更多人走进博物馆了解珠村乞巧文化。

除了荔湾区、天河区,广州的其他区县也将历史文化街区、文化场馆等不同类型的空间建设作为工作的重要方面,并以节日文化空间的打造来推动公共文化服务,使得更多民众能够享受体验传统节日文化,各类文化设施建设与节庆文化实践也得以进入公共文化服务的范畴。《广州市关于进一步加强非物质文化遗产保护工作的实施方案》提出,除了建设市级非遗展示中心,各区还要设立不少于 1000 平方米的综合性非遗集中展示场所,更充分地实践"见人见物见生活"的非遗保护理念。广州印发并实施了《广州市公共文化设施布局专项规划(2020—2035 年)》,已建成一系列市、区级重点文化设施。南汉二陵博物馆、粤剧艺术博物馆、广州市城市规划展览中心、广州报业文化中心、广州纪录片研究展示中心、南沙区图书馆新馆、天河区文化艺术中心、越秀区少年儿童图书馆等市、区级重点文化设施先后建成开放。省级重大标志性工程"三馆合一"项目(广东美术馆、广东非物质文化遗产展示中心、广东文学馆)落户广州,市"攻城拔寨"项目广州文化馆、广州美术馆、广州粤剧院已完成主体结构施工。积极拓展数字文化服务应用场景,越秀区少儿图书馆 5G 网络全覆盖、南沙区新图书馆 AR 眼镜个性化服务等均为国内首创。② 线下众多的文化设施场馆与线上的云平台都为开展节日文化活动提供了丰富的空间,这些坚实的文化基础设施进一步推进了文化惠民活动,提升了公共文化服务水平。据统计,"十三五"期间广州年均组织公益演出、展览、培训、比赛等群众性文化活动近 2 万场次,惠及市民群众 1.2 亿人次;打造了"羊城之夏"广州市民文化季、"公益文化春风行""非遗课来了"等优质群文活动品牌,以及乞巧节、波罗诞、广府庙会等群众

① 《广州非遗开放日,在天河感受非遗迷人光彩》,https://huacheng. gz-cmc. com/pages/2022/06/09/e81ec7a7f09d4c07a06a0933402c78ec. html。

② 《广州市文化和旅游发展"十四五"规划》,http://www. gz. gov. cn/zt/jjsswgh/sjzxgh/content/post_7845328. html。

广泛参与的传统民俗文化活动。①

在强大文化设施的支撑下,广州围绕着传统节日文化传承发展开展了系列文化惠民活动。2022 年春节期间,为了丰富春节、元宵灯传统节日文化内涵,增强民众的节日文化参与感、获得感与认同感,广州在 2 月在全市举办了"新时代文明实践·新春文化月"主题活动。"2022 年春节期间文化活动表"囊括了形式多样的节日活动 150 项,②例如 2022"广府味·幸福年"广府文化系列活动、2022 年越秀区春节鲜花售卖活动、"书香的福　游园迎新"——越秀图书馆"我们的节日·春节"阅读推广活动、文园学堂(第 33 期)——非遗广州泥塑体验、新春送福喜迎冬奥、南山绘画展、天河图书馆"我们的节日"迎元旦庆新春主题活动……营造了浓厚的节日氛围,充分发挥了各类文化场馆的基础作用,一定程度上实现了以提升公共文化服务促节庆文化发展的效果。

(四) 培育节日文化主体,开展青少年节日教育

传统节日文化传承与振兴需要培育坚实的文化主体,其中关联着节日发展命运的重要群体是青少年群体。为了从根本上解决传统节日在当代的萎靡,培育节日文化接受群体与传承群体,广州市政府尤其重视开展青少年的节日教育。将青少年作为开展传统节日文化活动的重点群体,聚焦全市 2 996 个新时代文明实践阵地,发挥好青少年宫、乡村复兴少年宫和社区活动中心等阵地作用,积极举办以节日文化为主题的各类活动。

作为传统节日文化活动的重要参与力量,青少年群体主要通过以下路径参与传统节日文化:一是文艺汇演。如 2019 年 2 月 19 日至 24 日,广州市越秀区委宣传部、越秀区文明办及团越秀区委联合发起 2019 年越秀区新时代文明实践新春文化主题月活动,在越秀公园举办"广府潮墟"③——广府庙会青少年庙会,让传承传统文化的主力军、生力军探索传统的广府年味,享受潮流文化盛

---

① 《广州市文化和旅游发展"十四五"规划》,http://www.gz.gov.cn/zt/jjsswgh/sjzxgh/content/post_7845328.html。

② 《广州市民 150 项重点文化活动登场,陪你过春节!》,https://baijiahao.baidu.com/s? id=17231714771379086614&wfr=spider&for=pc。

③ "墟"是农业文明的古老遗俗,是在某个特定时间里的一种传统贸易形式,定期而集,岭南地区称赶墟或趁墟。潮墟是结合岭南人文特色,旨在热闹的墟市中推广、传承广府文化,挖掘传统文化深刻内涵,为广大青年提供学习、传承、推广广府文化的平台。

宴。5—18 岁不等的青少年群体演绎旧时春节的舞狮、唱粤剧、讲古仔等节目，团越秀区委联合华南师大文学院开展广府原创剧《百年戏剧》，联手非遗大师、青年艺术大师、青年社会组织、各大中小学等开设专场特色广府文化项目，设置别具匠心的特色留影墙迎合青年"打卡"文化等打造朝墟青年文化，增强传统节庆文化对青少年的吸引力。① 除了在文化公园，节日汇演也在社区随处可见。2022 年番禺区新时代文明实践新春文化月暨"我们的节日·春节"文艺汇演活动在洛浦街珠江居委门前广场上演，②汇演别出心裁设置了《少年中国说》篇章，通过让少年儿童参与到节目表演，来增强青少年对春节文化的感知，增进对自身角色的认知。

二是节日纪念。为了增进年轻一代对清明文化内涵的理解，缅怀革命英烈，弘扬红色文化，倡导文明祭扫新风，增强爱国主义情感，焕发清明节的精神活力，培育节日文化传承的后备军，2022 年清明节期间广州市文明办在全市广泛开展"羊城少年心向党·清明祭英烈"主题活动，1 531 所中小学响应号召，166.83 万名在校中小学生以体验式研学感悟清明文化与红色文化精神，汲取英雄事迹力量。在清明节当天，该活动设置增城、白云、黄埔、南沙四个主会场，市内多学中小学"新时代好少年"前往广州起义烈士陵园，在广州起义纪念碑前重温入队誓词，为英烈敬献鲜花，行三鞠躬礼，现场开展红色研学，跟随"红色宣讲员"开展志愿服务讲解岗位实践活动。在白云区举办的清明节主题活动中，白云区小学生代表带来了粤语讲古《刑场上的婚礼》、粤语童谣表演《飘扬粤韵仰英风》，以声情并茂的演绎来体悟革命烈士的不屈精神，表达对先辈的崇高敬意，传承岭南文化。增城区文明办依托新时代文明实践所举办"弘扬传统文化　凝聚奋进力量"——"我们的节日·清明"主题活动，通过多种形式的触摸历史，凝聚激发了青年群体的奋进力量，新花城、花城＋增城区融媒体中心视频号全程直播，共吸引 13.67 万人次观看。③

---

① 《逛庙会，赏花灯，越秀山下玩转潮墟》，http://static. nfapp. southcn. com/content/201902/25/c1949960. html。

② 《广州："我们的节日"系列活动与市民共迎文明春节》，http://www. wenming. cn/wmcs_53692/dt/202201/t20220124_6286310. shtml。

③ 《广州广泛开展"羊城少年心向党·清明祭英烈"主题实践活动》，https://baijiahao. baidu. com/s? id=17298953367792470578&wfr=spider&for=pc。

　　三是节俗体验。亲身体验节俗是理解节日内涵的最重要方式,广州不断设置形式多样、新意百出、趣味十足的节俗体验活动来增强青少年群体对节日文化的热爱。在端午节期间,学生们齐聚广州少年儿童图书馆,讲端午故事、唱端午民谣、绣端午粽子;①在岭南印象园白天看展做香囊,晚上听琴放河灯,体验沐兰汤、点雄黄、射五毒等经典端午节俗;在海珠湿地,观赏海珠湿地龙船景,感受龙舟赛魅力;在孙中山大元帅纪念馆,DIY 手工制作专属端午香囊,了解香囊药材知识。② 在乞巧节,多年来广州注重乞巧文化的青少年传承,将体验乞巧节俗作为吸引青少年群体的重点,不仅强调巧姐巧婆的家庭传承,还突出乞巧文化的校园体验传承。2004 年天河区珠村小学就将乞巧手工艺列为学生的必修课,黄埔区大沙街道横沙小学从 2013 年建立校园乞巧活动室,巧姐常年利用课外活动时间辅导乞巧手工制品的制作。③ 此外,多次举办诸如广州青年乞巧艺术节、"畅想天河"青少年乞巧艺术创作展等专门面向青少年的乞巧文化培育活动项目。④

(五) 学者多方深度参与,筑造节日理论高地

　　近年来,传统节日的保护、振兴工程作为新语境下的一种文化自觉实践,早已因政府、商家、学者、社区、社会组织等多方的参与"使得当代中国节日传统的生产成为一个多元主体共同参与建构的集体性活动"⑤。在"建构"的时代,节日往往处于"人为积极干预的非自然发展阶段"⑥,如何高屋建瓴地参与节日振兴工作的顶层设计、深入挖掘传统节日的文化内涵、基于节日本身发展规律提供节日振兴的理论指导,学者的参与必不可少。在广州大力推进传统节日振兴的历程中,诸多本土的理论学者做出了多方面的理论贡献并深度参与实践。

---

① 《广少图举行庆祝"国际儿童节"暨"我们的节日・端午节"融合活动》,https://huacheng. gz-cmc. com/pages/2022/06/02/91651e4606464de3b9d48312b67bced0. html。
② 《今日端午! 在广州过端午,请收好这份"粽"要攻略》,https://m. gmw. cn/baijia/2022-06/03/1302979418. html。
③ 《广州乞巧节:"传统+创新"非遗传承有活力》,http://www. zgcxtc. cn/news/166175. html。
④ 《联动海心桥,52 场活动与你相约七夕! 广州乞巧文化节本月 9 日启幕》,http://static. nfapp. southcn. com/content/202108/02/c5591843. html。
⑤ 张青仁:《节日日常化与日常节日化:当代中国的节日生态——以 2015 年为案例》,《北京社会科学》2019 年第 1 期。
⑥ 张勃:《建构时代的中国节日建设》,《民俗研究》2015 年第 1 期。

　　为推动广州传统节日理论研究，一些学者依托广府文化、岭南文化研究、广州大典研究中心等相关基地，积极推进传统节日文化的理论挖掘及其现代创新性转化。2011年4月由纪德君、曾大兴教授牵头成立了广州大学广府文化研究基地，先后获批成为广东省特色文化研究基地、广州市人文社会科学重点研究基地，形成广府文化遗产的保护与传承、广府文化资源的活化利用、广府文化的传播与推广三个研究方向。基地现有研究员39人，主持11项国家社科项目、21项省部级和15项市级项目，近五年来发表127篇论文，出版《广府文化》四辑、《广府文化研究论丛》两辑、专著和教材45部，撰写咨询报告13部，形成了较为丰富的关于广府年俗、端午龙舟、波罗诞、广州民间信仰等节日民俗的研究成果。如论文《波罗诞祈福的精神诉求及当代新变》《传统村落与乞巧民俗文化》《花都元宵节灯习俗文化初探》《以重塑价值为手段推动乞巧的活化传承》《独特的广府年俗》等，有力地促进了广州传统节日文化的当代创新性发展。2011年6月成立中山大学岭南文化研究院，集学术研究、教学、学术交流、服务地方于一体，2019年创办《区域史研究》期刊，先后举办两届"岭南历史文化研究年会"，对于从区域史角度探究节日文化具有重要意义。成立广州大典研究中心，由中共广州市委宣传部、广东省文旅厅策划并组织研究编纂大型地方文献丛书《广州大典》，旨在系统搜集整理和抢救保护广州文献典籍、传播广州历史文化，于2005年至2015年花费十年编纂并正式出版。《广州大典》按照经、史、子、集、丛五部分类，收录4 046种文献，编成520册，收录底本来自国内55家、国外14家藏书单位及6位私人藏书家，珍本善本等稀见文献众多，收有稿抄本462种，清乾隆以前刻本357种，获得首届"广东政府出版奖"。2017年《广州大典》二期对民国文献（1912—1949）予以编纂。

　　《广州大典》收录了80多种地方志，包括《广东省志》8部、广州府志14个县的县志，《广州大典》史部所收录的时令类、方志类等，以及《西关集》与各类文人笔记等都对于研究挖掘广州传统节日意义重大，为推动广府文化的传承，粤港澳大湾区文化建设及培育广州世界文化名城起到了重要智力支撑。联合民俗学、人类学等高校学者，开展节日非遗传承研讨会议。如2022年6月广东省社会科学院研究员陈忠烈、中山大学人类学系系主任段颖、中山大学人类学系副教授张文义、华南师范大学旅游管理学院副教授温士贤以及广州市民间文艺

家协会主席曾应枫等以"非遗在社区视野下的车陂龙舟景"为主题开展座谈,①
对于学理探究车陂龙舟景的社区化传承路径具有重要意义。

在筑造节日理论高地方面,中山大学、暨南大学、广州大学、广东外语外贸
大学等广州本地高校研究人员积极开展广府文化与节日民俗、非遗保护等方面
的研究。叶春生、刘晓春、储冬爱、曾应枫、陈忠烈、朱光文、刘博、冯沛祖等一批
学者专注于节日文化研究,形成了丰富的成果。节日研究类著作主要有:曾应
枫、陆穗岗编写《赛龙夺锦:广州龙舟节》(广东教育出版社,2009 年版),曾应枫
编写《纤云弄巧摆七夕:广州乞巧节》(广东教育出版社,2009 年版)、《车陂龙
舟》(广东人民出版社,2022 年版)、《龙舟竞渡——端午赛龙舟》(广东教育出版
社,2013 年版);刘晓春、雒树刚编写《中国节日志·春节(广东卷)》,储冬爱著
《城中村的民俗记忆:广州珠村调查》(广东人民出版社,2012 年版),刘博著《民
俗节庆与地方认同:源于广州的多案例比较研究》(商务印书馆,2017 年版),储
冬爱著《鹊桥七夕》(广东教育出版社,2010 年版),冯沛祖著《春满花城:广州迎
春花市》(广东教育出版社,2009 年版),冯沛祖著《花好月圆:广东中秋节》(广
东教育出版社,2013 年版),凌远清著《岭表寻春:广东清明节》(广东教育出版
社,2010 年版),杨茹编著《缘聚七夕　乞巧珠村:广州乞巧文化节纪实》(广州
出版社,2006 年版),刘兆江、刘琦著《广州花都炭步元宵灯会》(广州出版社,
2019 年版),叶春生撰写《广府民俗》(广东人民出版社,2000 年版),刘志文著
《广州民俗》(广东省地图出版社,2000 年版),陈泽泓著《广府文化》(广东人民
出版社,2007 年版),纪德君、曾大兴编写《广府文化》(中山大学出版社,2016 年
版),杨秋著《变革时期的生活:近代广州风尚习俗研究》(暨南大学出版社,2013
年版)。节日研究类论文层出不穷,代表性的节日理论文章主要有叶春生的《以
信仰为基石的节日狂欢》(《节日研究》2015 年第 1 期)、《龙舟文化三题》(《文化
遗产》2013 年第 5 期)、《从广府七夕风俗演变看当代乞巧的功能》(《文化学刊》
2011 年第 1 期)、《岭南春节风俗嬗变的动因与中介》(《河南社会科学》2010 年
第 1 期)、《广府春节民俗的传承与创新——春节如何超越圣诞》(《岭南文史》
2009 年第 1 期)、《传统节日升温与"人本"精神解禁》(《文化遗产》2008 年第 3

---

① 《广州非遗在社区:以龙舟为媒,凝聚岭南乡愁》,https://news.dayoo.com/guangzhou/202206/04/
139995_54280446.htm? from=timeline。

期)、《民俗主义视角下春节习俗的"真"与"伪"》(《河南社会科学》2007 年第 4 期)、《端午节庆的国际语境》(《民间文化论坛》2005 年第 3 期);储冬爱的《乞巧节的符号学阐释与文化创意——以广州天河为范本》(《文化遗产》2018 年第 3 期)、《"城市乡间化"与乡村节日遗产保护》(《文化遗产》2016 年第 1 期)、《甘肃西和与广州珠村两地乞巧文化的比较》(《文化遗产》2014 年第 6 期)、《城市化进程中的都市民间信仰——以广州"城中村"为例》(《民族艺术》2012 年第 1 期)、《乞巧与传统女性话语——以广东省乞巧节为例》(《内蒙古社会科学(汉文版)》2012 年第 1 期)、《社会变迁中的节庆、信仰与族群传统重构——以广州珠村端午"扒龙舟"习俗为个案》(《广西民族研究》2011 年第 4 期)、《乞巧的复活与蜕变——以广州珠村"七姐诞"活动为例》(《民族艺术》2009 年第 3 期)、《传统时期岭南地区"七姐诞"的民俗探析——以广州珠村为例》(《文化遗产》2008 年第 4 期);曾应枫的《广州乞巧民俗文化的可持续发展——试论民间、学者与地方政府的相互作用》(《探求》2020 年第 1 期)、《广府北帝信仰文化的流变及价值》(《探求》2017 年第 4 期)、《广州乞巧风俗改革探析》(《探求》2017 年第 1 期);朱光文的《社庙演变、村际联盟与迎神赛会——以清以来广州府番禺县茭塘司东山社为例》(《文化遗产》2016 年第 3 期)、《屯村与神庙——番禺新桥乡天后崇拜的历史演变与当代复兴》(《岭南文史》2015 年第 4 期)、《清以来珠江三角洲广府"诞会"之特点探析——兼谈非遗视野下的当代传承》(《地方文化研究》2015 年第 5 期)、《水运网络、地方教化与天后崇拜——以明中叶至清中叶广州府番禺县沙湾巡检司地区为例》(《地方文化研究》2015 年第 1 期),等等。这些个案突出、内容翔实的节日理论研究不仅是对多年来广州传统节日变迁发展的理论剖析与总结,更为进一步推动广州传统节日的当代振兴提供了学理层面的指导与支持。

第四节　广州传统节日当代振兴的典型案例

一、春节:"行花街"文化空间传承与振兴

广州迎春花市,又称除夕花市、年宵花市,本地人多称呼为"行花街"。作为广州春节前夕规模最大的民俗活动,广州迎春花市集中体现了广州"花城"的意

象,展现出独特的花卉年俗语言。"行花街"民俗项目曾于 2007 年入选省级非物质文化遗产名录,2021 年入选第五批国家级非物质文化遗产代表性项目。迎春花市最早形成于广州越秀区,历史最为悠久、游客量最大的当属越秀西湖迎春花市。"行花街"的习俗大致经历了"花墟""花市""夜花市""除夕花市"的发展过程。民国年间,广州花市通常固定于自农历十二月二十八日到除夕深夜。新中国成立后,行花街民俗愈盛,1956 年政府对花市统一管理,命名为"迎春花市",20 世纪 90 年代正式形成每区一花市格局。历经百年的发展演变,"行花街"习俗已经深深融入广州人的春节文化中。近年来,在广州政府的主导、民众的集体参与下,传统"行花街"习俗得到进一步传承与振兴,所采取的振兴措施主要包括以下几个方面。

(一)"行"的情感仪式:"行花街"文化空间保护

行花街,对于广府人来说是意义非凡的。在广州人看来,"未行过花街不算过年"。实际上,全国各地都有大大小小诸多花市,且多盛行于岁末,而广州的迎春花市特殊在于它真正是一种全民参与的、地方特色突出的民俗文化活动,而非一种简单的花卉交易行为,进而言之,广州的迎春花市关键在于"行",人们通过"行"的情感仪式来进行迎新祈福,这是广州人过年的普遍性"过渡仪式"。"行花街"里蕴含着广州人的"地方依恋"与"地方认同"。谢中元曾指出,"行花街,享受的是彻底放松、浪漫闲适,重在一个'行'字。把这个字拆开解读,可以发现更为细腻的文化密码。……徜徉于花街,不去思量也不用思量,被人流裹挟着,任花香扑鼻。花街,反正是一眼望不到头的。借此机会,正好放下尘俗之念,缓缓前行,人花合一,身心俱新。俯仰瞻顾之间,吐出一年的晦浊之气,企盼来春的花好月圆"[①],"与粤人的清明踏青扫祭、重阳登高远眺一脉相承,和佛山的'正月十六行通济'一样,'行'被赋予'转运'的吉祥含义,是驱霉纳福的形式和手段"[②]。因此,"行花街"是一种关联着广州年俗风情与情感蕴藏的文化空间。"花"作为文化空间的核心象征物,是"一个社会因其文化独特性表现于某种象征物或意象——通过它可以把握一种文化的基本内容"[③]。

---

① 谢中元、石了英:《行花街》,暨南大学出版社,2011 年版,第 10—11 页。
② 谢中元、石了英:《行花街》,暨南大学出版社,2011 年版,第 11 页。
③ 关昕:《"文化空间:节日与社会生活的公共性"国际学术研讨会综述》,《民俗研究》2007 年第 2 期。

为了保护独特的迎春花市文化空间以及广州民众逛花市的仪式感,广州相关部门从 2007 年就推动迎春花市先后列入市、省级非遗项目,经过十多年的努力,于 2021 年成功入选第五批国家级非物质文化遗产代表性项目。如今,迎春花市是广府地区春节前夕规模最大的一项民俗活动。广州 11 个区都拥有一个中心花市,此外还有 15 天的城市嘉年华,覆盖广州市主要繁华地段或文化景点。① 同时,"行花街"的申报单位越秀区深入挖掘迎春花市的内涵,致力于文化空间的情感营造、仪式营造及活动营造,让花市不仅有"花",更有"人"、有"文化"、有"情感"。经过多年打造,每年的腊月二十八至除夕夜,西湖路、教育路的迎春花市已经发展成为广府民俗文化的展示空间,从节日花灯、曲艺表演到工艺美术等汇聚其中,真正留住了广州人逛花市、行大运的仪式感。为拓展迎春花市的传承文化空间,留存文化记忆,2022 年 6 月 12 日广州政府紧贴"文化和自然遗产日""连接现代生活,绽放迷人光彩"的主题,在广州非遗街区(北京路)打造了"永不落幕的花市",将"行花街"的精神记忆空间化,加强传统民俗文化与现代生活的联结。②

(二)文旅商融合:合力打造"百年花市"品牌

越秀西湖花市享有"百年花市"的美誉,为了擦亮、彰显"百年花市"品牌,越秀区以文旅商融合为路径,努力提高以文带旅、以旅彰文的水平。在继承传统"行花街"年俗文化内涵与精神的同时,与时俱进开展多形式的花市体验活动,促进文旅融合发展。2018 年越秀区申请注册"越秀西湖花市"商标 90 个类别,成为全国首个获核准的花市品牌商标,为进一步扩大文化品牌影响力,积极探索"越秀西湖花市"文化 IP 的授权应用与商业价值转化创新模式。以迎春花市为载体,不断推陈出新,打造兼容并包、国潮时尚的广府新春嘉年华活动,优化创新花市活动,生动展示广府文化底蕴,留住广府文化的乡愁。引入短视频和网络直播,打造"国潮"花市,展示双语"花市花仙子",上演花神汉服巡演,打造智慧潮流花市。融入传统与科技,促进传统民俗与创新时尚结合,展示 5G 仿

---

① 《"行花街"为什么能入选国家级非遗名录》,http://static. nfapp. southcn. com/content/202106/12/c5405065. html? group_id=1。

② 《广州非遗街区亮相　从此花市"不落幕"》,https://www.163. com/dy/article/H9N0NVCQ0534AAOK. html。

真机器人、裸眼 3D、智能无人机等新科技,尽展越秀"老城市新活力创新发展示范区"魅力。实现 5G 网络全覆盖,通过 5G 传输全景视频观看花市实时状况,实时智能化监测花市人流动态,对客户画像实时分析,分析预判助力花应急调度指挥。花市形式百变,年年升级,推出水上花市、云上花市、地铁花市、5G＋AI 花市等,推动花市创造性转化与创新性发展,焕发千年花市青春活力。采取网上视频投票方式开展花王评选活动,开展迎春花市"优惠购"活动。推动花市线上交易,广州市花市办会同市委宣传部、市农业农村局、市邮政局等部门,指导全市 11 个区,组织辖区花农、鲜花生产基地、花卉经销商等春节鲜花供应端,对接各类线上平台,实现春节鲜花的线上交易。各区对接的平台有广州邮政(公众号)、阿里巴巴(支付宝、饿了么、高德地图)、京东、字节跳动(抖音)、穗康生活平台、广东"保供稳价安心"数字平台、"听见花开"文旅惠民小程序、"优品南沙"小程序等。①

(三) 加强非遗活态传承:发挥"花市＋"融和发展功能

发挥迎春花市文化品牌在历史、社会、文化、教育、农业、园林、公益等多方面的功能。推行"花市＋农业"概念,发挥花市文化品牌助力乡村振兴,贯彻落实脱贫攻坚。越秀区联合广东省农业农村厅在花市节庆期间举办的"粤陕好年货欢乐嘉年华之迎春花市"②活动亮相越秀区西湖花市,粤陕十县农产品登上花市。同步启动线上直播热卖年货,市民边逛花市边购年货。来自广东连山壮族瑶族自治县的县长冯红云和陕西省相关负责人为农产品直播带货,广东德庆的贡柑、翁源的兰花、惠来的鲍鱼、阳西的程村蚝,还有陕西富县和宝塔区的苹果、周至的猕猴桃在花市上迎接八方来客。引入"花市＋公益"理念,近年来每年联合广州市慈善会、市见义勇为基金会、区残联、社会公益团体等单位,开展各项公益慈善活动,践行花市公益精神。③ 如 2019 年联合广州市多个公益组织参与"行花街,迎新春,传善意,送祝福,一起幸福"主题活动,为残障、病童、贫

---

① 《千年花市升级　老广州正青春》,https://www.163.com/dy/article/G1EFPLMS0514R9OM.html。
② 《粤陕好年货上花市,"网红县长＋粤菜师傅"替您挑年货》,https://baijiahao.baidu.com/s？id=1656217190169490508&wfr=spider&for=pc。
③ 《花市也能穿梭千年,今年越秀花市带你梦回南越》,https://baijiahao.baidu.com/s？id=1655838488792262290&wfr=spider&for=pc。

困群众送去花市的温暖与关爱。①

二、端午节:端午龙舟文化传承与振兴

"五岭北来峰在地,九洲南尽水浮天","云山""珠水"的地形孕育了广州的民俗文化,人们生于水边,长于江岸,自古以来就有扒龙舟的习俗,关于广州扒龙舟的记载可追溯到 1 100 多年前。宋代起,老百姓就热衷于扒龙舟,从明清至今,除了少数特殊时期,广州端午龙舟活动不断,延续至今。博大精深的龙舟文化成为广州端午节最显著的特征。如今,广州民间的扒龙舟传统民俗主要分布在天河区、荔湾区、海珠区、番禺区、增城市等地方,都市化的环境不改本地村民赛龙舟的心志,每逢端午沿着城中村的河涌掀起龙舟呐喊声浪,番禺村民坚信"宁愿荒废一年田,不愿输掉一年船"。民间扒龙舟仪式主要有起龙、采青、招景、应景、赛龙、藏龙与散龙。近年来,广州大力打造端午龙舟节庆品牌,采取多项措施推动端午龙舟节俗发展,融入现代生活空间,下沉至青年群体,取得较好成效。

(一) 维护"龙"的情谊:开展龙舟文化的社区化传承

广州扒龙舟民俗之所以能够维持长久的生命力,在于扒龙舟是传统乡土语境下宗族、祠堂文化所衍生出的一种民俗景观。在可追溯的历史中,广州端午扒龙舟总是作为凝聚宗族力量、沟通不同宗族组织、探亲访友的一种文化形式而出现,其关系到宗族的集体荣誉、凝聚力与竞争力,恰如学者所言"龙舟竞赛这一传统民间习俗是村落之间、族群之间的优胜劣汰的充分展示,表现的是农耕社会水乡的一种文明"②。换言之,传统广州扒龙舟民俗是村落化传承下的一种群体公共性文化事件,具有较强的团结宗族、社区治理的作用。在广州城镇化的进程中,不少村落都逐渐变成了城中村,广州端午扒龙舟习俗也遭遇挑战。2000 年以后,先是村民一如既往自发组织端午扒龙舟活动,充分利用既有的蔓延于城中村内部的纵横交错的河涌水道举办一年一度的龙舟巡游。高小康曾指出"在这种新的环境中,河涌有了特殊的意义。它作为一种村民特有的

---

① 《传承广州城市文化记忆　擦亮百年花市文化品牌》,http://gd.sina.com.cn/city/csgz/2019-01-17/city-ihqhqcis7029708.shtml。

② 曾应枫:《龙舟竞渡——端午赛龙舟》,广东教育出版社 2013 年版,第 83 页。

交通途径把星散在都市中的城中村继续联系在一起,使村民的传统交往得以保持;特别像扒龙舟这样的传统民俗活动也因河涌的存在而继续传承。河涌有个特殊的空间特点,它曾经是乡民社会空间的一部分,现在仍然与城中村的乡民生活联系着,同时又进入了当代都市空间"①。后随着广州政府、本地学者等外部力量的参与,广州端午扒龙舟作为一种独特的都市民俗景观并未受到干预与破坏,而是得以维持原有的风貌,并在政府的政策支持、学者的论证中继续开展适应龙舟民俗生存土壤的"社区化传承",一定程度上实现了还俗于民,坚持了民俗文化的主体性。比如,2022 年 6 月 3 日,广州"非遗在社区"典型案例孵化活动在天河区车陂社区举行,专家学者、非遗传承人、院校师生、文艺工作者们以"非遗在社区视野下的车陂龙舟景"为主题探讨民俗文化如何扎根社区,基于多年传承及调研经验从学理上讨论如何促进车陂龙舟景的社区化传承。

以车陂龙舟景为例,车陂龙舟文化即是社区化传承的典范,2022 年被列为广东省级非物质文化遗产代表性、扩展性项目。车陂龙舟文化已经有 155 年历史,堪称广州龙舟文化的代表。150 多年前车陂已有一艘"龙船嫲"——产月,后出现"龙船公",即造于 1868 年的苏氏晴川祠第一条龙船"东坡号"。车陂以拥有 58 艘龙船成为广州地区自然村龙舟拥有量之冠,仅郝氏龙船就有 8 艘。目前,车陂村有 12 个龙舟协会,皆以姓氏命名,分别为郝姓、苏姓、王姓、梁姓、简姓、黄姓、黎姓、麦姓、马姓等。清乾隆年间,政府就根据各村的汛期、船只多寡来指派村子举办龙舟景,车陂龙舟景因被指定为农历五月初三官景而约定俗成至今。如今,每逢临近端午节,车陂各宗族就择日将龙舟从船坞挖出来,起船时要放鞭炮、敲锣鼓,然后检修、刷洗、上漆、绘图。先要"招景",即发放手写的龙船柬给各兄弟村、老表村,这实则是各村之间延存至今的联系情谊、沟通情感的古老方式;然后是"趁景",收到龙船柬的船队会来到车陂村探亲访友,要敲锣打鼓向岸上主人家打招呼,主人则锣鼓回应,热闹程度不逊色于春节。其后,龙船队们开始在河涌上扒龙舟数个来回,展开广府特色的游龙表演。此外,车陂还保留了传统的龙船饭,各大宗祠要大摆筵

---

① 高小康:《空间重构与集体记忆的再生:都市中的乡土记忆》,《学习与实践》2015 年第 12 期。

席来招待亲朋好友,正常年份下设龙船饭能超过五百席,龙船宴席讲究"无鸡不成宴",另摆上生菜、冬菇、烧肉、芋头扣肉等寓意吉祥的菜式,又提供冬瓜汤、辣椒炒豆角萝卜脯等为龙舟健儿们祛湿消暑,形成了独特的龙舟饮食文化,如龙船丁、龙船饼等。车陂龙舟景还讲究"又有龙船又有戏",按照传统要搭台唱戏,近年来多邀请粤剧团等演艺团体来表演。

因此,车陂龙舟并非只是一种民间竞技,其本质是一种宗族文化、社区文化,已经从以前竞争高下的龙船赛转变为促进村落、宗族和谐的交流方式与凝聚情感的纽带。这种节俗文化生长扎根于广州江河水乡的村落之中,只有维护龙舟社区内部的人际关系、宗族组织,推进现代化的社区传承才能保留其文化核心,发挥其团结社区、凝聚情感的作用。如今车陂还将和谐奋进团结的龙舟文化精神延伸到河涌整治及基层治理中,创建"车陂文化+公益+环保+文创",通过"一馆""一节""一剧""一曲""一视频""一项目""一电影""一动漫"的"八个一"活化成果将自然村打造成龙舟民俗文化集中展示窗口,以社区为载体让龙舟之魂长效传承,全方位渗透至社区生活中,构建车陂社区"一水同舟,守望相助"的文化共同体。

(二)以"龙"会友:举办广州端午龙舟赛

《粤港澳大湾区发展规划纲要》在"共建人文湾区"中指出,"支持弘扬以粤剧、龙舟、武术、醒狮等为代表的岭南文化,彰显独特文化魅力"。龙舟文化的精神核心是"赛龙夺锦",赛龙舟自古以来都是端午节的核心节俗,在广州更是得天独厚。多年来,广州政府连续举办端午龙舟赛事,推动"非遗+体育"融合发展,扩大龙舟文化的传承空间。自20世纪80年代后,赛龙舟被列入国家体育比赛项目,广州端午龙舟活动愈发掀起热潮,1994年广州正式在端午节举办"广州龙舟节",后各地政府又牵头在粤港澳地区举办"国际龙舟节"。在官方的组织下,广州国际龙舟赛作为中国传统体育运动的五星级赛事,是龙舟届的体育盛事,已经举办了28届。2019年广州国际龙舟赛在中大北门广场至广州大桥之间珠江河段举行,吸引了全世界124支队伍、近4 000名运动员参加。一年一度的国际龙舟赛事不仅成了广州市民欢度端午节庆的一个热点,有助于传承优秀节日文化,也使得具有岭南特色的广州龙舟文化传播向世界。

此外,每年广州在端午节期间在全市各区举办多种形式的龙舟赛,营造浓厚节日氛围。除 2020 年至 2022 年,受疫情影响既定龙舟赛取消较多,其余年份龙舟赛都如火如荼。据不完全统计,2019 年广州龙舟赛事分布如下:

区 域	地 点	时 间
番禺区	"莲花杯""禺山杯"龙舟赛	6 月 9 日(五月初七)
	番禺"龙腾时代杯"龙舟竞渡赛	5 月 23 日
海珠区	海珠湿地龙舟景	6 月 6 日—6 月 9 日
天河区	车陂村端午传统龙舟赛	6 月 2 日
	珠江公园"百龙招景"龙舟赛	6 月 7 日(端午节)
	深涌龙舟赛	5 月 30 日
增城区	增城西洲村龙舟赛	6 月 17 日(五月十五)
白云区	鸦湖龙舟景活动	6 月 5 日(五月初五)
荔湾区	广州荔湾端午系列活动	6 月 7 日—6 月 9 日

近些年,端午龙舟赛善于结合传统非遗文化、时尚潮流文化推陈出新,满足不同人群的需求,比如 2022 年海珠区有海珠湿地龙船景活动(展览＋免费龙船茶)、越秀区有广州动物园动物皮影赛龙舟、番禺区有番禺线上龙舟挑战赛、荔湾区推出永庆坊"五月五·龙船鼓"端午活动等,各具特色,线上线下结合,丰富多彩的龙舟活动进一步扩大了龙舟文化的影响力。

(三) 培养"龙"的传人:推动青少年龙舟文化传承计划

为了让广州端午龙舟文化后继有人,代代传承团结进取的龙舟文化精神,广州从多个方面培养"龙"的传人,积极推动青少年龙舟文化传承。早在几年前,广州共青团主题团日活动就发起《关于龙舟文化继承和当代价值的社会调研》,了解广州龙舟文化的社会认知度。

近年来,各区积极响应青少年龙舟文化传承人培养工作。在车陂,2022 年 6 月广州市社会组织公益创投活动资助项目"育龙计划",联合车陂社区东圃小学、车陂小学开展青少年龙舟文化传承计划,成立了面向小学生的车陂龙舟队。车陂街道还通过"非遗课堂"推动龙舟文化为核心的社区文化保育与推广活动,在各小学开展以龙舟文化为核心的本土课程和活动 23 次。努力探索党建引领下的社区龙舟文化传承,面向社区内小学生设计独特的车陂人文特色社区生活线路,将龙舟精神根植青少年心中,为青少年成长积蓄力量。学生们参观"一水同舟"龙舟文化展览馆,了解车陂龙舟文化历史,学习水上应急救援知识与急救技能以及扒龙舟技巧,感受扒龙舟的乐趣,参与巡水护河、生态保护。创新龙舟文化传播方式,打造以车陂龙舟为创作元素的《车陂龙舟动画片》,将龙舟文化内核植入科技手段中,以喜闻乐见的动画方式链接生活,演绎车陂龙舟传统文化,使其在现实与虚拟的双向互动中焕然一新。在荔湾区,创造多重机会让青少年参与体验端午龙舟活动,2022 年在"五月五·龙船鼓"开幕活动中,荔湾区青少年宫带来少儿歌曲串烧《赛龙舟》,芳村小学以健美操节目《本草纲目》呼应激昂龙舟比赛。在天河区,粤博与猎德幼儿园策划"龙舟里的创想——创意龙舟作品展"主题活动,围绕粤博代表性馆藏文物猎德花龙开展课程设计,通过挖掘馆藏文物资源、探访社区文化遗存、研讨馆校合作机制、开展龙舟探究学习等实践。① 总之,积极探索端午龙舟的青少年传承模式,采取多种鲜活方式打造更受年轻一代喜爱的龙舟符号,亲身体验龙舟制作及文化底蕴已经成为广州各区的普遍做法。

三、七夕节:广州乞巧文化传承与振兴

广州七夕乞巧节俗作为岭南古老的乞巧节俗的遗存,主要分布在天河、番禺、黄埔一带,当地人多将七夕乞巧节称为"七姐诞",或"七娘诞""摆七娘""拜七娘"等。现代广州乞巧节俗重新出现于天河的城中村——珠村,珠村又名"朱紫之乡",有朱衣耀影、紫气辉腾之意。珠村建村于南宋,以潘、钟两姓为主。珠村水乡风格突出,民俗活动众多,保留完好的舞狮、拜猫、拜太公、扒龙舟、拜七姐、唱大戏等传统习俗,其中享有盛名的即七夕乞巧节俗,流传久远,清末民初珠村举人潘名江曾作《珠村七夕吟》。珠村被誉为"中国乞巧第一村",自村民自发兴起乞巧节俗到多元主体参与发展乞巧文化,广州的乞巧民俗文化振兴已经走过了二十个年头。

(一)坚实乞巧文化主体:政府主导下的多元参与主体

正如有学者所言,"广州三地(天河珠村、黄埔、番禺)乞巧文化的发展,地方

---

① 《"话龙舟　粤传承"——广东省博物馆 2019 年"文化与自然遗产日"系列活动盛大开幕》,http://www.ncha.gov.cn/art/2019/6/8/art_2225_155458.html。

民俗文化的发展离不开三个平台,政府部门、文化学者与民间群体的相互配合与支持"①。广州乞巧文化的发展始终在积极坚实、拓展乞巧文化主体,包括政府、民众、学者、商家。自1998年珠江乞巧习俗重新兴起以来,后续的发展都离不开政府的支持与资助,政府始终如一地扮演了主导者、推动者的角色,广州乞巧节俗先后得到省、市、区、村等相关政府部门的认可,并以提供乞巧资金、举办乞巧文化节与乞巧赛艺会、出席开幕式、兴建主题公园、主题博物馆、多方报道、申报非遗、申报文化之乡、资助传承人等多种形式予以品牌化打造与发展,步步推动乞巧文化做大做强,不断推进广州乞巧民俗复兴。在这一过程中,各级政府形成了乞巧文化振兴的系统性工作机制,将广州乞巧文化传承纳入广州非遗保护传承、广府文化传承及广州文旅发展的范畴中,建立了传承空间、培育传承人、设立传承阵地,使得活化乞巧落到实处。政府的诸多扶持努力一定程度上使得乞巧文化"从民间走向官方,呈现半民间化的特点"②。

除了政府的多方引导与支持,民众的广泛参与更是重要因素,核心民众包括珠村、黄埔及番禺各村落的村民,其次是老西关人及广府文化区的民众,再次是各地的游客等。广州乞巧文化成功发展的关键在于核心村民自发组织,其余民众主动参与的状况良好,既有着核心村落的乞巧文化传统的保证,又能够充分调动广大普通民众的参与、观摩及实践。"活化"的难处恰在于是否有足够坚实的节日主体,是否能真正扩展受众群体,而非自上而下的政府规划与策划。梁凤莲曾指出,"活化乞巧,推动乞巧节离开政府扶持,重新回到民间、扎根民间、深入民间,作为活态节日存在,用学术语言来表述这一行为,是在特定时代、特定区域,处于不同社会地位、承担不同社会角色的社会成员在特定情境下对节日习俗活动的全部或部分实践,用通俗的话来说,就是必须有一定数量的人把这天当做'节日'来过"③。应该说,广州乞巧文化的民众参与范围与人数逐年提升,从以珠村为据点拓展到黄埔、番禺,再到广州群体的普遍认同,乞巧文化已从村落民俗蜕变为一种区域性节俗。此外,据统计2007年参加乞巧文化

① 曾应枫:《广州乞巧民俗文化的可持续发展——试论民间、学者与地方政府的相互作用》,《探求》2020年第1期。
② 储冬爱:《乞巧的复活与蜕变——以广州珠村"七姐诞"活动为例》,《民族艺术》2009年第3期。
③ 梁凤莲:《论广州乞巧民俗文化的活化传承》,《探求》2015年第4期。

节游客人数超过 52 万人次,2009 年游客人数达到 30 万人,2012 年游客人数上升到 50 万人,近年来虽受疫情影响有所下降,不过这仍是一张影响力广泛的广州节庆名片。在乞巧文化的品牌营造及非遗化过程中,学者也是重要的参与力量,从最初广州民间文艺家协会的介入与协调,到民俗学者乌丙安及广州本土学者曾应枫、储冬爱、梁凤莲等深度调研参与,学者们对推动广州乞巧文化的发展,理性思考剖析乞巧文化节的"利益相关者"与多方行动主体都做出了重要贡献。此外,商家也是不可忽视的参与主体,尤其近年来广州乞巧文化节越来越多出现企业和商家介入的现象,企业承办乞巧文化节,将乞巧仪式转到市中心的正佳广场、广州塔,开展文创产品开发等,都对扩大乞巧文化的传承面与提升影响力有着推动意义。

(二) 丰富乞巧文化形式:与时俱进的乞巧嘉年华

自古以来,粤人都重七夕,珠村流传"男人扒龙舟,女人摆七娘"的口头禅,明清时期"摆七娘"习俗尤盛,胡朴安曾详细记载了广州七夕乞巧的场景。如何推动广州乞巧文化创新性发展,通过"活化"乞巧文化来扩大传承主体始终是近二十年广州七夕乞巧节俗振兴的重要命题。活化乞巧节俗需要在内容上连接打通情感,在形式上增强吸引力,强化参与性与体验感,给人以节日的情感体验与愉悦体验。

广州近二十年的乞巧文化振兴工程一方面守正传统,保留核心的乞巧仪式。已经举办了 18 届的广州乞巧文化节始终把传统乞巧民俗活动置于关键位置,在珠村·明德堂上演摆七娘、拜七娘、睇七娘的隆重乞巧仪式,以原汁原味的仪式守望过去的传统民俗记忆。另一方面创新体验形式,打造与时俱进的乞巧嘉年华。每年的乞巧文化节都不断吸收时代元素,朝着"嘉年华"的方向发展,吸引年轻群体的参与。2019 年乞巧文化节以"七夕天河,活力广州"为题,在天河珠村、天河文化艺术中心、车陂村、天河艺苑、广州塔、珠江红船、正佳广场等地举行 26 场文化艺术活动,开幕式上演了极具岭南特色的原创微舞剧《人兮巧夕·梦筑天河》①;2020 年乞巧文化节指定了珠村民俗文化展作为启动仪式,以"1+4+N"为框架的系列联动活动,包括"王者荣耀中国节·七夕节"主

---

① 《粤人重巧夕　灯火到天明》,https://baijiahao.baidu.com/s? id=1640789308134167496&wfr=spider&for=pc。

题新文创活动、"游艺至善·乞巧文化"艺术展、6 天美学生活主题日以及"光爱2020·广州乞巧文化节光影秀",此外还有多个特色活动,全方位展现乞巧文化与灯光科技、生活艺术、数字文创、创意设计以及与国画、动漫等多种文化元素相容所形成的新产品、新运用、新玩法,突出广州乞巧文化节的文化内涵、人文精神与创新元素,打造非遗传承新符号。① 2021 年广州乞巧文化节有 16 个分会场,形式组合多样,情感更突出,时代感更强,参与方更多,文商旅融合度更高。围绕城市地标、节庆文旅、文化传承、国潮创新等方面积极推动七夕传承创新,以乞巧习俗为核心开办"南国七夕,红豆传情"2021·广州乞巧文化节粤剧专场惠民演出,"七待·最美的你",礼衣华夏汉服模特大赛,"七夕·爱的宣言"打卡,"缘来在一起"、"缘聚天河·情定七夕"青年交友联谊,"花 young 国潮文化节","七夕广州,爱在海心"集体婚礼等活动,同时联合正佳广场、万菱汇、东方宝泰等商场推出"天河商圈七天游"系列活动并同步推出"七夕七天乐"小程序作为线上互动主平台。② 2022 年乞巧文化节围绕"七夕天河,绽放广州"主题,紧扣珠村历史文化名村保护规划及华南国家植物园建设等区中心工作和元宇宙概念,突出"传",分"传·非遗""传·守正""传·薪火""传·融合""传·相逢""传·创新""传·生活"7 个系列活动,以见人、见物、见生活的理念传播乞巧文化的传统、传承和创新。③

(三)重塑乞巧情感价值:女性节日与女性身份认同

从古至今,七夕都是典型的女性节日,传统时期女性们在庭院拜祭斗巧,七夕节总是与婚姻、求子、女红相联系,其传递出的是传统社会对女子的一种社会期待,这种性别期待与规训是与封建道德规范相适应的。如今的七夕乞巧节俗尽管以女性参与为主体,但其节日价值观念却遭受挑战,乞求心灵手巧、女红等已然不再是现代女性所必需,难以作为年轻女性的价值追求。尤其对于天河乞巧节俗而言,并不是纯粹以爱情为主题,而更多与祈福、务实联系。近年来,为

---

① 《8 月 21 日启动!持续一周!2020·广州乞巧文化节活动安排出炉》,https://static.nfapp.southcn.com/content/202008/03/c3848600.html。

② 《联动海心桥,52 场活动与你相约七夕!广州乞巧文化节本月 9 日启幕》,http://static.nfapp.southcn.com/content/202108/02/c5591843.html。

③ 《沉浸式体验乞巧新玩法,2022 广州乞巧文化节即将启动》,https://baijiahao.baidu.com/s?id=1739380524314595923&wfr=spider&for=pc。

了进一步推动乞巧文化的现代转化与振兴,广州乞巧文化的节日核心价值观念也在民间自发实践中得以重塑,追求女性魅力与乐趣,建构女性身份认同成为新的情感依托。在长达十多年的观察与调研中,储冬爱发现,"拜仙与乞巧是传统七娘不可或缺的两大内容,而今日,娱人娱己成为所有妇女参与乞巧节的最首要的目的。不同年龄层次的女性,参与其中,自我阐释,自得其乐","摆七娘不仅是族群内女性集体的象征,同时也是女性个人文化身份的一种确认"①。无论对于上了年纪的老婆婆还是年轻未婚女性,乞巧的首要情感价值在于通过古老的民俗仪式享受生活乐趣,经由参与七娘女性组织获得集体归属感,乞巧文化活动保持着与传统文化的血脉联系,但是却给予现代女性以愉悦幸福的体验。这种女性节日的自我身份意识建构更能适应现代女性节日的发展潮流,恰如学者所总结,"乞巧所展示的技艺、智慧与信仰,依然是女性在有限的现实生活空间里求得自身更好发展、追求精神满足而生发出来的。作为女性话语表达的强音,乞巧在强大的男性话语里展示了强大的价值与生命力"②。无疑,这些年广州乞巧嘉年华从服饰、饮食、工艺等多个方面对女性美的符号打造都一定程度上在潜移默化中重塑了现代乞巧文化的核心价值。

---

① 储冬爱:《乞巧的复活与蜕变——以广州珠村"七姐诞"活动为例》,《民族艺术》2009 年第 3 期。
② 储冬爱:《乞巧节的符号学阐释与文化创意——以广州天河为范本》,《文化遗产》2018 年第 3 期。

第四章　郑州传统节日传承与振兴调查报告

第一节　郑州传统节日文化的历史状况

一、郑州传统节日生成的历史时空

美国著名城市理论学家刘易斯·芒福德说：城市是文化的容器。城市伴随人类文明而生，其发展与文明进步密不可分，"城市化权能为文化，化朽物为活灵灵的艺术造型，化生物繁衍为社会创新"[①]，贮存文化、流传文化和创造文化是城市的三个基本使命。传统节日文化承载了丰厚的历史文化内涵，是城市先民在特定的历史时空中对生活意义的再创造，从此面对浩瀚广漠星空、往复无穷四季，每一个日子都变得鲜活充满期盼。郑州市地处古中原地带，为中华文明发源地，为我国最古老的城市之一，其独特的历史时空孕育了丰富独特的传统节日文化。从历史渊源来看，郑州 5 000 多年前便已建城开启古国时代，率先进入中华文明的孵化阶段，郑州地区在夏、商、周三代俱为王城，或处于王畿地区，其后在千年漫长的历史长河中，郑州地区长期作为中华文明的政治、经济和文化中心，积淀了丰厚灿烂的文化遗产、丰富多姿的人文景观，形成了华夏文明以"礼"为核心的系列特质。从地理空间上看，郑州位于中原腹地，北隔中华

---

① 刘易斯·芒福德：《城市发展史：起源、演变和前景》，宋俊岭、倪文彦译，中国建筑工业出版社 2004 年版，序言第 9 页。

文明的母亲河——黄河中下游,南连黄淮平原,西邻洛阳,依中岳嵩山,东连开封,良好的地理环境使其成为人类文明最早的聚居地,而因地理位置特殊,"雄峙中枢,控御险要"①,又为历朝历代兵家必争之地,这座古城饱受战争摧残,屡经盛衰荣辱。自宋朝后,中国经济中心南移,作为北方城市的郑州经济地位不再耀眼。而在这片土地上的人民依旧辛勤劳作,繁衍生息,为后世留下了丰富的传统文化遗产,亦沉淀了丰富的传统节日文化,影响至今。因此,作为典型中原城市的郑州,其传统节日文化特征可概括为"醇美厚重,生生不息"。

郑州地区从旧石器时代开始,便为华夏远古人类聚居地。距今 8 000 年前的裴李岗文化散落在郑州市新郑、密县、登封、巩县等地,我们的祖先开始形成相对稳定的原始村落,农业在经济生活中占据重要地位。距今约 5 000 年的新石器时代,从郑州大河村遗址、荥阳秦王寨、青台遗址等文化遗存所显现的仰韶文化与龙山文化特征来看,黄河中下游各地区之间已有密切联系,而郑州地区逐渐成为中华远古文明的源起、发展和汇聚的核心区域。20 世纪 90 年代,郑州古荥镇西山遗址的发现可谓"石破天惊",将中国筑城历史往前推进了 1 000 余年,为中国历史最悠久的城市聚落之一,其圆形环壕聚落之形、方形城池,开启中国城池先河,为中国古代城池发端的最初形态。②

据传说记载,中华民族的人文初祖黄帝及其部落曾在郑州一带聚居,并定都在"有熊"。《竹书纪年》说黄帝"具有熊",《水经注》曰:"新郑县故有熊氏之墟,黄帝之所都也。"《括地志》云:"郑州新郑县,本有熊氏之墟也。"据传黄帝定都有熊后,率领部下创造文字、设立度量衡、养蚕制丝、修建宫宇,改善城市居住条件,并教引人民播种五谷、饲养家畜,从此,中华民族的祖先得以安居乐业,以中原地带为中心,繁衍生息,创造文明。

此后夏、商、周三代,郑州地区俱为中原王朝统治的政治中心区域。据传夏禹定都阳城,为今登封县告成镇。《竹书纪年》《汉书·地理志》《国语》等史书均有记载:"禹都阳城"或"夏居阳城";《史记·夏本纪》云:"禹辞避舜之子商均于阳城。天下诸侯皆去商均而朝禹,禹于是遂即天子位,南面朝天下,国号曰夏后。"考古学者对登封县王城岗遗址的考察发掘发现,该遗址正处于龙山文化中

---

① ② 郑州市地方史志编纂委员会:《郑州市志》第 1 分册,中州古籍出版社 1999 年版,第 5 页。

晚期,而夏禹曾率领民众在伊河、洛河、黄河、济水一带治水,据《史记·夏本记》索引:"鲧取有辛氏女,谓之女志,是生高密。"高密乃为禹所封国;《淮南子》载传说中禹之妻为涂山氏,生下儿子启,于"嵩高山下化为石",亦传禹将两位夫人分别安置在嵩山二脉。从考古发掘与史传文献来看,夏禹通过联姻,已经具有统摄黄河中下游各部落的威望和能力,黄河水患结束了中原地区零散部落林立、各自为政的局面,由此促进了第一个中央集权王朝——夏朝的建立,王城岗古城遗址被誉为"华夏第一都"。

据考古发现,商汤建都于亳(或称郑亳),即今郑州商城,曾为商朝"九王之都"①。郑州商城城墙采用版筑夯土法,已具有比较成熟的大型房基宫殿遗址。从城市周边出土大量多样手工作坊遗址来看,当时的郑州商城手工业齐全,纺织、编织、酿酒、制陶、青铜铸造等技艺发达,出土的大量的铜器、陶器、瓷器、骨器等日用物品和艺术装饰品,反映了城市市民物质和文化生活丰富。两件大型铜方鼎展示了当时精湛的青铜冶炼技术和精美工艺水平,"国之大事,在祀与戎",主要作为礼器的大型青铜物件的铸造,表明了华夏文明逐渐形成以"祭祀"之礼为主的礼乐文化内涵。

周武王灭商纣之后,封其弟叔鲜于郑州地区,称为"管"国。管国城市筑于商城城垣之上,为当时周朝挟制被征服地区的"东方重镇",其都城便为今郑州管城区。史载:"管叔自作殷之监,东隅之侯,咸受于王",并在郑州地区封东虢(今荥阳北)、祭(今郑州东北)、阙巩(今巩县)、密(今密县)等大大小小的诸侯国,用以监视殷之旧民。《诗经》中《郑风》便占 21 首,记录了周朝时中原人民的生活风尚,可见郑州区域从夏至西周,一直处于王畿地区,在华夏城市中,无论在政治还是经济文化上,均处于先进地位。

春秋战国时期,郑武公于公元前 770 年东迁建国于新郑,郑国国势强大地位显赫,一时成为诸侯国中的翘楚。尤其在子产执掌郑国期间,实行田制改革,农业生产得到前所未有的发展,郑国一片欣欣向荣的气象。随着诸侯纷争越演越烈,郑国因其历史地理位置和富庶繁盛,成为各诸侯国逐鹿中原的必争之地,其后为韩国所灭,新郑为韩国国都,前后为两国国都逾 500 多年。战国中期,魏

---

① "九王"分别指商汤、外丙、仲壬、太甲、沃丁、太康、小甲、雍己、太戊等。商王仲丁将国都迁于敖,即今郑州市区西北郊一带。

国迁都大梁,开凿鸿沟,自荥阳始,引黄河水流向东南,与济水、汝水、淮水、泗水融汇,《史记·河渠书》记载:"此渠皆可行舟,有余则用灌浸,百姓享其利。"河渠促进了郑州地区农业和手工业的发展,交通的优越便利促进了郑州与中原各地的经济联系,自此以荥阳为中心,繁盛一时。

秦时实行郡县制,郑州地区设有荥阳、巩、京、新郑、阳城等县,荥阳为三川郡郡治,有"富冠海内,天下名都"①之美誉。无论是秦为控制中原,还是陈胜、吴广的农民大起义,之后刘邦项羽的"楚汉之争",均把荥阳作为重要军事战略目标。据荥阳古城考古发掘资料,秦时荥阳地区用于营造城市建筑的瓦当、瓦片和铺地花纹砖样式精美、图案丰富多样,具有极高的艺术价值。西汉时,郑州地区手工业发达,尤其是冶铁业。荥阳冶铁遗址发掘的大型炼铁高炉炉基和几百件铁器表明了当时冶铁技术水平的高超。西汉时郑州地处国家政治经济中心,城市发展带来人口增长。据汉平帝元始二年(公元2年)河南郡、颍川郡人口推算,当时郑州市辖区人口达90多万,约占当时全国人口的1.6%。②

西汉后期黄河水患多发,黄河决堤水流入汴渠,"荥泽塞为平地",中原农业经济遭受破坏。东汉后期军阀割据,战乱不已;魏晋南北朝时,郑州地区政权更迭频繁,百姓或"死于干戈,或毙于饥馑"(《魏书·食货志》),海内闻名、繁盛空前的荥阳古城饱经风霜,在天灾和战乱之下,终于在北魏时期沦为一片废墟。

隋唐时期,郑州确立了全国的经济、交通地位。郑州一名始于隋朝,开始用于今天的郑州地区,当时政治经济中心为管城。隋炀帝开凿大运河和通济渠后,"凡东南邑郡,无不通水,故天下货利,舟楫居多,转载使岁运米二百万石输关中,皆自通济渠入河而至也"(国史补)。管城为通济渠中转之站,成为当时中原地带重要的物资交流中心,郑州地区的巩县成为当时全国最大的粮仓,以致隋末农民起义瓦岗军攻破郑州之后,便在此开仓放粮救济灾民。唐朝之时,郑州为长安通往山东、东南等地的交通要道,洛阳与汴州之间的管城驿为著名大驿站,车水马龙、昼夜不断,"夹路都有店肆待客,酒食丰足,每店备驴供客租用"(《通典》),熙熙攘攘,好不热闹。唐时文化繁盛,郑州地处中原,人才辈出,如杜甫为巩县人,白居易在新郑度过少年时代,李商隐祖籍郑州,在郑州留下了许多

---

① 郑州市地方史志编纂委员会:《郑州市志》第1分册,中州古籍出版社1999年版,第8页。
② 郑州市地方史志编纂委员会:《郑州市志》第1分册,中州古籍出版社1999年版,第9页。

诗篇,以诗、书、画号称"郑虔三绝"的郑虔诚为荥阳人。安史之乱后,中原地区"人烟断绝、千里萧条",郑州地区的农业生产和经济又一次遭受重创。

北宋王朝定都汴京,郑州近京师,改隶开封府,为宋代四辅郡之一。宋朝重视人文,位于登封的嵩阳书院与岳麓书院、白鹿书院、睢阳书院齐名,并称为四大书院。有宋一代,周边辽、金、蒙古少数民族窥伺中原,战争频仍,郑州为汴京的卫城,是捍卫中原政权的主要战场。一时间百姓民不聊生,中原大量土地荒芜,人口急剧减少。从此,中国经济重心逐渐南移,郑州地区作为全国重要经济城市的地位逐渐衰落。

明清时期,郑州划归开封府。为改变中原土地荒芜、人烟稀少、经济衰落状况,国家先后发动浙江、山西等地移民到郑州地区落户,中原地区经济暂时得到恢复。然而,明朝黄河水患严重,却治理不当,史载郑州地区黄河泛滥决口 50 多次,百姓损失惨重。尤其万历年间,郑州瘟疫、旱灾、洪水和蝗灾并行,庄稼颗粒无收,人口锐减,出现"人相食"的惨状。[1] 清朝时期郑州地区的黄河水害并没有减少,乾隆以前 100 多年间,黄河在郑州区域决溢达 20 多次。郑州在天灾之下稳定发展,然而由于长期经济凋敝,中原地区保守闭塞,郑州发展明显落后于经济富庶、文化繁盛的南方和沿海地区。

近代郑州,先后经历了太平天国起义、捻军起义,因地处中原腹地再次成为各方政治势力争夺的中心区域。20 世纪初,京汉铁路和陇海铁路汴洛段在郑州交汇,郑州作为全国交通枢纽的位置再一次凸显,被辟为商埠,商业和手工业再现欣欣向荣的局面,商业街区繁华,大街小巷连成一片,日用、杂货、绸缎、饭馆、戏院、影院、皮货交易所等一派兴旺发达。1930 年,中国近代史上最大军阀大战——中原大战爆发,郑州为主战场,前后历时 5 个月。在近代内忧外患的历史时局中,郑州手工业和商业平稳发展,逐渐形成以火车站为中心的商业区和农副产品的重要贸易集散地。抗战时期,郑州商业区和火车站成为日本侵略军轰炸的重点目标,日军占领郑州期间大肆抢劫,十室九空,百业凋零。民国末年,郑州经济在艰难中发展,城市基础设施条件差,当时流传民谣曰:"马路不平,电灯不明,无风三尺土,下雨满街泥。"

---

① 郑州市地方史志编纂委员会:《郑州市志》第 1 分册,中州古籍出版社 1999 年版,第 12 页。

当代郑州在全国城市中处于南下北上、东联西进的交通枢纽地位,这座经历了 5 000 多年风风雨雨的古城,迎来了新的生机。水患、瘟疫、战乱,一次次将这座城市摧残破坏,阻隔了经济文化的进程,但这座古城,又一次次在绝境中崛起,顽强地求生存谋发展。作为华夏文明的源头,郑州是整个中华民族一次次在苦难中凤凰涅槃、生生不息精神的典型表征。如《重修郑县志序》中所言:

> 郑为春秋时古郑国地……其地当南北之卫,自古称为繁盛。前清末叶,轨道衔接,商民辐辏,财赋荟萃,其繁盛尤逾于昔时。余以丙辰秋来榷中州,取道京汉,郑为入境首邑。甫下车,亲见其地繁盛极,思与士大夫之贤者询其土风之美、人物之盛以及礼教之淳厚,政治之良善,与夫因革之所宜利病之所在得有改焉。①

郑州城历经几千年沧桑,却将中华传统文化代代留存下来,遗泽子孙后世,散发着醇美厚重的芬芳。"土风之美""人物之盛""礼教之醇厚",概况了郑州城市传统文化的特点,并以郑州城为中心,辐射中原各地,构筑了郑州地区传统节日文化生成的独特历史时空。

二、郑州传统节日的风俗演变

(一) 春节

1. 腊月二十三日交年

郑州地区旧时风俗,称农历十二月二十三日为"交年"。因过年仪式隆重非常,过年之前要经历一个比较长时间的准备阶段。传统民间习俗以为,这一日有竈神上天,对天帝禀奏人间善恶,谁谁做了善事,谁谁做了坏事,都会一件件一桩桩上表,以此约束民间行为。民间百姓祭祀竈神,以"生鸡一只,鲤鱼一尾,肉一方,酒三尊"等,吃柿饼、红枣等以示尊敬。② 竈神即为民间传说中的灶神,郑州民间称老灶爷,家家赶集"请"一张灶爷的画,在大年三十晚上贴到厨房,配上对联,上书"上天言好事,下界保平安",或"二十三日去,初一五更来"。祭灶神时,摆上供品,点上蜡烛,烧上香,家主对着灶爷一边作揖一边祷告,希望灶爷、灶奶奶上天多说好话,保佑全家平安。传说灶爷在各家厨房,将一家人一年

---

① 刘瑞璘、周秉彝:《郑县志》,成文出版社有限公司 1968 年版。
② 刘瑞璘、周秉彝:《郑县志卷之六:风俗志》,成文出版社有限公司 1968 年版,第 405 页。

所做的好事坏事都看得清清楚楚。人们祷告后还是不放心,将灶糖抹在老灶爷的嘴上,糊住灶神的嘴,让他上了天不要胡说八道,或者希望老灶爷"吃了人家的嘴软"。灶糖是腊月二十三特有的食品,用大麦芽熬制的一种糖块,又酥又脆可以直接敲成块吃,也可在锅里融化成糖稀,用面粉参和,叠成各式花样,又称"叠灶糖"。

这一日,乞讨者涂抹面孔装扮成鬼判,在人家门口跳大神驱傩,以此讨食。家家户户换桃符、门神,贴上钟馗像、福禄和合等诸类吉祥语,或粘在房门口,或粘在谷仓。从腊月二十三日开始,民间开始买酒买肉买蔬菜买新衣裳,预备鞭炮香烛等除夕之用;自此乡里鼓乐之声"洋洋盈耳晓夜不绝矣"。从这天开始,人们开始掰着手指头数着新"年"的到来,"二十三祭灶爷,二十四扫房子,二十五磨豆腐,二十六隔块肉,二十七杀年鸡,二十八蒸枣花,二十九蒸馒头,三十贴门齐"。在民间传说中,屋里院落的干净整洁预示着家门的好运气,也是灶神向上天禀奏的重要内容,门庭邋里邋遢会将财运等阻挡在门外。为了不过"邋遢"年,二十四日,家家户户开始打扫清洁,厨房的锅碗盆瓢,客厅卧房的家具桌椅板凳,都会搬到院里擦洗干净;屋前屋后、犄角旮旯,打扫得清清爽爽,焕然一新。主妇们拆洗被褥,彻夜赶过年的新衣服,因为越近年关,就越不能再拿起针线了,在某些地区,"针"谐音"争",不用"针"寓意来年家庭和和睦睦,不争不吵。接下来的几天,人们忙忙碌碌准备过年的美味佳肴,各种年货,预备过年亲戚们串门走亲时有好酒好菜拿出来招待。"三十贴门齐",就是贴桃符、门神。桃符后来称"春联",源自民间神荼、郁垒的传说。门神通常是唐朝时两员武将:秦琼和尉迟恭。传说唐太宗夜不能寐,梦见有鬼侵扰,心神不宁,请两位武将拿着兵器守在门口,便安然无恙了。唐太宗命人将二将画像挂在门上,以驱鬼邪,从此民间开始流行"贴门神";有的地区门神为钟馗,为传说中捉鬼的神仙。

郑州中原地区自古礼教醇厚,自腊月二十三"交年"始,每一种习俗都有讲究,新旧交替,老百姓将寒冬腊月的每一天安排得有滋有味,新的一年便在忙碌和企盼中到来了。

2. 除夕祭祀、守岁、"镜听卜吉"

除夕之夜,郑州百姓过年的仪式感达到了顶峰。这一天又是忙碌的一天,家家户户先要祭祀百神;家家户户树立高竿悬灯其上,又称"挂天灯",谓之"照

"财焰",烛火映照天澜灿若云霞。鞭炮、爆竹、鼓吹之声远远近近,不绝于耳,乡间一片热闹的过年气氛。全家老小长幼聚集在一起,放松嬉戏,终夜不寐,谓之"守岁"。郑州地区还有"燃灯床下"的习俗,称之为"照虚"。

更深人静,有人向神灵祷告完毕,便有"抱镜出门"、偷偷聆听市民无意之言、以卜来年一岁吉凶的习俗。唐诗《镜听》云:"夫君远宦盼回程,跪拜灶前点香灯。怀中抱镜藏门候,闻人初言细品评。"说的便是"镜听卜吉",据说出门听到的第一句话预示着祷告的答案,又称为"耳卜"。李渔在《蜃中楼·耳卜》中记载:"世人有心事不明,往往于除夕之夜,静听人言以占休咎,谓之耳卜。"蒲松龄在《聊斋志异·镜听》有详细记载:

> 益都郑氏兄弟,皆文学士。大郑早知名,父母尝过爱之,又因子并及其妇;二郑落拓,不甚为父母所欢,遂恶次妇,至不齿礼:冷暖相形,颇存芥蒂。次妇每谓二郑,"等男子耳,何遂不能为妻子争气?"遂摈弗与同宿。于是二郑感愤,勤心锐思,亦遂知名。父母稍稍优顾之,然终杀于兄。次妇望夫綦切,是岁大比,窃于除夜以镜听卜。有二人初起,相推为戏,云:"汝也凉凉去!"妇归,凶吉不可解,亦置之。闱后,兄弟皆归。时暑气犹盛,两妇在厨下炊饭饷耕,其热正苦。忽有报骑登门,报大郑捷。母入厨唤大妇曰:"大男中式矣!汝可凉凉去。"次妇忿恻,泣且炊。俄又有报二郑捷者。次妇力掷饼杖而起,曰:"侬也凉凉去!"此时中情所激,不觉出之于口;既而思之,始知镜听之验也。

可见到了清朝,于除夕之夜"镜听卜吉"的习俗在河南、山东等地已经十分普遍,沿袭了上千年。晚清街头巷尾年画摊上,还有"镜听卜吉"的民俗风情画。

清朝自除夕这日起开始休假。官府封印不再签押办理公务,一直到正月二十日才开印,各行各业均闭门停市。郑州古时过年习俗奢侈,无论贫富人家,都争相购买各种物件以庆新年,比如装饰门户,女子爱装扮,饰以各种衣服钗环等等,以喻"更造一新"。

3. 正月朔日:祭祖

过了除夕,便是正月初一,古称"元旦"。这一日清晨,郑州地区官员望城阙遥贺之礼毕,便到衙门各部署间相互庆贺。民间百姓设奠于祠堂,点上红烛、家族老少按照辈分,一一向祖宗作揖磕头。元旦的日用也非常之讲究:用"椒柏之酒"招待亲戚乡里乡亲,以"春饼"供于堂中,谓之"旺相";点青龙于石头上,谓之"行春";将芝麻梗插在屋檐头上,谓之"节节高";插柏枝在柿饼上,并盛上大橘子,取"百事大吉"之意。

礼毕之后,少年们便出门游玩及时行乐,衣履翩翩,肆意潇洒。或者有人弹丝,有人吹竹,或者打门九翻牌玩,或者有人打麻雀、掷双六,随其兴之所至,古时称之"金吾不禁",意思是可以尽情通宵玩耍,掌管城市治安的警卫也不会来禁止。这样的恣意玩耍一直持续到正月十九日,直到收灯、学子入学、各行各业开市。[①]

(二) 上元节

正月十五日为上元节,又叫"灯节""元宵节",郑州地区将其与春节并列,称为"小年",没有过上元节仍然是"过年"。

各式花灯是上元节的重头项目,宋朝时有了专门的灯市。制作花灯成为谋生手段,花灯的品种也越来越丰富,制作技艺也越来越繁复精巧。郑州城灯市从十字街到西关一直绵延到车站,出售各式各样华灯。人物灯饰有老子、各色美人、钟馗捉鬼、刘海戏蟾等,花草有栀子、葡萄、杨梅、柿子、橘子等,虫鱼鸟兽有鹤、鹿、鱼、虾、虎、豹、龙、马等。有的花灯奇巧可爱,饰以琉璃球、云母屏、水晶帘等;有的花灯豪华瑰丽,饰以丝绦明珠镂花羊皮流苏宝带之类。各式花灯名目繁多难以一一列举。[②] 宋朝时,又在观灯项目中加入灯谜或藏头诗句,任人揣测,供人玩赏,观赏花灯又增添了更多益智的乐趣。

宋代城市商业发达,城市市民生活丰富,上元节灯会是朝廷与百姓同乐的盛大节日。宋代孟元老所著《东京梦华录》里记载上元节上有"望之蜿蜒如双龙飞走"[③]的龙灯,有高达数丈、需百人抬着走的"鳌山灯棚",可燃灯万盏,鳌山即为层层叠叠的花灯垒在一起,远远望去,像一只巨大的鳌,所以民间百姓称之为"鳌山"。每逢灯节,开封御街上,"灯山上彩,金碧相射,锦绣交辉"[④]。京师周边的郑州也大抵如此,《郑县志》中记载了上元节这天灯会的热闹繁华,"悬彩吊

---

① 刘瑞璘、周秉彝:《郑县志卷之六:风俗志》,成文出版社有限公司 1968 年版,第 383 页。
② 刘瑞璘、周秉彝:《郑县志卷之六:风俗志》,成文出版社有限公司 1968 年版,第 386 页。
③④ [宋]孟元老:《东京梦华录》卷六,中华书局 2020 年版,第 33 页。

灯,星罗棋布,皎如白日,喧闹彻旦"①。除了观灯,郑州地区神庙如果有祭祀活动,还有社火、台阁、戏剧等。到了后来,上元节兴起了耍狮子、踩高跷、玩旱船灯等节目,民间俗话称为"玩故事"。"玩故事"在正月十六日,有玩有唱,玩得好的,还要走街穿巷,到别的村子去演,不收钱,只为给大家看个热闹。

宋代开始上元节流行吃汤圆,又称元宵。用糯米磨制成粉,再揉成团,又称为"粉团",汤圆馅儿一般为甜的,拌以糖、花生、核桃、芝麻等。古代汤圆有多种吃法,并不像今天总是煮着吃。北宋陈元靓《岁时广记》有"咬焦",引《岁时杂记》称:"京师上元节焦最盛,且久。"②焦即为油,为汤圆油炸后呈焦黄色、口感焦脆而得名,"咬焦"是民间俗称,咬一口炸的金黄焦脆的汤圆,油汁饱满,据说这是北宋京城开封比较流行的汤圆吃法。上元节吃汤圆被百姓赋予美好的寓意,象征着家族团圆,事事圆满。古代女性还会在上元节这天祭拜灶神,在灶神龛前放一碗水,置一酒壶于碗中,以占卜一年的吉凶;乡间百姓还会在这一天祭祀祈祷,诵经吃斋,祈求"天官赐福"。

吃完汤圆,年才算"过"的差不多了,人们带着美好的祈愿、新的希望,在春天开启了新一年的征程。

(三) 清明节

郑州地区清明节风俗有:上坟扫墓祭祖、郊外踏青、插柳、贴九娘。据《郑县志》记载:

> 是日,倾城上坟,京汉陇海车站之东,车马阗集,而酒食尊罍,山家村店,享馂豪游,张幕藉草,对酒欢呼,日暮忘归。③

清明节家家户户到郊外上坟,倾城而出,以致车站人头攒动,车马云集。洒扫坟墓、祭拜祖先完毕,人们自然不会错过到郊外的机会放松放松,在阳春三月里踏青、郊游。要么自己带上酒食,要么在山村人家小店,美美吃一顿。一边享受美食,一边肆意豪游,席地而坐,对酒欢呼,直至太阳落山忘了归家。心诚礼备,趁兴而游,缅怀祖先和及时行乐并不矛盾。只是,随着岁月流逝,为国有功

---

① 刘瑞璘、周秉彝:《郑县志卷之六·风俗志》,成文出版社有限公司1968年版,第386页。
② [宋]陈元靓撰,许逸民点校:《岁时广记》,中华书局2020年版。
③ 刘瑞璘、周秉彝:《郑县志卷之六·风俗志》,成文出版社有限公司1968年版,第389—390页。

的诤臣心系苍生、用生命所谏"清明"之义,渐渐为后人们遗忘了。

清明节郑州地区还有热闹的"民间艺术表演"。在郑县郊外,"汴河一带,桃柳阴浓,红翠间错,走索飞钱,踢水撒沙,吞刀吐火,躐圈抛球,并诸色禽虫之戏,纷纷杂集"①。清明节各种节目繁杂热闹,为结伴郊游的民众增添了更多节日的欢悦。据《郑县志》记载,郑州市区如钱塘里左右(今郑州钱塘路北段)还有精彩的雀竿表演:

> 其法,树长竿于地上,高可三丈,一人攀缘而上,舞蹈其颠,盘旋上下,有金鸡独立、鹞子翻身、钟馗抹额、玉兔捣药之类,变态多端。观者目瞪神惊,汗流浃背,而为此技者如蝶拍鸦翻,遽遽然自若也。②

雀竿表演属于民间杂耍节目,表演者沿着三丈高的长竿攀援而上,在竹竿之巅做各种惊险动作,观看者汗流浃背、目瞪神惊,而精通此技艺的表演者却泰然自若,轻轻松松如同蝴蝶拍拍翅膀、鸦雀翻飞一般。

除了祭祖拜坟,郑州地区还保留了插柳、戴柳的风俗。《郑县志》里记载:"人家插柳满檐,青倩可爱,士女咸戴之,谚云,清明不带柳,红颜成皓首。"③家家户户屋檐下要插柳,显得青青葱葱,异常可爱。《中牟县志》中有同样的记载:"清明日祭扫先墓插柳于门。"④年轻男女都爱插柳于头上,故有谚语流传:"清明不带柳,红颜成皓首。"

清明节晚间,郑州地区还有"贴九娘"的习俗。据《郑县志》记载:"是夜,人家贴清明嫁九娘,一去不还乡之句,谓如此则夏月无青虫扑灯之扰云。"⑤"九娘"是灯蛾在民间的俗称,灯蛾经常扑向油灯、烛火,并在春夏交替之际大量涌入屋内,留得残翅满屋满地,自然和蚊虫一样惹得人们讨厌。于是,人们便在清明节当晚将写有"清明嫁九娘,一去不还乡"的字样贴于门楹或墙壁,希望把灯蛾蚊虫等物全部"嫁"走,到了夏天也不要再复返。《瀛洲竹枝词一百首》中便有词云:"禁烟时节麦苗长,遍贴清明嫁九娘",可见清明节这种可爱的习俗并不只是在中原地区流行,表达了在生活条件不发达的古代,人们希望驱

---

①② 刘瑞璘、周秉彝:《郑县志卷之六·风俗志》,成文出版社有限公司 1968 年版,第 390 页。

③ 刘瑞璘、周秉彝:《郑县志卷之六·风俗志》,成文出版社有限公司 1968 年版,第 389 页。

④ 熊绍龙、萧德馨等:《中牟县志》,成文出版社有限公司 1968 年版,第 190 页。

⑤ 刘瑞璘、周秉彝:《郑县志卷之六·风俗志》,成文出版社有限公司 1968 年版,第 390 页。

逐蚊虫的美好愿望。

（四）端午节

郑州地区端午节已是热天，长疮病、各种虫害也渐渐多了起来，故人们认为五月初五日是"恶月恶日"，上天投毒素、蛇虫于民间，郑州等河南地区端午节风俗主要以"驱毒除疫"为主。一为贴艾虎。端午节清晨，人们于日出之前，携着镰刀到田间、河边或山坡上，采割带着露水的艾叶、菖蒲、车前草、毛毛草、猫耳眼、菊花、地黄等中草药，束成一捆捆高悬于屋檐下，或插靠在门边、窗口；同时以蒲艾和草或黄表纸雕刻张天师驭虎或钟馗像，放在盘中，以及用黄、绿等各色纸剪成百虫之像，铺陈在其上，用艾叶、葵榴等簇围四周，民间百姓以此相互赠送，以避病疫；和尚道士用经筒轮子避瘟灵符分送给地方豪绅大族；医馆则将香囊、雄黄酒送给经常往来的人家。家家户户采葵榴、菖蒲、艾叶立于堂中，用五色花纸剪天师、老虎、蝎子等像贴于其上，或者用红笔写"五月五日天中节赤口白舌尽消灭"等字样贴在门槛之上，俗称"贴艾虎"。如此还不放心，又收集百草熬制药品，并于端午当天寻觅癞蛤蟆取其蟾酥制药，传说中癞蛤蟆能疗治毒疽，谚语云："癞蛤蟆躲端午，躲一时少一时"，便是形容端午节捕捉癞蛤蟆者众多。在河南信阳等地，有在秧草上收集露水洗脸，以"明目"和预防夏天出痱子，也有用菖蒲熬水洗澡者。郑州地区民间要佩戴"香草布袋"，也就是香囊，家里女人们用五色丝绸或细布作面料，盛以香草、白芷、丁香等药材，缝制成菱角、莲藕、蝴蝶等各种形状，寻常多为菱角状又称"三角"。香囊里药草散发芳香，自己佩戴或赠送亲友，既可防毒驱虫，又是漂亮的装饰品。[1]

后来端午节渐渐和屈原联系起来，有了吃粽子以纪念屈原的风俗。从唐时欧阳询转抄《风俗通》（东汉末年应劭著）的佚文来看，东汉灵帝时端午节的民俗中已有了屈原的影子。南朝梁人吴均的神话志怪小说《续齐谐记》有明确屈原跟端午节有关的记载："屈原以五月五日投汨罗水，而楚人哀之，至此日，以竹筒贮米，投水以祭之。"[2]后屈原托梦给世人，说感念大家赠送大米，可惜一直被蛟龙偷吃了，你们可以将楝叶裹住大米，用彩丝缠绕，这两种东西是蛟龙忌惮的。从此，便有了在五月初五包粽子的习俗，此习俗从楚地流传至中原地带乃至全

---

① 刘永立：《河南民俗》，甘肃人民出版社 2002 年版，第 270 页。
② ［梁］吴均：《续齐谐记》，《四库全书》子部，第 81 页。

国,表达后人对屈原爱国精神和文采辞章的感念。《郑县志》中记载:"人家包黍枣为粽,束以五色丝线。"①在糯米中加入了大枣,郑州地区端午节前后正是收麦时节,在这个季节吃顿甜美的粽子,就忙着割麦丰收了。

(五)七夕节

七夕节的主要习俗之一便是"拜月"、祈愿。据《郑县志》记载:"七夕人家盛设瓜果酒肴于庭中或楼台之上,谈牛女渡河事。"②河南民间多称呼此日为"七月七",参与祭拜者多为女子,故有人称"少女节"。女子对月祈愿,祈福祈寿或祈子,只能祈祷其一不可兼得。

古时七夕节的主要活动还有看《天河配》、"观星象"。民间村社优人百戏鼓声喧闹,演绎牛郎织女一年一会的动人剧目,布景作天河状,中间有一桥,桥上张灯结彩作鸟雀状,歌喉婉转仿佛天上人间。夏夜里乘凉,老人们会向孩子们指点天象:一道白光横贯星空的便是天河,天河一边有三颗星连成直线,中间明亮的是牛郎星,牛郎担着扁担,两个箩筐里是牛郎的一双儿女;牛郎对面是织女星,旁边有四颗星象一个梭子。人们辨认这几颗星辰,一边讲述牛郎织女相会的故事,活灵活现,津津有味。民间传说中,在七月七夜晚,躲在瓜棚或者葡萄架底下,能看见天上的牛郎织女相会,偷听到他们说悄悄话。

七夕节另一习俗便是乞巧,故七夕节又称为"乞巧节"。《郑县志》云:"妇女对月穿针,谓之乞巧。"③河南民间乞巧之法甚多。郑州地区有女子用小盒子盛蜘蛛,到第二天早晨打开,观察蜘蛛在盒内结网疏密情状,来判断"乞"得巧之多少。新郑县的女子们有更多的玩法:将针丢入盛水的碗中,针浮于水面上,针影闪烁,如果像个花朵,就说明这姑娘手巧,如果像剪刀或布尺,不算太巧也还凑合,如果左右摇晃,粗胖如棒槌,说明这姑娘笨手笨脚。在安阳、濮阳等地,女子们乞巧时聚集在一起比赛"对月穿针",以在明月下穿上线者为巧,穿上线者闭眼用针刺瓜花,一针刺中者为巧,连刺七针均中者便为当年的"织女"。乞巧游戏种类繁多,均是女子间的游戏,充满了闺阁情趣,乞巧不仅是乞得手巧,还乞得聪明灵秀,表达了古时女子希望自己爱美、聪明有智慧的心愿。

---

① 刘瑞璘、周秉彝:《郑县志卷之六:风俗志》,成文出版社有限公司1968年版,第394页。
②③ 刘瑞璘、周秉彝:《郑县志卷之六:风俗志》,成文出版社有限公司1968年版,第397页。

（六）中秋节

中秋节郑州地区的主要民俗活动主要围绕乐团圆、祭月赏月、走月摸秋来进行。在这一日，路上旅行者必须归家，取中秋月圆家人"团圆"之意，寓意近年来人事都圆圆满满，和和美美。中秋节的美食也特别讲究，要有应季的瓜果，如苹果、柿子、石榴、枣子、栗子、梨、西瓜等，总之祭月之时，倾尽家中所有。祭月礼制由来已久，大概缘于上古先民对月神的崇拜，据史书记载，魏晋前宫廷中有祭月的礼制，宋代以后流传到民间。郑州俗语中叫月亮为"月奶奶"，祭月之礼只能由家中女性来主事完成，因郑州郊县有"女不祭灶，男不拜月"的规矩。祭月时，由家庭主妇在自家庭院供桌上摆满这应季的"五色瓜果"，河南有的地方如豫西还要供上煮熟的毛豆角，将月饼摆在诸多供品正中间。月光皎皎，祭月的女子们焚香对月而拜，祷请"月奶奶""月婆婆"享用月饼。河南有儿歌唱道：月奶奶、明花花，八月十五到俺家，又吃月饼又吃瓜。拜月实为庆祝秋季收获，请月神享用人间丰收的果实，赐福于人间。

祭月后，一家老小团团坐在一起，将月饼分而食之，一边品尝节日食品的美味，一边赏月闲谈，在全家人团圆的美好时刻，老人们自然而然地为小辈们讲述与月亮有关的神话故事，如"嫦娥奔月""吴刚砍桂树""玉兔捣药"等，一边绘声绘色地谈起月饼的来历。旧时郑州市面上的月饼都为手工制作，饼面用印制有"中秋月饼"的字样，还有"嫦娥奔月""玉兔捣药"的图案，以郑州德化街鸿兴源糕点铺的月饼最为知名。

赏月之宴持续很晚，有的人家"对酒欢呼，竟宵不寐"。也有人家在祭月赏月后，"走月摸秋"，感受来自大自然的四季更替。《郑县志》中记载："走月谓之摸秋，又谓之走月亮。"[①]并有管城记俗诗云："乘风走月话摸秋，姊妹花丛约伴游，乌鹊桥边行去也，不愁无路会牵牛。"[②]古人感天时，接地气，将生活与时令节序贴合得如此亲密，嬉戏玩闹中，便拥有了"不愁无路会牵牛"的自信豁达和对美好幸福生活的向往。

（七）重阳节

郑州地区重阳节古称"重九"，据《郑县志》记载：重九日家家户户要蒸重阳

---

①② 刘瑞璘、周秉彝：《郑县志卷之六·风俗志》，成文出版社有限公司1968年版，第401页。

糕,"糜粟米粉和糯米,拌蜜蒸糕,铺以枣泥,标以彩旗,问遗亲戚"。重阳节不但可以此为契机做美食改善生活,还可以通过美食联络与亲友之间的感情;文人雅士和富贵人家在这一日赏菊或饮菊花酒。在河南北部,有石榴树的人家,正值石榴成熟时节,"九月九,卸石榴",采摘石榴供全家老小享用。因郑州地处平原,唯有夕阳楼上最高,所以自古郑州人多喜欢在重阳节上夕阳楼登高欢饮,并簪菊花、茱萸于头。古夕阳楼位于郑州商城内城,于2008年被考古发掘出来,据史载建于北魏,为唐宋八大名楼之一,曾与黄鹤楼、鹳雀楼、岳阳楼齐名。虽历经战火沧桑,只遗留残碑,但无数文人墨客曾于夕阳楼登高,留下千古佳句,如生于荥阳、逝于郑州的唐朝诗人李商隐,有《登郑州夕阳楼》:"花明柳暗绕天愁,上尽重城更上楼。欲问孤鸿向何处?不知身世自悠悠。"清代王世祯有《夕阳楼》:"野塘菡萏正新秋,红藕香中过郑州。仆射陂头疏雨歇,夕阳山映夕阳楼。"

20世纪50年代后,重阳节渐渐不受人重视。唯有传统节日观念强、重视节庆的人家,于这一天为重阳节美食,以示庆祝。20世纪80年代以来,重阳节渐有复苏之势,人们在秋高气爽时节,赏菊、登高,借此游览祖国大好河山。重阳节因为长寿养生、珍重之义,又被称为"老人节",有了敬老爱老的内涵。

(八)冬至

冬至节在每年农历二十四节气的冬至日,自古官方和民间都非常重视,称之为"亚岁",有的地方还把冬至日称为"过小年"。冬至日这一天,郑州地区官府和民间都交相庆贺,宛如过年一般,郑州民间风俗最盛,因此有"肥冬瘦年"的说法。古代认为,冬至日这一天的夜晚最长,过了冬至,日长夜短,阳气开始回升,阴阳二气自然转化,所以要举行贺冬仪式。

历史上各代皇帝都在冬至节到太庙"薪新",用当年新出的黍米做成食品,来祭祀历代先王。汉代皇帝在这天要举行音乐会,"对日晷""核历法""算阴阳";从东汉时开始,盛行臣子向尊长"献鞋袜"之风,郑州地区此习俗一直延续到晚清,仍由妇女做好了鞋袜,送给家族中尊长者,行古人"履长之仪"。自唐朝时起,冬至日这一天官府和民间都要祭天祭祖,大家族要在本族祠堂举行祭祖礼,吃"老坟饭",新县人俗称"祭冬至祖"。明代冬至节开始相互拜贺,规模仅次于春节。①

① 刘永立:《河南民俗》,甘肃人民出版社2002年版,第279页。

　　到了近代,河南人冬至日进行祭拜的行为逐渐少了,一般在冬至日这天吃饺子庆贺,形象地称为"捏耳朵""安耳朵"。冬至日吃饺子的习俗源远流长,民间有个传说,东汉时医圣张仲景,在冬日里见穷苦人家百姓冻掉了耳朵,便以白面掺上中药,捏成饺子形状,施与穷苦百姓食用,结果冻疮慢慢好了起来。从此冬至日吃饺子的风俗流行了起来,谚语云:"冬至不吃饺,冻掉小耳朵。"郑州地区家家户户要包饺子、吃饺子,不吃饺子就要冻掉耳朵。到了后来,冬至日这天的习俗只有吃饺子流传了下来。民间百姓用农历以"九"来计算冷天,九天算一个九,九九八十一天后,冷天九过完了。过了冬至就是交九,民间冬至又叫"交九"。郑州民谚云:"一九二九伸不开手,三九四九沿冰走,五九六九走路大甩手,七九八九春风摆柳,九九杨落地,十九杏花开。""冷在三九",三九这几天是郑州冬季最寒冷的日子。冬至日这天,一大家人围坐在一起,一起团团圆圆包饺子,热气腾腾的饺子出了锅,美美地吃上一顿,一起抵御寒冬,也是家庭生活中平常但幸福的日子。

　　过了腊月二十三,就要交年,一岁又要过去了,在腊月里的忙忙碌碌中,又开始迎来新的一年,周而复始,岁月流转,中国人的一年四季就在节日的气氛中欢欢乐乐地过去了。

　　郑州作为拥有5 000年华夏文明的古城,又为夏商周三代中原文明孵化时期的中心地带,其节日文化保留了醇厚的礼教传统。后世几千年郑州一直处于全国的政治、经济和文化中心,东进西联、贯通南北的枢纽之地,其土风、礼教传播至全国各地,乃至华夏文化核心圈,源远流长,泽被后世。从以上回溯我们可以看到:以郑州为中心的中原地带,其传统节日文化蕴含了丰富的中华文化核心观念。

　　传统节日为古时大能之士依天时、气象、宇宙运作规律而定,大道运转生生不息,我们的祖先依照天时规律来安排一年的生产、生活,时节与农事、生活休闲娱乐,都符合自然节气规律,春天簪花插蓬戴柳,夏日烹新茶观星空,秋天戴楸叶赏皓月,迎冬时煎香草汤沐浴,春种夏长,秋收冬藏,循环往复,生生不息,与大道同作息;同时节日文化活动不仅是生产性的、实用的,也是诗意的,如除夕之夜"镜听卜吉"、用灶糖糊住灶神爷的嘴巴、立春时节"打春牛",清明插柳枝、"嫁九娘",七夕节看"牛郎织女"星、中秋时"走月摸秋",显示了中国人独有的诙谐幽默和审美情趣,展示了生命力的充盈活泼、浪漫美好,人在宇宙自然中"诗意地栖居",达到真正的"天人合一"。

传统节日文化通过节日仪式内化了中国人的世界观、人生观和价值观,塑造了中国人的精神信仰和社会形态。如过年祭拜祖先、清明扫墓、中元节给祖宗烧纸钱、十月一为逝者"寄寒衣",表达了华夏文化对祖宗对根亲的崇拜信仰,提醒着后世子孙慎终追远、忆念祖宗、不忘根本;同时,一年一度家族性的祭拜仪式又将开枝散叶的后代子孙聚集在一起,提升家族的凝聚力和家族成员的归属感,巩固家族成员间的亲情感情,如费孝通先生所言,乡土中国社会正是按照以家族亲情构成"差序格局",以家庭、家族为核心构筑农耕文明的社会根基。

传统节日文化中的故事源起、礼仪蕴含了中国人做人做事的尺度,从道德上奠定了国人最基础最朴素的价值观念。比如中和节皇帝赐群臣刀尺衣服,警醒官员手握公器时要公正裁度;清明节源自介子推对晋文公的"死谏"行为,时时提醒君王要达成一个以百姓疾苦为念、"政治清明"的社会理想;灶神爷上天禀奏天帝每家每户好事坏事,实际上是约束了民间善恶行为,警醒世人莫做亏心事,因为"举头三尺有神明"。

由乡土中国向城乡中国转型的过程中,城乡人口流动导致节日礼仪感越来越稀薄,社会原来越原子化,信仰中精神原乡的缺失,是城市社会人们越来越疏离、迷茫、没有归属感的原因之一,也是城市化过程中传统节日文化振兴的题中之义。

第二节　郑州传统节日文化的当代传承特点

当前,传统节日与新兴节日、西方节日并存,形成民众具有现代性的节日文化系统,三者并轨的同时,也表现为节日时间与空间上彼此倾轧的混乱现象。过去,传统节日作为一种纯内生、内向的文化形式,主要通过民族或地方内部传统节日自我操弄,以根基论的前提形塑民族及地方的自我认同。① 新时代民间与官方、民族与国家、地方与全球、传统与现代等多重权利话语,共同参与到传

---

① 黄龙光:《当代"泛节日化"社会语境下传统节日的保护》,《原生态民族文化学刊》2019 年第 4 期。

统节日的当代传承与文化再生产中,节日也因此呈现纷繁复杂的多重样态。传统节日作为不同族群,从个体、地方再到民族、国家的重要区别与参照指标,具有鉴往知来、凝聚共识的重要作用。因此,节日通过行政认定,成为重要的文化遗产内容,处于不同文化的类型化、价值的层级化社会背景之下,民众的主体意识提高,自觉地参加、传承传统节日,同时作为共享的公共文化,传统节日不断渗入新的参与主体,针对传统节日模式化、产业化的整饬,又一定程度上造成文化相对客体化。因此,如何应对传统节日的内在发展张力,在文化生产性保护、资源性发展同时,保持文化在地化,民众日常生活的自觉传承,是当前社会广泛值得关注的议题之一。

随着现代化及都市化发展,郑州持续稳步推进以人为核心的城乡一体化发展融合,以 2021 年郑州统计局对年末常住人口数量统计的数据显示,郑州总人口数量达到 1 274.3 万人,市区人口数量为 708.9 万人,城镇化率达到 79.1%。[①] 2016 年 12 月,国家批复《促进中部地区崛起"十三五"规划》,明确提出支持郑州建设国家中心城市。[②] 从中部中心到国家中心城市,在多项城市设施功能协调发展过程中,加快文化强健市区建设步伐。要求致力于打造中央文化区和四大文化片区城市名片。城镇化的扩大,群体社会劳动的异化,依托于乡土社会之中的传统节日的价值意义被颠覆,同时城市的物理空间的拓展导致人际关系的离散,又需要文化发挥更强大的凝聚人心的重要作用。因此,节日作为凝聚社群的文化综合体,在新国家中心城市的建设过程中,纯粹民间性、内生性的传统节日逐渐被更多的他者的介入影响,多元主体创造以迎合商品市场为需要的超越地方性的混杂性的对象。[③]

一、文化管理:政府干预引导下的节日复兴

郑州市政府 2021 年财政预算执行情况显示,一年内财政支持文体事业发

① 郑州市统计局关于人口的年度数据历年汇总,http://tjj. zhengzhou. gov. cn/ndsj/3134558. jhtml,2022 年 5 月 10 日。
② 郑州二七区人民政府网站,《促进中部地区崛起"十三五"规划》公布国务院:支持郑州建设国家中心城市,《郑州日报》2016 年 12 月 27 日,http://www. erqi. gov. cn/zwyw/393960. jhtml。
③ 徐赣丽:《当代民间艺术的奇美拉化——围绕农民画的讨论》,《民族艺术》2016 年第 1 期。

展投入资金达到 19.3 亿元。① 同年 6 月颁布的《郑州市人民政府关于印发郑州市国民经济和社会发展第十四个五年规划和二〇三五年远景目标纲要》提到：坚持"以文促旅、以旅彰文、能融则融、宜融则融"，促进文旅产业提质扩容，加快打造黄河流域国际旅游门户。推动文化旅游全域全要素融合发展，做好"文化＋""旅游＋"文章，推动文旅与农业、工业、体育、创意、商业、中医药、教育、交通等融合发展。② 在此之前，郑州市政府对地方文化的相关政策性的指导与规划的出台，对传统节日复兴起到了重要的启示作用，如 2015 年《中共河南省委关于繁荣发展社会主义文艺的实施意见》提到，推动特色文化基地做大做强工艺美术、演艺娱乐、文化旅游、民俗节庆等特色文化产业；③《郑州市"十三五"文化事业产业发展规划》中的策划农事节庆，展示农耕生态文化等。④

政府在参与地方传统节日的管理过程中，一方面将其当作公共性事件，通过多个行政组织部门协调配合，做出相关行政决策，以行政权力监督、支持、辅助节日期间的民众日常生活。如郑州市食品药品监督管理局在中秋节期间，针对月饼展销会中月饼经营者的主体资格、进销货台账等行为进行具体落实，对市场销售饮料、白酒、红酒、糖果等重点节日食品进行详细检查。⑤ 国家统计局河南调查总队对郑州市农贸市场的蔬菜、肉类、蛋禽等节日旺销产品物价及市场供应情况，进行集中监督，保证节日期间市场供应保障，丰富节日商品种类，方便市民备足主要生活必需品及节日畅销商品。⑥ 郑州市交通运输委员会在

---

① 《关于郑州市 2021 年财政预算执行情况和 2022 年财政预算草案的报告》，http://public. zhengzhou. gov. cn/D190101X/6428628. jhtml，2022 年 5 月 10 日。

② 郑州市人民政府网站，《郑州市人民政府关于印发郑州市国民经济和社会发展第十四个五年规划和二〇三五年远景目标纲要的通知》，http://public. zhengzhou. gov. cn/D0104X/5110504. jhtml，2021 年 6 月 25 日。

③ 人民政协网，《中共河南省委关于繁荣发展社会主义文艺的实施意见》，https://www. rmzxb. com. cn/c/2016-08-18/985936_1. shtml，2016 年 8 月 18 日。

④ 郑政办〔2017〕34 号《郑州市人民政府办公厅关于印发郑州市"十三五"文化事业产业发展规划的通知》，https://www. waizi. org. cn/rule/17846. html，2017 年 3 月 28 日。

⑤ 《郑州市局督导检查二七区食品批发市场节日食品供应情况》，http://public. zhengzhou. gov. cn/02JA/223268. jhtml，2017 年 9 月 18 日。

⑥ 《国家统计局河南调查总队俞肖云总队长查看我市农贸市场节日供应和物价稳定工作》，http://public. zhengzhou. gov. cn/02K/252955. jhtml，2018 年 3 月 9 日。

春节期间,对节日道路运输安全生产工作进行周密部署。① 以及郑州市公安局、安监局、城管局等参与春节期间城隍庙、文庙的安全检查。②

另一方面,除保障民众的节庆期间生活以外,在开展"我们的节日"主题活动中,政府明确节日庆祝主要的文化基调和具有典型性、代表性的民俗文化活动,并融入群众性反邪教宣传活动、移风易俗等群众性科普活动,③培育民众的文明意识。如《郑州市教育局》发布的《关于开展 2020 年度"无邪·我们的节日"系列主题活动的通知》中提到:④

1. 春节元宵节期间,要突出辞旧迎新、幸福平安、家国兴亡等主题,营造和谐喜庆的节日氛围。

2. 清明节期间,突出纪念贤人、缅怀先烈、文明祭扫等主题,组织开展"祭奠革命先烈、传承红色基因"活动,深入挖掘清明节的文化内涵。

3. 端午节期间,要突出热爱祖国、求索创新、人与自然和谐相处主题,以经典诵读活动,贴近群众生活实际,设计"包粽子、佩香囊"等有浓郁地方特色的民族文化活动。

4. 中秋节丰收节期间,突出庆团圆、庆丰收等主题,开展中秋诗会、书法绘画、传统手工艺品、非遗工艺品展、优秀剧(节)目展演、摄影展及农民画展等一系列群众喜闻乐见的民俗庆典活动。

5. 重阳节期间,突出尊老敬老、老有所为等宣传活动,通过举办重阳民俗文化展、重阳登高等重阳节民俗活动,以心理抚慰、节日慰问、文体娱乐等志愿服务,弘扬孝老敬老传统。

政府在组织开展"我们的节日"主题活动的通知时,常以"各处(室)、队、中心、学会"作为通知前缀。与乡土社会中以宗族、村镇等作为划分范围相区别的是,城市间的传统节日作为集体参与的社会活动,通常以政府牵头,带头组织,

---

① 《"春节"期间郑州市实现了交通运输平稳运行》,http://public. zhengzhou. gov. cn/02JA/141941. jhtml,2015 年 12 月 24 日。

② 《孙晓红副市长检查"两庙"消防安全工作》,http://public. zhengzhou. gov. cn/D280805X/306946. jhtml,2019 年 1 月 31 日。

③ 《关于 2017 年元旦春节期间举办"推动移风易俗树立文明乡风"群众性科普活动的通知》,http:// public. zhengzhou. gov. cn/02Z/178895. jhtml,2017 年 1 月 3 日。

④ 《关于开展 2020 年度"无邪·我们的节日"系列主题活动的通知》,http://public. zhengzhou. gov. cn/ D480206X/4477573. jhtml,2020 年 12 月 11 日。

以单位作为重要组织形式与分别界限。徐赣丽提到,城市社区中主要是单位社区,单位也是城市生活的重要组织形式,不仅组织着工业生产和社会管理,也管理着单位职工及家属的社会生活。因此,单位既带有熟人社会的乡土性,同时又兼具现代意识形态。① 郑州也不例外,2019 年端午节二七区自然资源局组织开展"我们的节日-粽飘香·情意浓"包粽子活动,在活动简报总结部分提到,旨在"通过活动,既弘扬和传承了中国的传统文化,又增进了同事间的感情交流,给大家紧张的工作增添了几分轻松和愉悦,让同时各自在集体的温暖中渡过我们的节目,丰富了职工的精神文化生活,推动了全局精神文明建设工作深入开展"②。即都市中的传统节日以单位作为组织板块,在庆祝之外,增加了形塑职工的组织认同的作用,进而有利于组织单位的日常管理的行为目的。

　　与传统的地方自觉创造、传承、享受民俗不同,城市单位组织的节日民俗,常事先策划,以生产关系限制人员准入,节日活动以符合都市生活,摆脱陈规陋习,倡导新民俗为主。如郑州市统计局 2019 年 4 月 1 日发布开展"清明祭英烈"活动,组织干部职工登录郑州市 2019 年"清明祭英烈"活动网址,参与"清明祭英烈"活动,表达对先烈、先贤、先人的感恩和敬仰并截图留存。利用官网、官方微博、微信进行宣传,扩大网上活动覆盖面。开展移风易俗、文明祭祀活动。积极倡导文明、低碳环保的绿色祭祀方式表达对家庭先人的怀念之情,广泛开展鲜花祭扫、植树祭奠、网上祭奠、家庭追思会等新型祭奠方式,引导人们丧事简办和凡事从简的原则,形成文明健康的祭祀新风。③与此类似的活动策划,郑州市大数据管理局 2019 年 8 月 2 日发布的"我们的节日·爱在七夕"主题活动实施方案,活动主题在继承传统节日文化同时,凸显七夕爱情忠贞、家庭幸福等文化内涵,促进现代家庭观念的健康成长。活动包括:征集老照片;开展"爱在七夕　中华经典诵读"活动。组织开展爱情诗词征集或诵读活动,倡导忠贞的爱情观;开展"我的好家风好家训"评选,聚焦宣传感人的

---

① 徐赣丽:《当代城市空间中的民俗变异:以传统节日为对象》,《杭州师范大学学报》(社会科学版)2020 年第 3 期。

② 《二七区自然资源局组织开展"我们的节日—粽飘香·情意浓"包粽子活动》,http://public. zhengzhou. gov. cn/02JA/297122. jhtml,2019 年 6 月 4 日。

③ 郑州市精神文明创建办,《关于在清明节期间组织开展"我们的节日"主题活动的通知》,http:// public. zhengzhou. gov. cn/02Q/297248. jhtml,2018 年 3 月 30 日。

家风家训故事①。

　　在以上活动中,限定了参与人员仅在统计局内部成员范围内,传统节日的庆祝趋向现代都市集体性活动,缺少诸如清明踏青、插柳戴柳等传统惯习。而原本的祭祖扫墓,也针对移风易俗有多改革,倡导祭祀新风。

　　政府在单位传承传统节日之外,面向更广泛、无差别的市民群体,将公共文化场所与民间艺术展演结合,营造传统节日新景观,创建省会民俗文化新高地。以绿博园为例,自 2015 年开始,在春节、元宵、清明、端午、中秋等“我们的节日”期间,积极开展弘扬传统民俗文化活动,与河南省文学艺术界联合会,河南省民间文艺家协会联合,以“中原文化大庙会”、“问花节”、“端午文化节”、“中秋文化节”等为载体,开展了“全国傩舞展演”“中原民间表演艺术大赛”“中原民间唢呐表演艺术大赛”“河南民间工艺美术展”“全国剪纸艺术邀请展”“中原女红展”“中原首届花馍艺术展”“河南民间绝活绝艺展”“非物质文化遗产展”“中原贡品展”等系列传统民俗文化活动 40 余次,共接待国内外游人 1 000 余万人次。其中,“中秋文化节”已经上升为中国(郑州)中秋文化节,成为国家级的节庆活动。②

　　同时,在城市范围之外,通过“一城一品”,实施跨区域文化联动。如作为节点城市的安阳重点打造“世界文字创意之都”、漯河的“贾湖和许慎”、鹤壁“诗经文化创意之城”等城市文化 IP。以“读懂中国”图谱具象化、场景化,培育地方传统文化跨区域串联文化旅游带,包括拜祖寻根之旅、大河文明之旅、华夏古都之旅、中国功夫之旅、仰韶文化之旅、中国文字之旅、美学之旅、东方智慧之旅等10 条富有中原韵味,传递古华夏文明演进的精品文化线路。以现代综合交通运输体系和枢纽经济发展规划,串联郑汴洛三地,形成“三座城、三百里、三千年”世界级文化旅游带。以文化产业的空间合理布局,打造重点文化功能区,实现文化产业区域协调发展。针对传统节日跨区域传播与联络,媒体宣传中如:将郑汴洛元宵节的节日民俗活动进行比较,郑州以新城市,风俗复杂为特色,包

---

① 郑州市大数据管理局关于印发《“我们的节日·爱在七夕”主题活动方案》的通知,http://public.zhengzhou. gov. cn/D0107Y/304605. jhtml,2019 年 8 月 2 日。

② 《关于“把郑州绿博园打造为省会民俗文化高地”的提案的答复》,http://public. zhengzhou. gov. cn/D1102X/233975. jhtml,2017 年 11 月 3 日。

括 157 条街道为迎接春节、元宵铺舍灯彩,建业·华谊兄弟电影小镇的"猫小姐"星光派对主题灯展,银基动物王国主题灯谜等;开封通过彰显宋代市民文化的延续,在清明上河园、上元灯会等六大展馆上演全天候、长时段的民俗演出,如《包公迎宾》等;洛阳以展现盛唐风采为主,有隋唐洛阳城"唐宫上元节"、龙门石窟"元宵夜游"、王城公园的"游园会暨元宵灯会"等节庆活动。①

除此以外,"一城一品"影响到城市生活的时间序列,由此产生了新的节日。如三门峡黄河文化旅游节、中国(郑州)黄河文化月、中国(郑州)国际少林武术节、中国(开封)菊花文化节、中国(开封)清明文化节、中国(洛阳)牡丹文化节、唐人故里·闽台祖地中原(固始)根亲文化节等。郑州 2022 年举办的以"雅赏桃花,魅力非遗"为主题的第八届桃花节,在策展中融入非遗技艺展示与体验,包括现场制作糖画、瓜豆酱、布老虎、核雕、百家衣、团扇、烙画等。②

从乡土社会中脱域的传统节日,在都市中并非一成不变,城市化与传统节日的"本真性"本身就存在着张力。一方面市民对传统节日的选择,以满足都市生产生活作为主要价值评判与行为准则;另一方面,进入都市的传统节日,必然受到政府的管控,包含在城市行政管理职责范围之内,从而使政府成为引领新风俗的重要组织力量,包括单位内策划安排传统节日,推动城市节日习俗公共文化建设等。

另外值得注意的是,官方干预节日,并非因为主体的传承消极,官方干预节日的传统早已有之,如立春迎春礼、明代宫廷中的"咬春"习俗,至近代中华民国的"改用阳历"、元旦的变动等。张勃认为官方以复兴节日为目标的干预行为是必要的,也是可行的,有多条途径可供选择。一方面能够肯定传统节日的现实价值,另一方面在当下语境下逐渐式微的传统节日,不能期待普通俗民的自我调整,官方有意识重构能够更快达到目的。③

二、根亲同源:以大河文明为主线的新节日塑造

2021 年 10 月 9 日,中共中央国务院印发《黄河流域生态保护和高质量发

① 《郑汴洛的元宵夜,谁最"有内味"?》,《河南商报》2021 年 2 月 26 日,https://gov. henan100. com/2021/1000735. shtml。

② 河南省文化和旅游厅公众号:《"行走河南·读懂中国"郑州市第八届桃花文化节开幕》,https://mp. weixin. qq. com/s/yKIeXZHa8V6aZ0AKHWPerA,2022 年 3 月 19 日。

③ 张勃:《从传统到当下:试论官方对传统节日的积极干预》,《民俗研究》2005 年第 1 期。

展规划纲要》，其中提到"着力保护沿黄文化遗产资源，延续历史文脉和民族根脉，深入挖掘黄河文化的时代机制，加强公共文化产品和服务供给，更好满足人民群众精神文化需要"，主要采取措施包括：系统保护黄河文化遗产，深入传承黄河文化基因，讲好新时代黄河故事，打造具有国际影响力的黄河文化旅游带等等。① 郑州作为华夏历史文明传承创新的核心城市，具有"华夏之根、黄河之魂、天地之中、文明之源"古都地位。建设华夏历史文脉传承传袭中心，通过对商都文化、嵩山文化、黄帝文化、黄河文化等中华传统文化符号的发掘，开发根亲文化，对塑造"天地之中"的文化内涵和精神，协同区域的历史文化资源保护利用，促进地方的文化传承，具有重要意义。

郑州传统节日与地区生态文化结合，形成以大河文明为重心的新兴节日。黄河文化包括裴李岗文化、仰韶文化、龙山文化、黄帝文化、古都文化、嵩山文化、岐黄文化、名人文化、豫商文化、石窟文化等多个支系。② 通过将自然地理资源转化为民俗生态景观，确立郑州地区的黄河历史文化主地标城市的定位，延续城市历史文脉，以黄河文化为统揽，形成跨时空文化传承与传播发展，构筑华夏儿女的情感依托与精神所寄。

实践方面，在《促进中部地区崛起"十三五"规划》第七篇"彰显古都美丽、建设黄河历史文化主地标"部分提到，通过加强黄河文化考古和遗产保护，做好黄河文化遗产普查、申报、科研、保护利用等工作；实施黄河历史文化主地标功能；讲好新时代黄河文化故事，多举措推进国家级文化特征的历史文化展示项目，如黄河；繁荣文化事业和文化产业，提升公共文化服务水平、健全现代文化产业体系、促进文化旅游融合等多种措施。

具体到节日部分，注重传承二十四节气、中华传统节日，同时也积极培育与黄河文化有关的新兴节日，以节日系统塑造中国时间。由河南省委宣传部、河南省文化和旅游厅，郑州市人民政府、开封市人民政府与洛阳市人民政府共同主办的"中国（郑州）黄河文化月"，从 2021 年 4 月 13 日到 5 月 8 日，前后共持

---

① 中华人民共和国中央人民政府网站，中共中央国务院印发《黄河流域生态保护和高质量发展规划纲要》，http://www.gov.cn/zhengce/2021-10/08/content_5641438.htm，2021 年 10 月 8 日。
② 郑政办〔2017〕34 号《郑州市人民政府办公厅关于印发郑州市"十三五"文化事业产业发展规划的通知》，https://www.waizi.org.cn/rule/17846.html，2017 年 3 月 28 日。

续 25 天,共策划九项活动。其中包含中共(郑州)黄河文化月启动仪式、黄帝故里拜祖大典、"三座城三百里三千年"系列文化旅游活动、黄河流域舞台艺术精品演出季、黄河文化主题艺术沙龙、中共(郑州)国际旅游城市市长论坛、中共(郑州)黄河合唱周、沿黄九省文物精品展、"一起(爱)黄河"——中国(郑州)黄河文化月系列文化产品首发大会。①

在 2016 年 9 月 30 颁布的《华夏历史文明传承创新区建设方案》中,提到了"五大建设工程",其中也着重强调了实施全球华人根亲文化圣地建设工程。而黄帝故里拜祖大典作为地方新兴节日,日益成为建成并铸牢全球华人根亲文化圣地建设工程的重要组成部分。

俗语有"二月二,龙抬头;三月三,生轩辕"一说。历史记载,黄帝故里拜祖大典设在农历的三月三,2008 年国务院确定新郑皇帝拜祖祭典为第一批国家级非物质文化遗产扩展项目。杜预《春秋释例》卷七记载,"《帝王纪》云:黄帝都有熊,今河南新郑县"②。《通鉴外纪》卷一引皇甫谧云:"新郑古有熊国,黄帝之所都。受国于有熊,居轩辕之丘,故因以为名,又以为号。"③而地处禹州、新郑、新密三市交界处的具茨山,即今之皇帝故里拜祖大典所在地,在古籍中也有相关内容记录。郦道元在《水经注》里提到:"大騩即具茨山也,黄帝登具茨山,升于洪堤上,受《神芝图》于华盖童子,即是山也。"④实际上,古代早已有祭祀具茨山的传统,如《旧唐书》《唐会要》《册府元龟》等书中所记:"(永淳)二年春正月甲午朔,幸奉天宫遣使祭嵩岳、少室、箕山、具茨等山。"⑤

1992 年由新郑电影院主办的寻根拜祖月开始,成为炎黄文化节的前身。后主要由河南省新郑市人民政府负责,以"炎黄文化旅游节"命名该祭祀仪式。2006 年升格为黄帝故里拜祖大典,上升为省级层面主办,并逐步拓展为河南省政府、河南省政协、国台办、中国侨联、全国台联、中华炎黄文化研究会共同主办,由郑州市政府、郑州市政协、新郑市政府承办。至 2022 年,大典上升至省级

---

① 央广网:《首届中国(郑州)黄河文化月 4 月 13 日开幕,九项活动等你来嗨!》,https://www.sohu.com/a/458740070_362042,2021 年 4 月 3 日。

② [晋]杜预:《春秋释例·卷七》,清武英殿聚珍版丛书本,爱如生数据库藏。

③ [宋]刘恕:《通鉴外纪·卷一》,四部丛刊明本,爱如生数据库藏。

④ [南北朝]郦道元撰,[清]赵一请注:《水经注释·卷二十二》,清文渊阁四库全书本,爱如生方志库藏。

⑤ [五代]刘昫:《旧唐书·卷五》,清乾隆武英殿刻本,爱如生数据库藏。

层面,共举办 16 届。

2022 年黄帝故里拜祖大典由河南省人民政府、政协河南省委员会、国务院台湾事务办公室、中华全国归国华侨联合会、中华全国台湾同胞联谊会、中华炎黄文化研究会联合主办,郑州市人民政府、政协郑州市委员会承办,新郑市人民政府执行。大典议程严格按照"盛世礼炮、敬献花篮、净手上香、行施拜礼、恭读拜文、高唱颂歌、乐舞敬拜、祈福中华、天地人和"九项进行,延续"同根同祖同源,和平和睦和谐"的主题。

王霄冰针对阿斯曼的记忆理论,将不同社会阶段下文化记忆的形态和功能做了进一步划分,她提到包括当代中国在内,"由于文本的教育枯燥乏味,在效果上远不如生动活泼的庆典仪式,加上现代传媒技术的应用,仪式活动的传播范围极广,公开性与公共性都得到了极大的提高,所以仪式在现代社会中的文化记忆功能不仅没被削弱,反而越来越有增强的趋势"[1]。黄帝故里拜祖大典即是在当代社会不断再生产的节日仪式,通过仪式程序的经典化,将社会记忆转化为民族的文化记忆。

同时,仪式又与传说、遗址等直接相关,形成强关联关系。仪式从黄帝传说故事文本中衍生出来,又随着仪式的稳定,传说文本成为仪式的解释工具。与仪式相配套的是,在具茨山周围分布有黄帝推策台、群臣盟誓台、智慧台灯相应的纪念性建筑物、遗址,与仪式一同组建形成"记忆之场",通过对同根同源的共同体的想象,回溯悠久的过去,以血缘关系的凝结,遗忘或抛却地理、政治、文化上的区隔。黄帝故里拜祖大典的组织方式,其目的又是关照当下的社会需求。涂尔干认为,仪式首先是社会群体定期重新巩固自身的手段。当人们感知到团结后,就会集合在一起,意识到他们是道德统一体,这种团结是因为血缘纽带,但更主要的是结成了利益和传统共同体。[2] 拜祖大典进一步再生产民族主体性的精神与气质,形成"华夏中华儿女"的身份认同,乃至"民族-国家"的整体认同。

一方面,黄河文化与自然生态紧密相连,能够接续"自然之链","自然之链"可以解释为:"人们以人与自然相互作用。自然与文化/社会相互缠绕的方式感

---

① 王霄冰:《文字、仪式与文化记忆》,《江西社会科学》2007 年第 2 期。
② [法]爱弥儿·涂尔干:《宗教生活的基本形式》,渠东、汲喆译,上海人民出版社 1999 年版,第 507 页。

知、表现世界,其中的自然、社会/文化并不是现代的'纯化'实践所界定的边界清晰、各自分立的体系,而是包括人类与非人类的物种之间彼此缠绕、协作共存的整体性世界。"①通过黄河文化反思人与自然的关系,发扬黄河文化与黄河流域整体生态保护相互作用,黄河文化不仅是应对具体现实所采取的行动反映,也是存续着的地方性知识聚合体,将其认作运行的文化机制,在处理生态危机时,能够生产现实可靠的经验实践。由此,将人类生活重新还原至所处自然空间中,进而产生一种有关自然的历史经验的古今延续之感。

另一方面,黄河文化与文旅的深度融合,有学者从"日常生活"视角切入,提出以日常生活视角检讨和审视黄河文化与现代旅游融合发展,不仅能提供理论依据与实践路径,又能进一步提升文旅融合发展格调与品质,为打造文旅新产品、新模式、新业态提供行动指南。② 诸如新节日的创造,虽主要面向文旅融合发展,但实际上仍处于"节日仪式感的框架性传承"③之中,活跃在民众的日常生活之中,内在的拥有着相似的民俗心理。

总结而言,黄河文化将人与自然整合为有机的统一体,在发掘文化遗产的同时,又能朝向当下,形成人与自然同呼吸、共命运的紧密结构体系。

三、气象包容:多重主体参与下的节日传承机制

城镇化的发展,社会分工的进一步细化,人的身份角色也随着生产生活情境不断变动。传统节日在呈现主体间性的同时,也具有多重主体性的特征,因此,要求"各方都要勇于承担责任,既能够凭借自身的力量获得成功,同时也吸取他者之力"④,从而形成一个开放包容的文化空间。郑州在节日符号塑形、节日氛围营造、节日研究传袭等方面,因不同主体的参与形成了节日当代振兴的新的动力机制。

社会资本参与传统文化构造,常常通过配套设施建设、实体构造、项目投资、活动赞助或生产商品、提供服务等多种方式。地方企业从以经济效益为主,

---

① 刘晓春:《接续"自然之链"——在人类纪追问民俗学的"现代"》,《广西民族大学学报(哲学社会科学版)》2022 年第 3 期。
② 韩若冰、黄潇婷:《"日常生活"视角下黄河文化与文旅融合创新发展》,《民俗研究》2021 年第 6 期。
③ 季中扬:《传统节日当代振兴的机制、模式及其经验》,《节日研究》第十四辑。
④ 刘姝曼:《乡村振兴战略下艺术乡建的"多重主体性"——以"青田范式"为例》,《民族艺术》2020 年第 6 期。

到自觉文化担责,企业对文化的资本投入,与对地方传统文化的偏好,有效地组建并培育了区域文化产业带。以眷茶为例,该企业2017年在郑州注册,以"宁眷故乡一叶茶,莫恋他乡万两金"作为企业文化。在2021年12月31日新旧年接壤时,眷茶邀请河南博物院华夏古乐团在郑州商场举办了一场"眷茶·虎年演奏会",以编钟、古琴、大鼓等多种古乐器,营造新年节日氛围。① 虎年期间,眷茶还与河南省鹿邑宋河镇非遗传承人赵学荣合作,将非遗虎头帽、虎头鞋纹样图案运用文创类产品杯子、杯套及诸多周边中。② 企业将传统节日相关文化产业数字化,通过"互联网+""文化+"工程,在创意设计、工艺美术、文娱演艺、文化制造、影视动漫中创新性利用节日民俗符号,不仅以文化象征增添产品附加值,同时也增加了民众对传统节日的多种消费类型,形成商品贸易市场中具有地方特色的郑州文化板块。同样巧妙运用传统节日文化符号的,还有以河南电视台为主的广电媒体策划主办的"中国节日",在本章第三节中将着重讨论,在此不做过多赘述。

河南大学黄河文明与可持续发展研究中心作为教育部人文社科重点研究基地,2004年集合地理学、经济学、历史学、考古学、中国文学等传统优势学科,以黄河文明与沿岸地区可持续发展为研究对象,下设黄河生态与可持续发展研究所、黄河文明研究所、中原文化与民俗研究所等。③ 在教育实践方面,由河南大学主办,马福贞、赵炎峰、李莉共同教授的慕课《中国传统节日文化》,围绕春节、清明、端午、七夕、中秋等中国传统节日专题,系统性介绍了相关节日文化传统与学术研究成果。④ 中心还开展节日相关主题讲座,如2017年3月,由中国民间文艺家协会和河南大学联合主办,河南大学黄河文明与可持续发展研究中心承办的"我们的节日:清明传统与现代生活"大讲堂。⑤ 2021年开始,推出的

---

① 眷茶官网·品牌资讯,http://www.juancha.com.cn/news/detail/40.html,2021年12月30日。

② 眷茶官网·品牌咨询:《我们把非遗老虎,搬上了杯子》,http://www.juancha.com.cn/news/detail/39.html,2022年4月28日。

③ 黄河文明研究微信公众号,https://mp.weixin.qq.com/s/KcKPUriR5IjRnhZ8tVKJAw,2018年7月3日。

④ "中原民俗"微信公众号,慕课推荐:《中国传统节日文化》,https://mp.weixin.qq.com/s/qQE8ZJZGgFanmcPe6lRbJQ,2022年2月23日。

⑤ "黄河文明"微信公众号,《"我们的节日:清明传统与现代生活"大讲堂在河南大学成功举办》,https://mp.weixin.qq.com/s/gZE4I73Vy2BNgQxkJTsmoA,2017年4月1日。

"以党建促进传统文化弘扬,推动党员参与社会服务"系列活动之一,陆续发布多篇"节日与传统文化"系列文章,涵盖清明①、端午②、中秋③等多个传统节日。

从事节日研究方向包括吴效群、彭恒礼、李秋香、孙艳艳、郜冬萍等河南大学多位学者,涉及论文、专著及节日影像类学术产出。专著类有:吴效群、彭恒礼主编《中国节日志·春节(河南卷)》(上、下)(光明日报出版社,2014年)等。论文类有:彭恒礼、杨闪闪合作撰写的《河南省内乡县衙"打春牛"调查报告》(《节日研究》2021第2期),彭恒礼的《浴佛节在中原乡村的传承与嬗变——兼谈浴佛节演剧习俗的学术价值与意义》(《民间文化论坛》,2020年第2期)、《元宵社火中"鞑靼舞"之源流》(《民族艺术》,2018年第4期),郜冬萍的《从传统到现代:开封清明文化节的未来展望》(《黄河科技大学》,2014年第6期),彭恒礼、李涵闻的《"屈原之寺"与端午节中原地区屈原祭祀》(《河南日报》2021-06-11)、彭恒礼的《春节习俗的现代转型》(2021-02-14)等。节日影像类主要为人类学纪录片形式,吴效群教授负责的国家社科基金重大委托项目子项目《中国节日影像志·河南灵宝骂社火》、国家社科基金重大委托项目子项目《中国节日影像志·花馍里的豫东春节》,李秋香主持的《中国节日志·河南省内黄高王庙会(颛顼祭典)》等。

除节日研究类专著以外,节日描述类专著也有部分,包括地方志类,如河南省地方史志编纂委员会编纂《河南省志·第十卷》(河南人民出版社,1995)。民俗志类,如郑州民俗志编纂委员会编《郑州民俗志》(首都经济贸易大学出版社,1997年)、刘永立编著《中国民俗大系:河南民俗》(甘肃人民出版社,2002年)。节日传说类,如"河南民间故事丛书之五"《节日的传说》(河南人民出版社,1982年)、程健军、刘永立编《河南民俗传说故事》(1987年);旅游介绍类,如解培红主编《河南旅游民俗》(河南科学技术出版社,2009年)。少数民族聚居区民俗类,如郑州市管城回族区史志编纂委员会编《管城回族区志管城民

---

① "黄河文明"微信公众号,《节日与传统文化│你心中的清明节》,https://mp. weixin. qq. com/s/tN09vrFXHeoJtPvpp75_Rw,2021年4月3日。

② "黄河文明"微信公众号,《端午来啦!》,https://mp. weixin. qq. com/s/zgOioFrpiSOG0D7AOv967w,2021年6月12日。

③ "黄河文明"微信公众号,《节日与传统文化│最团圆夜是中秋》,https://mp. weixin. qq. com/s/0lVsnXw5atTwjX63RQo7UQ,2021年9月20日。

俗》(1989年)。

郑州传统节日文化当代传承不同于其他地区,主要体现在其传统节日往往与黄河文化、中华文明、华夏历史等悠久的文化谱系相联系,同时与汴洛等多个城市串联,形成不同文化圈层之间的重叠、联系与冲突。因此,在深刻意识到厚重中原文化的背景下,需要进一步梳理郑州及其他中原城市在节日文化上的异质性,从而形成城市节日文化形象,提升城市气质、城市气派。刘魁立提到,节庆活动是民族情感的粘合剂,是国家认同的标识,而且在群体道德的培养方面具有深层的作用,是人文教化的极好时机,也是优秀品格提升的极好时机。[①]因此,不断总结郑州经验,不仅能够为其他地区节日文化建设形成参考,也能整合中原节日文化,乃至升华为中华节日文化,成为国家对外展示的新名片。

第三节 郑州传统节日当代振兴工作举措

河南传统节日文化资源丰厚,郑州市政府非常注重挖掘中原地区文化传统的独特性,在民间传承推广基础上进一步进行资源整合,以此实现中华传统节日文化的当代振兴。首先由郑州市政府把握宏观发展方向,制定传统文化与文化创意产业、文化旅游产业融合发展战略,并扶持地方媒体等宣传部门的相关节日文化节目制造;其次,城市主流媒体等通过制作原创文化节目宣传节日文化,精准实施传统文化文创文旅融合战略,其中河南广播电视台打造出了"中国节日"系列节目,惊艳海内外华人文化圈,尤其激发了青年一代对华夏传统节日文化的自豪感,堪称传统节日文化振兴的经典案例。同时,郑州也非常注重民众的反馈和体验,为了提升民众对传统节日文化的参与感,在打造城市节日文化空间氛围感的同时,以"中国节日"的线上红火为契机,延伸拓展出系列线下节日文化活动,将虚拟与现实结合,营造传统节日文化氛围感和体验感。

战略上合理定位,战术上与时俱进,河南成功地将传统节日文化撒播到当下中国青年文化圈,其系列振兴举措为传统文化传承和文化资源的利用提供了参考借鉴。

---

① 刘魁立、萧放等:《传统节日与当代社会》,《民间文化论坛》2005年第3期。

一、政府宏观把握："节日文化＋"文旅文创融合战略

在文化强国、实现中华传统文化全面复兴的总体方针下，河南省开始了对中原文化、黄河文化为代表的中华传统文化复兴方案的全面探索。早在 2016 年，河南省就连续发布了"文化强省"战略的系列文件，包括《中共河南省委关于繁荣发展社会主义文艺的实施意见》(豫发〔2016〕16 号)、省委省政府《华夏历史文明传承创新区建设方案》(豫发〔2016〕32 号)、《关于支持戏曲传承发展的实施意见》(豫政办〔2016〕114 号)等。郑州市作为河南省省会和国家中心发展城市，也意识到了要充分发挥文化在城市建设中的引领和支撑作用。为了提升城市文化软实力，2017 年 3 月 17 日，郑州市人民政府办公厅颁布了《郑州市"十三五"文化事业产业发展规划》，在系统梳理文化事业现状基础上，规划指出郑州市文化发展面临前所未有的机遇，但也存在挑战：其一，文化体制改革需进一步推进，文化发展环境有待进一步改善；其二，文化新业态亟待突破。该规划指出郑州市文化事业未来发展的基本原则：一是要营造开放包容的市场环境，打造具有郑州原创精神的文化品牌；二是坚持文化传承和文化创新相统一，以"互联网＋""文化＋"等新形式、新媒体展现阐释传统文化的"新内容"。规划确立郑州五年文化事业发展目标是：把郑州打造成为河南文化高地、现代文化产业创新发展示范区、华夏历史文明传承创新核心城市和"一带一路"文化枢纽城市。

《郑州市"十三五"文化事业产业发展规划》(简称《发展规划》)奠定了郑州传统节日文化发展的整体基调：坚守本土，开放包容，传承创新，交流发展。其中特别提出了要打造郑州文化原创精品，利用新媒介技术发展"文化＋"等新型文化业态。郑州身处中原腹地，作为内地城市不免给人以厚重、保守、严正之感，能在文化事业上如此与时俱进、开拓创新，不能不说为后来精品节日文化的出圈创造了良好的文化发展环境。《发展规划》还制定了文化发展的系列重点任务，包括：推进媒体融合发展，做优以文化创意产业为突破口的多元产业链条；实施传媒精品战略，挖掘郑州文化和郑州特色，特别是要紧扣重大纪念活动时间节点；着力发展产业关联性较强、能够带动上下游产业的文化旅游等八大重点文化行业；大力推进新型文化业态发展，实施"文化＋"战略，支持以高新技术为依托、数字内容为主体、自主知识产权为核心的"文化＋科技"型文化产业

新业态。由此可见,郑州市政府在文化事业产业发展过程中,在坚持中央总方针的基础上,不断加入地方特色活力,不断细化各角度、各层次的发展举措,实现"文化＋"全方位立体式的文化发展模式。

随后,政府在文化实践过程中继续深化和调整"文化＋"发展战略的相关举措。2021年河南卫视"中国节日"节目火爆全国,成功将独特的节日文化资源转化成文化旅游资源,"中国节日"节目中出现的各种要素又为衍生的文旅和文创产业提供发展机会,进一步印证了政府"文化＋"融合战略实施卓有成效。2021年6月政府颁布《郑州市人民政府关于印发郑州市国民经济和社会发展第十四个五年规划和二〇三五年远景目标纲要》,强调要加快文化强市建设,高标准举办各种节庆重大活动,挖掘国家历史文化名城的资源内涵,"努力确立郑州'华夏之根、黄河之魂、天地之中、文明之源'古都地位,提升黄河文化全球吸引力、影响力和传播力",进一步坚持"以文促旅、以旅彰文、能融则融、宜融则融"①,并在构建2035年远景目标中,特别指出要形成一批具有郑州标识的文旅品牌和文旅名片,构建黄河历史文化主地标的广泛认同感,建成具有黄河流域鲜明特征的文旅强市。将传承历史文化与文化产业发展、城市形象独特标识构建的目标融为一体,加速文化传统与文旅文创融合的步伐。

在对传统节日文化资源的利用过程中,河南省政府和郑州市政府不断完善对传统文化的保护和发展举措,逐渐探索出以"节日文化＋"为核心的文旅文创融合战略的可行性发展路径。2022年,河南省人民政府继续深化文化融合发展战略,在《关于印发河南省十四五文化旅游融合发展规划的通知》中创造性地提出了"中华文化超级IP工程"②,将河南省的文化资源划分为全球著名文化IP、国际知名文化IP、全国一流文化IP三个层次,并通过这些文化IP铸造河南省文化品牌。2022年,"中国节日"爆款节目出圈之后,河南省政府抓住机遇,不断深化文化活动内涵,追求"线上线下同频共振"。如果说传统节日文化资源是根、演艺作品是发展出的枝叶,那么其配套的旅游经济和新兴的IP经济就是

---

① 郑州市人民政府网站,《郑州市人民政府关于印发郑州市国民经济和社会发展第十四个五年规划和二〇三五年远景目标纲要的通知》,http://public. zhengzhou. gov. cn/D0104X/5110504. jhtml,2021年6月25日。

② 河南省人民政府网站,《关于印发河南省十四五文化旅游融合发展规划的通知》,https://www. henan. gov. cn/2022/01-13/2382423. html,2022年1月13日。

文化产业这棵树上结出的果实。"随着文旅文创融合战略的深入实施,文旅文创将成为推动社会经济发展的战略性支柱产业,推动各行各业在文旅文创融合领域持续创意创新、破题破冰、出圈出彩,一大批具有中原特色、体现国家高度的文化 IP 将不断做大做强,成为坚定文化自信的重要名片。"①

自此,文旅文创融合战略已经成形,中华传统文化 IP 成为文旅文创融合战略的中心环节。如何打造、推广河南特色、郑州特色节日 IP 成为关键问题,"中国节日"系列节目作为文旅文创融合战略下诞生的经典个案,给出了参考答案和启示。

二、媒体精准实施:"中国节日"IP 化、数字化、产业化

现代生活方式和传统相比已天翻地覆,中国当代急遽的都市化、现代化和工业化过程,使得在漫长的乡土文明中形成的节日文化传统失去了存在的根基。如何在都市中传承创新并激活保留节日文化传统中精神原乡的信仰感和归属感?麦克卢汉说:"媒介是人的延伸",媒介已构成当下都市人日常生活的重要部分。隶属中原文化核心的郑州地区,在当代节日振兴工程中充分发挥了现代媒介的作用,以现代都市人群尤其是青年比较容易接受的方式,推广节日文化,激发青年文化自豪感的同时,使其在潜移默化中传承节日文化中的价值意蕴。其中河南广播电视台的"中国节日"系列节目尤为深入人心,影响最广泛,堪称"文化+"文旅文创融合战略精准实施的典范,也是传统节日当代振兴的经典个案,其取得成功从战术上可概括为:节日文化 IP 化、数字化和产业化。

IP 化指的是为"中国节日"创作具体的形象,将原本抽象的文化资源视觉化为具体故事要素,提升观众的可感受程度。成功的 IP 化必须要有坚实的内容质量,河南卫视在实现"中国节日"IP 化的过程中坚持具象化的角色加以故事化的讲述。首先从节目的制作上,河南卫视对选材和形式都进行了改造升级,选材以中国传统节日、节气等为主题。以往传统节庆的文化节目难以获得长久吸引力,原因之一是文化节目的主题过于松散,中华传统节日文化资源丰富,但是并没有统一的逻辑体系,单纯以展现传统节日文化作为节目内容很容

---

① 河南机关党建网站,《(九)实施文旅文创融合战略　加快建设文化旅游强省》,http://hnjgdj. gov. cn/2022/0429/63848. html,2022 年 4 月 29 日。

易流于表面形式,最终导致观众对节目丧失观看兴趣。"中国节日"是一个比较宽泛的概念,单纯地将民众已知的文化事象加以展现,很难避免单调枯燥、同质化。2021年,河南卫视自第一个出圈节目——除夕之夜的《唐宫夜宴》开始,就遵循文化IP的路径,构造自己的"世界观"。"中国节日"系列节目取消了主持人的角色,创造性地塑造了四个故事主人公"唐小妹",以现代女性的身份穿越到唐宫,成为好奇又精灵古怪的"唐宫小妹",非常符合现代都市青年"现代人的穿越"系列故事的起点,满足了年轻观众的代入感和体验感,采用"剧集、漫画、动画、游戏演绎的戏剧化故事将不同类型的节目呈现在观众面前",让人自发地组建叙事逻辑从而拼出完整故事,也即观众不再是被动观看,而是主动参与。

其次,"中国节日"选择将具象化的形象融入有具体情节的故事场景中,具象形象的来源是古时具体的文物。例如《端午奇妙游》节目中,说起屈原,就能想到其为人传颂的《九章》《离骚》等诗歌,在这些诗中多次出现"女嬃之婵媛兮,申申其詈予"的美人、水神等形象。① 但是这些被文字描绘的形象是静止的、模糊的,没有人知道美人之貌、水神之态。同样类似的关于美人和水神等形象的文字描述还有曹植的《洛神赋》,其中也描写了出彩的女神形象,"髣髴兮若轻云之蔽月,飘飖兮若流风之回雪","竦轻躯以鹤立,若将飞而未翔。践椒途之郁烈,步蘅薄而流芳"②,洛神的神貌、动作跃然纸上。河南卫视将两者表达中的文字形象相结合,在这些抽象的文字基础上用壁画中的女神形象加以具体化塑造。《端午奇妙游》就采用了敦煌壁画中的飞天形象融入文字之中,同时服饰设计上融入端午文化标志——五彩线,在此基础上文字中的动作描写又使得静态的壁画形象能够"动起来",最终实现"翩若游龙,宛若惊鸿"的视觉效果。对于大多数缺失深度阅读的现代观众而言,无法重构历史情景的困境导致其对历史的模糊认识,而承载着历史记忆的实物呈现有机地弥补了这一缺憾。河南卫视的创意之处在于,并不强调历史知识的简单灌输与堆砌,而是将"实物"串联成关于"历史"的场景。

更进一步,节目以"唐宫小妹"奇妙游的方式还原传统节日文化的历史场

① [明]李陈玉撰、王舒雅点校:《楚辞笺注》卷四,南京大学出版社2017年版,第30页。
② 曹植:《曹子建文集》卷十,北京图书馆出版社2004年版,第32—33页。

景,让观众跟随主人公的脚步深度领略传统节日文化内涵。实际上多数观众对传统节日文化都有或多或少的认识,这些认识可能是粗浅、表层的。譬如重阳节作为传统节日,被年轻观众所熟知的一直是其"敬老"的意涵,而在河南卫视的《重阳奇妙游》中,将重阳节的传统意蕴挖掘出来,并赋以诗情画意的展现。历代才子们留下不少关于重阳节的诗歌,河南卫视将诗歌中描写的节日活动与节目歌舞形式相结合,原创歌曲《家·重阳》,用吟唱作为引子,展现宋代人的"重阳一日",用"天边金掌露成霜,云随雁字长"①(晏几道《阮郎归》)点出秋高气爽的环境,引出赏菊的节日活动。在节目之中,除了观众知晓的登高、点雄黄等活动之外,还能看到对酒宴饮、吃重阳糕等活动。这些活动在节目中不是单纯堆砌一处,而是与画结合,无论是《十二月令图·九月》还是《江行初雪图》,都是以画摹景、以景传情的叙述逻辑。其中提到的很多活动现在已经没有了,而节目将这些古老的节日传统重新带回人们的视野中。年轻观众通过节目发现:"原来重阳能这样过""原来重阳不只是老年人的节日"。除此之外,不同的"玩法"让观众切身感受到了节日本身所具有的仪式感,继而引人深思:在现代都市社会中如何对生活本身保持这种根源于热爱的仪式感。

"中国节日"系列节目还做到了让传统节日文化与时俱进,植入当代社会精神和价值观。中国节日传统脱胎于农业文明时代,其有普适性的部分,也有不适合当代社会发展的部分,如果只是对传统文化照搬照抄,不但缺乏吸引力,而且不符合文化强国的主旨要求,因此必须对传统节日文化进行创造性改造,取其精华加入新的时代精神。正如《端午奇妙游》执行策划徐娜所说:文化是一个生命体,需要"与时俱进地嫁接优秀文化,激发文化自信的深沉力量"。比如七夕是中国传统节日之一,其文化内涵丰富,不仅有远古的神话传说,也包括了一系列民间活动。河南卫视《七夕奇妙游》在继承原有的七夕"爱情祈愿"内涵基础上,将家国情怀也融入其中。过七夕的女性,可以是向往爱情的,"结发为夫妻,恩爱两不疑"②,也可以是胸怀天下的,"万里赴戎机,关山度若飞"③。节目

---

① 王云五、毛晋:《万有文库第一集一千种宋六十名家词(十四)》,商务印书馆 1933 年版,第 171 页。
② [梁]昭明太子萧统辑,[唐]李善注,[清]胡克家撰考异:《文选·附考异十卷/六十卷》,卷二十九,影印本,第 825 页。
③ 王闿运撰:《八代诗选二十卷》,江苏书局影印版,第 580 页。

结合当晚特有的英仙座流星雨,将"流星""飞天"等神话元素融入节目之中,表达出对于爱情和梦想的追求。同时因为处于疫情特殊时期,节目还特别设置单元,表达对抗疫过程中付出艰辛努力的各行各业工作人员的感谢,如《龙门金刚》《爱》《夜空中最亮的星》;而之前的除夕春晚中,河南卫视也借助豫剧《五世请缨》延续了"白衣执甲"的现实意义,用四位同时存在的佘太君来致敬在边境冲突中誓死捍卫国土的边防战士。七夕当中,绵绵情意万古同,而"几许欢情与离恨,年年并在此宵中"①。

有了传统节日具体的形象场景、深度发掘的节日素材和现代精神元素,如何将这几者不着痕迹地流畅整合就成了最重要的问题。河南卫视用"故事线"串起这些珍珠,也即故事化的叙事手段。《重阳奇妙游》整个节目起始于重阳节的来历,从"恒景学道斩瘟魔"的故事开始,神鸟赐剑、火凤呈祥,天下人重回健康喜乐;在神话之后,重阳就成为纪念健康、祈求平安的重要节日,而这一天也是古时人们表现生命活力的时候,节目直接将李白引入,作为潇洒恣意的典型代表,"与君歌一曲"是旷达,"大鹏一日同风起"是自信,"天生我材必有用"是潇洒,一字一句,都是生命的气息,是生命的跳动。借助李白,不仅能够体现出生命活力,还能表达出生命本身的浪漫形态,这种浪漫让人性高昂,也"刷新三观"——重阳不只是"老人的",也是"年轻人的",重阳不只在歌颂生命的长度,也是在弘扬生命的热度。而串联起这些元素的线索便是唐小妹的"奇妙游",故事主人公唐小妹穿越至古时,"用现代眼光看传统",这种手法既可以增强陌生的新奇,也可以得到现代精神要素的补充,为接下来的节庆文化中古人的生活展示增添了新意和传统底蕴。

2021年"中国节日"系列特别节目创享峰会上,河南广播电视台全媒体营销策划中心负责人王春阳就提出打造"具有传承性的系列节目",对传统节日进行 IP 化的呈现:在此 IP 之下,不只有春晚、元宵、清明、端午,还会有七夕、中秋、重阳等。每个节目中设计之初都会进行故事思路的架构,为表现出古今同贺佳节、文化一脉相承的特质,所有节目内在都蕴含着对比。以《端午奇妙游》为例,其执行策划徐娜在采访中表示,设计节目首先想到的就是"在屈原之前,

---

① [清]朱孝臧编选,方青羽编:《宋词三百首彩图馆》,中国华侨出版社 2016 年版,第 10 页。

我们是怎么过端午的"。屈原并不是端午的由来,最早的开端是玄鸟的传说,那么如何表现出屈原之前的端午文化?同时,端午节对中国周边国家影响深远,那如何呈现他国端午与我国端午的渊源?沿着这样的思路,《端午奇妙游》就有了最开始的"玄鸟舞",有了遣唐使之后的故事,"《兰陵王入阵曲》便是将故事的一条情节线放在日本的飞鸟宫,某位父亲受命东渡日本传授中华礼乐,交代历史上我国文化不断向国外传播的大背景,用人之间的"我有所念人,隔在远远乡"来表达传统节日的起源与流传。

将如此庞杂的节日故事内容进行动态化、具象化展现,并不是易事。"中国节日"系列节目在形式上,充分采用多媒体手段和数字技术,不断追求形式的多元展现。克雷斯与凡·勒文提出的视觉语法理论,其中"交流互动意义强调图像作为一种媒介在制作者与观看者之间的交流方式与认知态度"①,而技术手段主要对节目中表现的文化符号与观众对其的接受的交流互动过程发挥作用。从空间上来说,河南卫视利用新兴技术赋能艺术创作,产生了"5G+4K+AR+全媒体"的传媒艺术形式。"中国节日"运用了抠像、3D、5G 和 VR、AR 等技术,营造出一种视觉奇观,"通过实景拍摄与虚拟现实技术,突破了传统晚会的时空局限,让表演融入了非遗景点、传统古画和虚拟时空中,完成了情景交融的歌曲、舞蹈演出"②。比如《唐宫夜宴》中实景是处于近处的"唐人",而虚景则是由技术呈现并赋予动态变化的位于远处电子显示屏上的"宫廷画卷"。从时间上来说,河南卫视使用技术实现一种古今贯通的效果,并且实现不同时间的"个体"的对话。《七夕奇妙游》《中秋奇妙游》都将节目设置为"穿越主题","通过绿幕拍摄,完成了航天空间站机械师唐小天的神奇穿越和少女唐小月寻找阿爷的古今对话"③;节目《广寒宫》通过绿幕、抠像、后期合成等技术描绘传说中的嫦娥与现实中的宇航员牵手的世纪图像,神话时间与现实时间实现了连接,如美国学者尼古拉斯·米尔佐夫所说:"新的视觉文化最显著的特征就是原本不具

---

① 顾亚奇、张旭:《传统文化觉醒:符码体系与视听场域的再生产——基于河南卫视"中国节目"系列节目的文化观察》,《中国电视》2021 年第 7 期。

②③ 孟雪:《观念创新与技术赋能:河南卫视"中国节目"系列节目的创作与传播研究》,《当代电视》2022 年第 1 期。

备视觉性的事物逐渐视觉化的趋势"①。《龙门金刚》节目也为了强化关于时间的镜头效果而同时采用实景拍摄与蓝幕拍摄相结合的方式,通过 360 度的环绕定格拍摄,将舞蹈演员的舞蹈动作诗意化地呈现下来,通过"子弹时间"强化慢镜头效果,产生时间流动减缓的效果,与其他画面形成对比,极具张力。②

任何文化 IP 要发掘其更广泛的文化价值,实现文化的持续发展就必须对其影响力进行"变现",将文化价值转化为经济价值,进入文化产业化运作。河南卫视很久之前就在"中国节日"IP 的产业化运作之路上启程。2014 年 10 月,河南大象融媒体集团有限公司成立,整合了河南广电旗下的 4 家传统媒体单位和 8 个媒体公司,负责河南省 104 个县市级融媒体中心建设,形成了一条完整的媒体生产制作传播的产业链条。2017 年,河南卫视看准融媒契机,积极探索文化产业媒介创新,打造传统文化特色 IP,明确文化 IP 在发展文化事业产业中的地位。2020 年,大象融媒回归河南广电,成立十多个导演工作室以竞聘方式运作,在进行一系列资源整合之后,成立了全媒体营销策划中心,进行公司一体化运作。文化媒介体制的革新为进一步的文化创新释放了活力,为节日文化 IP 的产业化运作提供了系统规范的产业结构支撑。

"中国节日"的火爆出圈带火了虚拟人物——唐小妹,多才多艺、人见人爱的"唐小妹"被孵化为河南自有的文创"明星",由此发展出更多的文化产品衍生。人设是 IP 世界观构建中的主角,用人设打造 IP 是起点,《唐宫夜宴》借鉴了隋代乐舞俑的形象,同时模仿同时期的画作。而这些乐舞俑也成为河南"中国节日"系列 IP 的起点,从此之后"中国节日"的其他系列,诸如重阳等,其线索人物都是以"唐"开头人俑形象。在将"唐宫小姐姐"符号人设化的过程中构建出不断强化的符号资本与优势资源,③走一条联动式横向延展道路。反过来,系列节目将"唐小妹"不断扩充,其故事背景、人物大纲逐渐丰满,越发具象化,后续除了"中国节日"系列之中会出现唐小妹之外,还将拥有其出任主角的网剧

① 顾亚奇、张旭:《传统文化觉醒:符码体系与视听场域的再生产——基于河南卫视"中国节日"系列节目的文化观察》,《中国电视》2021 年第 7 期。

② 孟雪:《观念创新与技术赋能:河南卫视"中国节日"系列节目的创作与传播研究》,《当代电视》2022 年第 1 期。

③ 冷凇、刘旭:《文化自觉与产业崛起:文化类电视节目的产业化路径——以河南卫视"中国节日"系列节目为例》,《中国电视》2021 年第 7 期。

和网络电影。据报道,谷粒多等不少品牌都已陆续邀请唐小妹拍摄面向年轻消费市场的中国风广告片。一个虚构的人物逐渐有血有肉,成为文旅文创战略之下诞生的第一个"艺人"。

河南卫视在《唐宫夜宴》"出圈"后,敏锐嗅到了产业化运作的势头,用5天时间就成立了河南唐宫文创传媒有限公司,用以专门负责唐宫系列以及后续节目IP的运营。河南博物院也出品了仕女乐队系列盲盒等节目相关文创产品。产品是IP世界观构建中的物质条件,产品能进一步巩固IP。这些IP产品的制作,将节目的温度延续到了线下,增强了品牌与观众之间的现实互动,使艺术作品的艺术形象获得了持续性的生命力。[1] 目前,依托唐宫夜宴系列IP和国风文化的唐宫文创已经开发出8个系列、上百种文创产品。其中,唐宫文创口罩成为第一个爆款,已售出200多万只。除官方淘宝店、河南广播电视台各频率频道官方线上商城外,唐宫文创线下店也在筹备中。

在IP产品的设计上,河南卫视也延续了内容分发中的分众思路,其与相关部门联合,用分类思维,"针对消费者不同的价值需求和喜好,形成具有收藏观赏性、生活实用性、旅游纪念性、娱乐教育性的不同品类的文创产品,并以开放的视野使文博创意行业与设计服务制造业、出版发行、演艺娱乐、旅游等相关产业跨界融合"[2]。在《唐宫夜宴》爆火之后,河南卫视与相关企业合作,制作手办玩偶、文具用品、服饰、日常生活用品等多种类型的产品,除了实体物品,还相继开发出游戏、输入法皮肤等非实体产品,将整个IP产品范围扩展到多个领域,针对多样人群,比如"手办控"的收藏型观众、文具爱好者的学习型观众、汉服爱好者型的观众等。

系列是IP世界观构建中的长远"书写",用系列节目打造IP才能形成多元化可持续的效果。在线索人物和文创产品等IP要素之外,河南从春节的"夜宴"出发,开始以节日为主题形成"中国节日"大IP,不断打造年轻专业的制作团队,实施文化传播工程,并明确"网剧+网综"这种脱离演播室的节目模式。

在节日IP发展过程中,河南省创造性地关注了线下旅游产业与文化节目

---

① 孟雪:《观念创新与技术赋能:河南卫视"中国节日"系列节目的创作与传播研究》,《当代电视》2022年第1期。

② 张晓欢:《助博物馆文创"好物"涌现》,《中国文化报》2021年1月28日第7版。

的联合,在相关节目爆火之后,节目中出现的文物、节目中涉及的地点都成为观众参观浏览的对象,而河南省抓住机会,不断宣传相关景点和博物馆展览,并完善景点的相关设施,包括修缮原有景点设施和改造附近配套设施,最后形成一条或多条文化观赏旅游线路,譬如《重阳奇妙夜》巧妙地将云台山、信阳等景点融入其中,山山水水,村落人家,一幅中国田园风景画就呈现于观众眼前。

这条节日 IP 之路至今仍不完善,且形式上也比较单一,还没能创造出更多具有原创性的 IP 发展途径。但是不能否认,河南卫视的"中国节日"文化 IP 打造措施为以后的节日文化 IP 产业发展也提供了宝贵的经验借鉴。

三、民众动员参与:营造节日氛围感、体验感

传统节日振兴不仅仅是政府和媒介的事业,还需要一个文化族群中多重主体的参与,尤其是民众的亲身参与。"中国节日"是大众的节日,如何提高民众的认知和参与是能否实现传统节日振兴的核心问题。作为非物质文化遗产的传统节日,必须依存于"具体的、活的生命体之中",民众的亲身体验是传统节日"最为直接的存在方式",必须"以身体的亲在性为前提",召唤身体投入和融入性审美。① 剥离了传统生活环境的传统节日,如何继续"活"在城市民众的日常生活体验之中?

河南省首先从城市空间入手,营造城市空间传统节日的氛围感,实施沉浸式体验所需的节日氛围工程,从具体的活动出发,传承具有民众体验感的节日传统。城市空间的打造首先从博物馆开始,将博物馆打造成为新兴的旅游目的地,促进文化空间与旅游空间双向赋能。博物馆中的活动不再只是观赏和浏览,也成为新的课堂和剧场。譬如,端午期间,河南博物院推出端午节古乐赏听会,《屈原问渡》作为新的曲目被重点推出,成功将戏曲与历史故事结合于博物馆的语境之中;在文化遗址地区的博物馆也借助各自特色的内容优势推出相应活动,二里头夏都遗址博物馆推出与博物馆内文物、景点的合照活动,洛阳博物馆推出过端午的社教活动,隋唐大运河文化博物馆推出为期四天的公益讲解,通过游戏、社交和讲座等多种形式继续拓展空间维度,将博物馆变为新的节日打卡地。

同时,节日空间部分不能仅依赖于博物馆等公共场所静态的陈设,伴随空

---

① 季中扬:《亲在性与主体性:非遗的身体美学》,《民族艺术》2022 年第 3 期。

间的延伸与拓展,郑州乃至整个河南地区旅游城市的旅游景区、博物馆等场馆都创新性发展出多个沉浸式旅游演艺工程。而"文化创意产业园"就成为节目空间拓展的制胜法宝,比如郑州"只有河南·戏剧幻城"、开封清明上河园等,依托本地民俗风情创作节庆演艺。以"只有河南·戏剧幻城"为例,由建业集团与王潮歌导演共同打造的 21 个剧场,是中国规模最大、演出时长最长的戏剧聚落群之一,通过沉浸式戏剧艺术聚落群的集中展示,包括建筑、雕塑、装置都集中讲述了黄河故事、河南故事、中国故事,对中原文化进行了全景式的展现。2020年 11 月,河南驻马店举办第九届黄河戏剧节,其中便有"广大艺术家走出剧场,深入到皇家驿站、豫剧小镇等地方举办","让艺术家与广大观众面对面交流","增强观众的参与性和体验感"①。端午节日期间,戏剧幻城园区内的冬小麦正值丰收时期,小麦作为河南地区的主要粮食作物,也是河南耕作文化的重要来源。金色麦田从生活所需转变为艺术作品,丰富了节日体验。除此之外,在地坑院中还增加了木版年画、泥泥狗、皮影戏与布老虎等传统手工艺展示与体验。②

此外,郑州市还将整座城都放到了节日氛围之中。春节期间,郑州发布《赏灯攻略》,万千灯火点热节日中的人间,嵩山路等 93 条重点路段、二砂文化创意园等 64 个商圈、景点都装扮上中国结、红灯笼等传统节日元素,整个城市合计亮化 157 个路段,亮化道路总长约 184 公里。元宵节期间,郑州市将关注重点投在移动的空间中,公交作为城市的重要移动空间,拥有了氛围感充足的"节日主题妆",多路公交在车厢中设置了花灯、灯谜等元素,民众在移动中也能欢喜闹元宵。

在空间氛围感的营造中,文化与科技深度融合,通过大量的创新实验寻求多种感官的参与和表达,正如王潮歌导演提到的建筑旨趣在于:"人置身在这个城里,需要选择,会迷失。这就是在此时此刻出现的一个新的文化现象。"③

---

① 光明网:《2020(第九届)黄河戏剧节在河南驻马店开幕》,https://difang.gmw.cn/ha/2020-12/02/content_34419788.html,2020 年 12 月 2 日。

② 河南新闻:《这个端午,来幻城感受节日文化》,https://share.hntv.tv/news/0/1531819443526139906,2022 年 6 月 1 日。

③ 《"只有河南·戏剧幻城"千秋万代的厚重,值得你千山万水的行程》,https://new.qq.com/omn/20210525/20210525A0AX8S00.html,2021 年 5 月 25 日。

除已有的传统节日,政府还通过挖掘文化传统提炼创造新的节日,以产业园为依托拓展民众节日生活的体验空间。比如郑州特色的文化节会,郑州率先提出"中国郑州少林国际武术节"的概念,全力打造中华武术的新内容和新形式。2018年10月19日,8.6万名武校学生在河南登封8.2公里的展演路线上展示旗阵、"千人"组字阵、百态功法展示等十大武术矩阵。除进行包括少林武术套路、国际竞赛规定武术套路、散打及传统武术项目的比赛和表演、国际武术段位考试外,武术节还将"交流"作为核心要素融入整个活动之中,迎宾仪式、国际化的中华武术培训都让世界各地的武术爱好者充分领略少林武术和中原文化的独特魅力。

河南卫视"中国节日"在网络空间爆火之后,政府和文化部门抓住契机,延伸拓展出系列线下节日文化活动,将线上与线下体验结合。以河南卫视为例,在"中国节日"系列节目的推广和落地中用全方位的线上宣传和多样化的线下活动,让传统节日线上与线下实现一体化。2021年10月第二届中国广电媒体融合发展大会上,河南广播电视台副总编辑李波认为河南卫视的文化节目之所以能够出圈,是因为坚持以下几项举措:第一,内容生产和分发遵循互联网传播规律,既要把握媒体融合发展大势,又要把握互联网生态下内容创作特点,同时还要以长短视频结合、电视与社交平台结合、话题引领和网络评论结合的三结合实现对传播规律的遵循;第二,实现了对传统文化的创新表达,通过对传统节日、传统节气等主题的拓展,实现强吸引。线上传播过程中,河南卫视根据新媒体传播特点,对节目内容进行了精确化、差异化的"拆条分发",根据不同的平台特性,在不同平台的投放内容也不尽相同。以《元宵奇妙游》为例,在"B站"上,河南卫视春晚官方、河南卫视、大象新闻三个官方账号创建一个《元宵奇妙游》合辑,合辑中包括六条原创节目的视频,分别是《五星出东方》《风林火山·416女团》《梦莲》《五味调和》《元夕之约》和《宵时相逢》;在微博上,搜索"元宵奇妙游",排除宣传用的话题词条之外,河南卫视官方账号发布的关于元宵奇妙游的内容也是分条呈现的,在发布正式内容之前,账号首先推送了部分幕后花絮和相关工作人员的采访内容,这些内容多集中在三分钟至五分钟左右的长度,且将不同节目的此类内容用混剪的方式放在同个视频之中。根据不同新媒体空间的特性进行传播的策略让一个传统卫视的文化节目取得了空前成功,根据1

号数读联盟-知微数据的分析,"中国节日"收获了微博、抖音、百度、头条、B站、知乎六大平台的 60 多个热搜;在微博的多个热门话题阅读量破亿,如:"河南卫视杀疯了"登上热搜榜首,阅读量高达 10.7 亿;"端午奇妙游"阅读量高达 6.3 亿等。数据显示了中国民众对"中国节日"的认同和广泛参与,节目观赏和对传统节日文化的讨论增强了民众尤其是"网生代"年轻人对传统节日的体验感和参与感。

"中国节日"网络出圈之后,线下活动更是抓住时机如火如荼地举办起来,如前所述将线下文化旅游产业与文化节目的联合,将节目中的文物、地点等开放成观众参观浏览的对象,呈现节目中所出现的中国田园风情画,民众能够亲身体验"中国节日"中所出现的场景,亲身到达节目中所涉及的地点,营造线上所无法企及的亲身感和体验感。此外,郑州市二七区借"中国节日"的春风,连续开展"我们的节日·春节""我们的节日·重阳节""我们的节日·端午节"等主题活动,将老年人、儿童与青年群体全部纳入活动对象,通过传统文化的讲座、游戏以及社会志愿活动,实现全年龄段的节日参与;中原区市场监督管理局在春节时开办"迎新春"职工运动会和剪窗花、写春联等传统文艺活动,多个社区也开展"迎新春·写春联"活动,在送出新春墨香的同时也不断向社区成员普及相应春节知识。郑州市博物馆作为重要的文化事业单位,在春节期间举办传统文化宣传教育志愿服务活动,为参与者讲述春节历史、上古传说并展示古老的"祈岁祭首仪式",将这些"小众生僻"的节日知识尽可能传递到每个人的身边。

"中国节日"经典节目《唐宫夜宴》爆火之后,光明网转载《中国文化报》评论,报道思考河南文化节目成功原因,指出其"重创意""赶潮流"的成功经验:在内容上下功夫,在宣传上用心思,这是河南卫视打造传统节日文化节目的前两步。而第三步就是让观众成为真正的参与者而不是旁观者,将受众真正带到传统节日文化之中。线上虚拟空间的互动体验与线下举办亲身体验活动的结合,让社会中每个人都成为传统文化的守护者,共享传统节日的喜乐氛围。

第四节   郑州传统节日当代振兴工作成效

郑州传统节日振兴工作成效主要表现为以下三个方面:第一,以节日为载体,实现城市文化要素全链条式发展、文旅之间的深度融合;第二,以"中国节日"系列节目反响火爆的文化效应,助推城市新业态的发展;第三,以"华夏源头""老家河南"的传统节日文化定位,提升青年文化自信,重塑全球华人对中原华夏文化的情感回归,从而达成集体的文化身份认同。

一、以节日为载体的城市形象重塑、文旅深度融合

河南省 2017 年发布《河南省人民政府办公厅关于创建郑汴洛全域旅游示范区的实施意见》提到,要"将黄河文化、嵩山文化、古都文化、功夫文化、姓氏文化、名人文化等融入旅游产品开发全过程;依托非物质文化遗产、传统村落、文物遗迹和美术馆、艺术馆等文化场所,推动剧场、演艺、游乐、动漫等产业与旅游业融合,发展文化体验旅游"[①]。同年发布的《河南省人民政府办公厅关于印发河南省"十三五"旅游产业发展规划的通知》提到"丰富旅游供给",即创新发展文化旅游,包括促进文化旅游融合发展、推出文化旅游创意产品、创建国家人文旅游示范基地;鼓励民俗技艺传承人在景区、旅游展销会和节庆活动中展示传统手工技艺、民俗文化,将文化资源转化为旅游产品。[②] 除此以外,还有 2020年《河南省人民政府办公厅关于进一步激发文化和旅游消费潜力的通知》、2022年《河南省人民政府关于印发河南省"十四五"文化旅游融合发展规划的通知》等多个政府公文。

自实施文旅文创融合战略以来,以郑州为中心的河南省充分发挥地方资源禀赋,促进了地方文化旅游消费,以传统节日为载体,将城市各文化要素有机整合、促进了文旅文创产业的深度融合和全链式发展。节日作为一种文化资源,向旅游资源转化,需要具有传统特性的非遗文化要素有机地融入现代生活,从而使我们的民族社会文化既保持着古今关联的文化传承特性,又具有服务当代社会的实际价值。[③] 传统节日作为重要的时间平台,能够广泛吸纳多重地方文化要素,营造整体文化公共空间,充分展示地方民众的精神信仰、物质建设、审

---

① 河南省人民政府网站,《河南省人民政府办公厅关于创建郑汴洛全域旅游示范区的实施意见》,https://www. henan. gov. cn/2017/09-06/249089. html,2017 年 8 月 18 日。

②《河南省人民政府办公厅关于印发河南省"十三五"旅游产业发展规划的通知》,https://www. henan. gov. cn/2017/09-06/249103. html,2017 年 8 月 20 日。

③ 萧放、周茜茜:《文旅融合视阈下节日类非遗传承与非遗资源的开崛利用》,《广西民族大学学报》(哲学社会科学版)2021 年第 6 期。

美情趣、文化消费取向等。

尤其是"中国节日"系列作为文旅文创融合的文化精品节目推出后,再一次唤醒民众对黄河母亲、中原文化城市身份标识的认识,郑州成为追寻华夏文化源头的向往之地。从河南卫视春节晚会到《元宵奇妙游》,再到《端午奇妙游》《清明奇妙游》《中秋奇妙游》《七夕奇妙游》等"中国节日"系列节目,以《唐宫夜宴》《纸扇书生》《洛神水赋》《龙门金刚》《和》为代表,河南文旅频频火爆出圈,为广大网友呈现了一场场酣畅淋漓的文化大秀。《端午奇妙游》播出后,郑州入围端午十大旅游目的地;《中秋奇妙游》播出后,河南博物院成为国庆假期搜索热度最高的五个博物院之一;考古盲盒、唐宫文创等产品在网上销量火爆;等等。

2021年6月14日,携程发布《2021端午假期旅行大数据报告》(以下简称《报告》)①,数据显示:2021年端午平台整体订单同比去年增幅达到83%,不同年龄层对端午节日的行程安排各有偏好。北京、上海、成都、杭州、重庆、南京、西安、长沙、武汉、郑州为今年端午十大热门旅游城市。凭借《唐宫夜宴》《只有河南》等文化旅游产品出圈的郑州,首次入围近年黄金周热门前十目的地。2022年端午假期,河南省文化和旅游厅公布端午节期间全省旅游数据,端午节3天假期全省接待游客851.97万人次,与同年五一假期相比(五一假期5天,按日均可比口径计算)增长38.49%。郑州市文化广电和旅游局综合大数据监测、抽样调查和区县(市)统计,全市共接待游客361.3万人次,实现旅游总收入15.9亿元,按可比口径分别较清明假期增长242.46%、70.97%,较五一假期增长60.58%、59.64%。②

节日文化旅游又成为郑州展示其城市文化内涵、推动文化创意的绝佳时机,吸引了民众广泛参与。郑州多家景区、文化场馆趁机纷纷推出端午民俗活动,以节日社会性活动为主,注重节日期间的人群聚集与参与,营造浓郁节日氛围。如方特欢乐世界推出"方特端午星光夜"主题夜场活动,"城堡冷烟花""心

---

① 携程发布《2021端午假期旅行大数据报告》,http://tech. china. com. cn/roll/20210614/378138. shtml,2021年6月14日。
② 《端午假期郑州接待游客逾360万》,https://www. henan. gov. cn/2022/06-06/2462315. html,2022年6月6日。

愿气球放飞仪式"为游客带来满满的仪式感;电影小镇的"最沉浸国风端午"将国风元素、端午元素与景区完美融合;只有河南·戏剧幻城展示木版年画、泥泥狗、皮影戏、布老虎等传统手工艺品;游客在康百万庄园景区凭当日全价门票并关注公众号和抖音号即可参与包粽子、做香囊等活动。郑州图书馆举办"粽情诵读·声动端午"2022端午节主题诵读活动;郑州博物馆举办"迎端午赛龙舟"主题社教活动等。河南端午假期总订单量较清明假期增长90%,郑州方特欢乐世界、只有河南·戏剧幻城、郑州海洋馆入围端午河南十大热门景区。乡村旅游成为新的节日文化产品,乡村游订单相较清明增长8%。

全省文旅系统深化文旅融合,开展"豫见金秋·惠游老家"等获得也取得显著成效。通过全省统筹、政府奖补、企业自愿、广泛参与的组织原则,根据不同时序节令安排春季、秋季等不同时期的出游旅行线路,塑造"行走河南·读懂中国"的大型品牌体系。比如2021年秋季推出六条金秋出行线路,包括:穿越·节日奇妙之旅、自驾·云中高速之旅、寻秘·太行探险之旅、信仰·红色大别之旅、拾遗·文明溯源之旅、习武·中国功夫之旅。立足创意驱动、美学引领、艺术点亮、科技赋能,河南旅游景区场景惊艳亮相,成为热门的网红打卡地。其中,"穿越·节日奇妙之旅"包括以下内容:

> 线路涉及城市及景点:
>
> 郑州市:河南博物院,只有河南·戏剧幻城,嵩山少林寺;
>
> 开封市:清明上河园;
>
> 洛阳市:隋唐洛阳城,龙门石窟,老君山,白云山。[①]

2021年春节长假期间,郑州市共接待游客659万人次,较2019年同期增加47.8%;实现旅游总收入45.12亿元,较2019年同期增加76.3%。其中,18家重点景区共接待游客138万人次,门票收入近8 488万元。假日期间,由郑州市委、市政府主办,市文化广电和旅游局承办的2021年郑州市精品剧目演出活动——"情暖新春"专场文艺演出丰富了市民节日生活;市文化广电和旅游局举办"留在郑州过大年,新春文旅惠民月"活动,推出系列旅游惠民举措;郑州图

---

① 《432家景区免门票,六条精品线路重磅推出——这个金秋"老家河南"期待与你相遇》,https://www.sohu.com/a/494080204_121124717,2021年10月9日。

书馆还举办了 30 多场迎新春文化活动；由郑州文化馆联合多家单位推出内容丰富的非遗集市、书法展览、猜灯谜等线上线下文化活动。① 郑州美术馆举办"美术馆里过大年"活动，郑州园博园举行第四届新春文化节，电影小镇举行"一路有戏过大年"系列活动，方特梦幻王国举办"去熊出没之家过大年"，黄帝千古情景区举办"中国年"新春主题活动、大型歌舞《黄帝千古情》，黄帝故里举办除夕夜祈福敬香活动等，丰富的节日文旅活动"菜单"，满足了民众对传统节日的不同口味。登上央视春晚的郑州东站、河南春晚的河南博物院等成为热门打卡地，河南博物院春节期间推出"明清河南""国宝特展""丹淅吉金——中原楚国青铜艺术""巧工遗珍——院藏明清珍宝展"等展览，还全新策划推出"我们的节日"系列华夏古乐专题音乐会《牛转新韵——辛丑迎春古乐专题赏听会》。城市夜游、公园游、休闲购物等深受广大市民欢迎。②

事实证明，郑州地区以"节日文化＋"为核心 IP 挖掘、整合城市传统文化资源、文旅文创深度融合的文化举措取得了显著成效，不但丰富了都市居民的文化生活，促使节日文化旅游显露文化休闲经济的势头，而且在某种程度上，重新塑造着城市文化形象内涵并推动城市文化产业的转型。

二、"中国节日"IP 助推城市文化创意新业态发展

"中国节日"为中原城市重要文化 IP 资源，围绕"中国节日"IP 的产业化过程推动了郑州地区乃至河南省的文化创意产业新业态的发展。在 2021 年 1 月 13 日颁布的《河南省"十四五"文化旅游融合发展规划》（豫政〔2021〕39 号）中就提出打造中华文化超级 IP，构建"国际知名文化 IP"：仰韶文化、中国文字、早期中国、中国气象、中华美学、中国时间、东方智慧、中国意境。在"中国时间"中就包含了"二十四节气、中华传统节日"两部分；文件中还提出要打造"黄河之礼"文旅文创消费品牌，实施"黄河之旅"文创精品培育工程，包括"黄河非遗文创产品""黄河文博创意产品""黄河风物特色产品""黄河文化创意产品"，"黄河非遗

---

① 在二砂文创园开展的非遗集市活动，包括香包、泥塑、陶艺、毛线编织、布老虎、布艺堆画、书法国画、糖画、编发等 40 项具有中原特色的传统民间手工艺进行展示、展演、展销。据不完全统计，春节长假非遗集市活动吸引游客达 3 万余人次，现场销售经费达 8 万元左右，接受订单近 10 万元。
② 《2021 春节郑州共接待游客 659 万人次旅游总收入 45.12 亿元》，https://www.thepaper.cn/newsDetail_forward_11362608，2021 年 2 月 18 日。

文创产品"中就包括了二十四节气非遗资源。郑州等城市的文化创意产业新业态的发展主要体现在以下几个方面。

一是以"中国节日"IP 为核心的文化创意产业链迅速崛起、文创产品品牌意识增强。除上述《河南省"十四五"文化旅游融合发展规划》(豫政[2021]39号)以外,省政府还曾在 2015 年专门出台《河南省文化创意和设计服务与相关产业融合发展规划(2015—2020 年)》(豫政[2015]53 号)文件,提出要推动文化创意产业创新发展,做强数字内容产业、加强工艺美术创意设计、推动文化艺术精品化发展等。在此政策导向下,郑州市积极举办各类文化创意大赛,2022 年以"逐梦黄河,创领未来"为主题,挖掘黄河文化蕴含的时代价值,激发全社会创造活力,讲好"黄河"及"郑州"故事,围绕黄河文化、郑州"山"(中岳嵩山)"河"(黄河)"祖"(轩辕黄帝)"国"(河洛古国),创作"郑州礼物",节日类纪念品等文创产品设计;"郑州智造",数字文化产品设计;"郑州印象",文创产品标识设计;"黄河记忆",高校文博产品设计四类。[1]

二是随着"中国节日"的影响力及知名度逐步扩大,相应的衍生节目与文创产品也相继出圈。衍生节目仍保留了以叙事为主的节目形式,用科技给文化创意创新赋能。如由"中国节日"同一班底打造的"中国节气"系列,以更短小而细腻的戏剧展开,全年共播出 12 期,每期 10—15 分钟,以"节气先生"贯连多期节目。例如,在《中国节气——春分奇遇记》中以西汉淮南王刘安与孩童刘一旦相遇展开。[2] 再如河南卫视与 B 站携手推出的文化剧情舞蹈节目《舞千年》,聚焦以舞叙事;[3]河南卫视制作播出的《大美中国》,第二期《壬寅篇·椒花颂声》与美妆品牌毛戈平合作,在上官婉儿与太平公主女性情谊故事中,融入"梅花妆"的古典妆容。[4]

文创产品并不是一成不变的,创意产品不断更新迭代,形式丰富。比如将

① 河南省政府,《郑州:2022 年文化创意设计大赛期待您的"奇思妙想"最高奖 6 万元》,https://www.henan. gov. cn/2022/03-25/2420748. html,2022 年 3 月 25 日。

② 腾讯网,《河南卫视全新打造"中国节气",主创解码:最大的流量是文化》,《长江日报》2022 年 3 月 19 日,https://new. qq. com/omn/20220320/20220320A01JLH00. html。

③ 腾讯网,《突破还是延续:河南卫视舞蹈综艺〈舞千年〉再出圈?》,https://new. qq. com/omn/20211124/20211124A05WGK00. html,2021 年 11 月 24 日。

④ 腾讯网,《河南卫视联手毛戈平重现太平公主,网友:世上最美的审美没有之一》,https://new. qq. com/omn/20220722/20220722A0BZQA00. html,2022 年 7 月 22 日。

节日特色习俗与文创产品相结合,河南广播电视台"中国节日"IP 唯一运营机构河南唐宫文创科技集团授权合自文创平台,发行的"唐小妹端午七趣"系列藏品,包括:唐小妹包粽子、唐小妹采草药、唐小妹挂艾草、唐小妹放河灯、唐小妹画额、唐小妹放纸鸢、唐小妹戏龙舟七种。① 中国日报网《河南赋予的历史现代感》文章报道:随着河南文化产品、表演及体验相继出圈成为热门话题,河南博物院自 2019 年初成立文创产品部门开始,2021 年销售超过 1 600 件商品,收入跃升至 4 200 万元(合 621 万美元),仅一年就营收 800 万元。② 《环球时报》报道,2021 年双十一期间,考古盲盒成为新的文化类热销品。河南博物馆截止双十一当天中午,售出约 20 万元人民币(合 31 285 美元)。③

部分商品在海外艺术节等场所特别展示,同时在海外互联网销售平台售卖,还创造性地推出数字藏品。2022 年 6 月,在法国亚眠市"地球村嘉年华"上,包括随《唐宫夜宴》诞生的,以琉璃陶俑、龙门石窟、巩义石窟寺浮雕"飞天"为灵感的"非遗娃娃·绢物飞天"手办及仕女乐队,及考古盲盒、巩义香包等163 件文创产品相继展出。河南博物院文创产品先后入驻 TOPTOY 压轴潮玩集合点及加拿大大型超市、Tik Tok 海外社交平台。④ 2021 年 12 月,由河南博物院推出的首个 3D 版数字文创品"妇好鸮尊",上架后立刻被抢购一空。⑤

河南文创产品能够抓住并延续文化热点,以点带面,深刻挖掘地方文化资源,实施品牌战略,赋予文创产品充分的价值,而非单纯的旅游纪念品。但伴随文化热而来的,一方面是逐渐树立起的文化品牌意识,如"唐宫夜宴""唐小妹""神州门神""中国泥娃""龙门金刚""洛神水赋""墨舞中秋贴""有凤来仪"等多个商标被争先注册。另一方面,也要警惕文化产业发展造成的将文化视作利益

① "合自"公众号,《〈唐宫夜宴〉曝光 100 亿+惊艳海内外"唐小妹端午七趣"系列藏品即将登录合自文创》,https://mp. weixin. qq. com/s/gsHDbI1In70E9GUKtkUiAg,2022 年 5 月 18 日。

② Chinadaily, Henan gives history modern twist,https://www. chinadaily. com. cn/a/202208/01/WS62e74727a310fd2b29e6f84d. html,2022 年 8 月 1 日。

③ Archaeological blind-box craze sweeps 2021 Double 11 global online shopping festival,https://www. globaltimes. cn/page/202111/1238739. shtml,2021 年 1 月 1 日。

④ 新华网:《灵动仕女"豫"见法兰西 中原文创海外出圈》,http://www. news. cn/world/2022-06/09/c_1128727133. htm,2022 年 6 月 9 日。

⑤ 大河网:《河南文创何以频频"出圈"?》,https://mp. weixin. qq. com/s/OnbMtxe_wsW4HWPogeJVdQ,2021 年 12 月 17 日。

手段,哪个文化 IP 火就抢哪个的现象。实际上,在"中国节日"系列发展的过程中,就曾出现河南省博物院、河南广播电视台、郑州歌舞剧院、洛阳古都产业技术研究院有限公司等争抢"唐宫夜宴"商标的事件;①此外,"唐宫""唐宫小姐姐""唐小妹""洛神水赋""洛神"等文化 IP 均曾遭到多家企事业单位的争抢。②长此以往,可能会对地方文化向心力造成不良影响。

　　总的来说,自"中国节日"IP 开始,郑州文化创意产业新发展呈现以下特点:第一,节日晚会作为综合性的艺术形态,主动亲近不同文化、年龄圈层受众,更满足年轻一代对于传统文化的需求。比如:河南卫视跨越传统媒体的藩篱、以 B 站、知乎、新浪微博等流行社交媒体平台为主要交流阵地,充分采纳年轻一代的节日文化喜好。同时,以内容产出作为焦点,关注节目的叙事性与艺术性,不同节目间的系统性与连续性,建立起节日文化品牌。第二,节日文化与虚拟技术结合打破时空限制,为传统文化发展带来了新生机。通过虚拟景观、虚拟互动,以数字化重塑文化系统带来不同文化形态。《中国日报》网站中一篇文章中提到《唐宫夜宴》时,谈到过去人们担心数字技术会危及传统文化的表达,但事实上数字技术允许人们访问信息,获取视觉效果,从而避免了访问真实站点所造成的诸多问题。数字技术被视为创造力的缩影,也吸引了更多年轻群体前往博物馆、历史文化遗址,增强对传统节日、传统艺术的文化自信。③

　　正如《泰晤士报》所认为的那样,河南正在下一盘中国节日产业化大旗,"正在有意识、有计划、有步骤地通过晚会将'中国节日'打造成中国传统文化产业的超级平台,……为这一业态赋予了产业属性,甚至为省级卫视传统媒体转型升级找到一条创新性道路"④。

三、"华夏源头":构筑青年文化自信与华人文化认同

　　传统节日作为文化形态的重要环节,对民众的价值取向、身体践行、精神塑

---

① "品牌化"微信公众号:《河南卫视出圈,"唐小妹"很忙,夺嫡大战白热化》,https://mp. weixin. qq. com/s/4EDdu-gkLwMgQlT-IN9PSQ,2021 年 6 月 30 日。
② "圆呱呱知识产权官方"微信公众号:《〈洛神水赋〉惊艳全网,河南电视台申请注册多件相关商标》,https://mp. weixin. qq. com/s/K22zdrtmpGbsGiw07T_Axg,2021 年 7 月 10 日。
③ Chinadaily, Hui Ming, Youths' rising interest in culture welcome, https://global. chinadaily. cn/a/202112/27/WS61c8f1a8a310cdd39bc7d808. html,2021 年 12 月 27 日。
④ 《超越:河南台从偶然到必然的凡人之路》,《泰晤士报》,http://www. tlfptw. com/xinwen/20220201/3043. html,2022 年 2 月 1 日。

造、情感归属具有重要作用。从这个意义上说,传统节日不仅仅是一种仪式、一种生活方式,共享的传统节日,还意味着文化群体共享的文化认同感和归属感。传统节日在旧有文化模式的"脱域"后,在新的文化结构之中寻求"再嵌入"的过程,也是传统文化认同感和归属感重塑的过程。郑州地区传统节日振兴的重要成果之一就是将醇美厚重的中原、黄河文明导入青年文化生活,唤醒"华夏源头"的文化归属感认同感,增强当下都市青年的文化自信,尤其是海外华人的文化认同感。

1. "中国节日"爆火激发青年传统文化自豪感

"中国节日"的强烈反响体现为各方媒体的争相报道和评论。《人民日报》、《光明日报》①、中国新闻网②、《文汇报》③等多家媒体对"中国节日"进行了集中评论与广泛报道。面向海外群体的中国日报网在 2021 年《七夕奇妙游》④、2022 年《元宵奇妙游》、《清明奇妙游》⑤、《端午奇妙游》⑥等"中国节日"系列播出前夕,进行了广泛推介,并附上了 Facebook 及 YouTube 频道的直播链接。⑦中国日报网关键词搜索"河南卫视",相关检索文章有 700 余篇,主要以河南"中国节日"系列相关报道为主。

B站是中国广大年轻人当下最时髦的互动社区,火爆的流量数据意味着"中国节日"引发了年轻人的广泛关注。"2021 年元宵奇妙夜"在 Bilibili 视频播放平台的完整节目总播放量及单个节目播放量均达到百万以上,《端午奇妙游》

---

① 中新网:《文化类节目:渐进、渐悟、渐成》,http://www.chinanews.com.cn/cul/2022/05－04/9745744.shtml,2022 年 5 月 4 日;光明日报:《国风节目再出圈,中华优秀传统文化成文艺创新源泉》,http://www.chinanews.com.cn/cul/2022/02-23/9683723.shtml,2022 年 2 月 23 日。

② 中国新闻网:《中部河南文旅"出圈"观察》,http://www.chinanews.com.cn/cul/2022/04－06/9721362.shtml,2022 年 4 月 6 日;中国新闻网:《河南卫视"文化 IP 产业"何以火爆出圈?》,http://www.chinanews.com.cn/cul/2022/03-03/9690804.shtml,2022 年 3 月 3 日。

③ 文汇报:《"出圈"的国风正在完成沉淀和筛选》,http://www.chinanews.com.cn/yl/2022/03－01/9688744.shtml,2022 年 3 月 1 日。

④ Chinadaily,Henan TV show to celebrate magic of Qixi Festival,https://www.chinadaily.com.cn/a/202108/12/WS6114e109a310efa1bd66872a.html,2021 年 8 月 12 日。

⑤ Chinadaily,Qingming Festival Adventures takes audiences back in time,https://www.chinadaily.com.cn/a/202204/02/WS62481b93a310fd2b29e54e9f.html,2022 年 4 月 2 日。

⑥ Chinadaily,Adventures on Dragon Boat Festival 2022,https://www.chinadaily.com.cn/a/202206/02/WS62985a75a310fd2b29e60868.html,2022 年 6 月 2 日。

⑦ Chinadaily,Henan TV to stage Lantern Festival show,https://www.chinadaily.com.cn/a/202202/14/WS6209f280a310cdd39bc867b9.html,2022 年 2 月 14 日。

拥有 487.3 万播放量、《清明奇妙游》有 348.6 万播放量、《元宵奇妙夜》达到 228 万播放量,单个节目播放量如《唐宫夜宴》总播放量为 120 万,《七夕奇妙游》中的《龙门金刚》总播放量达到 292.4 万。从 B 站视频的弹幕和评论,也可以看出青年对"中国节日"的喜爱。比如,有诸多网友评论:

> 我真的很高兴河南卫视带头宣传国风之美,夯实文化自信。

> 看完整台节目我想说河南不愧中原正宗! 华夏源头! 整台节目大气磅礴,刚柔并济,共建包罗万象,时间跨越千年,源于河南却不止于河南! 我相信不管你是哪里的中华儿女都会深深震撼,产生发自内心的中华认同感!

> 怎么突然间河南卫视的节目这么美,这么创意十足! 怎么一点都不土了,以前一说河南卫视我只能想到《梨园春》和《武林风》,各种晚会也是有点"土"。但是今年河南春晚的《唐宫夜宴》惊艳到我,端午节,《端午奇妙游》特别是这个水下开场舞,震撼到了我。我才想起来,盛唐文化不只是在陕西。我们河南也有神都洛阳,富宋开封,说文化底蕴我们河南谁都不怕! 希望有更好更多的节目出现,让全国人民,全世界人民都知道,煌煌中原,老家河南!

> 在流量当道的现在,河南卫视的沉淀确实为大家提供了感受文化的窗口。

> 今天的河南不光要输出劳动力,输出人才,输出矿产,输出农产品。更要输出文化,输出自信,为漂泊在外的河南人撑伞,让所有看见听见河南之声的人都竖起大拇指:"河南,中!"

因为历史、经济等,郑州中原地区虽有"土风之美""礼教之醇厚",在某种意义上,也意味着文化保守,甚至"老土"不合时宜。河南以节日 IP 为核心内容打造文化品牌的战略举措获得巨大成功的标志,就是通过"中国节日"系列节目,让民众重新认识河南城市地方文化,逐渐确立并强化了中华文化源头的认同感——"中原正宗""华夏源头""老家河南"。"中国节日"迎合了当下青年流行文化中的国风美潮,在各种眼花缭乱的国风审美时尚中,它以中原、华夏源头之美与创意确立了国风美学的"正统"地位,从而赢得了一种文化归属感和自豪感。

2. 海外华人共享"老家河南"中国节日文化认同

中国传统节日的海外传播有利于形成海外华人的族群认同和文化认同感，郑州等河南城市在这方面工作也取得重要成效。随着我国综合国力的渐趋强盛，海外华人华侨数量的增加，节日传播媒介的多维度延伸拓展等多种因素影响，传统节日在东亚、东南亚、澳洲、欧洲、南美洲、北美洲及非洲等几大板块中，影响越来越大，且分别呈现出不同的历史现状、基本特征、影响力度及发展趋势。① 早前郑州乃至整个河南传统节日的海外传播，前期以民间同乡会、工商联合会作为主要组织形式，后期以政府经营、集资办会作为主要的运行模式。

在同乡会、商协会的组织历程中，都明确提到本社团自觉承担传承起河南文化的职责。以成立于 2014 年的澳洲河南同乡会为例，在其官网"同乡会介绍"一栏写着："弘扬中华民族和河南文化传统美德和价值观念，促进澳中科技、经济和文化的交流。"②而在同乡会、商会的活动中，节日常常作为社团重要的活动聚会时间点。美国河南同乡会于 2016 年 12 月在费城正式成立，2017 年正式注册，其建成之初旨在为联络组织在美河南同乡，给予应援救助，构建美国与河南社会组织网络。同年元宵节，河南籍华人在费城组织节日聚会。③ 2017 年 10 月举办重阳节聚会。④ 除共享的传统节日外，具有地方特色的节日文化记忆在海外仍旧被延续承袭。2021 年临近三月三时，由全英河南同乡联谊会暨英国河南商会主办，中英科技创新平台承办，全英华人华侨中国统一促进会等多个在英华人社团及宗亲组织协办恭拜轩辕黄帝活动，开发 VR 和 AR 技术，以虚拟网络拜祖小程序，模拟恭拜黄帝场景，包括了上香、鞠躬等仪式。⑤

节日习俗表象符号在此期间，被有意地进行集中凝练、展演。如 2019 年 1 月，加拿大河南同乡会及河南商会在多伦多共同主办 2019 年迎新春戏曲晚会，

---

① 阮静：《中国春节海外传播研究》，《节日研究·第八辑·海外春节专辑》2013 年第 2 期。

② 澳洲河南同乡会，https://azhntxh. org/about/。

③ 河南日报：《河南老乡在北美　元宵之夜来相会》，https://www. henandaily. cn/content/fzhan/mlhnan/2017/0214/DEADI. html? youtui＝140F7C3A&from＝singlemessage&isappinstalled＝1，2017 年 2 月 14 日。

④ 《美国河南同乡会举办重阳节聚会》，见 http://gov. hnr. cn/sdzg/20171030/338449/，2017 年 10 月 30 日。

⑤ 《全英河南同乡联谊会》，英国河南商会，http://ukhenan. org. uk/index. php/news/113 - 2021 - 04 - 16，2021 年 4 月 16 日。

涵盖了武术,《刀马旦》等舞蹈,豫剧、粤剧、京剧等各类戏种。① 同时,还有对传统节日物象地追忆、直观呈现与具身性地体验,如在节日聚会中享用具有地方风味的日常饮食。2019 年圣诞节及元旦前,美国中西部河南同乡会在芝加哥太古广场总部大厅举办聚会,期间制作油条、道口烧鸡、葱油饼、麻酱凉面、锅贴、烙饼等。② 河南华人华侨表现出"勤奋实在、吃苦耐劳"的整体社群形象,在节日的海外传播中,以华夏炎黄子孙的角色自觉传承传播中国河南传统文化。而在后期政府经营传统节日中,延续了以炎黄子孙为主题的海外传播策略。

由政府经营、集资办会作为后期主要发力点的传统节日海外传播也取得了重要成果。2017 年 8 月 20 日发布的《河南省人民政府办公厅关于印发河南省"十三五"旅游产业发展规划的通知》提到,要在国际市场讲好"河南故事",牢固树立"河南·中国历史开始的地方"的整体旅游形象;积极发挥各类平台作用,利用多种宣传手段,全方位推介河南省旅游形象;发挥品牌引领功能,推出"老家美景""老家印象""老家味道""老家礼物""老家小镇""老家乡村""老家客栈"等系列"老家"品牌,形成支撑"老家河南"形象的旅游品牌体系;创新营销方式,强化线上线下结合、虚拟网络与实体服务对接,综合运用现代化传播手段,全方位宣传推介本省旅游产品和旅游目的地。③

从民间社团到政府、国家层面,河南通过构建国际文化贸易及人文旅游合作平台,在具体的跨国交流实践中,在强调"河南·中国历史开始的地方"文化原点同时,也潜移默化地塑造了对"老家河南"的情感依恋。

线上中国节日的全球传播获得了华人群体的广泛认同。以河南线上海外春晚为例,河南省 2022 年首次推出线上海外春晚,于 1 月 28 日在网络上正式播出,内容涵盖功夫、豫剧、杂技等具有中原特色的黄河文化元素。河南本土选送的节目与海外选送节目通过云端"同台"④,有中国侨网、中新网、映

① 《加拿大河南同乡会及河南商会迎新春戏曲晚会落幕》,http://canada. haiwainet. cn/n/2019/0128/ c3542311-31488680. html,2019 年 1 月 28 日。

② 王坚:《芝加哥河南同乡佳节之前隆重聚会》,搜狐网 https://www. sohu. com/a/361682357_403281, 2019 年 12 月 21 日。

③ 河南省人民政府网:《河南省人民政府办公厅关于印发河南省"十三五"旅游产业发展规划的通知》, https://www. henan. gov. cn/2017/09-06/249103. html,2017 年 8 月 20 日。

④ 大象网:《2022 年河南省线上海外春晚》,https://www. hntv. tv/yc/article/1/1487035303349403650? v =1.0,2022 年 1 月 29 日。

象网、大河网、大象网、华人头条等多个播放平台。其节目包括:

国内节目:

1. 盘鼓表演:《欢天喜地过大年》,开封市盘鼓艺术团,开封市祥符区西姜寨千人盘鼓队;

2. 舞蹈表演:《唐宫夜宴》,郑州歌舞剧院;

3. 少林功夫表演:《三宝学功夫》,少林寺三宝,释延淀,释延宇;

4. 武术表演:《少林少林》,中国嵩山少林寺武僧团;

5. 舞蹈表演:《淮水花桃情》,信阳师范学院音乐与舞蹈学院;

6. 太极表演:《天地之间》,河南省嵩山少林寺武术馆;

7. 客家童谣:《月光光》,洛阳群星舞蹈团;

8. 杂技魔术:《希望的田野》,平顶山宝丰;《鹰之翔　空中飞人》,周口金贵演艺集团;《字说》,漯河市杂技艺术中心;

9. 美食合集:《打卡豫菜》;

10. 戏曲联唱:宛梆《打金枝》选段,南阳内乡县宛梆艺术传承保护中心;豫剧《花木兰》选段,商丘市豫东调传承保护中心;

11. 街舞表演:《齐天大圣》,河南街舞文化艺术中心;

12. 武术表演:《尚武乾坤》,河南少林塔沟武校。

海外节目:

1. 新西兰克莱斯特彻奇,腰鼓舞《中国梦》;

2. 澳大利亚墨尔本,舞蹈《唐柳》;

3. 吉尔吉斯斯坦,歌曲《丝路彩虹》;

4. 意大利米兰,舞蹈《灯火里的中国》;

5. 歌曲联唱:加拿大,《我的梦》;英国,《老家在中国》;英国,《万疆》;

6. 海外青少年才艺表演:功夫少年、古筝、小提琴、滑冰;

7. 美国达拉斯,歌曲《亲爱的旅人啊》;

8. 华侨华人展演:智利,《欢度春节歌曲联唱》;加拿大蒙特利尔,豫剧《花木兰选段》;加拿大多伦多,秧歌《抬龙王》。

在跨国传统文化再造的过程中,对节日文化符号的选取,通常选择民众所熟悉的地方文化,如少林功夫表演等,以及与民众切身相关的文化,如客家童谣。河南作为黄河文化核心区,同时也是族群绵延的重要血脉源头,中国大多姓氏源于河南,客家人南迁的起点也在河南。节目的选择要具有即时性的视觉呈现、极易复制生产和极具民族符号性等特点。同时在海外节目中,充分接触、理解、接受他者的文化,在传统节日中允许他者文化主动展示,如海外青少年的小提琴、滑冰表演,提升了传统文化的接受度和认同感。上述所言郑州河南节日庆祝实践策略,包含了地方节日在应对私人与公共、母文化与异文化、民间与官方、地方与国家的过程中所形成的多重路径。也正是在这一过程中,海外华人民众不断深化节日文化内涵,传承传统节日文化。

2022 年河南春晚舞蹈节目《国色天香》被中国外交部发言人汪文斌在Meta(原 Facebook)平台推介,推荐理由为:"当古典诗歌遇上年轻的灵魂:传统文化在春节联欢晚会上以一种富有想象力的方式呈现。"《唐宫夜宴》《洛神水赋》等相继被各外交部发言人转发推荐。① 除本国外交部推荐以外,《洛神水赋》《丽人行》等河南卫视中国节日在海外中国驻卡塔尔大使馆 2021 年庆祝新中国成立 72 周年"云"招待会上获得推介。② "中国节日"成为海外河南郑州节日的重要文化符号,"中国节日"系列的海外传播,逐步上升为海外华人族群社会中的中华节日体系及节日实践现代传承的主要代表,建立起全球华人所共同理解、共享的华夏传统文化节日。

---

① 大象新闻:《中国外交部发言人汪文斌发推点赞〈国色天香〉》,https://www.163.com/dy/article/GV7S3K5A0550B6IS.html,2022 年 2 月 2 日。
② 大象新闻:《河南广播电视台中国节日系列节目再次火爆海外,获中国驻卡塔尔大使馆推介》,http://henan.sina.com.cn/news/2021-09-28/detail-iktzscyx6746126.shtml,2021 年 9 月 28 日。

第五章　西安传统节日传承与振兴调查报告

第一节　西安传统节日历史发展与形成背景

传统节日文化的形成并非一蹴而就,而是一个地区、民族乃至于国家在长期的生活演化和文化流传中不断凝聚与积淀而成的。从传统节日文化中我们可以清晰地观照到古代人民日常生活和文化生活的画面和场景,与他们在不同的时空感受相同的喜怒哀乐。西安作为十三朝古都,不仅历史文化悠久,当地的传统节日文化更是源远流长,甚至已经化入当地民众的日常生活与血脉记忆之中。西安作为丝绸之路的东方起点与核心区,当地的传统节日文化更加具有其独特的历史背景与节日特征。正如西北地区著名的民俗学者韩养民所言,长安是传统节日之都。[①]

一、古都气息与丝绸之路:西安传统节日文化生成的历史环境

传统节日文化既蕴含着当地的农业文明、生活状态和民俗信仰,也体现着中华民族早期的物质形态、生活状况和精神面貌。"在中国传统历史文化中,长安是'中国的芯片',是中国文明的破晓地,她不仅仅是周、秦、汉、唐的政治、经济中心,而且是古代文化遗产的中心,是秦兵马俑的故乡,也是古代节日风俗的重要上源,春节、元宵节、清明节、七夕节、中秋节……都从这里诞生,之后传遍

[①] 韩养民:《长安　传统节日之都》,西安地图出版社2016年版,第4页。

神州,扬名海内外。"①因此可以说,西安是传统节日文化的发源地,

"八川分流绕长安,秦中自古帝王州。"长安即是现在的西安,古时亦称镐京,在中国长达5 000多年的历史上,先后有十三个朝代选择建都于此,将西安打造为古代中国十分重要的政治、经济乃至文化中心,是名副其实、举世闻名的古都。从地理自然条件看,西安有着得天独厚的条件,位于黄河流域中部的关中盆地,南至北秦岭,北至渭河,东至零河和灞源山,西至太白山,幅员辽阔,也构成了两种截然不同的地貌:秦岭山地,高俊陡峭、巍峨壮观;渭河平原,一马平川、美丽富饶。西安属于暖温带半湿润大陆性季风气候,冷暖干湿,四季分明。特有地理与人文环境孕育了西安灿烂辉煌、鲜明耀眼、生生不息的历史和文化。

早在史前文明时期,西安就上演了人类进化的各种社会形态:旧石器时代、新石器时代母系氏族社会、父系氏族社会,远古人在这片广袤的土地上构建了西安人民生活形态的雏形。正因此,"西安所在的关中地区夙有'中华民族摇篮'之誉,不仅是中华民族的重要发祥地,也是整个亚洲重要的人类起源地和史前文化中心之一"②。西周王朝建立的时候,文王和武王以沣河为中心,展开了轰轰烈烈的政治、商业和文化的建设与管理。秦始皇结束了春秋战国以来五百年诸侯分裂割据的局面,建立了中国历史上第一个中央集权制国家。秦王朝为了加强中央集权,在西安和咸阳修筑了便捷畅通的交通网络,发展了商业,汇聚了全国各行各业的能工巧匠,许多工艺相比于其他地方都一马当先。秦王朝还积极发展艺术,收集了音乐歌舞的精华,建造了令中华民族骄傲的"世界第八大奇迹"秦始皇陵兵马俑,留下了西安卓绝的历史丰姿。

东汉和西汉时期的西安迎来了新气象,城市规模扩大,布局合理,街道宽敞,修建了城市供水系统和下水系统,方便了百姓的日常生活。与此同时,农业经济得到了更快速的发展,西安农田灌溉面积大幅度增加,居全国之首,发明了三角楼新农具,推广了"代田法"的农耕技术,冬麦成为最重要的粮食作物,成为全国最富足的地方。西安还建有古代最早的图书馆和档案馆,建立了最高学府"太学",学术气氛非常浓厚,出现了司马迁、董仲舒、刘向这样的大作家、大学问

① 韩养民、韩小晶:《中秋节》,西北大学出版社2007年版,第1页。
② 西安市地方志编纂委员会:《西安市志(第一卷)》,西安市地方志办公室在线版。

家,为西安留下了丰厚的历史遗产。公元前139年,西汉武帝刘彻派遣张骞出使西域,联络大月氏夹击北方的匈奴人。丝绸之路的开辟,不仅方便域外的物种如葡萄、苜蓿、石榴等引入中国,并在中国大量种植,而且也丰富了中国的文化,比如西域的乐曲、奇技方术也在长安流行开来。西域横吹胡曲传到长安后,被音乐家李延年改造为新声二十八解,成为汉代军乐;佛教也由西域传入中原地区,一批佛教高僧到中国讲经弘法,长安由此成为当时的佛教中心之一。魏晋南北朝是中国历史上的一个重大变化时期,在此期间,政治混乱黑暗,军阀混战和地方割据绵延不断,族群之间矛盾重重,人口频繁地迁徙,西安处于斗争中心,经济和文明都遭到严重的破坏,但凭借着长期以来形成的政治、经济和文化的出类拔萃的实力,仍然坚挺着,并以自己的非凡影响力团结、融合着各族人民。公元581年,隋文帝杨坚取代北周建立隋朝,建都于西安,政治上采取了诸多措施巩固多民族的国家,经济上通过均田制和赋税制度恢复发展,宗教上恢复佛、道二教,修建了宏伟的大兴城,不仅是西安城里最重要的建筑,也在中国建筑史上产生了重要的影响。

唐朝建立后,把隋朝的大兴城改名为长安,并继续将长安作为都城。在唐朝,西安的建设得到了高度的重视:"首先,彻底完成了外郭城修筑工程,并给各城门修建了高大宏伟的城楼;其次,兴修了两座宫殿群,即大明宫与兴庆宫;再次,把曲江开发为风景名胜区,这里自秦汉以来就建有离宫别馆,唐在前代的基础上增建了宫馆,扩大了水域,完善了游乐设施,使其发展成为著名的旅游风景区;最后,兴建了许多佛寺、道观及其他外来宗教的寺庙,从而使长安成为全国的文化与宗教中心。"①因此,唐都长安经济繁荣兴盛,商品琳琅满目,展现了"四方珍奇,皆所积集"的盛况。长安还设立了当时最先进的教育设施,除了最高学府国子学、太学、四门学外,还有培养各类人才的专门学校。唐代的长安文化灿烂辉煌,驰名世界,涌现出了李白、杜甫、白居易、柳宗元这样的文学家;柳公权、颜真卿这样的书法家;阎立本、吴道子这样的画家。唐都长安以宽广博大的胸怀、兼容并蓄的精神扬名于世,连接着东方和西方,是中华文明史上那颗最璀璨的明珠。来自中亚、西亚、南亚和欧洲的动物、植物、织物、矿物、食物、金银

---

① 黄留珠、杜文玉:《西安十三朝》,西安出版社2013年版,第319页。

器等物品也大量输入中国,唐朝也将丝绸、瓷器、茶叶、香料、宝石等输送到中亚、西亚和欧洲国家,唐时已有数万胡人居住在长安城中,你来我往的交流交融让长安留下了独特的遗产,增添了长安永不磨灭的魅力。

唐朝覆灭之后,五代十国登上了历史舞台,但长安从此再也没有成为都城。在长达上千年的都城生涯中,它不断地被开发又不断地被摧毁,周围的生态环境遭到极大的破坏,农业产量剧减;人口的急剧增加,使得长安及其周围的地区都无法承担如此重担;随着江南的开发,长安的地理位置也不再适合统治的需要。都城的改变,使得长安此后的发展迟滞缓慢:"自唐亡以后直到清代末年,长安实际是处在长期停滞状态之中。"[1]

洪武二年(1369),西安名称首次在历史上出现。崇祯十七年(1644)二月,李自成率领百万大军,从西安出发,由韩城龙门渡黄河,长驱北上,到三月中旬,起义军包围燕京,摧毁了明朝的反动统治,但由于李自成在西安时间较短,并未留下多少遗址和遗物。一直到清朝末年,封建统治被资本主义的洪流冲击得土崩瓦解时,西安的历史面貌才发生了一些变化:通信方面有了电报局和邮政局;商业方面,出现了售卖洋货的商店;教育方面,有了师范学堂、关中大学堂、女子师范学堂等,新出现的事物也在慢慢地改变着人民群众的思想观念,越来越多的人要求积极进步,要求改变落后的政治面貌。新中国成立后,在中国共产党的领导下,西安这座古老的城市焕发出前所未有的生机与活力,尤其是"一带一路"的建设,不仅重现了丝绸之路的繁荣,更让西安肩负"探索一个内陆国家中心城市全面打造开放型创新经济体与国际化大都市、代表中国展现新时代世界城市的恢弘气魄与发展活力、为中国改革开放第二个四十年开辟新空间新模式新机制新形式的重大使命"[2]。

二、西安传统节日文化的特点

作为十三朝古都,西安地区深厚的历史文化并未随着时代的发展而消逝,反而在民间得到了较好的传承。以传统节日为例,至今的西安仍旧保留着丰富多彩的传统节日习俗,如贴春联、闹元宵、清明扫墓、七夕乞巧、中秋赏月、重阳

---

① 武伯纶:《西安历史述略》,陕西人民出版社1979年版,第272页。
② 网易新闻:《为什么说"一带一路"看西安》,2018年12月30日报道。

登高、吃重阳糕等,依旧是当下传统节日中十分重要的节日习俗。立足于西安曾经的历史地位及文化传统,结合当下仍旧在传承的传统习俗,我们可以发现西安的传统节日文化有着如下几个方面的特点。

首先,深受秦汉时期思想的影响。在秦汉时期,中华文化实现了一次大融合。春秋战国时,政治风云变幻,诸子百家纷纷著书立说。在百家争鸣的论战中,儒家思想最终脱颖而出,登上历史的舞台,并成为中华民族日后发展的文化主流和核心思想,对中国的历史产生了深远的影响。秦始皇在武力统一六国后,建立了大一统的中国。秦朝本想在文化上采用法家的思想整合诸子百家,但却因焚书坑儒的政策并没有达到整合的目的。一直到汉代,董仲舒向汉武帝献言,请求"罢黜百家,表彰六经",最终构建了一个新的儒学体系。正如有的学者所言:"实际上董仲舒的儒学已经在先秦和汉初儒学基础上进行了重构,以儒学为本,同时吸收了道家、阴阳家、法家等思想,构成了一个博大精深的思想体系。"①秦汉文化虽然糅合了多种文化元素,但内在还是以儒家文化为主,这也是西安传统节日文化的一大特征所在。作为十三朝古都,西安的春节、元宵节、清明节、七夕节、中秋节这些传统节日深受儒家文化的浸润和影响。在儒家思想中,"礼"是一个核心概念,是周族从父系家长制时代以来逐步形成的典章、制度、仪节、习俗等,要求人们遵守一定的道德规范和生活准则,也要求大家对身份高低有正确的认识,并在为人处世中遵守这种社会秩序,西安的传统节日文化中处处都透露着礼的规范:"及至当今,传统节日礼仪在西安以完整的礼仪程序、规格历代传承并普遍流行。正月十五吃元宵,猜灯谜,赏灯;清明节吃冷饭寒食,扫墓祭祖,踏青插柳;端阳节吃粽子,喝雄黄酒,赛龙舟;中秋吃月饼,赏月;重阳节登高,赏菊,插茱萸;腊八吃腊八粥;冬至,辞岁吃饺子;除夕守岁,放鞭炮,贴春联,拜年等。同时西安人对于宴席上的座次,上菜的顺序,劝酒、敬酒的礼节,也都有社会往来习俗中男女、尊卑、长幼关系和祈福避讳上的要求。"②"仁爱"是儒家思想的核心,《论语》中多次提及仁:"仁者爱人"③等,儒家思想中

---

① 黄尚明:《论秦汉文化整合的历史进程》,《社会科学动态》1998 年第 11 期。
② 李茜:《弘扬传统节日礼仪文化　彰显西安当代城市价值》,《延安教育学院学报》2008 年第 2 期。
③ [清]阮元校刻:《十三经注疏　清嘉庆刊本·十　论语注疏·卷第九·子罕第九》,中华书局 2009 年版,第 5407 页。

的"仁爱"以家庭关系为出发点,体现血缘关系的爱。西安传统节日中"团圆"就是"仁爱"的表现。西安过年时大年三十晚上要全家团聚在一起吃热腾腾的团圆饭;元宵佳节要全家团聚吃香甜的元宵;中秋时全家人分享月饼,有几个人就要将月饼切成几分,没有回家的人也要帮他留上一块,这些都是产生于家庭内部的人性的爱的表现,是人的善良美德达到的最高境界。"孝悌"在儒家思想中占有着重要地位,《论语·学而》中对孝悌有具体的论述:"其为人也孝悌,而好犯上者鲜矣。不好犯上者,而好作乱者,未之有也。君子务本,本立而道生。"①意思是说,为人孝悌的人,极少有忤逆父兄的,而从来还没有见过极少忤逆父兄的人会犯上作乱或违反其他纲纪。所以,孝悌是君子立身的根本,也是奉行儒家思想的重要前提。西安的传统文化节日中处处流淌着孝悌的思想。时至今日,在西安部分家庭中,仍然保留着家祭的仪式。在清光绪十年修的《高陵县续志》中有关于家祭仪式的详细记载:"庶士家祭之礼,于寝室之北为龛,以版别为四室,奉高曾祖,皆以妣配,南向,前设香案总一。服亲男女成人无后者,按辈行书纸位祔食,男女东西相向,事至则陈,已事焚之,不立版。岁以春夏秋冬节日出主而荐,粢盛二盘,肉食、果蔬之属四器(庶人荐果蔬新物,每案不过四器羹二,饭二)。前期,主人及与祭者咸致斋。荐之前夕,主妇盛服治馔于房中。其日夙兴,主人吉服,率子弟设香案于南,燃烛置祭文,于堂北设供案二,昭东穆西,均以妣配,位均南向;设祔案于两序下各一,男东女西,东西向。主人以下盥,奉木主设于案,设祔位于两序案讫,主人东阶下立,众各以行辈东西序立。主人诣香案前上香毕,率在位者一跪三叩,兴。主妇率诸妇出房中,荐匕箸,醯酱,跪叩如仪,退(县俗,妇人不与祭)。子弟奉壶,主人诣神案以次酌酒荐熟讫;皆就案前跪叩,兴。子弟荐拊毕,主人跪,在位者皆跪。"②烦琐的家祭礼仪无不体现着对家族中先贤的敬仰和怀念,对祖先尚且如此孝敬,那么对在世的长辈则更要敬爱,让家族更加繁荣昌盛地绵延下去。"不孝有三,无后为大"是"孝悌"观念的延伸。在清明节时,西安地区的民众将鸡蛋、鸭蛋、鸟蛋这些禽蛋煮熟并涂上缤纷的颜色,命名为"五彩蛋",并将其投入河流之中令顺水而流。当

① [清]阮元校刻:《十三经注疏　清嘉庆刊本·十　论语注疏·卷第一·学而第一》,中华书局2009年版,第5335页。
② 《(光绪)高陵县续志》,爱如生中国方志库,光绪十年刻本,卷三。

下游的人捞到蛋后,如食用便可怀孕。从这些神奇的求子习俗中,我们便能对孝道情怀可见一斑。

其次,受神话传说的影响较大。神话故事起源于原始时期,这时候人类认知水平低下,对自然现象无法做出科学合理的解释,只能借助幻想征服自然,神话中的人物都具有超人的能量,是原始人类的愿望的理想化状态。如果说神话以神为主,传说则以人为主,是在民间广泛传播的故事,因为是口耳相传,所以在传播的过程中可能会加入虚构和想象的内容。先秦时代已出现大量的神话传说,汉代则崇尚谶纬迷信,神话故事流行,大量源于长安的节日习俗势必会受到神话传说的影响。这些神话故事的情节、主人公等与传统节日相结合,不仅丰富了传统节日的内涵,更为西安的传统节日增添了文化特色。如春节时期祭拜的土地神、天神、龙爷等;张贴的门神;美丽的七夕故事;端午节系的五色丝带等都来自神话故事,祭拜的灶神爷、清明纪念的介子推、端午纪念的屈原等则来自传说。

再次,受到外来文化的影响。汉唐长安因为丝绸之路而崇高伟大,丝绸之路的开通和繁荣让长安接触到南亚、西亚、欧洲的经济和文化,并有选择地将各国的优秀文化融合进历史悠久的长安文化系统中,造就了长安多元性、包容性、开放性的城市气度。西安位于丝绸之路上十分重要的关口,繁忙的商旅过客不仅带来了世界各地的奇珍异宝,更带来了各地的独特文化,在商旅的货物交往中,文化也得以交融,并且影响到西安的节日文化。其中以佛教文化的传入最为显著。相传元宵节燃灯的习俗就受到佛教的影响和启示。商人与僧侣,是丝绸之路自古以来的两大群体,为了旅途的顺利,二者通常结伴而行。商人为僧侣提供物质基础,僧侣则为商人提供精神保障,由此使佛教成为丝绸之路上最为重要的宗教。东汉明帝提倡佛教,听说佛教有正月十五日观佛舍利、点灯敬佛的做法,就命令这一天夜晚在皇宫和寺庙里点灯敬佛。此后,这种十五燃灯的习俗流入民间,逐渐形成元宵节点灯的传统。此外,作为中国传统节日的七夕,也出现了供奉土偶泥人磨合罗的习俗。磨合罗在佛经中属于天龙八部神之一,这种用泥土制作的人偶被称作"化生",谓供养祝祷后能够生育男孩,故成为当时赠送给年轻夫妻的节日礼物,后成为七夕时的儿童玩具。另有中秋节的月饼,相传并非中原固有,而是源于胡饼,即从西域传进中原的一种食物。

最后,从皇宫到民间,由上而下的习俗践行。很多传统节日习俗都源自秦汉时期,尤以汉代为甚。究其原因,有研究者认为,汉代是中国历史上继秦之后又一个大一统政权的鼎盛期,社会发展的同时为文化的多元发展提供了便利的条件,一些原本在皇宫举行的习俗活动慢慢渗透至民间,逐渐演化成民间节日,并一代代传承延续。如元宵节,开始于汉武帝、汉明帝宫中燃灯,发展到唐代时,长安的灯市气势宏大,正如张祜在《正月十五夜灯》诗中所描绘的那样:"千门开锁万灯明,正月中旬动帝京。三百内人连袖舞,一时天上著词声。"①到明代时,家家户户都悬挂漂亮多姿的彩灯。乞巧是七夕节最重要的活动,唐玄宗为此建造了一座壮观的"乞巧楼":"在楼上陈列瓜果酒炙,摆设坐具,以祭祀牵牛、织女二星。赐给宫中嫔妃九针孔、五色线,在月光下穿过者为得巧。乞巧后,演奏清赏妙曲,欢宴达旦,以至城中士民之家都纷纷效仿,成为一时风尚。"②再如中秋赏月,也是民间追随宫廷:"唐玄宗时,例于八月十五夜于宫中赏月,举办乐舞宴席,民间相效,形成中秋赏月之俗。"③春联的撰写和张贴也是从后蜀皇帝孟昶开始的,然后再流传到民间。

发源于长安的传统节日文化在形成和演化的过程中,深受秦汉文化、神话传说和外来文化的影响,在传承过程中形成了从宫廷到民间的不断传承与互动,这些传统节日习俗凝聚了长安人民的生活智慧和审美品格,寄托了人类早期避祸求福、向往美好的心愿,承载了中华民族的文化血脉和民族精神。

第二节　西安地区主要传统节日的习俗活动

一、春节

在中国多姿多彩的节庆中,最盛大、最热闹、最隆重的佳节非春节莫属。很多学者认为,春节形成于汉代长安:西周建都长安丰镐两京,周朝称"年",认为"年"之称呼始于西周时期的陕西。中国有阴历、阳历之分,阴历正月初一叫"春节",阳历正月初一叫"元旦"。中国人更重视阴历,阴历也称农历。这个传承久

① [宋]洪迈撰,孔凡礼点校:《容斋随笔·卷九·25 张祜诗》,中华书局 2005 年版,第 124 页。
② 韩养民:《长安　传统节日之都》,西安地图出版社 2016 年版,第 66 页。
③ 张永禄:《唐都长安》,三秦出版社 2010 年版,第 300 页。

远的历法,基本上是在二千年前西汉时确定的。就是汉武帝时,经陕西韩城人的"史圣"司马迁提议并参与,和落下闳、邓平等人在都城长安改《颛顼历》而另制的《太初历》。《太初历》亦称汉历,以夏历正月为岁首,并把二十四节气订入历法,以反映季节。"节"为月之始,"气"的最后一日为月之终。所以第一个月之始的节气"立春",春与节组合在一起就被叫成春节了。① 由此可见,西安至少从汉代开始就过春节了,西安人从进入腊月开始就为春节做准备,一直延续到正月十五结束,前后持续 40 多天,而且将春节发扬光大,影响到国内不同民族。

在吴钢主编的《全唐文补遗》中,收录了一篇名为《元正赋》的文章,根据其内容我们可以对唐代时候的西安春节习俗有一定的了解,其原文为:

> 若夫四时定岁,三元启正。无许都之日蚀,值荆州之雪平。风云淑畅,宇宙融明。磔鸡厌疫,悬羊助生。赵国则庶人鸠献,汉郡则治中鹤惊。尔其帷灯夜警,斋筵夙设。送终奉始之仪,饯二延三之节。土风则白鹿为娱,斗柄则青龙主悦。正容端表,门新户洁。况复春来气序和,家家少长相经过。正朝参贺密,年前嫁娶多。小妇装金翠,游童盛绮罗。椒花颂逐回文写,柏叶樽宜长命歌。遥忆二京风日好,王城正殿年光早。旌旆晔晔千门路,冠盖纷纷两宫道。天子拜安平,储官迎太保。大农问饮食之节,尚书奏会朝之草。酒则渌醽新加,饭则彫胡始造。逼侧骈填威仪,折旋乐调。乐调百戏,觞称万年。西京马骑和钟鼓,东国鱼龙杂管弦。日斜班束帛,彤闱暗将夕。但愿皇家四海平,每岁常朝万方客。别有故园人,独守寒乡春。昨夜竹声惊百魅,今旦桃符安四邻。岁酒轻三老,年盘贵五辛。老夫无所欲,光阴苦难足。试看蛰燕何日还,坐望归鸿已相续。莫愁来岁晚,但恨前途促。年年岁岁有元正,何年何岁罢逢迎。聊献雀而相贺,且吞鸡而自营。取长乐往,栖方太平。何必观后幛之纱纬,仰皇帷之织成。辞御床而表德,坐重筵而发名。②

由此可见,唐代时的西安春节就已十分热闹。与此同时,人们还会在一年

① 朱文杰:《春节源流长安说》,《陕西交通报》第 1849 期。
② 吴钢主编:《全唐文补遗　第九辑·赋·王绩·元正赋》,三秦出版社 2007 年版,第 1 页。

一度的春节来临之际,与三五好友相聚在一起,饮酒吃饭,共同感慨时光的流逝与匆匆。除了上文所提到的唐代西安的春节习俗,自唐之后,地处西北的西安,其行政归属不断变化,自唐至当代以来,春节期间的习俗不断丰富,主要包括以下几方面的内容。

(一)吃五豆

吃五豆是西安地区进入腊月以来的特色习俗。在腊月初四的晚上,取大豆、黄豆、绿豆、豌豆、豇豆等五种豆类放在清水里浸泡。到第二天早晨,主妇们用这五种豆类加米后煮成豆粥。西安民间有"吃了五豆就糊涂"的说法,意思是说一家人辛勤劳动了一年,尽管平日省吃俭用,进入腊月要过年了,人们会犯糊涂大把花钱。此外,五豆还寓意着五谷丰登,包含着民众对来年庄稼能够丰收的美好祈愿。也有西安人说"腊月初五吃五豆,妖魔鬼怪闻风走",他们将五豆粥称为"五神会",集天、地、圣、师、神于一起,有驱邪扶正之意,寄托着大家对美好生活的向往。

(二)吃腊八粥

俗语说,"腊八粥,吃不穷,吃了腊八有收成"。在这个寒冷的时日里,喝上一碗热气腾腾的腊八粥,不仅可以驱寒保暖,增加身体御寒能力,还能预防寒邪外感,调理肠胃,起到延年益寿、保健养生的作用。腊八粥口味不一,根据个人口味有咸甜之分。在西安,甜味腊八粥用粳米、豆子(芸豆最好)、大枣、长生果、莲子等合煮,煮的时间越长、越稠越好,但火不能太大,腊八粥将熟时再加入白糖。想吃咸味的也可放些肉丝、盐,煮成咸味腊八粥,旧时称为肉糜。旧时候的西安城里,肉糜不仅自己吃,还要拿出一些浇在果树根部,这样可以让树木来年结果累累。据《西安府志》中记载:"腊八日,煮肉糜抛花木,俗谓不歇枝。"[1]这实际指的是给果树上肥,因为"腊月一尽,树木萌发",此时正是需要给植物施底肥的时候。配腊八蒜的小菜是腊八蒜,平日里为了防止醋生白花变味,会在醋瓶里放几头大蒜。一年里任何时间给醋瓶里放蒜都无异常,只有到了腊八前后,被醋泡过的大蒜就会变成翠绿色,这被西安人俗称为"腊八蒜"。

(三)祭灶神和打烟牮

在西安当地,将农历腊月二十三称为小年,这一天最重要的习俗便是祭灶

---

① 《(乾隆)西安府志》,爱如生中国方志库,清乾隆刊本,卷七十四。

神。西安人在小年这天用灶糖祭拜灶王,把烧熔了的糖蜜抹在灶王嘴巴上,博得生活美满的彩头。灶糖是用大麦熬制成的,一般做成大小不同的圆形或椭圆形。这种糖吃起来既甜又粘牙,献给灶爷上天去吃,意思是让灶爷把牙粘住,到天宫后少说人间坏话,俗话说"灶爷上天,好话多说坏话免言;少下米多做饭,人来客去吃不断",也有人说"上天言好事,回宫降吉祥"。除了灶糖,还要做灶饼,西安人也叫做"灶爷饦",是用上等麦面粉做成的,形状圆扁形,有用芝麻盐做馅的,也有用糖饴做馅的。灶饼的多少根据家中人口和主要亲属的人数多少而定。祭灶时,要把每个灶饼掐下一小粒,集中起来,在灶堂前烧去,这就是灶爷上天宫去的干粮了。在腊月二十三那天,西安人还要打烟牟,就是打扫自家房屋前前后后、里里外外的卫生,把一年沉积下来的灰尘、蜘蛛网打扫干净,把家里的家具、用品洗干净,换上新的灶爷灶婆的画像,以崭新的面貌迎接新年的到来。

(四) 祭祀

西安过年时要祭拜祖先,据《咸阳县志》记载:"元日鸡鸣,列香案、牲果,祀天神,拜祖先毕,尊卑长幼列序称寿,既乃出拜亲友,交相称贺,饮食宴会。"[1]家家户户在年三十晚上或年初一的早晨,放上祖宗牌位,设立香案,献上贡品,顶礼跪拜,同时也要祭拜家宅六神,即土地神、天神、龙王爷、灶王爷、仓房爷、牛(马)王爷,俗语"晨昏三叩首,早晚一炉香"说的就是祭祀的情况。这种祭祀发展到现在,仍然是相同的样式,在《长安的祭祖文化》一文中,记载着当下春节祭祀的情况:"到了腊月三十下午,家家户户放炮接神,实际上就是接祖宗灵位。这天下午,几乎每一家都要在家中堂屋摆上方桌或条桌,上边摆上果盘、蜡烛、香表;再摆上前边所说的那个龙凤呈祥的花馍。有神轴(即这个家十几代的祖宗名讳),以代排列的裱好的挂轴,有的上面还有裱的活容祖宗像。裱的水平有高有低,有的是绢裱,有的是纸裱……有神轴的挂神轴,没神轴的摆神匣——祖宗灵位,即木制立匣中间竖有"供奉×××之神位",一个桌上可摆多个神位。同样也是摆着果盘、蜡烛、香表、花馍。果盘有果盘架,有的是刻花的,有的是直立的。盘子中放着点心、水果苹果、梨子等,再穷的家春节祭祖也要给祖宗摆些

---

① 《(乾隆)咸阳县志》,爱如生中国方志库,清乾隆十六年刻本,卷一。

干果。这就是长安农家人所说的'宁穷一年，不穷一节'的来由。"①祭祀在一段时间内又演化为"送亮"。黄昏时分，要给家里的老先人（故去的祖宗或长辈）或故去的亲人去"送亮"，在坟头前，拔几把荒草、捡几颗碎石，然后用纸糊上两个灯罩，用树枝撑开，放置在坟前两侧，把蜡烛或者煤油灯放去点燃，然后敬上几炷香，磕上几个头，燃一串鞭炮，化数叠纸钱，一切的追思和怀念尽在这一切的举动中，过年了，还有故去的先人和亲人需要记住。

（五）守岁

大年三十晚上，西安人最重要的就是一家人团团圆圆、热热闹闹地吃上一顿年夜饭，无论是帝王贵族家还是普通百姓家，这是一年之中最丰盛的一餐。班固的《东都赋》中记载了汉代宫廷里的豪华年夜饭："庭实千品，旨酒万钟，列金罍，班玉觞，嘉珍御，太牢飨。"②唐五代时，宫廷里汇聚了来自各地方的山珍海味，"天涯致重译，西域献奇珍"③。汉时，大家会喝椒柏酒，将椒花、柏叶泡入酒中，达到驱寒祛湿，百病皆除的功效；魏晋之后，除了椒柏酒，大家还饮用屠苏酒，用布袋装上许多味药材，然后浸入酒中，起到强身健体的功效。从明清开始，平民百姓会围坐在热炕上一起包饺子，面皮用精细的麦面，馅儿则根据家庭条件来采办，条件好的用猪肉羊肉和韭黄韭菜，贫寒人家则用红白萝卜和豆腐，饺子要包成元宝形，意味着招财进宝，在大多数人的心目中："饺子与'交子'谐音，新年开始的时辰是'子'时。而子在俗信中与鼠相连，鼠是多子多孙的象征，故此时吃饺子有祈求神灵赐福多子多孙家业发达的含义。人们还常常会在饺子中包一枚铜钱，谁若吃到则预兆其在新的一年中会有好运气。"④吃完年夜饭后，一家人团圆在一起共同守岁，即是等候新一年的到来。守岁是西安最重要的年俗活动之一，守岁之俗由来已久。据考证，最早的文字记载可见于西晋周处的《风土记》："蜀之风俗，晚岁相与馈问，谓之'馈岁'。"⑤民间传说中的"年

---

① 《长安的祭祖文化》，2020 年 11 月 3 日，http://www.360doc.com/content/20/1103/10/72242054_943838109.shtml。

② ［南朝宋］范晔撰，［唐］李贤等注，中华书局编辑部点校：《后汉书·卷四十下　班彪列传第三十下·班固》，中华书局 1965 年版，第 1364 页。

③ ［唐］徐坚著：《初学记·卷第十四　礼部下·朝会第四》，中华书局 2004 年版，第 347 页。

④ 陕西省文明办：《过好我们的节日》，陕西新华出版传媒集团 2016 年版，第 7 页。

⑤ ［清］顾禄撰，来新夏点校：《清嘉录·卷十二　十二月·送年盘》，中华书局 2008 年版，第 206 页。

兽"会在除夕夜出来吃人,于是大家彻夜不眠,以保持警惕。年长者守岁为"辞旧岁",有珍爱光阴的意思;年轻人守岁,是为延长父母寿命。守岁当然不是枯坐在那里等候新年来临,无论大人小孩,都伴有种种不同的娱乐游戏,或是宴饮。这些活动在当时的诗句中便可见端倪,如杜甫《杜位宅守岁》诗:"守岁阿戎家,椒盘已颂花"①;储光羲《秦中守岁》诗:"阖门守初夜,燎火到清晨"②,"椒盘""燎火",都是守岁时特有的娱乐或宴饮习惯,唐太宗李世民非常喜欢守岁,并写了诗歌《守岁》:"暮景斜芳殿,年华丽绮宫。寒辞去冬雪,暖带入春风。阶馥舒梅素,盘花卷烛红。其欢新故岁,迎送一宵中。"③表达了宫中除夕夜花团锦簇的气氛。年三十夜里交子时,也有西安人去烧香,期望获得来年的幸福:"会有人去寺庙(城隍庙、关帝庙、土地庙、八仙庵等)'烧头香'(新年的第一炉香)、'放头炮',俗信这样会得到神灵的欢欣而交好运、有福气。农村的村社(是以居住地域划分的祭祀性组织)会敲锣打鼓以'铳子'(一种可发出巨响的铁筒土炮)开路,争先恐后去神庙烧香、放炮,争抢头炷香的场面十分热烈。"④西安人守岁最不可或缺的是红蜡烛,当然,富贵人家和平民百姓用的红蜡烛还是有着很大差距的:"富贵人家,守岁烛大如'椽',置于寝室,通宵达旦,明如白昼,一直燃到翌晨天亮。寒门小户人家,也要点一枝细烛,灯火如豆,但求终夜不灭就行了。"⑤

(六)拜年

大年初一——早起床后,西安人开始放炮、祭祖、拜神,换上漂亮的新衣服,开始春节里最重要的活动——拜年。通过拜年,大家互相祝贺新年、交流沟通、增强亲朋好友间的情感联系。年初一的拜年在父系家族中展开:"阖家团圆的"阖",有关门的"门",意思是不允许出门,父系血脉之外的人不允许进来。这一天的拜年,是以父系血脉为核心的。"⑥大家向本家族中长辈去祝贺新春,互道吉祥话,长辈还给幼辈事先准备好的用红纸包住的压岁钱:"压岁钱可以压住邪

---

① [清]张溍著,聂巧平点校:《读书堂杜工部诗文集注解·诗集注解卷之一·杜位宅守岁》,齐鲁书社2014年版,第54页。
② [清]彭定求等编:《全唐诗·卷一百三十九·储光羲·秦中守岁》,中华书局1960年版,第1416页。
③ 吴云、冀宇校注:《唐太宗全集校注·诗赋编·诗·守岁》,天津古籍出版社2004年版,第77页。
④ 西安市地方志编纂委员会:《西安市志(第七卷)》,西安市地方志办公室在线版。
⑤ 李颖科、郭兴文:《节日长安·春节》,西北大学出版社2007年版,第20页。
⑥ 西安本地宝:《西安过年习俗有哪些》,2021年2月9日报道。

祟,因为'岁'与'祟'谐音,晚辈得到压岁钱就可以平平安安度过一岁。"①每家都备有烟、酒、糖果、瓜子、花生、柿饼、核桃等零食招待来拜年的人,大家围坐在一起说说笑笑,热闹非凡。从年初二开始,大家开始走亲戚,互相串门,互相拜年。"西安人过年十分讲究礼数,特别是对拜年的次序很有讲究,由亲而疏、由长而幼、由近而远,不能乱了规矩,把中国人的血缘关系反映得淋漓尽致。②"一般来讲,先去舅家和老丈人家,再去姑家和姨家,像刚出嫁的姑娘,必须在正月初二携新女婿一起回娘家,老闺女过年看望父母一般都是在年初三。走亲戚带的礼物一般都是包子、馒头,寓意五谷丰登。

(七) 闹元宵

1. 赏花灯

元宵节因为是新年的第一个月圆之夜,也称元夕、上元节。汉武帝笃信太一神,举办了很多纪念活动,尤其在正月十五祭奠时最为隆重。西安的学者以文字描述这一盛况:"从黄昏开始,通宵达旦,盛大的灯火,加上夜晚常有流星经于祠坛之上,从此形成了正月十五张灯结彩的习俗。③"唐朝时经济富庶,国力强盛,西安城每至元宵佳节,从皇宫贵族到贩夫走卒,都欢天喜地、积极踊跃地外出赏花灯。在唐朝人张鷟所写的唐代笔记小说集《朝野佥载》中就有关于元宵节的记载:"睿宗先天二年(713)正月十五、十六夜,于京师安福门外作灯轮高二十丈,衣以锦绮,饰以金玉,燃五万盏灯,簇之如花树。宫女千数,衣罗绮,曳锦绣,耀珠翠,施香粉。一花冠、一巾帔皆万钱,装束一妓女皆至三百贯。妙简长安、万年少女妇千余人,衣服、花钗、媚子亦称是,于灯轮下踏歌三日夜,欢乐之极,未始有之。④"《开元天宝遗事》一书也有描述:"韩国夫人置百枝灯树,高八十尺,竖之高山上,元夜点之,百里皆见,光明夺月色也。⑤"《明皇杂录》载玄宗"每正月望夜,又御勤政楼,观作乐。贵臣戚里,官设看楼。夜阑,即遣宫女于

---

① 陕西省文明办:《过好我们的节日》,陕西新华出版传媒集团 2016 年版,第 8 页。

② 西安本地宝:《西安过年习俗有哪些》,2021 年 2 月 9 日报道。

③ 李颖科、郭兴文:《节日长安·春节》,西北大学出版社 2007 年版,第 58 页。

④ [唐]张鷟撰,赵守俨点校:《朝野佥载·卷三》,中华书局 1979 年版,第 69 页。

⑤ [五代]王仁裕撰,曾贻芬点校:《开元天宝遗事·卷下·天宝下·百枝灯树》,中华书局 2006 年版,第 55 页。

楼前歌舞以娱之"①。由此可见,唐代的元宵节庆典活动达到了巅峰,晚唐的李商隐,听说长安要举办盛大的灯节,但自己不能前去观赏,感到遗憾万分,于是写了《上元夜闻京有灯恨不得观》一诗:"月色灯光满帝都,香车宝马隘通衢。身闲不睹中兴盛,羞逐乡人赛紫姑。"②宋年间,元宵节流行白昼为市,夜间赏灯,赏花灯、猜灯谜、杂技、歌舞演出等活动是元宵节民俗活动的重头戏。周密《武林旧事》卷二记载:"禁中自去岁九月赏菊灯之后,迤逦试灯,谓这'预赏'。一入新正,灯火日盛。……天街某茶肆,渐已罗列灯毬等求售,谓之'灯市'。自此以后,每夕皆然。……终夕天街鼓吹不绝。都民士女,罗绮如云。"③清朝时,花灯从正月十三一直挂到十七,百姓们热热闹闹过元宵。在后来的岁月中,每逢元宵佳节,西安家家户户挂上色彩缤纷、造型多样的花灯,小孩会成群结队地拉着龙、兔、狮、虎等各种造型的灯笼走街串巷,成为童年里色彩斑斓的记忆。

2. 送灯

西安在元宵节有一项特殊的活动——送灯,送灯也叫"送花灯",家里的姑娘新出嫁后,娘家在正月初八到十五期间送花灯给女儿家。一般情况下,娘家会送大宫灯一对,有彩画的玻璃灯一对,借此祝愿女儿家的生活幸福快乐,顺遂平安,如果女儿已有身孕,另外送一两对小灯笼,祝福女儿孕期顺利。也有夫妇新婚之后不婚不育,有着强烈的生子欲望,亲朋好友会在元宵期间送灯,因为"灯"与"丁"谐音,"送灯"即"送丁",祝愿他们早日绵延自己的子孙后代。

3. 社火表演

社火是一种民间艺术形式,"社"是在祭祀或节日里迎神赛会上的各种杂戏、杂耍的表演。"火"是红火、热闹之意。西安地区早在西汉、隋、唐及宋、明时代,就流行社火,集中在正月十五前后演出,每逢元宵,大家都自发组织社火表演,有龙灯、舞狮、芯子、高跷、竹马、旱船等样式,表演场所集中在城隍庙、东岳庙、药王庙、后土宫等地方。社火从表演时间上可以分为"白社火"和"夜社火",也有社火兼有白天和晚上。"白社火"大多数锣鼓、竹马、高跷、芯子等,白

---

① [唐]郑处诲撰,田廷柱点校:《明皇杂录·卷下·17唐玄宗大酺》,中华书局1994年版,第26页。

② [唐]李商隐著,聂石樵、王汝弼笺注:《玉谿生诗醇·正月十五夜闻京有灯恨不得观》,中华书局2008年版,第109页。

③ [宋]周密著,杨瑞点校:《武林旧事·卷第二·元夕》,浙江古籍出版社2015年版,第41页。

天黑夜兼可玩的有龙灯、狮子、高跷、秧歌儿、旱船等,夜里玩耍龙灯或舞狮时,会加上喷火、焰火、火鞭助力。西安的社火还有到乡里村中"巡演"的习惯,装扮成大家耳熟能详的故事、神话或历史中的人物,骑马或走路到自家村里表演,"有的社火队还进到村中人家的宅院中表演敲打,届时各村或各户人家会准备茶水、香烟、糖果等,招待来表演的社火队。不少人还放鞭炮迎接社火队,形成热烈喜庆的气氛"①。

4. 吃元宵

元宵是正月十五特有的食物,与平日里所吃的汤圆不同,元宵是用筛子摇成的一个个小圆球,其中并无馅料。圆形的元宵象征着一家人团团圆圆,幸福美满的日子。传说吃元宵的习俗也和长安有关:东方朔是汉武帝宠爱的臣子,幽默风趣又善良,一个冬日,他前往御花园赏梅,看到一个宫女投井,东方朔把她救起后,问明原因,原来宫女叫做元宵,进宫后非常思念长久没有见到的亲人,起了轻生念头,东方朔非常同情她并答应帮忙。东方朔摆摊占卜,所有人问卦的结果都是"正月十六火焚身",长安城一片恐慌,汉武帝向东方朔请教,东方朔回答:"长安在劫,火焚帝阙,十五天火,焰红宵夜。"解释说:正月十五晚家家挂灯吃元宵,城外百姓进城看灯,好似满城大火,以瞒玉帝。于是正月十五晚上,元宵双亲进城观灯,在东方朔的帮助下一家终于团圆。此后,便形成了正月十五吃元宵习俗。

二、清明节

(一) 扫墓

早在南北朝时,人们开始偷偷地在寒食节外出扫墓,唐朝时将这种行为合法化了,《唐会要》记载:"寒食上墓,礼经无文,近世相传,浸以成俗。士庶有不合庙享,何以用展孝思? 宜许上墓,用拜埽礼。于茔南门外奠祭,撤馔讫,泣辞。食余于他所,不得作乐。仍编入礼典,永为例程。"②渐渐地,扫墓从寒食节活动变为清明节行为。西安也不例外,上至君王大臣,下至平民百姓,每到清明节都要去祖先的墓地祭奠,给坟墓除草、壅土、修整,在墓前摆上酒食类供品,焚烧纸

---

① 西安市地方志编纂委员会:《西安市志(第七卷)》,西安市地方志办公室在线版。
② [宋]王溥撰:《唐会要·卷二十三·寒食拜埽》,中华书局1960年版,第439页。

钱,祭拜先人亡灵,寄托追悼和思念之情。康熙年间,《西安县志》记载西安地区仍然在清明时节:"装迭纸钱成筒,外号封识,谓之烧包。"①据《高陵县志》记载:"清明前二日为寒食,家长率子弟,妇女往祭坟,若有葬在去年者,则前一日祭,曰新坟。"②民国版《同官县志》记载:"新丧家多以是日(寒食)备酒馔、冥资上新坟,清明日,再备至祖先墓拜扫献新,并以五色纸剪长络悬树上,随风飘扬。"③

(二) 踏青

据考证,清明踏青郊游的习俗始于唐时的西安。清明时节,春光明媚,草长莺飞,风和日丽,最适宜踏青郊游。"早先,人们到水边去游玩采兰,以驱除邪气,后来逐渐演变成郊游踏青、水边宴饮,重在赏玩景物和饮酒作诗,其祭神沐浴的原意则慢慢消失了。"④清明节这一天,皇亲国戚和平民百姓都会聚集于曲江,成为历史上鼎鼎有名的盛事"举国盛游",人们或遨游观景,或饮宴赋诗,大家好不欢畅。盛唐国力昌盛,大家安居乐业,民间也非常盛行清明踏青,长安城中的士庶倾城出游,流连于桃红柳绿的春色中,有的则干脆留宿野外,愿意用更多时间精力去享受春日情趣。《开元天宝遗事》记载:"都人士女,每至正月半,各乘车跨马,供帐于园圃或郊野中,为探春之宴。"⑤讲的是长安妇女郊野春游,遇名花便在草地上设位,挂红裙于树枝,以为野餐的帷幔。踏春对于西安人来说,具有重要的意义,如果不去参加,会有很多遗憾的,就如白居易所言"逢春不游乐,但恐是痴人"⑥。

(三) 放风筝

清明时节,春和景明,正是放风筝的好时节,早在春秋战国时期,就已出现风筝了。大概到唐代末期,风筝发展成了一项大众化的娱乐项目,尤其清明前后,民间开始流行妇女儿童放风筝,这在唐代诗人唐采的《纸鸢赋》中有真切的反映:"代有游童,乐事末工。饰素纸以成鸟,象飞鸢之戾空。翻兮度,将振沙之

① 《(嘉庆)西安县志》,爱如生中国方志库,民国六年重刊本,卷二十。
② 《(嘉靖)高陵县志》,爱如生中国方志库,明嘉靖二十年刊本,卷三。
③ 《(民国)同官县志》,爱如生中国方志库,民国三十三年铅印本,卷二十六。
④ 李颖科 郭兴文《清明》,西北大学出版社 2007 年版,第 55 页。
⑤ [五代]王仁裕撰,曾贻芬点校:《开元天宝遗事·卷下·天宝下·探春》,中华书局 2006 年版,第 56 页。
⑥ [唐]白居易撰,谢思炜校注:《白居易诗集校注·卷第三十 格诗·春游》,中华书局 2006 年版,第 2336 页。

鹭。杳兮空,先渐陆之鸿。抑之则有限,纵之则无穷。动息乎丝纶之际,行藏乎掌握之中。"①社会演进到现在,放风筝仍然是男女老少清明时节的一项重要娱乐活动。2011年大明宫遗址公园内开始举办风筝节,民间风筝大师与风筝爱好者齐聚大明宫,特技表演、亲子涂鸦等异彩纷呈的节目轮番上演,为观众带来震撼的视觉盛宴。在2021年清明期间,大明宫国家遗址公园第十届风筝节拉开帷幕。在为期两天的风筝节中,亲子涂鸦风筝比赛、大师风筝秀、庆祝建党百年·风筝放飞专场贯穿了整个活动。活动还为现场观众准备了精美礼品,所有参与风筝节的游客和市民都可以将写满美好祝愿的祈福风筝挂在大明宫望仙三路街景上,让万千祝愿长久相伴。与此同时,大明宫国家遗址公园发起百名党员"进宫放风筝"活动,免费为党员现场发放建党100周年专属风筝,活动获得了游客及民众们的一致好评,不仅将传统节日很好地传承下去,更让民众深刻认识到其中的内涵。②

(四)插柳

清明时节,天气转暖,河边的柳叶正发芽。相传用清明时节的新鲜柳条可以辟邪除秽,因此西安的民众纷纷在清明节插柳戴柳。康熙版《西安县志》中记载:"插柳于门,取榆柳取火之意,顺阳气也。"③据佛经记载,恶鬼害怕柳树,因此人们用柳树可以保佑家宅永安。此外,柳树顽强的生命力还是多子的象征,人们用柳条插在头发上、家门口,希望能将柳树蓬勃的生命力影响到自己和家族身上,个人无病无灾,身体健康,家族永远人丁兴旺,繁荣昌盛。

(五)荡秋千

秋千最初被称为"千秋"。在汉武帝时期,"千秋"为祝寿用语,取自"千秋万寿",后来为避嫌,将"千秋"两字改为"秋千"。秋千作为娱乐工具,只需要将绳索牢固在木头或树上,下面架上踏板即可,制作起来非常方便,因此广受欢迎。据相传,天宝年间,每每清明之际,宫中都要竖立起多个秋千架,让嫔妃宫女们快乐尽情地玩耍。唐玄宗看得高兴入迷,因而呼之为"半仙之戏",意思是妃嫔宫女们把秋千荡得很高,环佩叮当,飘飘而下,宛若仙女从天而降。宫里的娱乐

---

① [清]董诰等编:《全唐文·卷九百五十三·唐荣·纸鸢赋》,中华书局1983年版,第9898页。
② 《纸鸢绕花海　大明宫国家遗址公园第十届风筝节浪漫启幕》,《西安日报》2021年4月5日报道。
③ 《(康熙)西安县志》,爱如生中国方志库,清康熙三十八年刻本,卷六。

传到宫外后,西安城普通民众竞相仿效,荡秋千风靡一时,杜甫诗中有一句"万里秋千习俗同"①就是唐朝荡秋千极为普遍的见证。

(六) 拔河

拔河运动最早可以追溯到春秋战国时期,当时被称作"施钩"或"牵钩",本是军营中训练士兵们力量的一种手段,后来演变成娱乐活动,为民间百姓所效仿。在唐玄宗时,正式成为清明习俗的一个重要组成部分。在唐代的拔河比赛中,一般用几十丈长的大麻绳,两头分系数百条小绳索,几百人分成两队,中间立大旗为界,旁边的观众擂鼓呐喊助威,场面热闹非凡。唐玄宗曾在清明时节的长安举办大规模的拔河比赛,大臣张说在《奉和圣制观拔河俗戏应制》记载:"今岁好拖钩,横街敞御楼。长绳系日住,贯索挽河流。斗力频催鼓,争都更上筹。春来百种戏,天意在宜秋。"②由此可见,这次比赛声势非常浩大壮观。

(七) 蹴鞠

蹴鞠据说是始祖皇帝为训练军队而发明的,这一说法是否可信,我们持保留态度,但可以确定的是,蹴鞠至少在战国时期就发明了,据《史记·苏秦列传》中记载:"其民无不吹竽鼓瑟,弹琴击筑,斗鸡走狗,六博蹋鞠者。"③由此可见,在战国时代,蹴鞠与吹竽、鼓瑟都是娱乐活动了,并且随着时代的发展,蹴鞠也在不断地发展。到西汉初年,西安宫苑里就修建了专门的蹴鞠比赛场所"鞠城"。到唐代时,西安主要在清明节开展蹴鞠活动,唐人仲无颜在《气毬赋》中描写当时人们玩蹴鞠的情景:"寒食景妍,交争竞逐,驰突喧闹,或略地以丸走,乍凌空似月圆。"④著名诗人王维在《寒食城东即事》也写道:"蹴鞠屡过飞鸟上,秋千竞出垂杨里。"⑤从这些文字记载可以看出,西安人在球场上尽情地追逐着,挥洒着热情与汗水,非常热闹。

---

① [唐]杜甫著,[清]仇兆鳌注:《杜诗详注·卷之二十二·清明二首·其二》,中华书局 1979 年版,第 1970 页。
② [清]彭定求等编:《全唐诗·卷八十七·张说·奉和圣制观拔河俗戏应制》,中华书局 1960 年版,第 944 页。
③ [汉]司马迁撰,[南朝宋]裴骃集解,[唐]司马贞索隐,[唐]张守节正义,中华书局编辑部点校:《史记·卷六十九 苏秦列传第九》,中华书局 1982 年版,第 2257 页。
④ [清]董诰等编:《全唐文·卷七百四十·仲无颜·气毬赋》,中华书局 1983 年版,第 7655 页。
⑤ [唐]王维撰,陈铁民校注:《王维集校注·卷七 未编年诗·寒食城东即事》,中华书局 1997 年版,第 589 页。

（八）清明美食

西安民众在清明节期间会做子推馍,相传为纪念介子推,故得此名。子推馍用发酵的白面加上红枣、黑豆等捏成,有燕雀、老虎、兔子等形状,蒸熟后馍馍栩栩如生,让人垂涎欲滴。西安百姓在清明期间还食用摊黄,摊黄是"将黄酒谷米面发酵后打成糊状,用小勺子将面糊均匀地摊在一个直径一尺多四面低中间凸出的铁鏊子上,然后用火烤熟,形成中间薄周边厚酸甜可口的软黄米食品"①。

三、端午节

（一）吃粽子

和全国其他地区一样,粽子也是西安端午节必不可少的食物。粽子的历史十分悠久,最早称作"角黍",如东晋范汪《祠制》中说"仲夏荐角黍"②,说的就是现在的粽子。据记载,早在春秋时代,用菰叶包黍米成牛角状,这就是粽子的早期形状。在端午节期间,西安百姓家家户户会包粽子,大多数用糯米和粽叶,也有人会用软谷米、红枣、豇豆和芦叶。唐朝时,西安的粽子除了用粳米外,还有栗子、大枣等配料,老百姓还会吃一种非常特殊的"百索粽子",即在粽子外面缠上许多色彩绚丽的丝线和编织着花纹的草索。相传在唐玄宗时,宫里还别出心裁地做出了"粉团粽子",并发明了射粉团的游戏。粉团很小,特别软滑,而且射粉团的弓也很小,力道比之于一般的弓自然小很多,所以要射中粉团绝非一件易事,对于眼睛和手臂力量控制的要求都非常高,这种射粉团的游戏一段时间内非常流行,甚至在《开元天宝遗事》中也有记载:"宫中每到端午节,造粉团角黍贮于金盘中,以小角造弓子,纤妙可爱,架箭射盘中粉团,中者得食,盖粉团滑腻而难射也。都中盛此戏。"③端午吃粽子的传统一直流传到当下,成为端午节十分重要的习俗。除了上文提到的粉团,西安还有一种蜂蜜凉粽子。据《酉阳杂俎》中记载:"庚家粽子,白莹如玉。"④这种粽子的制作方法比较特殊,既不用

① 腾讯新闻:《清明节到了,你知道陕北人在清明节都吃什么吗?》,2020 年 4 月 1 日报道。
② ［唐］徐坚著:《初学记·卷第四　岁时部下·五月五日第七》,中华书局 2004 年版,第 74 页。
③ ［五代］王仁裕撰,曾贻芬点校:《开元天宝遗事·卷上·天宝上·射团》,中华书局 2006 年版,第 29 页。
④ ［唐］段成式撰,许逸民校笺:《酉阳杂俎校笺·前集卷七·酒食》,中华书局 2015 年版,第 607 页。

粽叶包,也不包馅,只用糯米制成。在煮好后吃的时候,用线切成细片,放在碟子里,淋上蜂蜜和玫瑰酱,香甜可口,在唐中宗年间,它就是当时著名的"烧尾宴"①上的佳肴,那时叫"赐绯含香粽子"。后来长安城里逐渐出现了专门经营这种粽子的店铺,而且制作粽子的技艺已相当高妙,光形状就已经非常多了,就如《岁时杂记》记载的:"端午粽子,名品甚多,形制不一,有角粽、锥粽、菱粽、筒粽、秤锤粽。"②蜂蜜凉粽子已经成为西安的经典美食了,现在街头小巷很多店卖这种食物。相对于古代,现在的原料除了糯米,还有黑米,做出来的粽子更有嚼劲,让人念念不忘。

（二）赛龙舟

《隋唐嘉话》载:"俗五月五日为竞渡戏"③,各地都举行热闹非凡的赛龙舟活动,尤其是在民间,这项兼具竞争和娱乐的比赛深受大家的热爱。唐代时已经建立了严格的比赛规则,流传于民间的《竞渡歌》对此有详细的描述:"五月五日天晴明,杨花绕江啼晓莺。使君未出郡斋外,江上早闻齐和声。使君出时皆有准,马前已被红旗引。两岸罗衣破晕香,银钗照日如霜刃。鼓声三下红旗开,两龙跃出浮水来。棹影斡波飞万剑,鼓声劈浪鸣千雷。鼓声渐急标将近,两龙望标目如瞬。坡上人呼霹雳惊,竿头彩挂虹蜺晕。前船抢水已得标,后船失势空挥桡。疮眉血首争不定,输岸一朋心似烧。只将输赢分罚赏,两岸十舟五来往。须臾戏罢各东西,竞脱文身请书上。吾今细观竞渡儿,何殊当路权相持。不思得岸各休去,会到摧车折楫时。"④诗歌既描写了赛龙舟时激烈比赛的情景,也描绘了参赛者竭尽全力的使劲、观赛者惊天动地的加油声。唐皇室也非常喜欢这项来自民间的活动,先在皇宫四海池、太液池、兴庆池及禁苑中凝碧池、鱼藻池举行,后来因为太小,不太好施展开,所以又开凿了较大的新池子。唐敬宗原本打算用国家全年运输费用的一半造20艘大龙船,后来被大臣劝说,才只造了10艘。西安现在每年都会在大明宫、汉城湖举行龙舟赛,尤其是从

---

① 注:烧尾宴是唐代著名宰相韦巨源庆贺自己官拜尚书令举行的盛大家宴,彼时皇帝唐中宗也曾到场。
② 〔宋〕陈元靓撰,许逸民点校:《岁时广记·卷二十一　端五(上)·作角粽》,中华书局2020年版,第419页。
③ 〔唐〕刘𫫇撰,程毅中点校:《隋唐嘉话·下》,中华书局1979年版,第51页。
④ 〔唐〕刘禹锡撰,《刘禹锡集》整理组点校,卞孝萱校订:《刘禹锡集·诗文补遗·诗·竞渡歌》,中华书局1990年版,第634页。

2013年开始,在汉城湖举办龙舟节,不仅打造了西安市独有的水上品牌节庆,展示水文化、汉文化魅力,提升了西安市的城市形象及综合竞争力,还拉动了相关产业发展,丰富了人民群众的文化生活,已经成了西安人端午节必去的地方。

(三) 系五色丝

西安百姓在端午节时,还经常佩戴五色丝线编成的彩带,也叫做"长命缕""五色缕""续命缕"。应劭在《风俗演义》中记载:"五月五日,以五彩丝系臂,辟鬼及兵,令人不病瘟。"[①]汉代时将白线染成红、黄、蓝、白、黑五种颜色,然后拧成彩缕,这与中国特有的五行观念相对应,这种五色丝带被人认为可以避邪驱凶、延年益寿。唐朝大臣权德舆曾经写过"良辰当五日,偕老祝千年。彩缕同心丽,轻裾映体鲜"[②]的句子,以纪念他在端午节得到皇帝赏赐的五色彩带,也侧面地反映了端午节佩戴五色彩带的习俗。西安的人们还喜欢在端午节用数种颜色的丝线编成丝条,缝成圆圆的镯子的模样,给孩子们戴在手腕、脚腕上,避邪求吉,保佑孩子吉祥如意,平平安安。系五色丝的时间也颇为讲究,要在端午节那天早上太阳没出来之前就要在脖颈、四肢系上,也不可任意弄断或丢弃,只能在夏季第一次响雷时剪去,预示一年中无病无灾。或在夏季一场大雨或第一次洗澡时,扔到河里,意即让河水将瘟疫、疾病冲走。发展到现在,西安一般用绣花的丝线做五色丝,颜色丰富鲜艳,编织的时候,也不再局限于古时的五种颜色,用色随心所欲,想编成什么样就什么样,等到端午这一天,大人小孩都戴上漂亮的彩缕,有时还会比比谁的更好看,十分有趣。

(四) 送肚兜

在西安,肚兜也叫裹肚,是裹在肚子上的一块绣上精美图案的布。在端午前夕,外婆就开始精心给外孙缝制肚兜,把红布剪成长圆形,绣上花鸟草鱼等各种图案,大小以遮盖住小孩的肚子为宜,肚兜上有带子,可以系在孩子的脖子上,防止小孩夜里蹬被子后受凉生病,有些人还会在肚兜上特意缝制蟾蜍或五毒(蛇、蝎子、蜘蛛、蜈蚣、蟾蜍)的图案,意思虫王在此,避免虫子叮咬孩子。到了新时代,很少有外婆亲自给外孙做肚兜了,但还是会买现成的表达自己的心意。

① [清]钱大昕着,陈文和主编:《风俗通义逸文·风俗通义逸文》,凤凰出版社2016年版,第363页。
② [唐]权德舆撰,蒋寅笺,唐元校,张静注:《权德舆诗文集编年校注·前言·二、权德舆的文学成就》,辽海出版社2013年版,第6页。

（五）挂艾草

西安有句谚语："清明插柳,端午挂艾。"艾草又叫"艾蒿",属于菊科多年生植物,在中医中,艾草可以治疗疾病,《名医别录》云："艾叶,味苦微温,主灸百病,一名冰台,一名医草。"①五月之际,正是艾草成熟、药性最强之时,大家把它采摘回家防病治病。《荆楚岁时记》载："端午日,荆人皆踏百草,采艾为人,悬于门上,以禳毒气。"②西安人把艾草挂在门口和床头,起到安宅辟邪作用。

（六）戴香包、点雄黄酒

西安非常重视端午节戴香包,南北朝时期出现了香袋,到唐代的时候,在香袋的基础上发展出装有香料的香球。香包有的用五色丝线缠成,有的用家里的零碎布逢成,香料一般是白芷、芩草、山奈、甘松等,香包的形状非常丰富,有常见的菱形、三角形,也有模仿的动物形状,如老虎、狮子、狗、兔等,佩戴在胸前,香气扑鼻,让人心神为之一振。西安的一些地方还有抢香包的习俗,为此父母会叮嘱孩子将香包藏好,当然如果被抢去也不要生气,因为被抢恰恰说明香包制作得非常精美。端午这天,西安很多人家除了门上插艾叶、挂菖蒲外,还会点雄黄酒,雄黄是一种含汞的矿物质,有毒,但在白酒或黄酒中稍加一点雄黄,可以起到杀菌驱虫去五毒的功效,所以会将雄黄酒抹在小孩的耳朵、鼻子、手心、手腕、脚腕等身体部位,防止蚊虫和五毒叮咬。

四、七夕节

（一）乞巧

西安民间风俗妇女在七夕夜间向织女星乞求智巧,称为"乞巧"。东晋的《西京杂记》记载："汉彩女常以七月七日穿七孔针于开襟楼,人俱习之。"③可见七月七日是民间"乞巧"的日子,大家一致认为织女能在"十日之内,织娟百匹",因此是最优秀的劳动者,所以纷纷向她"乞巧"。穿七孔针就是西安当地比较有特色的乞巧仪式之一。在唐代崔颢的《七夕》一诗中,曾形象地描述了唐代长安

---

① ［清］焦循著,陈居渊主编:《孟子正义·卷十五》,凤凰出版社 2015 年版,第 1335 页。

② ［宋］刘克庄著,辛更儒笺校:《刘克庄集笺校·卷二三　诗·艾人六言二首·二》,中华书局 2011 年版,第 1311 页。

③ ［宋］陈元靓撰,许逸民点校:《岁时广记·卷二十六　七夕（上）·七孔针》,中华书局 2020 年版,第 528 页。

七夕节女性们穿针乞巧的风俗,诗云:"长安城中月如练,家家此夜持针线。仙裙玉佩空自知,天上人间不相见。"①长安城中家家户户的少女少妇,在七夕节时都要持针线、供瓜果、摆香案,向织女乞巧。"乞巧"还有比赛节目,西安一些女子们成群结队地在朗朗月光下进行穿针比赛,每人拿一根针一根线,对着月光穿,谁先穿入三针,谁就获胜,也就是"巧"的优胜者。她们还比赛穿连豆芽,每人用手里的针线穿连泡在清水里的豆芽,在规定的时间内,穿连最多的人就获"巧"。西安在七夕时还会以村落为单位搭建彩色"乞巧棚",有的彩棚搭得很复杂,有的就很简单,一般用五色彩纸剪成仙楼,刻上牛郎织女像。宋时陈元靓《岁时广记》记载:"京师人七夕,以竹或木或麻楷编而为棚,剪五色彩为层楼。又为仙楼,刻牛、女像及仙从等于上,以乞巧。或只以一木,剪纸为仙桥,于其中为牛、女,仙从列两傍焉。"②现在的西安传承了古代的七夕习俗,经常会在七夕节进行"穿针乞巧"之类的比赛,选出最佳巧手。

(二) 结扎巧姑

早先,西安的农村地区,妇女们经常会结扎稻草人,给她们穿上漂亮的花衣服,还给她们直接取名"巧姑",给她们供上瓜果,为她们栽种豆苗和青葱。到了七夕之夜,各家女子每人端一碗清水,剪豆苗、青葱,放入水中,用看月下投物之影来占卜巧拙之命,像花的就是巧手,像笔的就爱学习,像锄头的就是种田能手。

(三) 耍七姑娘

耍七姑娘是西安地区特有的风俗活动,据西安地方志提供的资料所载:七月七日夜晚,姑娘们会聚在乞巧棚内,摆上瓜果、乞巧馍、糕点和各种自制的乞巧物,进行"耍七姑娘"的活动。众人围绕织女神像不时地烧香、祷告、唱乞巧歌,求织女神下凡。棚周围还往往有男青年敲打锣鼓,形成特别的气氛。时间长了,若有一位姑娘产生幻觉或神志恍惚时,便会发抖颤动,甚至哭笑不停,人们就认为这是织女神"附身"下凡了。大伙向发抖的"七姑娘"焚香礼拜,"七姑娘"也往往会唱念一些从小耳熟能详的口歌,如"众位姑娘仔细听,苦命的七姐下凡来。大姐二姐坐天宫,三姐四姐奔西东,五姐六姐走南北,苦命的七姐来这

---

① [清]彭定求等编:《全唐诗·卷一百三十·崔颢·七夕》,中华书局1960年版,第1326页。
② [宋]陈元靓撰,许逸民点校:《岁时广记·卷二十六　七夕(上)·乞巧棚》,中华书局2020年版,第525页。

里……"这时,周围的人就会向"七姑娘"叩头礼拜,求卜问吉凶,这样的活动多会进行到深夜甚至要到天亮。事后你若问那位抖颤说事的姑娘是怎么感受时,她多会说迷迷糊糊的,什么都记不起来了。[①]

(四)晒棉衣

西安在汉代时有晒棉衣的习俗,有句俗语:"七月七,晒棉衣",说的就是这种风俗习惯。据《西安晚报》介绍,"汉建章宫之北有太液池,池西就是汉武帝的曝衣阁。七夕已入伏,光照强烈,这天,不论达官显贵,还是平头百姓,都要将自家衣物拿出来在太阳下暴晒,以期赶走病魔灾难,求得平安健康"[②]。到了魏晋时期,则说"七月七日,法当曝衣"[③],也是说大家在七夕节把储存的衣服拿出来暴晒,防止蛀虫。到了宋朝后,因为印刷术的发明,书籍更普遍了,所以不仅要晒衣,更要晒书了。

(五)斗门石婆庙会

斗门位于今西安的西南部。相传汉武帝时,地处昆明的一些部落拒绝归顺,司马相如认为南人善水英勇,凭借当时的力量很难取得胜利,于是汉武帝在斗门仿照昆明滇池修建了昆明池训练水军,以提高作战能力。昆明池犹如银河一样,对照"牵牛""织女星"的天象位置,建造了"石爷"和"石婆"两座雕像,此后每逢七夕,当地的人民群众举行大型纪念活动祭祀"石爷"和"石婆",还慢慢地发展成盛大的庙会。唐德宗贞元十四年(798),又修建织女庙设案供奉,千百年来香火一直很旺盛。2015年6月开始,昆明池七夕公园正式开工建设,2017年9月建成并对外开放,七夕公园以婚庆作为主题,景点包括七夕湖、石爷、石婆等,这既是大家对理想爱情美满婚姻追求的象征,也是七夕文化的最佳传承。

五、中秋节

(一)赏月

中秋佳节之时,西安暑气尽退、秋高气爽、丹桂飘香、月明如水,正是赏月的

---

① 西安市地方志办公室:《传统节日》,2018年3月28日报道,http://www.xa.gov.cn/sq/csmp/msfq/jr/5d4907c265cbd87465a5f2b5.html,2022年7月20日访问。
② 《文化周刊 | 文化纵横——长安的七夕》,《西安晚报》2018年8月12日。
③ [宋]陈元靓撰,许逸民点校:《岁时广记·卷二十八　七夕(下)·曝布裈》,中华书局2020年版,第568—569页。

最佳时候。历史上流传的诸多赏月故事中最浪漫动人但也最伤怀的非玄宗和杨贵妃莫属。相传天宝末年的一个中秋晚上，玄宗和杨贵妃到太液池赏月，月亮分外皎洁，但让玄宗懊恼的是，由于大树参天，遮蔽了皓月，于是命人在太液池旁修建百尺高的登月台，准备来年登高赏月。但事与愿违，转瞬间，就发生了安史之乱，玄宗被迫迁出大明宫，流落到四川一带，等来年安史之乱平定、重返大明宫时，杨贵妃已经香消玉殒了，期盼中一起赏月的美好景象不会再实现了，因此，登月台的建造就此作罢。唐朝很多著名诗人都写过关于赏月的诗歌，像白居易的《八月十五日夜湓亭望月》通过描写几年赏月的对比，抒发自己的人生感慨："昔年八月十五夜，曲江池畔杏园边。今年八月十五夜，湓浦沙头水馆前。西北望乡何处是，东南见月几回圆。昨风一吹无人会，今夜清光似往年。"[①]张九龄的《望月怀远》："海上生明月，天涯共此时。情人怨遥夜，竟夕起相思。灭烛怜光满，披衣觉露滋。不堪盈手赠，还寝梦佳期。"[②]写了月夜怀念远方的亲人，其中"海上生明月，天涯共此时"是每到中秋佳节都会反复被吟诵的诗句，可见其所表达的意蕴和每个时代的人都会产生共鸣。明清以后，西安"中秋节赏月风俗依旧，许多地方形成了烧斗香、树中秋、点塔灯、放天灯、走月亮、舞火龙灯特殊风俗"[③]。现在的西安仍然将赏月作为重要的一项中秋节活动，月圆之夜，一家人其乐融融地围坐一起，看花好月圆，讲述那些流传已久的嫦娥奔月、吴刚折桂等故事。西安在 2005 年时还在大唐芙蓉园举办过"华夏一家亲、天涯共此时"大型华人赏月活动，将聚会从家庭扩展到集体，在传承节日文化精神的同时，也增强了节日文化的公共性。西安还为百姓提供了几处赏月的好地方，如古城墙、汉城湖遗址公园、西安世博园、曲江池、丰庆公园、大明宫国家遗址公园等，这些地方场地开阔，有绿树流水，为赏月营造了美妙的意境。

（二）吃月饼

月饼是中秋节最有代表性的食物，因其形状滚圆象征明月，故而在民间也叫"团圆饼"。关于月饼起源的说法五花八门，其中有一种说法是杨贵妃将胡饼

---

① ［唐］白居易撰，谢思炜校注：《白居易诗集校注·卷第十七　律诗·八月十五日夜湓亭望月》，中华书局 2006 年版，第 1392 页。

② ［唐］张九龄撰，熊飞校注：《张九龄集校注·前言》，中华书局 2008 年版，第 11 页。

③ 陕西省文明办：《过好我们的节日》，陕西新华出版传媒集团 2016 年版，第 64 页。

改名为月饼。胡饼是一种包着胡桃仁的圆形面饼,在隋唐时期是普通百姓的日常食物,但因为名字普通而为贵妃嫌弃,并改名为月饼。"据《资治通鉴》记载:至德元载(756)安史乱中,唐玄宗从长安出逃至咸阳集贤宫,饥饿难忍,杨国忠便到集市上买来了胡饼充饥。据传有一年中秋晚上,唐玄宗与杨贵妃吃胡饼赏月。唐玄宗嫌胡饼的名字不好听,杨贵妃望皎洁的明月,灵机一动,脱口而出:'月饼!'唐玄宗连声叫好。"①西安地区的中秋节和元宵节一样讲究阖家团聚,全家人在月光的清辉中,在院子里摆好香案,放上西瓜、苹果、石榴、枣等新鲜果子,最不可或缺的就是月饼,这些月饼可以是自己亲手做的,也可以是外面买的,重要的是它带来的象征意义——作为大家拜月的祭品,拜月后,一家人齐齐整整地分享月饼,有多少人,就将月饼分成多少块,有人因特殊原因不能回家,家人也会将这份月饼给他(她)留下,让他(她)感受家人的爱。除了月饼,每家人家到中秋节还会做"团圆馍",全家共吃一馍,这种团圆馍用精致面粉做成,一般三到五层,每层有各式各样的花朵,非常漂亮。现在的西安每到中秋节,月饼市场非常丰富,有广式的也有苏式的,但西安人对秦式月饼情有独钟,这是一种传统的陕派月饼,有五仁馅、蛋黄馅的,油和馅都很少,西安人不仅中秋节买这种月饼,平常也买,当早点吃。西安还有一种秦酥,是纯天然健康的红枣核桃馅儿,是西安人过节送礼的首选。

六、重阳节

(一)重阳登高

在西安,重阳节最重要的活动就是登高。据北宋宋敏求《长安志》记载,汉朝时在长安附近有一个小小的高台,每逢重阳节,大家都会登上小高台欣赏秋天无限美好的景色,因为登的是小高台,所以有"登高"之称。《西安府志》载:"三月上巳,九月重阳,士女游戏,就此祓禊登高。"②重阳登高的意义在于辟邪祈福,因为在《易经》中,"六"是阴数,"九"是阳数,古人认为"九为老阳,阳极必变",九月九日,不管是月,还是日,都是老阳之数,非常不吉利,所以要登山拜神以求吉祥如意。在唐代,文人墨客喜欢联袂出城,登大雁塔、庄严寺塔、总持寺

---

① 李志慧、李伟:《节日饮食》,西北大学出版社 2007 年版,第 73 页。

② 〔清〕舒其绅等修,〔清〕严长明等纂,何炳武等校点:《西安府志·卷第七十九　拾遗志　古迹·第宅》,三秦出版社 2011 年版,第 1740 页。

塔眺远,吟诗弄墨。如天宝十一年(752)诗人岑参登大雁塔吟诗曰:"塔势如涌出,孤高耸天宫。登临出世界,蹬道盘虚空。突兀压神州,峥嵘如鬼工。四月碃白日,七层摩苍穹。下窥指高鸟,俯听闻惊风。"①此外,唐代时有一处名为乐游原的地方因地势较高可俯瞰长安,也是当时文人常去的地方,由此诞生出许多相关诗句。如李商隐《乐游原》"向晚意不适,驱车登古原。夕阳无限好,只是近黄昏"②让人感慨数千年;杜牧的《登乐游原》"长空澹澹孤鸟没,万古销沉向此中。看取汉家何事业,五陵无树起秋风"③描写了曾经繁华的园林衰败不堪,让人感叹沧海桑田、人事变迁。唐时还盛行曲江游眺,薛逢《九日曲江游眺》:"陌上秋风动酒旗,江头丝竹竞相追。正当海晏河清日,便是修文偃武时。绣毂尽为行乐伴,艳歌皆属太平诗。微臣幸忝颁尧历,一望郊原惬所思。"④登高的习俗一直沿袭至今,每到重阳,大家汇聚于钟楼、鼓楼、云居寺、城墙、乐游原等高地,这些地方景色宽阔明朗,让人心旷神怡,当身心世界与天地万物合为一体,即便有抑郁之气,也能一扫而空。西安人不仅在城内登高,而且开发了如翠华山、鲸鱼沟等旅游点,以供大家重阳节登高之需。

(二)插茱萸

佩戴茱萸是西安的一个民间风俗,九月九日重阳节时,人们爬山登高,臂上佩戴插着茱萸的布袋,以求达到消灾辟邪的效果。茱萸是一种芸香科植物,开小黄花,果实呈椭圆形,红色,味酸,可入药,茱萸苦辛性温,功在温中、行气、止痛,茱萸对呕吐吞酸、腹痛泻痢均有奇效,《岁时广记》中所说的"作绛囊,盛茱萸以系臂"⑤就是对此所作的记述。唐时有很多佳句记载了重阳插茱萸的习俗"茱萸插鬓花宜寿,翡翠横钗舞作愁"⑥,"他日头似雪,还对插茱萸"⑦,"簪萸泛

---

① [元]辛文房撰,周绍良笺证:《唐才子传笺证·卷第二·高适》,中华书局 2010 年版,第 389 页。
② [唐]李商隐着,聂石樵、王汝弼笺注:《玉谿生诗醇·乐游原》,中华书局 2008 年版,第 352 页。
③ [唐]杜牧撰,吴在庆校注:《杜牧集繫年校注·樊川文集卷第一·雪中书怀》,中华书局 2008 年版,第 116 页。
④ [清]彭定求等编:《全唐诗·卷五百四十八·薛逢·九日曲池游眺》,中华书局 1960 年版,第 6327 页。
⑤ [宋]陈元靓撰,许逸民点校:《岁时广记·卷三十四　重九》,中华书局 2020 年版,第 635 页。
⑥ [唐]李颀着,王锡九校注:《李颀诗歌校注·补遗·九日登高》,中华书局 2018 年版,第 796 页。
⑦ [唐]权德舆撰,蒋寅笺,唐元校,张静注:《权德舆诗文集编年校注·未系年诗·酬九日》,辽海出版社 2013 年版,第 771 页。

菊俯平阡,饮过三杯却惘然"①等。《荆楚岁时记》则记载了宋时也一脉相承:
"九月九日宴会,未知起于何代。然自汉至宋未改。今北人亦重此节。佩茱萸,
食饵,饮菊花酒,云令人长寿。"②西安人不仅自己家家户户的门前插上青翠的
茱萸,而且还有左邻右舍互相赠送的习惯,节前互送茱萸的人,来来往往,络绎
不绝,也有人直接把茱萸插在被送人的大门上,以示节日的祝贺。

(三) 吃重阳糕

《齐人月令》中说:"重阳之日,必以糕、酒登高眺远,为时宴之游赏,以畅秋
志。酒必采茱萸、甘菊以泛之,既醉而还。"③"糕""高"同音,吃重阳糕有步步高
升的吉祥之意。关于重阳糕的文字记载,最早见于《西京杂记》:"九月九日,佩
茱萸,食蓬饵"④,此处的蓬饵就是最早的重阳糕,是一种用植物的叶子和米面
做成的重阳花糕。到了唐宋时期,吃重阳糕的风俗更为盛行。武则天曾命宫女
采集百花,和米捣碎,蒸制花糕,赏赐给众臣。

(四) 赏菊、饮菊花酒

在重阳日赏菊、饮菊花酒是西安人历来的盛事,这与菊花的栽种有着密切的
关系。《离骚》有"朝饮木兰之坠露兮,夕餐秋菊之落英"⑤的记载。菊花品种繁
多,绽放时千姿百态,还有极高的药用价值。早在魏国时期,曹丕就写了《与钟繇
九日送菊书》:"岁往月来,忽逢九月九日。九为阳数,而日月并应,俗嘉其名,以为
宜于长久,故以享宴高会。"⑥从陶渊明开始养成重阳赏菊的习惯,西安从唐代开
始流行赏菊:"唐人常常在重阳这一天,请朋友赏菊,登高宴饮,兴致无穷。"⑦孟
浩然的《过故人庄》"待到重阳日,还来就菊花"⑧,王勃的"九日重阳节,开门有

---

① [清]彭定求等编:《全唐诗·卷三百四十九·欧阳詹·九日广陵登高怀邵邵二先辈》,中华书局1960年
版,第3912页。
② [梁]宗懔撰,[隋]杜公瞻注,姜彦稚辑校:《荆楚岁时记·荆楚岁时记·53》,中华书局2018年版,第65页。
③ [宋]陈元靓撰,许逸民点校:《岁时广记·卷三十五　重九(中)·为时讌》,中华书局2020年版,第
658页。
④ [晋]葛洪撰,周天游校注:《西京杂记·卷第三·戚夫人侍儿言宫中事》,三秦出版社2006年版,第146页。
⑤ [战国]屈原著,金开诚、董洪利、高路明校注:《屈原集校注·离骚》,中华书局1996年版,第26页。
⑥ [唐]沈佺期撰,陶敏、易淑琼校注:《沈佺期集校注·卷三　诗(景龙二年——开元二年)·九日临渭
亭侍宴应制得长字》,中华书局2001年版,第155页。
⑦ 王友福:《重阳节》,西北大学出版社2007年版,第15页。
⑧ [唐]孟浩然撰,李景白校注:《孟浩然诗集校注·卷第四·五言律诗·过故人庄》,中华书局2018年
版,第393页。

菊花①"都道出了赏菊的情趣。唐代时,大家不仅要赏菊,而且群臣还要向皇帝献上菊花,祝愿皇帝万寿无疆。民国时期,鼓楼开了一间茶馆,到了重阳这天,"陈设各种菊花以待来客,其时人群熙熙攘攘,执杯相敬,高唱'遍插茱萸少一人'"②。20世纪的七八十年代,西安的革命公园、莲湖公园每年都会隆重地举行赏菊游园会。由赏菊衍生出酿制和畅饮菊花酒,应该是西安人最早实现的,据《西京杂记》所载:"菊花舒时,并采茎叶,杂黍为酿之,至来年九月九日始熟,就饮焉,故谓之菊花酒。"③唐宋时饮用菊花酒已蔚然成风,李颀的《九月九日刘十八东堂集》诗云:"风俗尚九日,此情安可忘。菊花辟恶酒,汤饼茱萸香。"④崔曙有"且欲近寻彭泽宰,陶然共醉菊花杯"⑤的诗句。菊花酒除了香气四溢,还可以让人延年益寿,据古书记载,"九月九日采菊花与茯苓、松脂,久服之令人不老"⑥。

(五) 送花糕

明代民间还将重阳节叫作"女儿节"。在西安,每到重阳节前夕,娘家给出嫁的女儿送"花糕"(馍)或"曲连"。"花糕"和"曲连"都是用上等麦面粉制成的。不同的是用锅蒸的叫"花糕",用鏊烤烙的叫"曲连"。糕一般是圆形或椭圆形,由底向上共三至五层乃至七层,逐渐升高。每层周围都涂制花朵,糕顶更是百花盛开,争奇斗艳。这样的花馍就叫做"花糕"。"曲连"是烙制成的糕,花样多,如玉环、镰刀、斧头等,曲曲弯弯连结在一起,所以叫做"曲连"。"花糕"和"曲连"的送法,首先是一个大型的"花糕"或"曲连",再配带几个小"花糕"或小"曲连"。送双不送单(大者主糕除外),一般有一个儿女的,送二至四个小"花糕"(曲连)。有两个儿女的,送四至八个小"花糕"(曲连)。小"花糕"名为"耍糕",是送给小孩玩耍的食品。如果是新出嫁的女儿,在未生下儿女以前,一般只送大花糕,而不送"耍糕"。

---

① [唐]王勃著,杨晓彩点校:《王勃集·卷之三·五言绝句·九日》,三晋出版社2017年版,第43页。
② 宗鸣安:《长安节令与旧俗》,陕西人民出版社2015年版,第168—169页。
③ [晋]葛洪撰,周天游校注:《西京杂记·卷第三·戚夫人侍儿言宫中事》,三秦出版社2006年版,第146页。
④ [清]彭定求等编:《全唐诗·卷一百三十二·李颀·九月九日刘十八东堂集》,中华书局1960年版,第1341页。
⑤ [明]高棅编纂,汪宗尼校订,葛景春、胡永杰点校:《唐诗品汇·七言律诗卷之二 正宗·崔曙·九日登仙台呈刘明府》,中华书局2015年版,第2766页。
⑥ [唐]徐坚:《初学记·卷第四 岁时部下·九月九日第十一》,中华书局2004年版,第80页。

第三节　西安传统节日当代振兴的工作举措

对于传统节日的形成背景及历史发展,学界尚未形成统一的观点。但在传统节日在当下振兴的路径及举措方面,学者们的观点却趋于一致。无论从历史的角度还是从别国的经验来看,复兴传统节日绝不可能是一个自然发生的过程,而是一个需要人力介入的长期过程,且必须经过多方的共同努力才能取得一定的成效。其中就包括政府部门、民间协会、专家学者、地方乡贤、舆论媒体等多方力量长期持续的努力。① 西安市意识到这一关键所在,在传统节日的当代振兴工作中充分调动各方力量参与其中。西安在深化"我们的节日"系列主题活动中,通过政府部门的政策支持、专家学者的理论支撑、宣传媒体的创新传播、旅游景点的积极打造、文化场所的不断助力等手段与措施,激发了民众的节日意识、强化了民众的传承责任、吸引了四面八方的游客、推动了经济与文化的飞速发展,让传统节日在西安市的传承与振兴获得了巨大的成功。

一、政府部门加强意识,政策支持节日振兴

西安地处中原,是西周、秦朝、西汉、新朝、东汉、西晋、前赵、前秦、后秦、西魏、北周、隋、唐等十三朝的旧都,历史悠久,人文荟萃,传统节日更是其中十分璀璨的文化名片。学界认为,传统节日是一宗重大的民族文化遗产,承载着丰厚的历史文化内涵,是民俗文化的主干内容之一,反映出物质生活、社会生活及精神生活三方面传统,同时也是民众精神信仰、审美情趣、伦理关系与消费习惯的集中展示日,因此政府部门与普通民众都应该充分认识到传统节日的古老价值与当代意义,并应主动积极地进行传承与建设。② 节日是传承民族文化的有效方式,是提高民族自信心的重要途径,是发展民族新文化的基础与凭借,是造就和谐社会的文化动力。西安市充分认识到传统节日保护与传承工作的重要性,紧紧围绕"我们的节日"活动主题,依托西安千年古都的历史文化遗产,创新

---

① 高金蕊:《中华传统节日文化的时代价值研究》,河南工业大学 2020 年硕士学位论文;王霄冰:《文化记忆、传统创新与节日遗产保护》,《中国人民大学学报》2007 年第 1 期;张勃:《振兴传统节日,大众传媒怎么做》,《青年记者》2018 年第 33 期。
② 萧放:《传统节日:一宗重大的民族文化遗产》,《北京师范大学学报》(社会科学版)2005 年第 5 期。

传统节日的当代内涵,通过制定一系列传统节日振兴政策,打造拥有西安特色的节日传承与当代振兴的文化空间。

为建设社会主义文化强国,增强国家文化软实力,实现中华民族伟大复兴的中国梦,中共中央办公厅、国务院办公厅于 2017 年 1 月印发了《关于实施中华优秀传统文化传承发展工程的意见》的文件,特别强调了对于传统节日的传承与振兴,要"深入开展'我们的节日'主题活动,实施中国传统节日振兴工程,丰富春节、元宵、清明、端午、七夕、中秋、重阳等传统节日文化内涵,形成新的节日习俗。加强对传统历法、节气、生肖和饮食、医药等的研究阐释、活态利用,使其有益的文化价值深度嵌入百姓生活。"[①]2019 年 6 月,陕西省政府办公厅印发了《陕西省人民政府办公厅关于印发全运惠民工程实施方案的通知》,指出陕西省各级政府要结合传统节日深入开展体育规则、项目文化、体育精神、体育理想和文明礼仪宣传教育活动,提升人民群众的体育文化素养。[②] 此外还有许多国家级、省级文件下发,要求各地结合城市的历史文化特色,围绕传统节日,大力开展"我们的节日"系列主题活动,推进以传统节日为代表的中国传统文化的复兴,以实现中华民族的伟大复兴。为深入贯彻落实相关文件精神,进一步推动"我们的节日"主题活动在西安的践行,刺激经济发展,繁荣文化产业,西安市出台了一系列相关政策文件。在 2019 年 3 月,分别印发了《西安市文化"能工巧匠"培养方案》及《西安市乡村文化风貌塑造工程实施方案》,指出"各区县、开发区等要充分利用传统节日及各类节庆时机,积极举办各类民俗表演、文艺汇演,广泛吸纳当地传统文化项目、特色技艺参与节目创编、演出和比赛,推介'能工巧匠'概念,打造文化品牌"[③]。"深挖传统民间文化资源,发掘民间乡土记忆,凸显关中乡土文化底蕴。积极利用传统节日组织开展花会、灯会、庙会等民俗活动,打造节会品牌。"[④]除了结合传统节日主题对民间文化资源进行挖掘与保

---

① 新华社:《中共中央办公厅　国务院办公厅印发〈关于实施中华优秀传统文化传承发展工程的意见〉》,2017 年 1 月 25 日报道。

② 陕西省政府办公厅:《陕西省人民政府办公厅关于印发全运惠民工程实施方案的通知》,2019 年 6 月 13 日印发。

③ 西安市人民政府:《西安市人民政府办公厅关于印发〈西安市文化"能工巧匠"培养方案〉的通知》,2019 年 3 月 25 日印发。

④ 西安市人民政府:《西安市人民政府办公厅关于印发〈西安市乡村文化风貌塑造工程实施方案〉的通知》,2019 年 3 月 25 日印发。

护,西安还大力推动传统节日旅游产品的开发。在 2021 年 11 月印发的《西安市人民政府办公厅关于印发"十四五"文化和旅游发展规划的通知》中指出,要"提升文化能级,繁荣公共文化",在传统节日的当代振兴方面,要"围绕春节、元宵节、端午节、中秋节等传统节日,注入时代精神和人文内涵,创新开展传统民俗文化活动。引导群众文化活动与时俱进,推动内容和形式深度创新"①。此后,12 月印发的《西安市人民政府关于印发"十四五"服务业发展规划的通知》则强调要"围绕中华民族传统节日,精心策划'中国年·看西安''元宵灯会'等系列节庆活动"②。

二、专家学者参与其中,强化节日理论研究

西安传统节日在近千年的历史发展中,出现了许多传统节俗、呈现出诸多独特的精神文化内涵。专家学者参与到西安地区"我们的节日"主题活动中,有助于传统节日习俗的系统性整理、有利于节日研究的理论深化。为此,西安市积极组建节日理论研究团队,聘请相关领域内的专家学者及地方文史研究工作者,从理论角度对西安传统节日传承与当代振兴进行研究。

一方面充分挖掘与梳理西安传统节日的历史发展、节日习俗、特色活动等内容,并以专著出版的形式面向全社会公开发表。如由西安市人民政府参事室(市文史馆)主编、阎建滨所著、西安出版社出版发行的《华夏节日密码》一书正是其中的优秀代表。全书共分为十章总计 29 万字,全面、深入、系统地介绍了中华民族传统节日,揭示了其中的深刻文化内涵和优秀的价值观念,挖掘了大量节日礼仪、风俗和故事。尤其是就如何传承、创新传统节日,发展节庆文化产业,提出了许多切实可行的建议。西安是唐代都城,当地的文史研究爱好者基于自身的学科视角,挖掘传统节日的习俗。如作家李高田撰写的《唐风录》一书,是近年来关于唐代长安文化研究的结晶,全书 38 万字,插图 100 余幅,全方位记述了有唐一代京都长安的节日风俗,其涉及节日部分的内容包括全民狂欢的上元灯节、充满浪漫色彩的三月三踏青、一日看尽长安花的杏园关宴、车马如

---

① 西安市人民政府办公厅:《西安市人民政府办公厅关于印发"十四五"文化和旅游发展规划的通知》,2021 年 11 月 17 日印发。
② 西安市人民政府:《西安市人民政府关于印发"十四五"服务业发展规划的通知》,2021 年 12 月 22 日印发。

狂的牡丹花会等。

　　另一方面,针对如何更好地传承和振兴传统节日,西安依托当地丰富的高校资源,开展了相关学术研讨会。为了贯彻落实中央《关于实施中华优秀传统文化传承发展工程的意见》,继承弘扬中国优秀传统文化,推动西安地区传统节日的当代振兴与理论研究深入发展,2019 年 10 月,西北大学中国节庆研究中心在西安举办了"重阳之春——首届中国节庆文化论坛",基于传统重阳节爱老敬老的节日主题,分别从文学、历史学等不同视角,解读重阳节的历史沿革和演变轨迹,挖掘重阳节在当下的时代意义。与会专家学者们就怎样更好地传承优秀传统文化和敬老养老等话题进行了探讨,并对中华传统重阳文化进行了全方位解读。此外,由中国民间文艺家协会、陕西省文学艺术界联合会主办,陕西省民间文艺家协会、陕西省国学研究会、西安城市建设职业学院承办的"我们的节日——二十四节气民俗文化论坛"也于一个月后在西安举行。数十位专家学者出席论坛,就二十四节气的当代传承进行讨论,认为"二十四节气"承载着中国古代文明的传统密码,是中华先祖留给后人的宝贵财富,加强"二十四节气"的研究和保护,对这笔宝贵的文化财富做好继承和发扬,是大家的使命和担当。做好二十四节气的保护传承工作,弘扬中国优秀传统文化,发掘优秀民俗文化魅力,让中华优秀传统文化在新时代焕发新活力,具有重要的积极意义。

三、媒体引领风气变化,线上线下多方联动

　　西安在"我们的节日"系列活动中,十分重视媒体在传统节日当代振兴工作中的作用。除创新传统纸媒呈现方式、提升其内容质量之外,还积极将新兴媒体作为重要的宣传手段,不仅包括音频、短视频、直播等多种形式,还在各类新媒体平台注册相关账户,吸引了许多以年轻群体为主的观众,主要呈现出以下三方面特征。

　　一是创新传统媒体呈现形式,提升相关节目质量。节日活动,媒体先行。为了能够更好地扩大"我们的节日"系列主题活动的知名度与影响力,西安市大力整合传统媒体与新兴媒体资源,创新节目呈现形式,围绕各传统节日的节日内涵与文化主题,打造丰富多彩的节日宣传平台。《西安日报》是中共西安市委机关报,创刊于 1953 年,是中国最早的机关报之一,覆盖西安市各级政府、机关

团体和企事业单位。为推动西安市"我们的节日"系列主题活动的宣传,《西安日报》特开辟专栏,在每个传统节日的前后数天时间里,介绍与之有关的历史源流、节日习俗及当代发展等。在节日结束后,又会报道西安地区围绕传统节日所开展的主题活动情况,不仅能够让读者了解到传统节日的历史内涵与当代活动,营造浓厚的节日氛围,更能够向人们传递传统节日所呈现的积极向上的精神面貌。据笔者在《西安日报》数字报官网查询,以"我们的节日"为关键词进行搜索,从 2019 年 6 月至 2022 年 8 月期间,共有相关报道 125 条;以"传统节日"为关键词进行搜索,从 2019 年 6 月至 2022 年 8 月期间,共有相关报道 212 条,充分展示出《西安日报》在"我们的节日"系列活动中所做的努力。电视媒体与报纸一样,都被归入传统媒体的行列,为了能够响应"我们的节日"系列主题活动,西安广播电视台在节目形式与内容方面都做出了较大的创新,让节目形式更加多样化,令节目内容更加接地气,让观众们通过电视节目就可以很好地了解到传统节日的文化与内涵。以传统媒体为载体,全方位强化城市形象宣传营销。不仅发布了"千年古都·常来长安"旅游宣传广告,拍摄宣传片,推出文旅游记,创作一批文旅主题歌曲;还加强了与其他媒体的合作,并推出西安旅游热门景点、路线和网红打卡地。除以新闻形式报道相关的节日活动、制作并滚动播放传统节日的宣传片之外,还打造了如《王智讲节日》等专门栏目以介绍西安的传统节日,西安当地著名的非物质文化遗产专家、民俗学者王智先生,通过其对西安当地传统节日风俗习惯的介绍以及节日习俗的亲自实践、复原等,让观众们能够更加直观地了解西安当地的节日文化。

二是积极利用互联网等新兴媒体,扩大"我们的节日"系列活动影响力。近年来,随着互联网技术及 5G 技术的飞速发展,短视频、直播等已经成为新兴媒体十分重要的呈现形式。依托手机为载体,传播人数已近 10 亿多人。西安文旅之声基于互联网技术与平台,建成了新媒体矩阵,包括微信、微博、抖音、视频号、头条号及百家号等不同新媒体平台。西安广播电视台作为传统媒体单位,积极引进新媒体手段,扩大传统节日的影响力。在 2020 年端午节期间,西安广播电视台充分利用融媒体网络直播的优势,邀请非物质文化遗产专家做客跨境电商数字文化产业园,为创业者在"云"端讲解端午传统文化内核、非物质文化遗产保护、数字创业等知识,将端午节倡导的"卫生健康"实用民俗赋予现代文化创意灵感,为助推"陕货"文创实物产品开发、扩大跨境文化"输出"提供有益启发和创新思路。① 在直播过程中,媒体机构还十分重视线上与线下的积极互动,如在 2022 年清明节期间,"清明融情西安港,春雨润心忆长安——西安市'我们的节日·清明'主题示范直播活动"在西安顺利举行,活动以线下线上相结合的方式呈现。除现场部分人员外,其余人员皆是来自国际港务区 22 所学校 1 万余名师生,通过直播互动完成了传统清明节节日中吟诗打卡、放飞纸鸢、绘制清明彩蛋、扎纸菊、品尝青团等习俗,让大家共同体验了一场别样的传统文化盛宴。② 此外,为了能够更好地以新兴媒体服务于传统旅游行业,西安市大力引入互联网服务节日旅游技术,如旅游景点网上预约购票、进门,实时统计景点人数,通过互联网实现景点旅游与游客的互动等。更联合相关互联网企业,如与携程集团合作,推出"西安城市旅游电子通票",对通过线上订购交通、酒店等旅游产品及服务的游客,提供折扣优惠。在 2022 年春节期间,高陵区策划开展了"我们的中国梦"文化进万家活动,动员群众广泛参与,利用短视频、抖音等数字化传播形式以及新媒体平台,将传统节日文化精彩呈现,受到社会广泛关注,着力打造数字化传播的"服务链"品牌,受到群众的广泛好评。③

三是通过媒体提炼节日主题,引领社会风气发展。习近平总书记曾在 2016 年党的新闻舆论工作座谈会时强调,"党的新闻舆论工作是党的一项重要工作,是治国理政、定国安邦的大事"。随着近年来互联网技术的发展与普及,各类新兴媒体如雨后春笋般出现,音频、视频、直播等多种形式对于西安传统节日的当代振兴起到巨大的促进作用。在传统媒体与新兴媒体宣传西安传统节日文化、参与"我们的节日"系列主题活动的过程中,西安市还十分重视各类媒体对于引领社会风气健康发展的重要作用。中国的传统节日自古以来是以家庭传承为主,人丁兴旺、团圆和谐、惩恶扬善等都是传统节日中所呈现出的优秀特征,通过媒体的宣传,结合时代的需要,可以很好地起到移风易俗、引领社会风气健康向上的作用。如在 2022 年春节前夕,西安文明网、三秦都市报全媒体

---

① 凤凰网陕西综合:《西安市委文明办组织开展"我们的节日·端午"主题活动》,2020 年 6 月 26 日报道。

② 西安国际港务区融媒体中心:《西安市"我们的节日·清明"主题示范直播活动圆满举办》,2022 年 4 月 6 日报道。

③ 高陵区政府办:《高陵区举办公共文化服务高质量发展数字化建设培训班》,2022 年 7 月 12 日报道。

邀请西安市各行业代表、志愿者、道德模范等群体录制新春拜年短视频,视频内容除自我介绍、新春祝福语之外,还呼吁市民文明过节,主题包括"文明餐桌、杜绝浪费、文明出行、移风易俗、爱护环境、就地过年、传承家风"等内容。端午节本是中国人祛病防疫的节日,喝雄黄酒、打扫房屋、艾叶泡澡等习俗都与节日起源有关。但在流传全国的过程中,一段时间以来成了吃粽子的"美食节",而其背后祛病防疫的主题却被忽视了。西安在"我们的节日·端午"系列主题活动中,积极挖掘此主题,通过媒体的宣传,结合"新冠疫情"防疫,向大众传播各类健康知识。在 2020 年端午节期间,由西安市委文明办主办、莲湖区委文明办承办的西安市"我们的节日·端午"主题示范活动在大唐西市隐市顺利举办。活动现场,一群穿着汉服的表演者手举公筷公勺、文明餐桌、科学防疫等宣传牌,从隐市门庭起步巡游,向现场的观众传播防疫知识。此外,西安市"我们的节日·端午"主题系列活动还包括广泛开展抗"疫"英雄事迹报告会、最美逆行者故事分享会、经典诵读、民俗知识讲座等,让端午节成为爱国节、文化节、道德节、情感节、仁爱节、文明节,展现新时代传统节日新气象,培育和增强广大群众的家国情怀和爱国主义精神。①

无论是传统媒体亦或是新兴媒体的参与,都对西安市"我们的节日"系列主题活动的宣传起到了巨大的促进作用。统计数据显示,2019 年春节期间,西安在春节假期累计接待游客 1 652.39 万人次,同比增长 30.16%;旅游收入144.78 亿元,同比增长 40.35%,"西安年·最中国"相关话题在微博收获超7 亿阅读量。② 此后,在 2020 年七夕期间,西安市"我们的节日·七夕"全市示范活动——第十二届中华七夕情人节活动在西安市著名景点华清宫景区隆重举行。本次活动以"来自华清宫的七夕情书"为主题,邀请了 7 对抗疫英雄亲历唐宫婚典,感受盛唐风采。结合线上线下全网直播,吸引来自全国各地游客与网友参与,在新媒体、户外媒体、直播等渠道共产生曝光 205 万多次,引起了社会热烈的反响。③

---

① 中央广播电视总台国际在线:《西安市"我们的节日·端午"主题示范活动顺利举办》,2020 年 6 月 21日报道。
② 《在传承中探索创新　科技感时尚感十足　西安年开启过年新模式》,《西安日报》2019 年 2 月 26 日报道。
③ 华清宫景区:《2020 年的华清宫,每一天都是精彩!》,2020 年 12 月 31 日报道。

四、商家开发旅游产品，民众参与意愿提升

有学者认为，充分挖掘传统节日在当代经济发展方面的价值，有利于优秀传统文化的继承与发展，为社会主义文化建设和地方文旅产业发展提供精神力量和文化支撑。[①] 推动经济发展是传统节日在当代振兴的源动力之一，各级商家纷纷结合"我们的节日"主题，基于各传统节日的特点，开发具有西安特色、行业特色的旅游产品，吸引了诸多游客，获得了一致好评。

第一，各旅游景点依托景区资源与游览主题，推出以节日活动为主的旅游产品。西安是旅游之城，著名景点、商圈众多，其中如大唐芙蓉园、大唐不夜城、大明宫国家遗址公园、永兴坊、华清宫等景区声名海外。以永兴坊为例，原为唐代魏征府邸，后于十多年前重建，景点布局合理、建设精巧，充分展示了古长安城街坊式形态和历史生活气息。在 2022 年春节期间，西安永兴坊举办了"我们的节日·春节——品除夕福宴、看民俗春晚，西安永兴坊里年味浓"主题活动。此次活动邀请到了一线抗疫人员、文化工作者、非遗传承人等不同群体共聚永兴坊，共同品尝来自陕西省 107 个县的美食，以"百县福宴"同贺虎年新春。除此之外，在春节期间，永兴坊还为前来参观游玩的游客准备了许多精彩的互动游戏，如新春烟火食集、永兴坊寅虎"福"字打开墙、百幅虎头鞋合影等。[②] 汉、唐两朝是中华民族较为鼎盛时期，彼时的国都便是如今的西安，因此在西安的旅游景点，到处可以见到以汉唐文化为主的传统节日活动。在端午节期间，大唐不夜城、大唐芙蓉园等以唐代文化为主题的旅游景区，不断推出具有节日特色的旅游主题活动。如大唐不夜城在端午节举办了主题巡游演出，李白、杨贵妃的扮演者会在活动期间与游客积极互动，通过节日常识问答等发放精美的小礼物，令游客在互动及游玩期间加深对传统节日的认知。早在 2019 年，西安市就认识到旅游景点对于推动传统节日当代振兴的积极作用，并在印发的相关文件中指出，要"完善公共服务，提升旅游服务质量水平。各级文化旅游行政管理部门要精心策划，及时开发富有节日气氛、地域特点和文化特色的旅游产品，挖掘旅游消费潜力，活跃旅游市场。要通过媒体、网络

[①] 刘向阳：《中原传统节日习俗文化的现代意义及其价值转化》，《中州学刊》2022 年第 5 期。

[②] 西安新城：《我们的节日·春节｜品除夕福宴、看民俗春晚　西安永兴坊里年味浓》，2022 年 2 月 2 日报道。

等平台展示西安旅游新形象。要加强公共信息服务,利用广播、电视、报纸、手机短信以及车站、广场、景点信息屏等多种渠道,动态发布实时道路交通、住宿、饮食、气象、卫生和景区接待量等服务信息,引导游客合理安排出游。要强化假日期间旅游交通组织引导工作,西咸新区、新城区、莲湖区、临潼区、曲江新区等旅游景点密集区域,要切实做好旅游停车位的扩容工作,确保假期车流高峰情况下交通畅通"①。

第二,餐饮商家基于西安本土传统节日美食,不断以"我们的节日"为主题,将深厚的节日文化内涵融入西安美食。在春节期间,西安旅游协会向会员单位发出倡议书,呼吁各会员单位发挥自身特色,结合西安历史文化、节庆特色、传统节日内涵等内容,彰显西安餐饮文化的独特魅力,为来自全国各地的游客奉上一场"最特色,最年味,最文化,最品质"的节日盛宴。各餐饮机构提供的"年夜饭"要结合企业服务文化精心策划,积极开展内容丰富、寓意吉祥喜庆的主题营销,菜品进一步向满足大众化需求调整,努力打造和谐节日气氛。饺子是北方地区十分重要的节日饮食之一,为了更好地以食物为载体,推动传统节日的当代影响力,西安市以食为媒,积极打造饺子节。如在2020年12月期间,举办了西安购物美食节冬至饺子节。在活动期间,各会场开展民俗集市、非遗传承技艺、亲子手工汉服巡游、饺子大胃王、水饺大作战等特色鲜明、主题突出的活动,让市民游客体验西安美食文化、感受浓厚节日氛围。②

第三,积极举办各类节日产业博览会,推动节庆活动和文化产品的保护性开发,努力扩大传统节日在经济发展中的助力作用。近年来,依托每年举办的西安茶博会,西北大学中国节庆文化研究中心主办的节庆文化产业博览会与此同期开展,通过商品化、市场化的手段,促进西安与其他地区在传统节日振兴工作方面的交流合作。目前已顺利举办了"西安端午节节庆文化产业博览会",未来还将开办七夕、重阳、春节主题的文化产业博览会,以此推动传统节日的文化传承和发展。③

---

① 西安市政府办公厅:《西安市人民政府办公厅关于做好2019年国庆假日旅游工作的通知》,2019年9月30日印发。
② 《2020西安购物美食节冬至饺子节启动》,《西安晚报》2020年12月11日报道。
③ 财经直播间:《2021西安端午节节庆文化产业博览会举办》,2021年6月10日报道。

五、依托文化场所优势，打造节日文化空间

一是充分发挥西安地区各级、各类博物馆的自身优势，深入挖掘与节日有关的历史文物，积极开设节日主题的专题展览与活动。据相关统计，截至2022年，西安全市拥有各级各类博物馆159座。其中国有博物馆38座，行业博物馆50座，非国有博物馆71座，基本形成了类型丰富、主体多元的现代博物馆体系，将西安打造为"博物馆之城"。① 在各传统节日期间，各博物馆都相继开设了与节日有关的主体展览，举行节日特有的相关活动，不仅提升了前来参观民众的参与感与互动感，更突显了西安地区浓厚的节日氛围。在2022年虎年春节期间，为更好打造"西安年·最中国"主题活动，西安的各类博物馆推出数十项与春节主题有关的活动，深受游客们的喜爱。如西安半坡博物馆推出"坡坡"陪您过大年系列云课堂；西安碑林博物馆开展"福虎闹元宵"——西安碑林传统节日系列线上教育课程、"虎年说虎"——与虎相关文物小知识等活动。陕西历史博物馆位于西安市，是中国第一座大型现代化博物馆。因其藏品丰富、级别较高，被誉为"古都明珠，华夏宝库"而深受年轻群体的追捧与喜爱。在虎年春节期间，陕西历史博物馆推出了"藏在陕历博的虎"数字展览，在馆藏的诸多藏品中精心挑选出56件（组）与虎相关的历史文物，从虎文化的起源与演变、虎的神话形象、实用形象、文学艺术形象等多个方面，展示陕西历史博物馆馆藏虎文物所蕴含的丰富多彩的虎文化，营造欢庆虎年新春的祥和氛围，呈现中华民族优秀的传统文化和丰富的精神底蕴。除了举办节日主题的展览，博物馆还积极主办节日主题的相关活动。如在2020年七夕期间，为了让更多青少年了解历史文化，西安碑林博物馆举办了"秋约碑林，相聚七夕"研学主题教育活动，邀请来自西安地区的小学生及家长，通过"做巧果""拜魁星"等活动感知传统节日中的文化内涵和独特魅力。在2022年端午节期间，由西安博物院和陕西古代音乐文化研究院中华古琴研究传习部主办、西安市长安文化研究会中华礼仪传习专业委员会支持的"抚琴颂歌端午雅集"文化公益活动在西安博物院唐荐福寺大雄宝殿门前广场举行。

二是依托西安市丰富的古城墙资源，结合传统节日主题，积极开展形式多

---

① 西安发布：《在西安，感受"博物馆的力量"》，2022年5月23日报道。

样的庆祝活动,以更好推动传统节日在民众中的影响力。城墙在中国已经有数千年的历史,最早可以追溯至上古神农氏、黄帝时期,如《汉书·食货志》载:"晁错复说上曰:……神农之教曰:有石城十仞,汤池百步。"①秦汉以来,西安征战不断,城墙见证了西安数千年的发展历史。除了作为古代军事防御、界限划定以及权力象征的大型构筑物,还见证了西安在冷兵器时代的军事文明、农业社会时期的城市形态,同样也是西安优秀传统文化的实物载体。②据《西安市志》介绍,如今的西安城墙大多是明代初年在唐代长安城皇城基础上修建而成的。明隆庆二年(1568)在城址外壁和顶部加砌青砖,清乾隆四十六年(1781)墙顶增砌青砖达三层。城墙四方各有城门楼一座,四角各有角楼一座,南门东侧文昌门上有魁星楼一座。城墙顶面内沿筑有女墙,外墙设有垛口5894个,内沿无垛口。城墙外壁四周有敌台98个,每个马面长12米,宽20米,其高度与城墙齐。每楼之下设拱形门洞(南门瓮城箭楼下无门洞),洞高、宽均约6米,深约27米。在20世纪90年代,经大规模整修,西安全面加固维修了城墙,复原了女墙,修葺加固了东、北两个城门楼和南城门瓮城,疏通了护城河,实施墙、河、路、林四位于一体的综合治理后,建成环城公园,吸引了许多游人前来观光。③时至今日,西安城墙早已不再承担抵御外敌、保卫城市的防御性责任,但这并不意味着城墙即将消失于苍茫的历史岁月中,反而因其独特的修建背景、建筑形式与风格特征等承载着重大的历史、文化价值。在2015年2月15日夜间,习近平总书记登上西安城墙,在听取了西安城墙保护工作情况介绍后,对西安城墙的保护工作做出了重要指示,指出要将城墙的节日活动搞得更加精彩,吸引更多民众前来游玩,打造更加浓厚的节日氛围。④

　　为了更好地贯彻习近平总书记的指示,西安结合当地的特色节日资源,创新城墙文化展示形式,在各大传统节日及二十四节气期间,都推出了许多活动,吸引了许多游客前来观赏游玩。其中举办时间最久、影响范围最广的,当属西安城墙向全球征集春联活动。春联在中国有着十分古老悠久的历史,因其集汉

① [汉]班固撰,[唐]颜师古注,中华书局编辑部点校:《汉书·卷二十四上　食货志第四上》,中华书局1962年版,第1130页。
② 李志萍:《古城墙遗址阐释与展示设计研究》,北京建筑大学2021年硕士学位论文,第1页。
③ 西安市地方志编纂委员会:《西安市志(第四卷)》,西安市地方志办公室在线版。
④ 群众新闻:《足迹·温暖的回响 | 让文化遗产绽放新姿》,2022年4月24日报道。

字、文学、书法等多重艺术特点于一身,是中华民族文化十分重要的名片之一。每年春节的前几个月,西安都会向全球征集春联,经过专家组的评选,最终确定入选的春联。再邀请著名书法家撰写,之后会采取一定的工艺进行放大制作,以适合所悬挂城门的大小。除了内容之外,悬挂的春联样式也经过一定的设计。其顶部与底部都有云纹图案,周边辅以窗格样式,显得端庄大气。对联在小年(腊月二十三)之前悬挂于西安的 16 座城门之上,以营造浓厚的节日氛围。西安现有大小城门 18 座,由于有的城门环岛交通两侧开门,需要征集两副春联,如永宁门(南门)、安远门(北门)、长乐门(东门)、安定门(西门)、含光门、中山门等,其他城门征集一副春联,共计 24 副。但因勿幕门(小南门)、解放门等不具备悬挂条件,故只悬挂其中 16 座城门的 22 副春联。截至 2022 年春节,西安城墙向全球征集春联活动已经持续了 17 年,不仅受到了西安市民、游客的热烈欢迎,更引发了全球关心和喜爱西安这座古城民众的积极响应。在 2021 年征集春联活动中,共收到 35 283 副作品,2022 年共收到 7 394 副高质量作品。经中国楹联学会专家严格筛选及逐级评审,最终 24 副优秀作品脱颖而出。对于春联内容的要求十分严格,不仅需要在文辞上符合韵律、对仗工整,还要符合所悬挂城门的主题,更要紧扣时代精神、注重创新,以表达对春天的礼赞、展现城市历史文化的底蕴。如 2021 年春节期间,有几幅城门所悬挂的春联显得十分契合:建国门所挂春联内容为:"十四运开筵,千红遍发英雄帖;双百年圆梦,七彩同妍幸福春。"该联紧扣"迎十四运"主题,作者以东道主的身份,向全国健儿发出邀请。该对联的作者名叫卫建国,与城门同名。玉祥门所悬挂春联以"嵌字法"为主,其内容为:"玉振金声,两个百年初奏凯;祥云瑞彩,一条丝路又呈新。""玉振金声"讴歌伟大时代,"初奏凯"点赞全面建成小康社会;"祥云瑞彩"关联出"丝路",并以"呈新"歌咏"一带一路"建设发展的勃勃生机。安远门西侧的城门所悬挂的春联,则借北斗七星联系全球布网的北斗卫星导航系统:"国计百年,有七曜恒光,导航民梦;春风万里,凭一城原点,定位乡愁。"这副春联巧妙地将民生与国梦、春节与乡愁串接起来,令人回味无穷。[①] 2022 年春节期间,疫情、虎年、二十大等成为这一年十分重要的主题,因此本年度的城墙春

---

① 看西安:《【我们的节日·春节】贴春联迎新年　西安 16 座城门上"春妆"》,2021 年 1 月 27 日报道。

联内容也与其有关。如位于西安城墙正南方向的永宁门春联内容为："北斗耀龙韬，好待春雷二十响；西京开虎步，再延盛世五千年。"这副对联获得了一等奖的佳绩，评委们认为上联聚焦国家发展，以二十响春雷展示人民群众对党的二十大召开的热切期望之情；下联抒发盛世情怀，西京指十三朝古都长安，虎步指发展势头并关照虎年。① 向全球征春联活动使得春联这一极具年味的载体与西安地区古老的城墙文化相互交融，至今已然成为西安节日期间又一张十分具有竞争力的文化名片。

第四节   西安传统节日振兴的典型案例

传统节日起源于农耕社会，以岁时月令为准绳，在家庭生活中得到了稳定传承，是中华民族十分珍贵的文化遗产。随着时代与社会生产力的发展，农耕社会逐渐瓦解，传统节日赖以生存的土壤不复存在，现代社会的变化对传统节日生存的环境进行着冲击，也为传统节日的当代传承提出了一定的要求。学者王霄冰指出，保护传统节日的目的有二，第一是在飞速发展的当下能够留住传统，以确保中华民族的文化记忆得以代代相承；第二则是为了合理利用传统，将传统节日作为一种十分难得的文化资源，令其服务于今日、服务于当下的经济文化发展。② 王丹从文化记忆的理论视角出发，指出传统节日的当代振兴"并非是将过去传统原样保留下来，而是在生活作用下获得传统节日主体的实践、认同和诠释"③。由此可见，振兴传统节日的目的不仅仅在于节日本身，而在于赋予传统节日时代内涵，令其自身充满生命力，以将节日文化内化为推动当下社会经济文化发展的重要动力。传统节日是中华文化中珍贵的非物质文化遗产，笔者在对"非遗"与区域文化关系的考察中指出，人们在对"非遗"进行创新性阐释与利用时，要面向未来。"所谓遗产，意指前人留给后人的财富，可以对后人未来的生活有所帮助，而非物质文化遗产亦当如此。当我们把某种传统的生活文化视为'非遗'之时，就已经意味着对其当代性与未来性

---

① 《巨幅春联扮靓西安城墙，四大城门"红妆"迎小年》，《西安日报》2022 年 1 月 26 日报道。
② 王霄冰：《文化记忆、传统创新与节日遗产保护》，《中国人民大学学报》2007 年第 1 期。
③ 王丹：《传统节日研究的三个维度——基于文化记忆理论的视角》，《中国人民大学学报》2020 年第 1 期。

的肯定,认为它对我们未来生活是有积极意义的。"一方面,"非遗"中的许多价值取向有着永恒的意义,既是当代的,又是未来的。另一方面,以传统节日为例,"非遗"的未来性价值需要不断被阐发与建构;尤其随着社会变迁、进步,不断阐发、建构更为重要。不断阐发与建构终将积淀为历史,进而形成新的文化认同基础与文化圈。① 传统节日的价值内涵并非一成不变,而是可以基于时代的需要而不断建构与发展的,这为各地政府部门传承和振兴传统节日提供了参考路径。

基于当下对于传统节日内涵的需要,西安市紧紧围绕"我们的节日"主题,基于自身深厚的历史文化底蕴,依托西安市各名胜古迹、文博场馆、旅游景点等文化资源,在下辖各区市都开展了"我们的节日"系列主题活动,深入挖掘传统节日蕴藏的文化内涵和爱国主义情感,让节日文化活动既有传承又有创新,既能普及又具特色。西安是十二朝古都,历史悠久,人文荟萃。学者韩养民在考察了西安地区的传统节日后指出,"中国传统节日习俗无一不源于长安,长安不仅是周、秦、汉、唐千年古都,同时也是这一时期中国传统节日文化的破晓地和非物质文化遗产的中心"②。因此,西安地区"我们的节日"系列主题活动不仅内涵丰富、底蕴丰厚,更成为全国各城市学习的榜样。

一、西安春节、元宵——传统节日元素呈现时代特色

为了能够更好地整合春节文化资源,西安市于 2018 年春节期间开启了"西安年·最中国"系列主题活动,将西安春节打造为西安旅游资源中十分重要的一张名片。主题活动时间贯穿春节、元宵两大传统节日,前后持续近一个月的时间,充分展示出西安地区悠久的汉唐文化,彰显出春节、元宵节浓厚的团圆温暖氛围。以 2019 年春节为例,当年的"西安年·最中国"系列活动推出了 12 大主题 251 项活动,吸引了海内外游客纷至沓来,从春节到元宵,各地景点游人如织,热闹非凡。

第一,以春联为载体,创新传统节日元素呈现形式。春联是中国春节中十分重要的元素之一,伴随着文字的发展而不断完善。时至今日,随着人们居住环境的变化,春联在某些地区变得简洁甚至为人所轻视,为了将春联这一优秀

---

① 季中扬,高鹏程:《"非遗"保护与区域文化认同》,《文化遗产》2021 年第 3 期。
② 韩养民:《长安　传统节日之都》,西安地图出版社 2016 年版,第 2 页。

的节日元素传承下去,西安创新春联的呈现形式,不仅通过城墙悬挂春联的活动让人们了解节日的内涵,更以春联为载体,开展一系列送温暖活动,让普通民众感受到节日氛围与社会温暖。截至 2022 年春节,西安城墙向全球征集春联活动已经持续了 17 年。专家评委们从征集而来的春联中筛选出 24 副符合节日与城门特征的春联,经过特殊制作悬挂于各城门口,为春节期间的西安增添了节日与文化氛围。近年来,随着互联网的发达,城墙挂春联活动已经成为西安春节期间的品牌项目,不仅受到了西安市民、游客的热烈欢迎,更引发了全球关心和喜爱西安这座古城民众的积极响应。此外,各地区都以春联为载体,积极开展义务撰写春联、新春慰问活动。如在 2022 年春节期间,新城区邀请百名书法艺术家为抗疫一线工作者挥毫书写春联超 1 000 多幅,传递着对抗疫一线工作人员的敬意和新春祝福。碑林区也开展了"迎春纳福送春联"活动,邀请专业的书法家现场泼墨,撰写新春的对联与祝福,共计 300 张福字,320 余副对联。雁塔区"我们的节日·春节"活动也以"春联进万家,欢乐迎虎年"为主题,由区文联集中向陕西省肿瘤医院医疗队、向阳沟隔离点专班、潘家庄村村委会、长延堡派出所、雁环路派出所、明德门派出所及全区 8 个街办分送春联,并通过各点位向医护人员、隔离群众、居家村民、公安干警致以慰问,活动共送出春联 6 000 副、"福"字 6 000 个,受到了民众们的一致好评。①

第二,依托物质遗产,开创城墙灯会闹元宵。西安作为汉代的都城,与元宵节有着深厚的历史渊源。相传在汉明帝年间,因白马驮经、佛法东传,佛教受到了汉明帝的积极提倡。因听说在正月十五日僧人们会点灯敬佛,于是便进行模仿,下令于每年正月十五日夜在宫中和寺院点灯。这一习俗为民众所习得,于是每逢正月十五,家家户户都会张灯结彩,庆贺元宵佳节。每逢元宵佳节前夕,西安的大街小巷都会被摆放上各类造型独特的花灯,主题多样,从传统样式的灯笼到充满科技元素的新兴花灯,古城处处充满节日的喜庆氛围。据西安民俗学者王智介绍,"花灯中的'灯'与人丁中的'丁'同音,不仅仅是一盏灯,更是对人丁兴旺的美好祈愿!②"除了家中的灯彩,西安还在丰富的城墙资源基础之

---

① 看西安:《迎新春　西安各区县开展"我们的节日·春节"主题示范活动》,2022 年 1 月 31 日。
② 访谈对象:王智,男,西安非遗中心副主任;访谈人:高鹏程;访谈时间:2022 年 7 月 28 日;访谈地点:电话访谈。

上,推出了新春城墙灯会活动。有学者认为,"长安花灯自唐朝盛世以来,形成一定的传统样式,作为春节传统文化体系中重要的组成部分,活跃了民间文化生活,展现出独特的艺术个性与审美价值。在现代社会加速转型时期,对其传统手工技艺的保护与传承,是挖掘西安地区传统文化资源的一个重要措施"①。城墙灯会历来是西安城的民间盛事,在每年春节期间,城墙上就会举行一场盛大的灯会。赏灯会像过年包饺子一样,成为老陕人必不可少的一种仪式,一城一墙一灯一会一岁一相见,各种各样造型的百米长灯点亮古城,令人心生向往。在2015年,习近平总书记曾亲自登上城墙并嘱托要搞好城墙灯会活动。至此之后,西安市牢记嘱托,在西安城墙灯会活动中不断对灯彩进行更新换代,对材料、主题等进行创新。从最初的传统宫灯展到现在的声光电赋能的高科技灯展,灯展内容也从民间传说延伸到动漫故事等,灯展形式更是从线下拓展到线上。2022年春节、元宵期间,"西安城墙新春灯会"如期举办。在永宁门南广场上"龙飞凤舞耀长安"和"祥和新春"的灯组共同交织出一幅逐梦山河万里的盛世画卷,各角度的投影从四面八方投映在城墙上,向游客们展现灯彩辉煌下的魅力城墙。

二、西安清明——祭英烈知党恩,赓续红色血脉

清明节又称踏青节、三月节等,源自上古时代的祖先信仰与春祭礼俗,经过数千年的发展,至今已经成为中华民族最隆重而盛大的祭祖之日。清明节的节日内涵十分特殊,其兼具自然与人文两大内涵,既是自然节气点,也是传统节日,扫墓祭祖与踏青郊游是清明节的两大礼俗主题,这两大传统礼俗主题在中国自古传承,至今不辍。

西安市在"我们的节日·清明"系列主题活动中,继承了这一追思先人的节日传统,并在这一天广泛开展为烈士扫墓、追忆革命前辈的爱国主义活动,让民众们了解革命的过往,培养全社会的爱国主义情怀。在2022年清明节来临之际,由中共西安市委文明办、西安市教育局主办,中共西安市新城区委宣传部、中共西安市新城区委文明办、西安市新城区教育局承办的西安市2022年"祭英烈知党恩　赓续红色血脉——我们的节日·清明"全市示范活动在西安市新城

---

① 魏华:《长安花灯传统手工艺的审美价值与当代传承》,《作家》2013年第14期。

区正式启动。活动邀请到西安市的道德模范、身边好人、公安民警、烈属及退役士兵、学校师生、居民群众和机关干部代表等人士，来到革命公园刘志丹烈士像前，重温革命历史。以期望大家能够继承先烈遗志，提振精神接续奋斗。在活动现场，公安干警深情而庄重地向革命烈士敬献花篮，随后现场集体默哀，以此表达对革命先烈的深切缅怀和崇高敬意。随后，文明祭奠倡议、讲述红军故事、革命诗词朗诵、思政教育微讲座等活动一一举行。最后，在缅怀革命先烈祭扫仪式中，全体党员群众代表及学生们向先烈敬献鲜花并行鞠躬礼，表达对革命烈士的崇高敬意和深切悼念之情。①

少年儿童是祖国的未来，为能够更好地让他们了解革命的过往，提升他们的爱国主义情怀，真切地感受到幸福生活的来之不易，西安市"我们的节日·清明"主题活动在广大校园中积极开展，以传播节日文化，赓续红色血脉。2022年清明节前夕，由西安市委文明办、市教育局联合主办，雁塔区委文明办、区教育局、大雁塔小学雁南分校承办的"祭英烈知党恩　赓续红色血脉"西安市"我们的节日·清明"全市示范活动举行，广大少年儿童纷纷在老师家长的带领下参与其中。如雁塔区教育局在全区中小学中开展了"祭英烈知党恩　赓续红色血脉"德育实践活动，通过祭奠革命先烈、"云端"献花寄语、讲述党史故事等形式，引导学生知史爱党、知史爱国，做担当民族复兴大任的时代新人。北沈家桥小学的学生由信息技术老师组织登陆陕西文明网，在网上纪念英烈，做数字化缅怀英烈的先行者。雁塔区第三小学的学生们通过班会的形式互相分享了革命先烈的故事，并利用美术课制作小白花，以祭奠逝去的英烈和先贤。雁塔区第四小学的同学们开展了创意古诗词贴花、手抄报、绘画比赛，"诵国学经典扬爱国之志"朗诵比赛，并观看红色电影等。② 西安高新第八小学开展了"忆英烈，寄无限哀思""祭英烈，立少年之志""颂英烈，悟红色精神""思英烈，扬革命传统"等系列活动，缅怀革命先烈，传承红色精神。

三、西安端午——粽香端午节，社会新风尚

端午节历史悠久、影响范围极大，因此名称众多，别名有"重五、重午、女儿

---

① 西安新城融媒体：《网络中国节·清明 | 2022年西安市"祭英烈知党恩　赓续红色血脉——我们的节日·清明"全市示范活动在新城区启动》，2022年4月3日报道。
② 《"我们的节日·清明"西安市示范活动举行》，《西安日报》2022年4月2日报道。

节"等,是中华民族最为重要的传统节日之一,于 2009 年跻身世界"非物质文化遗产"名录,这也是首个获此殊荣的中国传统节日。端午因其悠久的历史、广泛的传承及深厚的文化底蕴等,与春节、清明、中秋并称为中国"四大传统节日"。欢庆娱乐、驱邪除祟、缅怀屈原等都是端午重要的节日主题。西安市在"我们的节日·端午"系列主题活动中,进一步培育和践行社会主义核心价值观,传承中华优秀传统文化,倡导文明过节新风尚,落实"西安因你而美"主题文明实践活动。

　　学界对于粽子的起源与历史发展尚未有统一定论,民间也有为咸甜口味的粽子而不断辩论,但无论如何,端午节的包粽子习俗是超越地区和时间,是全国各族人民在端午节期间必做的。西安市在"我们的节日·端午"系列主题活动中,以包粽子活动为契机,积极营造浓厚的节日氛围,让不同的群体都能感受到端午节的深厚历史内涵与底蕴。在 2022 年端午节前夕,西安各地区都开展了形式多样、主题各异的包粽子活动。在长安区王莽街道的敬老院,举办了包粽子、画龙舟、做香包活动,让老人们提前感受浓浓的节日氛围。老人们身着新衣,来到院中一起包粽子。边包边论端午节的来历和习俗,小院中粽叶幽香,欢声笑语、其乐融融,老人们吃粽子、戴香包,高兴不已。在临潼区斜口街道骊山新家园社区"粽"享欢乐·"粽"情有礼端午主题茶话会暨"好媳妇、文明家庭、身边好人、疫情防控优秀志愿者"表彰大会活动上,欢声笑语此起彼伏,其乐融融。丰富的群众文化活动,增进了居民之间的感情,营造了和谐美好的氛围。蓝田县白村初中"名校＋"教育联合体举办了"粽叶飘香　端午情长"的主题班会,深入挖掘中华优秀传统文化中蕴藏的精神内涵,让优秀传统文化润心育德,成风化人。这一活动不仅促进了同学们对端午节传统文化习俗的了解,而且增强了同学们对中国传统文化的兴趣。在蓝关街道绿之圣社区,当地邀请了社区议事会成员、优秀老党员、志愿者等群体同包粽子、共庆端午,小小的粽子拉近了邻里之间的距离,重拾起大家对传统文化的记忆,丰富了社区精神文化生活,增强了社区凝聚力,营造了祥和、文明的节日氛围。① 此外,防疫除病也是端午节十分重要的主题之一。基于新冠疫情

---

① 看西安:《我们的节日·端午 | 美在西安"粽"享文明》,2022 年 6 月 3 日报道。

的时代背景,借端午节的节日氛围,西安市在主题活动的开展中,向民众传递相关卫生知识,并积极提倡健康向上的社会风气。如在曲江大唐不夜城旅游街区,全国道德模范代表和"网红明星"带领 200 多名志愿者深入临街商铺和餐厅,面对面向市民游客发放"文明餐桌""公勺公筷"桌牌,宣传拒食野味健康生活知识,现场引导就餐顾客养成文明健康用餐好习惯。在西安市 2020 年"我们的节日·端午"主题示范活动中,顺利举办突出"文明健康有你有我、公筷公勺、文明餐桌"等文明行为宣传实践主题,拓展节日内涵,引导市民过一个传统、文明的节日,养成卫生健康的生活习惯。① 此外,西安市委文明办还通过广泛组织发动各级文明单位、文明机关、文明校园、文明社区、文明家庭、文明村开展形式多样、精彩纷呈的节日活动,丰富节日文化内涵,展现传统节日新气象,培育和增强广大市民的家国情怀和爱国主义精神,传承和发扬中华优秀传统文化和传统美德,让端午节成为爱国节、文化节、道德节、情感节、仁爱节、文明节。②

四、西安七夕——古老悠久而浪漫,最美中国情人节

农历七月初七为七夕节,有"乞巧节、女儿节、女节、少女节、小儿节、重七、香日"等不同别称。其起始于上古时期,于西汉年间伴随黄老思想而普及于民间,后因宋代国力发达而兴盛一时。直到今日,七夕虽不如春节、清明、端午、中秋等"传统四大节日"影响力大,但仍因悠久的历史与深刻的文化内涵,在数千年的历史中不断被传承。关于七夕节的历史起源,学界尚无准确定论,但综合其研究成果可以发现,无外乎有天文、吉时、数字、生育崇拜等多种不同的说法,其中围绕"天文"说成果最多,也最令人信服。近代以来,因中国社会环境的发展与变化,七夕的传承曾经历过一段时间的低迷。人们仅能从诗词中背诵几句如"迢迢牵牛星,皎皎河汉女""两情若是久长时,又岂在朝朝暮暮"的内容,七夕乞巧习俗也在民间难以为继。民俗的发展是时代的见证,同时也会因为时代的发展而呈现不同的面貌。七夕节的许多传统节俗虽已变得少见,但却出现了许

---

① 中央广播电视总台国际在线:《西安市"我们的节日·端午"主题示范活动顺利举办》,2020 年 6 月 21 日报道。
② 凤凰网陕西综合:《西安市委文明办组织开展"我们的节日·端午"主题活动》,2020 年 6 月 26 日报道。

多新兴的民俗、赋予了新的节日内涵。十多年前,随着学界部分学者的重新诠释,多数商家的推波助澜,七夕节逐渐被赋予了爱情的象征,并被打造为"中国传统情人节",重新回到人们的生活之中,并受到了许多年轻人的积极响应与热情追捧。但与此同时,一些专家学者也表示出担忧,将节日内涵丰富的七夕节简化为情人节,会导致节日内涵单调,让节俗变成"吃喝玩乐"。短期来看有利于促进节日经济的发展,但就长久而言并不利于传统节日的健康发展。

为破解这一局面,将七夕佳节的浪漫与深刻在当代传播,西安市"我们的节日·七夕"系列主题活动在各区县开展。七夕与西安有着难以割断的牵连,相传七夕起源于西安的昆明湖,并有牛郎织女的凄美故事在当地流传。基于这一珍贵的历史文化,西安市举办了许多与浪漫七夕有关的主题活动。如在 2021年七夕,由西安市委文明办、西安市民政局主办,西安市雁塔区民政局承办的西安市"我们的节日·七夕——鹊梦千年 雁塔结缘"主题示范活动正式启动。本次活动采取线上方式开展,倡导相亲相爱、向上向善、共建共享的婚姻家庭观,分别设置不同的板块,代表新人从相识、相知到相爱、相守的过程。为促进民众参与,人们可通过"西安民政"微信公众号、西安市民政局官方网站等渠道参与线上主题示范活动。通过选择感兴趣的一个或多个板块上传照片、视频和幸福感言,定格幸福瞬间,分享美好生活,还可推送到微信朋友圈分享喜悦,得到亲朋好友红心点赞、留言祝福等,展示"小家幸福",得到"大家祝福"。[①] 经过十多年的发展,七夕节作为"中国传统情人节"的说法已被许多年轻人接受,为了能够更好地让单身青年寻找到自己的幸福,各地积极开展各类以七夕为主题的相亲活动。由中共西安市委文明办主办,中共雁塔区委文明办、共青团雁塔区委、雁塔区妇联承办、西安市爱德智慧社会工作服务中心协办的西安市"我们的节日·七夕"主题示范活动——"雁塔青年联谊"为青年人搭建公益性、积极向上的联谊交流平台,丰富青年业余生活为主旨,采用了新颖的线上直播模式,100 多位优秀青年参与其中开展了一次特别的"云"交友。[②] 由中共西安市委宣

---

① 《西安启动"我们的节日·七夕"主题活动》,《潇湘晨报》2022 年 8 月 13 日报道。
② 西安城市资讯:《西安市"我们的节日·七夕"主题示范活动——"雁塔青年联谊"记》,2021 年 8 月 16 日报道。

传部(市委文明办)、市总工会、西安市妇联等机构举办千名青年单身职工联谊会活动在昆明池七夕主题公园七夕桥广场举行。活动旨在围绕"爱情忠贞、家庭幸福"主题,弘扬"相濡以沫、风雨同舟、互敬互爱、责任担当"的婚姻理念,引导大家争创文明家庭,弘扬家庭美德,继承优良家风,并鼓励单身青年男女现场结对、牵手七夕。①

五、西安中秋——团圆和谐送温暖,非遗文化悠久传

中秋节是中国传统节日之一,与作为十三朝古都的西安有十分深厚的历史渊源。西安是唐代的都城,在《唐书》中,就已有"又重八月十五日,设乐饮宴,赉群臣,射其庭。妇人发绕头,以彩及珠为饰,发甚长美"②的记载,由此可见,中秋节在唐朝已经正式成为一个节日。经过数千年的发展与传承,团圆赏月已经成为十分重要的节日活动与主题,为传承中秋节的节日文化,西安各地纷纷开展丰富多彩的"我们的节日·中秋"主题示范活动,让广大群众在活动中认识传统文化、学习传统文化、继承传统文化。

一是以中秋月圆为象征,提倡团圆的节日氛围与和谐社会风气。在 2021 年中秋节期间,莲湖区北关街道举行了"我们的节日·中秋"主题示范活动,前来参与活动的民众在工作人员的带领下学习制作了冰皮月饼,当一个有模有样的月饼成型后,大家都会发自肺腑地露出笑容。此外,活动还设置了猜灯谜环节,大家争相翻看着 30 盏花灯下悬挂的字谜,猜中者会获得一份精美的小礼品。通过这一节日主题活动,进一步弘扬了民族文化和民族精神,丰富社区居民的文化娱乐生活,营造欢乐、喜庆、文明、和谐的节日氛围。③ 与此同时,由中共西安市委文明办主办,中共西安曲江新区工委文明办、曲江新区社会事业服务局承办,西安演艺集团演出的"我们的节日·中秋"主题示范活动也圆满举行。演员们通过小品、歌伴舞、相声等节目展现了新时代传统节日的独特内涵。在有奖问答环节,主持人现场抽选市民答题,并赠送中秋小礼品。市民纷纷上

---

① 陕西科技传媒网:《我们的节日·七夕|西安千名单身青年职工联谊会在昆明池举办》,2020 年 8 月 25 日报道。

② [后晋]刘昫等撰,中华书局编辑部点校:《旧唐书·卷一百九十九上　列传第一百四十九上　东夷·新罗》,中华书局 1975 年版,第 5334 页。

③ 陕西大小事儿:《我们的节日·中秋莲湖区:弘扬传统文化习俗拉近邻里之间距离》,2021 年 9 月 22 日报道。

前参与竞答,现场氛围热情高涨。此次活动还分享了有关中秋民俗的传统故事,并现场邀请市民一起赏秋月、品月饼,整场活动在一片欢声笑语中落下帷幕。各种活动通过丰富多彩的形式让传统文化的内涵融入市民生活,营造出"和谐、和睦、团圆、团聚"的浓厚节日氛围,为推动和践行社会主义核心价值观,建设文明新区、文明西安贡献了力量。[①]

二是以节日为契机,积极开展与非遗有关的知识宣传。非物质文化遗产是指被社区、群体和个人,视为文化遗产组成部分的各种社会实践、观念表述、表现形式、知识、技能以及相关的工具、实物、手工艺品等。截至 2022 年,历史悠久的西安地区目前已拥有世界级"非遗"1 项、国家级"非遗"12 项、陕西省级"非遗"101 项、西安市级"非遗"229 项,在"非遗"的保护与传承方面取得了巨大的成功。为了能够让更多民众了解"非遗"文化,西安市在中秋节期间,邀请了许多"非遗"传承人走进校园与社区,在节日的浓厚氛围中向大家传递"非遗"文化。在 2021 年中秋节期间,为了让学生们了解"非遗",西安市邀请了彩贴剪纸、碑林棉絮画、皮影雕刻、杨氏太极拳、戏曲艺术等项目的"非遗"传承人,带着各自的技艺走入校园,将多彩的"非遗"文化展现给每一位同学。通过亲自制作"非遗"产品,学习相关技艺,不仅加深了学生们对中国传统节日的认识,还让他们近距离感受了传统文化的魅力,激发了他们热爱传统文化的热情,提高了保护"非遗"的自觉意识。[②]

六、西安重阳——践行孝老爱亲传统,传承优良家风美德

重阳节为农历九月初九,在民俗观念中,"九"为最大的数字,两个"九"叠加在一起则有长久长寿之意,寄托着人们对健康长寿的美好祝福。故而自古以来,虽然重阳节亦有其他的节日主题,但尊老爱老一直是其中未变的节日内涵,拥有数千年的历史。2012 年,全国人大常委会修订通过了《中华人民共和国老年人权益保障法》,其中规定每年农历九月初九为老年节。近年来,西安市"我们的节日·重阳"系列主题活动便以此为核心,通过节日民俗、慰问关爱、志愿

---

① 中央广电总台国际在线:《西安市 2021 年"我们的节日·中秋"主题示范活动举行》,2021 年 9 月 23 日报道。
② 文旅中国:《在非遗体验中过中秋 西安"我们的节日·中秋"主题活动进校园》,2021 年 9 月 18 日报道。

服务、道德传承等形式，积极开展践行孝老爱亲活动，进一步营造"尊老、敬老、爱老、助老"的社会风尚，彰显城市文明风采，让优良家风代代传承。2020 年重阳节期间，全国敬老文明号——西安公交 29 路开展"夕阳红，敬老游"活动，邀请百名老人免费乘坐公交车游览古城、欣赏雁塔美景，共庆重阳佳节。公交 29 路曾被评为"全国敬老文明号"，同时也是西安首条国家级的敬老公交线路。多年来通过不断践行"敬老、爱老、助老"的服务理念和"爱心、细心、责任心"的服务标准，用真诚和爱心不断刷新公交文明服务新形象。① 除了为老人提供更加方便的条件，西安市还举办了许多以尊老、敬老为主题的活动，如 2021 年重阳节期间，西安市"我们的节日·重阳"主题示范活动暨"礼赞新时代，传承好家风"文明家庭创建宣传活动在高陵区举行。活动以"践行孝老爱亲，传承家风美德"为主题，通过歌舞表演、家风故事分享、先进典型表彰等方式，引导广大群众感受中华传统文化魅力，传承优良家风。活动还对街道涌现出的 20 个"好婆婆""好媳妇"和"文明家庭"等先进典型进行了表彰。② 西安通过各地所举办的重阳节主题活动，增加了人们对老人的敬爱之情，激发了全社会孝老爱亲的内在自觉，并由爱家、爱老推及到爱国、爱社会，进一步树立广大人民群众的社会责任感和历史使命感。

为了能够更好地传承和振兴传统节日，令其符合时代的发展与需要，西安市精神文明建设指导委员会办公室于 2019 年下发了《关于印发西安市〈2019 年"我们的节日"主题活动安排〉的通知》，要求全市各相关单位在举办"我们的节日"主题活动时，要"积极创新传统节日活动载体形式，广泛开展节日民俗表演、经典诵读、文化娱乐、体育健身、志愿服务、走访慰问等多种活动，不断增强'我们的节日'主题活动的群众性、广泛性、吸引力和感染力，唱响主旋律，凝聚精气神，谱写新篇章"③。传统节日所赖以生存的社会空间发生了变化，其传承形式同样也在改变，因此必须创新传统节日的传承形式、丰富传统节日的振兴载体，依民众的需求而不断创新古老的习俗，呈现时代特色，才能真正地实现传

① 《西安：重阳节系列活动丰富多彩　以爱之名让陪伴不再缺席》，《西安日报》2020 年 10 月 26 日报道。
② 《高陵区表彰"好婆婆""好媳妇"等先进典型》，《西安晚报》2021 年 10 月 14 日报道。
③ 西安市精神文明建设指导委员会办公室：《关于印发西安市〈2019 年"我们的节日"主题活动安排〉的通知》，2019 年 1 月 22 日印发。

统节日在当代的振兴。经过多年的发展,西安市已围绕春节、元宵、清明、端午、七夕、中秋、重阳等传统节日开展了许多丰富多彩、具有时代特征的节日活动,打造了"我们的节日"西安品牌,不仅吸引了许多游客前来旅游,推动了社会经济的发展,更获得了海内外多家媒体的报道,扩大了西安在全世界的知名度,让十三朝古都再现灿烂和辉煌。